Veröffentlichungen
der Vereinigung der Deutschen Staatsrechtslehrer.
Heft 2.

Der Schutz des öffentlichen Rechts.
Die neueste Entwicklung des Gemeindeverfassungsrechts.

Referate

von

Walter Jellinek, Gerhard Lassar, Fritz Stier-Somlo, Ludwig v. Köhler, Hans Helfritz.

Verhandlungen der Tagung der deutschen Staatsrechtslehrer zu Leipzig am 10. und 11. März 1925.

Mit Eröffnungs- und Begrüßungsansprachen sowie einer Zusammenfassung der Diskussionsreden.

Berlin und Leipzig 1925.
Walter de Gruyter & Co.
vormals G. J. Göschen'sche Verlagshandlung — J. Guttentag, Verlagsbuchhandlung — Georg Reimer — Karl J. Trübner — Veit & Comp.

Druck von C. Schulze & Co., G. m. b. H., Gräfenhainichen.

Inhalt.

Druckfehlerberichtigung.

S. 47 Zeile 12 v. u.: Statt „stehen mit" muß es heißen: „stehen vielfach mit".

I. Eröffnungsansprache

des Ersten Vorsitzenden, Geheimen Justizrats Prof. Dr. Heinrich Triepel.

Hochgeehrte Herren! Liebe Kollegen!

Im Namen des Vorstandes der Vereinigung deutscher Staatsrechtslehrer habe ich die Ehre, Sie zu Beginn unserer dritten Tagung herzlich willkommen zu heißen. Wir freuen uns, daß Sie unserm Rufe in stattlicher Zahl gefolgt sind. Zwar vermissen wir zu unserm Bedauern manchen aus der Reihe unserer Freunde, der unserer letzten Zusammenkunft in Jena beigewohnt hat. Besonders betrüblich ist es mir, daß Altmeister Philipp Zorn, der uns im vorigen Jahre durch seine Frische in Bewunderung versetzte, diesmal durch die Last des Alters verhindert ist, mit uns zusammenzutreffen. Einer unserer andern Senioren, der von uns allen so hochverehrte Wilhelm Kahl, hatte es nur gestern Abend möglich machen können, für einige Stunden unter uns zu sein. Er ist heute durch eine wichtige Sitzung des Reichstags verhindert, in unserer Mitte zu weilen, und er hat mich ausdrücklich beauftragt, Ihnen sein aufrichtiges Bedauern auszusprechen, daß er unserer Beratung fernbleiben muß. Dafür haben wir die Freude, eine Reihe von Mitgliedern, auch neu eingetretene, bei uns zu sehen, die zum ersten Male einer Tagung unserer Vereinigung beiwohnen. Ich rufe ihnen ein warmes Willkommen zu.

Vor allem drängt es mich aber heute, verehrte Gäste zu begrüßen.

In erster Linie Seine Spektabilität den Herrn Dekan und andere Mitglieder der Leipziger Juristenfakultät. Wir danken ihnen aus vollem Herzen, daß sie uns nach Leipzig eingeladen, daß sie die Mühen der Vorbereitungen für unsere Versammlung übernommen, und daß sie uns in gütiger Gastfreundschaft diesen schönen Saal[1]) als Stätte unserer Arbeit zur Verfügung gestellt haben. Wollen Sie es, meine verehrten Herren Kollegen, nicht als eine Abschweifung in das Gebiet des Allzupersönlichen betrachten, wenn ich als Kind der Stadt Leipzig und als Sohn ihrer Juristischen Fakultät dem Gefühle freudigen Stolzes darüber Ausdruck gebe, daß es mir vergönnt

[1]) Die Verhandlungen fanden im Collegium Juridicum statt.

ist, hier in meiner Vaterstadt und in diesem Raume Ihre Versammlung zu leiten. Um dieses Haus weben sich für mich zu viele Erinnerungen an bedeutungsvolle Stunden meines Lebens, als daß ich es mir versagen könnte, die Geister der eigenen Vergangenheit zu beschwören. An diesem Tische habe ich meine erste Staatsprüfung, dort drüben im Sitzungszimmer der Fakultät das Rigorosum bestanden — es sind heute wohl auf den Tag fünfunddreißig Jahre her — dort habe ich den Doktoreid in die Hand Adolf Wachs abgelegt, und hier auf diesem Katheder habe ich meine erste akademische Vorlesung gehalten. In Dankbarkeit und Wehmut gedenke ich in dieser Stunde der Männer, die damals meine — und wie ich annehme, auch manches von Ihnen — Lehrer gewesen sind, und die mich dann der Ehre gewürdigt haben, als Mitarbeiter in ihre Fakultät einzutreten, der Windscheid und Schmidt, der Binding und Bülow, der Friedberg und Sohm. Ubi sunt qui ante nos in hac exedra fuere? Nur einer aus dem Kreise der Männer, die damals die Zierde der Leipziger Fakultät gewesen, wandelt noch im Lichte, aufrecht und geistesstark wie einst, frisch an Körper und an Seele. Wir haben die große Freude, ihn heute unter uns zu sehen. Ich weiß, meine Herren, daß ich Ihren lauten Beifall finden werde, wenn ich in Ihrem Namen Exzellenz Adolf Wach, dem stolzen Zeugen einer der stolzesten Perioden der Leipziger Fakultät, dem großen Prozessualisten, uns Staatsrechtslehrern besonders teuer wegen der epochemachenden öffentlich-rechtlichen Grundlage, die er für die Lehre des Zivilprozesses geschaffen hat, unsere verehrungsvolle Huldigung darbringe. (Lebhaftester Beifall.)

Meine Herren! Die Leipziger Juristenfakultät, die uns heute so gastlich aufgenommen, hat unserer Wissenschaft nicht zu allen Zeiten eine wohleingerichtete Heimstätte geboten. Sie hat nicht die publizistische Tradition wie etwa Halle oder Göttingen oder Heidelberg. Noch in der Zeit, da ich hier studierte, las der scharfsinnige Karl Viktor Fricker das Verwaltungsrecht, das Völkerrecht und selbst das Staatsrecht des Königreichs Sachsen als Professor der Philosophischen Fakultät. Erst mit Otto Mayers Eintritt hat die Juristenfakultät einen Publizisten im Hauptamte, freilich mit ihm sofort einen Mann ersten Ranges, gewonnen. Das Staatsrecht wurde hier früher immer nur von Gelehrten doziert, deren Hauptarbeit anderen Gebieten galt, von Germanisten, wie Wilhelm Eduard Albrecht und Karl Friedrich von Gerber, von Kanonisten wie Emil Friedberg, von Kriminalisten wie Karl Binding. Und dennoch — wenn ich die Namen Albrecht und Gerber und Binding nenne, wie lebhaft tritt uns sofort vor die Seele, welche Fülle fruchtbarer

Anregung in Forschung und in Lehre für das Staatsrecht schon in früheren Zeiten von Leipzig ausgegangen ist! Das ist doch wohl auch ein Zeichen dafür, daß unsere Wissenschaft immer gut gediehen ist, wenn sie in lebendigem Zusammenhang gehalten worden ist mit der Geschichte des Rechts auf der einen Seite, auf der andern Seite aber mit ihren Schwesterdisziplinen, dem Strafrechte und dem Prozeß. Es mag trivial klingen, aber es verlohnt sich doch, heute vielleicht mehr als sonst, daß wir es sagen: die Rechtswissenschaft bleibt trotz aller Sonderung in einzelne Zweige immer eine einheitliche Wissenschaft, und so wertvoll es ist, wenn das Staatsrecht die Brücken zu Nachbargebieten, etwa der Gesellschaftswissenschaft, hinüberschlägt, seiner innersten Natur wird es untreu, sobald es sich eigenwillig von dem Boden löst, auf dem es gewachsen ist. Der Ruhm der Leipziger Juristenfakultät aber ist es immer gewesen, daß sie die Einheit des Rechts in allem Mannigfaltigen gewahrt hat. Wir danken es ihr, daß sie auch in der Gegenwart mit sorglichen Händen das heilige Feuer hütet, das uns alle mit der gleichen Glut erwärmt.

Ich habe ferner die Ehre, als unsere Gäste den Herrn Präsidenten und eine Reihe von Mitgliedern des Reichsgerichts zu begrüßen. Wir freuen uns, daß wir gerade heute einen Gegenstand behandeln, von dem wir hoffen können, er werde bei ihnen Interesse erwecken. Ich werde unsern Berichterstattern nicht vorgreifen, wenn ich schon jetzt sage, daß das Reichsgericht und seine Rechtsprechung in unserer Beratung eine große Rolle spielen wird. Wie es denn überhaupt in seiner Judikatur für uns Publizisten von Jahr zu Jahr bedeutungsvoller geworden ist! In unsern Tagen haben sich nicht nur Zivil- und Strafrechtslehrer, sondern auch die Männer des Staats- und Verwaltungsrechts dauernd in enger Fühlung mit der Rechtsprechung des Reichsgerichts zu halten, und ich darf wohl behaupten, daß auch von uns jeder neue Band seiner Entscheidungen mit Spannung in die Hand genommen wird. Auch wir werden aufs stärkste befruchtet von den Anregungen, die von dort ausgehen, und selbst wenn sich gelegentlich einmal der Widerspruch des Theoretikers gegen eine Entscheidung des Praktikers regt, so sind doch auch wir Bewunderer der Sachlichkeit aller reichsgerichtlichen Urteile und der Schärfe ihrer Begründung. Mögen Sie, meine verehrten Herren vom Reichsgerichte, aus unserer Verhandlung die Gewißheit entnehmen, daß wir Lehrer des öffentlichen Rechts in demselben Grade wie unsere Kollegen aus den anderen Rechtszweigen von der Ueberzeugung durchdrungen sind, es seien in Deutschland Praxis und Theorie des Rechts in einer unlöslichen Ehe verbunden. Und lassen Sie sich ferner sagen, was Ihnen in letzter Zeit schon oft gesagt worden ist: wie viel auch uns Deutschen die letzten Jahre genommen haben, eines ist uns nicht geraubt worden und kann uns nicht geraubt werden: die Zuversicht, daß hier in Leipzig eine Stätte höchster Gerechtigkeit errichtet ist, bei einem Gerichtshofe, auf den Deutschland stolz ist, weil bei ihm, was Recht ist, auch immer Recht bleibt.

Höchste Gerechtigkeit! Das ist ja auch das Ziel, dem wir alle, so verschieden unsere Wege sonst auch sein mögen, in gleicher Weise zustreben. Es ist auch das Ziel unserer Beratungen an dieser Stelle. Gewiß wird sich unsere Arbeit heute und morgen vielfach in der Richtung auf eine zweckmäßige Gestaltung rechtstechnischer Einrichtungen bewegen. Aber das bedeutet ja doch keinen Gegensatz. Auf dem Gebiete des Rechts kann höchste Zweckmäßigkeit nichts anderes sein als höchste Gerechtigkeit. Denn die Gerechtigkeit ist und bleibt der oberste Zweck aller rechtlichen Ordnung. Die Gerechtigkeit ist daher auch die Herrscherin, der zu dienen und deren Reich zu mehren, unser einziges Amt ist, und unser Beruf empfängt eben hierdurch seinen Adel. Möge der Thron unserer Königin auch in diesem Saale aufgerichtet sein!

Mit diesem Wunsche erkläre ich die diesjährige Tagung unserer Vereinigung für eröffnet.

Begrüssungsworte

des Dekans der juristischen Fakultät der Universität Leipzig, Geheimen Justizrats Professor **Dr. Alfred Schultze.**

Hochgeehrte Herren!

Für die gütige Einladung zu Ihrer Tagung und die eben gehörten liebenswürdigen Worte lassen Sie mich den verbindlichsten Dank im Namen meiner Auftraggeberin aussprechen. Diese alte Dame aus gutem Hause, deren Ihr Herr Vorsitzender, aus eigensten Erfahrungen schöpfend, so herzlich gedacht hat, freut sich, ihre Räume den Herren für ihre bedeutungsvolle Tagung öffnen zu dürfen. Gewiß ist sie stolz auf diesen Saal, der ihr altes Eigentum, und ihre Ahnenbilder, die heute auf Sie herabschauen. Doch macht sie sich einige Sorge, ob er Ihnen auch genügen wird. Sie befinden sich im Innern eines Leipziger Geschäftshauses, in das zumeist selbst das liebe Himmelslicht trüb durch (nicht einmal gemalte) Scheiben bricht. Ein Glück wenigstens, daß die Sonne es im Augenblick besonders gut mit Ihnen meint und sich die größte Mühe gibt, hinein zu strahlen. Aber es dürfte Sie auch anderes merkwürdig anmuten, wie etwa die alten Tische, deren Blößen und Schäden der Ortsausschuß durch ein Gewand zu bedecken beschloß, das vielleicht gar zu sehr noch an Papierserviette, Papierbindfaden, Papiermark und an alle die anderen papiernen Errungenschaften der letztvergangenen Zeit erinnert. Dies alles soll nun durch die Wärme ausgeglichen werden, mit der die alte Dame, die Leipziger Juristenfakultät, Ihnen durch mich ihren Willkommgruß entbietet.

Auf Ihre Vereinigung wird der Jurist, weß Zeichens er ist, mit Freude und Hoffnung blicken. Widmet sie sich doch den Grundlagen für die Arbeit aller juristischen Fächer. Ich will nur eins herausheben: die Art der Rechtsetzung. An dieser sind wir alle interessiert. Wir wissen und fühlen, daß hier gegenwärtig vieles im Argen liegt. Es ist die höchste Zeit, daß gegenüber der eingerissenen Praxis auf diesem Gebiete, man könnte auch von „Praktik" sprechen, das Staatsrecht und die Staatsrechtstheorie zum Worte kommt und sich die dringend nötige Geltung verschafft. Ihre vorige Tagung in Jena hat sich bereits dieser Fragen angenommen, und wir Juristen alle sind Ihren damaligen Beratungen mit großem Interesse gefolgt. Es wird noch weiterer Arbeit bedürfen Aber auch die Fragen, die auf Ihrer diesmaligen Tagesordnung stehen, beanspruchen ein gleiches allgemeines Interesse. Wer z. B., der in Sachsen lebt, stände nicht der Entwicklung, die hier das Gemeindeverfassungsrecht neuerlich genommen hat, mit großer Besorgnis gegenüber und freute sich nicht, daß Sie diesem Gegenstand den morgigen Tag widmen wollen!

Drum wünschen wir Ihnen, indem wir Sie nochmals aufs herzlichste willkommen heißen, einen recht erfolgreichen Verlauf der Tagung, Illuminierung der Geister und Ergebnisse quasi ad inspirationem!

Ansprache

des Präsidenten des Reichsgerichts **Dr. Simons.**

Meine sehr geehrten Herren!

Daß die Vereinigung der deutschen Staatsrechtslehrer ihre diesjährige Tagung nach Leipzig verlegt hat, begrüßt auch das Reichsgericht mit besonderer Freude, werden doch die Beziehungen, die unsere Senate mit der Wissenschaft über die staatsrechtlichen Probleme des Reiches verbinden, von Jahr zu Jahr enger; ist doch der Staatsgerichtshof für das Deutsche Reich, der ein Nebenamt des Reichsgerichts bildet, geradezu auf die Verwertung der Ergebnisse Ihrer Wissenschaft angewiesen. Ob die Verbindung von Anfang an bestanden hat, kann ich nicht sagen. Als ich vor mehr als vierzig Jahren derselben juristischen Fakultät als Student angehörte, die heute Ihrer Vereinigung diese würdigen Räume darbietet, als ich zu den Füßen des verehrten Mannes saß, dem unser Vorsitzender soeben seine Huldigung in Ihrer aller Namen dargebracht hat, da konnte man von einer Verbindung der staatsrechtlichen Wissenschaft mit dem Reichsgericht nicht viel bemerken. Freilich kannte ich damals das Reichsgericht fast nur in der Person meines ersten Vorgängers, des alten Präsidenten von Simson, den ich oft in der Motette der Thomas-Kirche sah, und der in seiner Person eine reiche staatsrechtliche Erfahrung verkörperte. Jetzt ist zum Beispiel unser dritter Senat in hervorragendem Maße mit staatsrechtlichen Fragen beschäftigt, und es besteht die Aussicht, daß das Reichsgericht durch die Angliederung von Verwaltungssenaten die oberste Rechtsprechung des Reichs in staatsrechtlichen Fragen erhält.

Ich will nicht den Herren Berichterstattern und der Debatte vorgreifen, aber ich halte mich doch schon jetzt für verpflichtet, zu betonen, daß ich es für ein Unglück halten würde, wenn ein selbständiges Reichsverwaltungsgericht neben das Reichsgericht gestellt werden sollte, ein Unglück für das Reichsgericht und ein Unglück für die Einheitlichkeit des deutschen Rechtslebens. Es ist meines Erachtens ein großer Vorzug der angelsächsischen Rechtsentwicklung, daß sie öffentlichrechtliche und privatrechtliche Fragen durch dieselben Gerichtsbehörden nach den einheitlichen Entwicklungstendenzen des British common law allezeit entschieden hat; das gibt dem angelsächsischen Recht bei allem Reichtum seiner Gestaltungen die innere Einheit. In Deutschland haben wir schon durch die Abzweigung des Reichsfinanzhofs vom Reichsgericht und die Einrichtung des Reichswirtschaftsgerichts weite Gebiete öffentlichen Rechts aus der regulierenden Tätigkeit der höchsten deutschen Instanz verloren. Die Entwicklung unseres Rechtslebens geht aber, wenn ich mich nicht irre, darauf hinaus, daß das öffentliche Recht sich mehr und mehr auch solcher Lebensbeziehungen bemächtigt, die der Staat bisher der privaten Regelung überließ. Ich brauche nur an die Kriegsgesetzgebung und an die Sozialisierungstendenzen zu erinnern. Wenn wir auch nicht, wie der Bolschewismus, fast jeden Unterschied zwischen privaten und öffentlichen Rechtsverhältnissen zugunsten der letzteren aufheben werden, so läßt sich doch nicht leugnen, daß die Ingerenz des Staates in das Leben seiner Bürger wächst, infolgedessen wird die Entscheidung öffentlichrechtlicher Fragen für das ganze Volk immer wichtiger und bedeutsamer, während die Entscheidung vermögensrechtlicher und kriminalrechtlicher Einzelfälle an Wichtigkeit abnimmt. Die Entleerung reichsgerichtlicher Tätigkeit von öffentlichrechtlichen Gegenständen würde also dazu führen, das Reichsgericht herabzudrücken und die neuen Gerichtshöfe emporsteigen zu lassen. Gegen eine solche Entwicklung muß ich meine warnende Stimme erheben.

Ich hoffe, eine solche Entleerung bleibt uns erspart, und das Reichsgericht wird auch in Zukunft allen Grund haben, die Mitglieder der Vereinigung der deutschen Staatsrechtslehrer als Mitarbeiter am gleichen Werk begrüßen zu können. Ich wünsche Ihren Beratungen vollen Erfolg und würde mich freuen, wenn Sie sich morgen abend in den Räumen des Reichsgerichts mit dessen Präsidium und Mitgliedern, insbesondere denjenigen des dritten Zivilsenats und des Staatsgerichtshofs für das Deutsche Reich, gesellig zusammenfinden wollten.

II. Erster Beratungsgegenstand:

Der Schutz des öffentlichen Rechts durch ordentliche und durch Verwaltungsgerichte (Fortschritte, Rückschritte und Entwicklungstendenzen seit der Revolution).

1. Bericht von Professor Dr. Walter Jellinek in Kiel.

Vorbemerkung: Justiz und Verwaltungsgerichtsbarkeit.

Im geschichtlichen Sinne, die Betrachtung beschränkt auf die Zeit von 1848 bis 1918, steht der Justizstaat am Anfang, der Staat mit selbständiger Verwaltungsgerichtsbarkeit am Ende der Entwicklung.

Im Sinne einer kritischen Bewertung dagegen würde die Rückkehr zum reinen oder angenäherten Justizstaat nicht notwendig einen Rückschritt bedeuten. Vor der Verwaltungsgerichtsbarkeit hat die ordentliche zurzeit jedenfalls die überlegene Organisation voraus. Die Rechtsprechung des Reichsgerichts, des Kammergerichts und insbesondere noch des Hanseatischen Oberlandesgerichts in öffentlichrechtlichen Angelegenheiten ist der verwaltungsgerichtlichen Rechtsprechung durchaus ebenbürtig.

Die Vereinigung der deutschen Staatsrechtslehrer wird heute Gelegenheit haben, zu zeigen, daß sie es versteht, auch scheinbar unumstößliche Sätze einer vorurteilslosen Nachprüfung zu unterwerfen. Ein solch scheinbar unumstößlicher Satz ist der von der unbedingten Ueberholtheit des Justizstaats, d. h. von der Ungeeignetheit der ordentlichen Gerichte zur Rechtsprechung in Angelegenheiten des öffentlichen Rechts. Da aber starke Neigung vorhanden ist, das künftige Reichsverwaltungsgericht dem Reichsgericht einzugliedern, da ferner Hamburg und Bremen Verwaltungsgerichte geschaffen haben, die sich organisatorisch eng an die ordentlichen Gerichte anschließen, ist eine Vorbemerkung über den Justizstaat und sein Verhältnis zum Verwaltungsgerichtsstaat dringend geboten.

Die mir gegebene, nicht von mir formulierte Aufgabe, „Fortschritte“ und „Rückschritte“ in der Entwicklung des Rechtsschutzes festzustellen, könnte allerdings rein geschichtlich gemeint sein. In diesem Falle wäre die Einführung des Justizstaats oder die Annäherung an ihn unbedenklich als Rückschritt zu vermerken, da sie der Entwicklung seit der Mitte des vorigen Jahrhunderts offenbar zuwiderliefe. Die Verfassung der Paulskirche enthält im § 182 das rein justizstaatliche Programm: „Die Verwaltungsrechtspflege hört auf; über alle Rechtsverletzungen entscheiden die Gerichte.“ Otto Bähr hat es in seiner berühmten Schrift über den Rechtsstaat (1864) noch einmal verfochten. Dann aber ging die Entwicklung andere Wege. Gneist siegte mit seinem Vorschlag der Einführung besonderer, der Verwaltung organisatorisch eingegliederter Verwaltungsgerichte. Solche Verwaltungsgerichte gab es 1918 in allen deutschen Ländern außer den beiden Mecklenburg, Hamburg, Bremen, Waldeck und Schaumburg-Lippe.

Soll es aber, wie ich glaube, meine Aufgabe sein, die Aenderungen nicht nur geschichtlich zu deuten, sondern an Idealen zu messen, so bin ich zu sehr von der Unsicherheit aller Bewertungen überzeugt, als daß es mir einfallen dürfte, in einem wissenschaftlichen Kreise ein abschließendes Urteil über den Wert oder Unwert einer Einrichtung fällen zu wollen. Was ich versuchen darf, sind nur einige kritische Bemerkungen über das ungünstige Urteil, das man in der Theorie über die Geeignetheit der ordentlichen Gerichte zur Beurteilung öffentlichrechtlicher Fragen zu fällen gewohnt ist.

Der Hauptgrund, den man gegen den Justizstaat ins Feld führt, ist der, daß der Justizjurist zu wenig vom öffentlichen Recht verstehe, um über Fragen des öffentlichen Rechts urteilen zu können, daß ihm hierin der für die Zwecke der Verwaltung besonders vorgebildete Verwaltungsjurist überlegen sei. Ob man sich bei dieser Behauptung immer klar ist, daß es eine besondere Vorbildung und Prüfung für den künftigen Regierungsassessor nur in Preußen, Sachsen, Württemberg und Anhalt gibt, bleibe dahingestellt. Jedenfalls war an der Behauptung vieles richtig, solange an den Universitäten der Unterricht des öffentlichen Rechts hinter dem des Justizrechts völlig verkümmerte. Dies ist aber längst nicht mehr der Fall, vor allem seit Umsturz und Neuordnung das Interesse der Studenten gerade für öffentlichrechtliche Fragen in Anspruch nehmen. Ueber den Niederschlag dieser Entwicklung in der jetzt in Kraft tretenden neuen preußischen Prüfungsordnung wird der Herr Mitberichterstatter sprechen. Aber auch heute schon begegnet man bei den jungen preußischen Justizjuristen nicht mehr jener Ahnungslosigkeit in öffentlichrechtlichen Dingen, die bei der älteren Generation typisch gewesen sein mag. Gerichtsreferendare und junge Gerichtsassessoren sind geradezu begehrte Sachverständige bei der Entscheidung öffentlichrechtlicher Fragen, die im Verlaufe eines Zivil- oder Strafprozesses auftreten. Allerdings bringt die besondere Ausbildung des Regierungsreferendars ihn mit Fragen des öffentlichen Rechts in engere Berührung. Aber der Regierungsreferendar wird in erster Linie für den Dienst der aktiven Verwaltung ausgebildet, nicht für den des Verwaltungsrichters; das rein Juristische tritt bei seiner Ausbildung dadurch begreiflicherweise in den Hintergrund. Er wird sich daher eine gewisse Uebung für typisch gelagerte Fälle aneignen, ob er sich aber in neu auftauchenden schwierigen Fragen etwa der Wegebaulast, der Wassernutzung, der Verhältniswahl, der Besteuerung von Aktiengesellschaften besser auskennen wird als der juristisch feiner vorgebildete Gerichtsassessor, ist doch sehr die Frage. Erst vor kurzem sagte mir ein Ministerialrat im preußischen Unterrichtsministerium, er ziehe den Gerichtsassessor als juristischen Hilfsarbeiter unbedingt dem Regierungsassessor vor, und ähnlich äußerte sich ein Praktiker der Kirchenverwaltung. Der preußische Regierungsassessor bringt eben eine Fülle von Anschauungen und guten Kenntnissen mit, der Gerichtsassessor dafür eine bessere Fähigkeit zum Zurechtfinden in neuen Verhältnissen. Bedenkt man, daß das preußische OVG. zur Hälfte aus früheren Gerichtsassessoren bestehen muß, daß solch hervorragende Verwaltungsrichter wie Jebens und Schultzenstein, daß etwa vier Fünftel der Mitglieder des Reichsfinanzhofs aus dem Justizdienst hervorgegangen sind, daß in Württemberg und Hessen, um nur größere Länder zu nennen, Mitgliedern des OLG. ein bedeutender Anteil an der Rechtsprechung des VGH. eingeräumt ist, so wird man vielleicht mit dem absprechenden Urteil über den Justizjuristen etwas vorsichtiger werden.

Trotzdem wird nach wie vor sehr viel für die Einrichtung besonderer Verwaltungsgerichte sprechen, wenn ihre Organisation mit der unserer ordentlichen Gerichte einigermaßen Schritt hält. Aber gerade hiermit wird, namentlich in den kleineren Ländern, ein wunder Punkt der Verwaltungsgerichtsbarkeit berührt. Die ordentliche Gerichtsbarkeit kennt zwei bis drei Rechtszüge, in jedem Rechtszug entscheidet ein mit völlig unabhängigen Richtern besetztes Gericht. Völlig unabhängige Verwaltungsgerichte dagegen gibt es, von Hamburg abgesehen, nur im obersten Rechtszug und auch hier nur in den größeren Ländern. In Mecklenburg-Strelitz z. B. kann das Landesverwaltungsgericht u. U. (vgl. Amtl. Anzeiger 1923 S. 254f.) so besetzt sein, daß an der Entscheidung mitwirken: ein Geh. Ministerialrat, ein Ministerialrat, ein Bürgermeister, ein Obertelegrapheninspektor und ein Ministerialreferent, in Sachsen-Meiningen (Ges. v. 15. März 1897 Art. 5) mußten sogar drei Mitglieder des Staatsministeriums dem OVG. angehören, in Lübeck ist von den drei rechtsgelehrten Mitgliedern der Vorsitzende ein Senator und, wie mir bekannt, ein weiteres Mitglied z. Zt. Beamter des Senats. Auch der fanatischste Anhänger der Verwaltungsgerichtsbarkeit wird derartige Verwaltungsgerichte nicht für vollwertig erklären können. Will aber ein kleines Land solche Mißbildungen vermeiden, ohne sich in untragbare Kosten zu stürzen, so wird ihm nichts anderes übrig bleiben, als die Verwaltungsgerichtsbarkeit der wohlorganisierten ordentlichen Gerichtsbarkeit ein- oder anzugliedern. Ja, es scheint sogar geradezu das Schicksal der Stadtstaaten zu sein, diese Lösung zu finden. Es ist doch kein Zufall, daß Lübeck bis 1916, Hamburg bis 1921 und Bremen bis 1924 reine Justizstaaten gewesen sind, daß sich die neuen hamburgischen Verwaltungsgerichte und das neue bremische eng an die ordentlichen Gerichte anschließen, daß in Lübeck auch heute noch die alte justizstaatliche Regelung wahlweise neben der verwaltungsgerichtlichen besteht, daß in Basel das Appellationsgericht zugleich Verwaltungsgericht ist und daß auch in Danzig das Obergericht neben dem vorläufigen OVG. wichtige Aufgaben der Staats- und Verwaltungsgerichtsbarkeit wahrnimmt.

Vor allem aber müßte doch erst einmal gründlich und vorurteilsfrei untersucht werden, ob die Rechtsprechung der ordentlichen Gerichte auf dem Gebiete des öffentlichen Rechts wirklich so minderwertig war, wie sie es nach der Theorie hätte sein müssen. Dabei käme es auf den Gesamteindruck an, nicht auf Einzelheiten. Um einen ganz groben Vergleich zu nehmen: ist die Sammlung von v. Kamptz u. Delius über die Rechtsprechung des RG. und des KG. auf den Gebieten des öffentlichen Rechts etwa unbeachtlich gegenüber einer Zusammenstellung der Entscheidungen des PrOVG., wie der von Kunze und Kautz? Das hat m. W. noch niemand behauptet. Wahr ist vielmehr, daß das KG. auf dem Gebiete des Polizeiverordnungsrechts ähnlich segensreich gewirkt hat wie das PrOVG. auf dem Gebiete des Rechts der Polizeiverfügungen. Zum gleichen Ergebnis würde vermutlich auch die Prüfung der strafrechtlichen Entscheidungen des OLG. München und des bayerischen Obersten Landesgerichts führen. Ebenso können sich die zahlreichen, leider viel zu wenig bekannten Urteile des Hanseatischen OLG. aus der Zeit des reinen Justizstaats getrost neben denen des preußischen OVG. sehen lassen. Auch an der bedeutsamen Rechtsprechung des braunschweigischen OLG. über den Schutz des Bürgers gegen staatliche Eingriffe (vgl. Morawitz, Ztschr. f. Rechtspfl. i. Braunschw.

Bd. 66 S. 98 ff.) dürfte man nicht achtlos vorbei gehen. Bei der kritischen Würdigung müßten allerdings ausscheiden die Künsteleien, deren sich das Reichsgericht zur Begründung der Zulässigkeit des Rechtswegs schuldig gemacht hat; denn hier lag regelmäßig ein Konflikt zwischen einer unzulänglichen Gesetzesbestimmung und der Idee des Rechtsstaates vor; im Ergebnis wird man das RG. kaum tadeln wollen, wenn es sich durch eine Zwangskonstruktion in die Lage versetzte, dem um sein Recht sonst vergeblich Kämpfenden zu helfen. Auch wird man vermutlich finden, daß die ordentlichen Gerichte eher geneigt sind, die Ungültigkeit von Verwaltungsakten und Verordnungen anzunehmen als die Verwaltungsgerichte, obgleich vor kurzem es gerade das preußische OVG. war, das, im Gegensatze zum KG., die Ungültigkeit einer Körordnung aussprach (PrOVG. Bd. 77 S. 327 ff.). Auch sonst wird man manches an der Rechtsprechung der ordentlichen Gerichte aussetzen können, aber auch die Entscheidungen der Verwaltungsgerichte sind nicht alle unbedenklich, namentlich sind sie nicht immer den neuen Problemen der Geldentwertung und der Verhältniswahl gerecht geworden.

Nach all dem ist über die Zweckmäßigkeit der ordentlichen Gerichtsbarkeit in Verwaltungssachen oder der organisatorischen Verbindung der Verwaltungsgerichte mit den ordentlichen noch nicht das letzte Wort gesprochen, wie dies noch 1910 der Fall zu sein schien (vgl. Thoma, 30. DJT. I S. 59). Die Regelung der Verwaltungsgerichtsbarkeit nach preußischem Muster ist sicher nach wie vor gut und ist für die Entwicklung des Verwaltungsrechts und seiner Wissenschaft von der größten Bedeutung gewesen. Aber auch die justizstaatliche Spielart des Rechtsstaats verdient kein solch unbedingt abfälliges Urteil, daß ich mich veranlaßt sehen könnte, von einem Rückschritt zu sprechen, wenn sie uns in der Zeit seit 1918 irgendwo und irgendwie begegnet.

I. Organisation der Verwaltungsgerichte.

1. RV. Art. 107 gestattet auch eine rein oder angenähert justizstaatliche Regelung der Verwaltungsgerichtsbarkeit. Wann im übrigen der Bestimmung Genüge geschehen ist, entscheidet sich „nach bewährter Lehre und Ueberlieferung“, und nicht schrankenlos „nach Maßgabe der Gesetze“.

Nach RV. Art. 107 müssen „im Reiche und in den Ländern ... nach Maßgabe der Gesetze Verwaltungsgerichte zum Schutze der einzelnen gegen Anordnungen und Verfügungen der Verwaltungsbehörden bestehen“. Die Bestimmung geht zurück auf einen Antrag des Abgeordneten Dr. Beyerle, an die Stelle des Art. 113 der Regierungsvorlage („Ein Reichsgesetz regelt die Verwaltungsrechtspflege in Fragen des Reichsrechts sowie die Einsetzung von Verwaltungsgerichten des Reichs") folgende Worte zu setzen:

„Im Reich und in den Ländern dienen nach Maßgabe der Gesetze besondere Verwaltungsgerichte zum Schutze der einzelnen gegen Anordnungen und Verfügungen der Verwaltungsbehörden. Wo solche Verwaltungsgerichte noch nicht bestehen, sind sie einzuführen."

Vgl. die ursprünglichen Protokolle des Verfassungsausschusses, 31. Sitzung v. 27. Mai 1919, S. 11 u. 20 f., ungenau die Buchausgabe S. 358 u. 363. Der Antrag wurde bis auf das Wort „besondere" in erster Lesung angenommen, der Wortlaut auch in zweiter Lesung nicht geändert. Bei der Schlußredaktion erhielt der Artikel die heute geltende Fassung. Satz 2 fiel weg. Die Nationalversammlung nahm den so gestalteten Artikel unverändert und ohne jede Erörterung an.

Daß das Wort „besondere" gestrichen wurde, ist offenbar einem justizstaatlichen Vorstoß des Reichsministers Dr. Preuß zuzuschreiben. Er erklärte nach Verlesung des Antrags Dr. Beyerle (Prot. S. 359):

„Dann möchte ich noch eins betonen, ... das ist die ausdrückliche, verfassungsmäßige Festlegung besonderer Verwaltungsgerichte [NB. hier wie im Original nicht fett gedruckt]. Ich bin natürlich ein Anhänger der Verwaltungsgerichtsbarkeit, aber die Fassung ... verbietet verfassungsmäßig etwa eine Entwicklung dahin, daß die Verwaltungsrechtspflege mit der ordentlichen Rechtspflege vereinigt wird. Das scheint mir aber gerade das Ideal in der Entwicklung des Rechtsstaates zu sein. Die besondere Verwaltungsrechtspflege im Gegensatz zur ordentlichen Rechtspflege zu einem verfassungsmäßigen Grundsatz zu erheben, der also die Trennung von Verwaltungsgerichten und anderen Gerichten als Verfassungsvorschrift hinstellt, das würde ich deshalb für sehr unerwünscht halten. Die Bestimmungen, wie sie über die Verwaltungsgerichte bestehen, sind gut. Es steht aber nichts im Wege, daß sie in der weiteren Entwicklung in die gesamte Justiz einbegriffen werden. Die Betonung besonderer Verwaltungsgerichte in den Anträgen Dr. Beyerle kann doch nur den Sinn haben, daß sie geschieden sein sollen von den übrigen Gerichten. Sie werden es ja vorläufig sein, aber das zum Verfassungsgrundsatz zu erheben, möchte ich nicht empfehlen."

In der darauf folgenden Debatte wurde Art. 113 (= 107) nicht mehr berührt. In der Bemerkung über die Annahme des Antrags Dr. Beyerle heißt es aber (Prot. S. 363):

„Da sich Zweifel über das Wort ‚besondere' erheben, wird nach einer Bemerkung des Abgeordneten Dr. Beyerle, der keinen Wert darauf legt, das Wort ‚besondere' gestrichen."

Diese Vorgänge im Verfassungsausschuß beweisen, daß es jedenfalls nicht in der Absicht der Väter der Verfassung lag, die Uebertragung der Verwaltungsgerichtsbarkeit auf die ordentlichen Gerichte zu verbieten. So auch der jetzige Präsident des hamburgischen OVG. R. Carl Ritter in der Hans. Rechtszeitschrift 1922 Sp. 53 ff.; anders Hartmann, ebenda, Sp. 373 ff. Allerdings spricht der Wortlaut des Art. 107 für den in der Theorie des Verwaltungsrechts genau Bewanderten dagegen; denn die mit der Entscheidung von Anfechtungsklagen gegen Verwaltungsakte betrauten ordentlichen Gerichte üben zwar „eine ausgesprochene Verwaltungsgerichtsbarkeit" aus, werden aber „dadurch nicht zu Verwaltungsgerichten, weil hierfür die Zugehörigkeit zur Ordnung der Verwaltungsbehörden Begriffsbestandteil ist": Otto Mayer, VR. I^3, S. 176, Anm. 9 u. Text; s. auch Anschütz, Kultur der Gegenwart II 8, 2. Aufl., S. 392. Doch darf man die Kenntnis dieser feinen Unterscheidung bei den Mitgliedern der Nationalversammlung nicht voraussetzen, zumal sie augenscheinlich nicht einmal dem Staatsrechtslehrer Preuß gegenwärtig war, da er sich doch nur gegen das Wort „besondere" und nicht gegen das Wort „Verwaltungsgerichte" wandte, überdies „Verwaltungsgerichte des Reichs" in seinem eigenen Entwurfe v. 20. Januar 1919 § 9 vorgesehen hatte. Vor allem spricht aber folgende Erwägung gegen die Annahme eines Verbots der justizstaatlichen Regelung der Verwaltungsgerichtsbarkeit. Nach dem bremischen Gesetze vom 3. Dezember 1920 stand, ähnlich wie früher, jedem, der sich durch eine Anordnung oder Verfügung der Verwaltungsbehörden in seinen Privatrechten beeinträchtigt glaubte, der Rechtsweg bei den ordentlichen Gerichten offen, soweit nicht nach den Reichs- oder Landesgesetzen besondere Instanzen zur endgültigen Entscheidung berufen waren. Ausschließlich zuständig für derartige Klagen war das Landgericht Bremen. Als Berufungsinstanz entschied das Hanseatische OLG., als Revisionsinstanz u. U. das Reichsgericht (vgl. Bollmann, StR. v. Bremen u. Lübeck, 1914, S. 140 f., Anm. 4). Verböte RV. Art. 107 wirklich die justizstaatliche Regelung der Verwaltungsgerichtsbarkeit, so wäre das bremische Gesetz vom 3. Dezember 1920 ein Verstoß gegen die Reichsverfassung gewesen, der bremische Senat hätte im Wege der Reichsaufsicht angehalten werden können, diesen „Mangel" zu beseitigen, und der Mangel wäre schon dann beseitigt gewesen, wenn die dreiinstanzlichen, unabhängigen, ordentlichen Gerichte durch ein einziges, etwa nur aus Mitgliedern des Senats und einigen Laien zusammengesetztes Verwaltungsgericht ersetzt worden wären. Man darf als sicher annehmen, daß der im Reichsaufsichtsverfahren angerufene Staatsgerichtshof für das Deutsche Reich einem derartigen Ansinnen der Reichsregierung nicht entsprochen hätte, da eine solche Prinzipienreiterei eine offenbare Verschlechterung des Rechtsschutzes zur Folge gehabt hätte. Tatsächlich hat Bremen durch Gesetz v. 6. Januar 1924 unter dem vermeintlichen Zwange der Reichsverfassung ein „besonderes" Verwaltungsgericht eingesetzt, in starker Anlehnung an das Landgericht Bremen, aber notgedrungen unter Aufopferung der zweiten und dritten Instanz. Bedenkt man, daß in Lübeck trotz Errichtung eines Verwaltungsgerichts durch Gesetz vom 12. Dezember 1916 „neben der Klage vor dem Verwaltungsgericht die Anrufung der ordentlichen Gerichte in dem bisherigen Umfange . . . gestattet" ist (§ 15), und daß, wie ich sicher unterrichtet bin, der einzelne, wo er die Wahl hat, durchweg den ordentlichen Rechtsweg, vor allem wegen der Mehrheit von Instanzen, vorzieht, so wird man bei Auslegung der demokratischen Weimarer Verfassung auch diese „Volkes Stimme — Gottes Stimme" nicht überhören dürfen und die justizstaatliche Regelung für zulässig erklären müssen.

Nach dem Gesagten würde also z. B. die Eingliederung des künftigen Reichsverwaltungsgerichts in das Reichsgericht mit der Reichsverfassung im Einklang stehen. Auch die angenähert justizstaatliche Regelung der Verwaltungsgerichtsbarkeit in Hamburg — d. h. die notwendige Personalunion zwischen den hauptamtlichen Mitgliedern des Verwaltungsgerichts und des Oberverwaltungsgerichts einerseits und Mitgliedern des hamburgischen Landgerichts und des Hanseatischen OLG. andererseits, die Unterstellung der beiden Verwaltungsgerichte unter die Senatskommission für die Justizverwaltung, die Uebertragung der unmittelbaren Dienstaufsicht über sie an den Landgerichtspräsidenten und den Präsidenten des Hanseatischen OLG. — widerspricht der Reichsverfassung nicht.

Eine weitere Schwierigkeit bietet RV. Art. 107 insofern, als er zwar die Einrichtung von Verwaltungsgerichten vorschreibt, aber nur „nach Maßgabe der Gesetze". Dürfte die Einschränkung wörtlich genommen werden, so wäre auch in Schaumburg-Lippe der Reichsverfassung Genüge geschehen, da dort die Deputation für Heimatwesen, auch ein Verwaltungsgericht (vgl. O. Mueller, Begriffe der Verwaltungsrechtspflege, 1895, S. 76ff., Otto Mayer, VR. I[3], S. 138), in mündlicher Verhandlung über die bestrittene Zulässigkeit der Unterbringung eines Arbeitsunwilligen in eine Arbeitsanstalt entscheidet (AGes. z. VO. ü. Fürsorgepflicht v. 28. Mai 1924 § 15), also wenigstens für einen Fall ein „Verwaltungsgericht zum Schutze des einzelnen gegen Anordnungen und Verfügungen der Verwaltungsbehörden" besteht. Trotzdem zweifelt wohl niemand, daß RV. Art. 107 in Schaumburg-Lippe noch nicht erfüllt ist. Der den Landesgesetzen überlassene Spielraum ist eben nicht unbegrenzt, die Grenzen bestimmen sich vielmehr, um mit Art. 1 des schweizerischen Zivilgesetzbuchs zu sprechen, „nach bewährter Lehre und Ueberlieferung". Trotz der Manigfaltigkeit der deutschen Verwaltungsrechtspflegegesetze läßt sich doch aus vergleichender Betrachtung der bestehenden, unzweifelhaft dem Art. 107 der RV. genügenden Gesetze unter Berücksichtigung der Rechtslehre ein Mindesttyp ermitteln, dem ein neues Verwaltungsrechtspflegegesetz entsprechen muß, wenn die Vorschrift der RV. erfüllt sein soll.

2. Einen großzügigen Plan zur Vereinheitlichung der Verwaltungsgerichtsverfassung der Länder enthalten die Vorschläge zum Behördenabbau des Ministerialdirektors Dr. Erwin Ritter. Die Normativbestimmungen der Gesetzentwürfe über das Reichsverwaltungsgericht sind von Entwurf zu Entwurf spärlicher geworden. Auf beschränktem Gebiete hat die RAbgO. vereinheitlichend gewirkt.

Im Gegensatze zur ordentlichen Gerichtsbarkeit, deren für das ganze Reichsgebiet einheitliche Verfassung auf Reichsgesetz beruht, herrscht auf dem Gebiete der Verwaltungsgerichtsbarkeit noch die bunteste Mannigfaltigkeit. Außer durch Art. 107 RV. hat das Reich auf dem Gebiete der allgemeinen Verwaltungsgerichtsbarkeit noch nicht vereinheitlichend eingegriffen. Allerdings fehlt dem Reiche zum Erlasse eines Verwaltungsgerichtsverfassungsgesetzes nach Art des GVG. die Zuständigkeit, da sich RV. Art. 7 Ziff. 3 offenbar nur auf das bürgerliche und das Strafverfahren bezieht. Trotzdem darf das Reich nach der Lehre von den „implied powers" — vgl. Triepel, Kompetenzen des Bundesstaats (Staatsrechtliche Abhandlungen, Festgabe für Laband, II, 1908), S. 254ff. — die Befugnis in Anspruch nehmen, Grundsätze für die Gestaltung der Verwaltungsgerichte der Länder aufzustellen, sofern diese Gerichte den notwendigen Unterbau für das von der Verfassung (Art. 31) verlangte Reichsverwaltungsgericht bilden. Am weitesten in dieser Richtung gehen die „Vorschläge zum Behördenabbau. Der Reichsregierung vorgelegt von Ministerialdirektor (im Reichsarbeitsministerium) Dr. Erwin Ritter", Berlin 1924. Nach Ritter sollen außer dem Reichsverwaltungsgericht 27 Landesverwaltungsgerichte, d. h. je eines für jeden Oberlandesgerichtsbezirk, als Landesbehörden eingerichtet werden, die in der Besetzung von drei ständigen und zwei nichtständigen Richtern entscheiden. Die bestehenden Oberverwaltungsgerichte, Verwaltungsgerichtshöfe und Landesverwaltungsgerichte, außer dem preußischen OVG. und dem bayerischen VGH., gehen in den neuen Landesverwaltungsgerichten auf (S. 21, 30). Als Endziel der Entwicklung schwebt Ritter, ähnlich wie Preuß (s. oben), Wiedersum (DWiZtg. 1921 S. 196f.) und Kleineberg (DJZ. 1922 Sp. 595ff.), die Vereinigung der Verwaltungsgerichtsbarkeit und der Gerichtsbarkeit in Zivil- und Strafsachen vor (S. 31).

Weit bescheidener sind die Normativbestimmungen der amtlichen und halbamtlichen Gesetzentwürfe über das Reichsverwaltungsgericht. Nach dem Entwurf von 1921 (Berlin, C. Heymanns Verlag, 1921) mußten für Verwaltungsrechtssachen, deren Entscheidung im letzten Rechtszuge dem RVG. zusteht, vor den Verwaltungsgerichten der Länder mindestens zwei Rechtszüge eröffnet sein (§ 26). Der Verwaltungsrichter des ersten Rechtszuges, bei kollegialer Besetzung der Vorsitzende, mußte die Befähigung zum Richteramte oder zum höheren Verwaltungsdienste haben und im Dienste der inneren Verwaltung des Reichs, eines Landes oder einer Gemeinde mindestens drei Jahre hauptamtlich tätig gewesen sein. Das Verwaltungsgericht des höheren Rechtszuges mußte einschließlich des Vorsitzenden drei Mitglieder umfassen, die den genannten Anforderungen entsprachen (§ 27). Der Entwurf von 1922 (Reichsratsdrucksache Nr. 187) begnügt sich, ähnlich wie der von 1919 (Bl. f. adm. Praxis 70. Bd. 1920 S. 72ff.) mit einem Rechtszug vor Anrufung des RVG. (§ 29). Das Verwaltungsgericht, dessen Sachentscheidungen durch Rechtsbeschwerde zum Reichsverwaltungsgericht angefochten werden können, muß mindestens mit drei vorgebildeten Richtern besetzt sein. Ein neuerer Entwurf von 1925 läßt, soweit ich unterrichtet bin, selbst diese Mindestanforderung fallen und verlangt nur noch ganz allgemein das Vorhandensein wenigstens eines Rechtszugs vor den Verwaltungsgerichten der Länder.

Immerhin hat das Reich auf dem beschränkten Gebiete der Finanzverwaltungsgerichtsbarkeit dadurch vereinheitlichend gewirkt, daß es die Länder im § 19 der RAbgO. einlädt, die Verwaltung von Landesabgaben den Finanzämtern und den Landesfinanzämtern zu übertragen. Von dieser Möglichkeit haben einzelne Länder ohne oder fast ohne Einschränkung Gebrauch gemacht (so Lippe durch Ges. v. 7. April 1920, Mecklenburg-Schwerin durch Ges. u. Bek. v. 20. März 1925), andere für gewisse Steuern (so Preußen für die noch vorkommenden Fälle der preußischen Erbschaftssteuer, Erl. d. RM. d. Fin. v. 26. Juli 1921, Amtsbl. d. RFinVerw. S. 207). An die Stelle des Reichsfinanzhofs ist dann vielfach das oberste Verwaltungsgericht des Landes getreten (so nach der württ. Landessteuerordnung v. 30. Juli 1923 Art. 3 Abs. 1 Ziff. 1, dem sächs. Gewerbesteuergesetz v. 19. Juli 1923 § 21, u. a.). Darüber hinaus legt § 17 des FinAusglGes. v. 23. Juni 1923 es den Ländern nahe, die Bestimmungen über die Veranlagung und Erhebung der Landes- und Gemeindesteuern mit den Vorschriften der RAbgO. in Einklang zu bringen.

3. Nach der Revolution hat Thüringen seine Verwaltungsgerichtsbarkeit neu geordnet, die beiden Mecklenburg haben selbständige Verwaltungsgerichte eingeführt, Hamburg und Bremen haben unter Aufgabe der rein justizstaatlichen Regelung Verwaltungsgerichte geschaffen, die sich in ihrer Organisation gesetzesnotwendig (Hamburg) oder tatsächlich (Bremen) eng an die ordentlichen Gerichte anschließen. Unerfüllt ist RV. Art. 107 nur noch in Schaumburg-Lippe und Waldeck. — Auf die Schaffung von Kirchengerichten sei nur der Vollständigkeit halber hingewiesen.

Nach den Staatsverträgen vom 15. Dezember 1910 und 1. April 1912 übte das thüringische OVG. seine Tätigkeit für die Staaten Sachsen-Weimar-Eisenach, Sachsen-Coburg und Gotha, Sachsen-Altenburg, Schwarzburg-Sondershausen und Schwarzburg-Rudolstadt aus. Sachsen-Meiningen hatte ein eigenes OVG., die beiden Reuß waren dem sächsischen OVG. angeschlossen. Nach Bildung des Landes Thüringen wurde das ganze Land zunächst durch Ges. v. 21. März 1921 dem thüringischen OVG. unterstellt. Eine endgültige Regelung fand die thüringische Verwaltungsgerichtsbarkeit durch Ges. v. 30. Mai 1923, dies wieder vielfach geändert durch Art. 1 des Notgesetzes v. 27. März 1924. Die Verwaltungsgerichtsbarkeit wird jetzt durch die Kreisverwaltungsgerichte und das OVG. in Jena ausgeübt. Die Kreisverwaltungsgerichte entscheiden in der Besetzung von einem vorgebildeten, beamteten Vorsitzenden und zwei Laienbeisitzern, das OVG. in der Besetzung von drei vorgebildeten, beamteten Mitgliedern; in besonderen Fällen kann und, wenn das Gericht es beschließt, muß der Vorsitzende zwei weitere Mitglieder zuziehen. Nicht zum Vorteil der Regelung fällt auf, daß den Richtern auch des OVG., wie genaueres Zusehen lehrt, die persönliche Unabhängigkeit, insbesondere die Unversetzbarkeit fehlt, und daß unter Umständen der Rekurs gegen Entscheidungen der Kreisverwaltungsgerichte in Gewerbesachen an das Fachministerium geht (AGes. z. GewO. v. 16. Juni 1923 § 13).

Mecklenburg-Schwerin erhielt Verwaltungsgerichte erst durch das Gesetz über die Verwaltungsgerichtsbarkeit vom 3. März 1922. Für jeden Amtsbezirk wird ein Amtsverwaltungsgericht errichtet, für jeden selbständigen Stadtbezirk ein Stadtverwaltungsgericht. Oberstes VG. ist das Landesverwaltungsgericht in Schwerin. Das Amts-(Stadt-)Verwaltungsgericht besteht aus einem auf sechs Jahre bestellten, zum Richteramt befähigten Vorsitzenden und zwei auf drei Jahre gewählten Mitgliedern. Das LVG. entscheidet in der Besetzung von einem Präsidenten, zwei Räten und zwei auf drei Jahre gewählten Mitgliedern. Präsident und Räte müssen die Befähigung zum Richteramte haben. Der Präsident wird im Hauptamte ernannt, die Räte zum Teil im Hauptamte, zum Teil im Nebenamte. Der Präsident und die Räte im Hauptamte werden auf Lebenszeit, die Räte im Nebenamte für die Dauer des zur Zeit ihrer Ernennung bekleideten Amtes, indessen längstens auf sechs Jahre ernannt. Nach der Amtlichen Beilage zum Regierungsblatt 1922 S. XVI wurden zum Präsidenten ein bisheriger Ministerialrat, zu Landesverwaltungsgerichtsräten im Hauptamte ein Landrichter und ein Ratssyndikus, zu Landesverwaltungsgerichtsräten im Nebenamte ein Finanzrat und ein Stadtrat bestellt. Als Laienmitglieder gewählt wurden 1922 ein Stadtrat, ein Polizeisekretär, zwei Rentner und eine größere Anzahl von Stellvertretern und Ersatzleuten (Reg. Bl. S. 598, 728).

Auch Mecklenburg-Strelitz erhielt erst im Jahre 1922 Verwaltungsgerichte. Auf Grund des Gesetzes vom 17. August 1922 über das Verwaltungsstreitverfahren wurden drei Bezirksverwaltungsgerichte, und zwar in Neustrelitz, Neubrandenburg und Schönberg, und ein Landesverwaltungsgericht in Neustrelitz gebildet. Die Bezirksverwaltungsgerichte bestehen aus einem ernannten, zum Richteramt oder höheren Verwaltungsdienst befähigten Vorsitzenden und zwei vom Landtag auf sechs Jahre gewählten Mitgliedern, das Landesverwaltungsgericht aus zwei ernannten, zum Richteramt oder höheren Verwaltungsdienst befähigten und drei vom Landtag auf sechs Jahre gewählten Mitgliedern. Bezirksverwaltungsgerichte und LVG. entscheiden auch in dieser Besetzung. Die ernannten Mitglieder und ihre Vertreter können das Amt als Nebenamt führen. Geschieht das, so muß ihre Ernennung auf die Dauer von mindestens sechs Jahren erfolgen, ob dann auch über die Dauer des Hauptamtes hinaus, läßt das Gesetz im unklaren, ist aber wohl nicht sein Sinn. Ebenso ist nur zwischen den Zeilen zu lesen, daß die hauptamtlichen Verwaltungsrichter auf Lebenszeit ernannt werden. Tatsächlich scheint nur der Präsident des LVG., der jetzt im Ruhestand lebende frühere Staatsrat im Ministerium des Innern Dr. Selmer, hauptamtlicher Verwaltungsrichter zu sein, alle übrigen ernannten Mitglieder und alle stellvertretenden ernannten Mitglieder des LVG. und der Bezirksverwaltungsgerichte Verwaltungsrichter im Nebenamte. Die ordentlichen Vorsitzenden der Bezirksverwaltungsgerichte sind durchweg Amtsgerichtsräte, deren Vertreter ein Regierungsrat (1920 als

Amtsrichter a. D. Hilfsarbeiter im Staatsministerium), ein Syndikus a. D. (1920 Notar und Rechtsanwalt) und ein Landrat. Vgl. Mecklenb.-Strelitzscher Amtl. Anzeiger 1923 S. 254 f., Meckl.-Strel. Staatshandbuch 1920 S. 446, 37, 73. Die vom Landtag gewählten ordentlichen Mitglieder des LVG. sind ein Bürgermeister a. D., ein Obertelegrapheninspektor und ein Ministerialreferent, alle drei Mitglieder des Landtags, jedenfalls des 1919 gewählten (Staatshandbuch S. 29).

In Hamburg übten bis zum Inkrafttreten des Gesetzes über Verwaltungsgerichtsbarkeit vom 2. November 1921 die ordentlichen Gerichte in weitgehendem Maße Verwaltungsgerichtsbarkeit aus. Nach § 24 Abs. 2 des Ges. betr. das Verhältnis der Verwaltung zur Rechtspflege v. 23. April 1879 konnte mit gewissen Einschränkungen „wegen Verletzung von Privatrechten durch Verfügungen oder Maßregeln von Verwaltungsbehörden . . . gegen die betreffende Verwaltungsbehörde Klage vor den Gerichten . . . erhoben werden“. Nach § 29 konnte die Klage „auf Abhülfe oder auf Entschädigung oder auf beides gerichtet werden“. Die Gerichte hatten diese ihre Aufgabe trefflich gelöst, die Güte der Verwaltung hatte unter der gerichtlichen Kontrolle nicht gelitten. Allerdings wurde die Verwaltung bisweilen etwas von oben herab behandelt, anders als es nach der köstlichen Schilderung Otto Mayers im deutsch gewordenen Elsaß der Fall war, wo das Gericht der Verwaltung nur versteckt Hiebe zu erteilen pflegte; vgl. Dupré (= Otto Mayer), Nach dem Kriege, 1906, S. 154 f. Noch am 31. Oktober 1924 konnte das Hanseatische OLG. den verklagten Staat belehren: „Das Verhalten des Beklagten zeigt, daß er seine Staatspflichten hinsichtlich seiner Stellung in der Wohnungszwangswirtschaft völlig verkennt“ (HansGZ. Beibl. 1925 S. 10). Es ist daher menschlich begreiflich, daß sich die höheren Verwaltungsbeamten hier — wie auch in Bremen — durch die justizstaatliche Regelung des Rechtsschutzes in ihrem Standesbewußtsein gekränkt fühlten, gegen diesen Zustand sich auflehnten und noch in letzter Stunde, am 1. Februar 1921, als „Verein juristischer Beamten des höheren Verwaltungsdienstes, e. V.“ — wie seltsam! — in einer Eingabe an die Bürgerschaft die Einsetzung von der Justiz völlig getrennter Verwaltungsgerichte forderten. Vgl. auch den anonymen Aufsatz eines verärgerten bremischen Verwaltungsbeamten „Verwaltungsrecht in Bremen“ in der Weserzeitung vom 6. September 1924. Wortführer der Bewegung war der Regierungsdirektor Dr. Hartmann in Hamburg, der in zahlreichen Aufsätzen die Verselbständigung der Verwaltungsgerichtsbarkeit verlangte (vgl. aus der neueren Zeit HansGZ. Beibl. 1920 S. 269 ff., 293 ff., HansRZ. 1919 Sp. 525 ff., 1922 Sp. 373 ff.). Eine gewisse Tragik liegt darin, daß eben dieser Regierungsdirektor im Juli 1923 in den einstweiligen Ruhestand versetzt wurde, darauf mit der Behauptung, die Voraussetzungen einer solchen Versetzung seien nicht gegeben, beim Landgericht den Unterschied zwischen Gehalt und Wartegeld einklagte und vom LG. und OLG. Recht bekam, von denselben Gerichten, gegen deren Eignung zur Entscheidung öffentlichrechtlicher Fragen er immer und immer wieder Sturm gelaufen war (HansRZ. 1924 Sp. 790ff.); ob ein mit Verwaltungspraktikern besetztes Gericht den Verwaltungsakt der Versetzung in den einstweiligen Ruhestand auf seine Gültigkeit geprüft hätte, ist sehr zweifelhaft.

Nicht sowohl im Interesse des Standesbewußtseins seiner Verwaltungsbeamten, als unter dem irrigerweise angenommenen (s. S. 12ff.) Zwange des Art. 107 RV. hat der hamburgische Gesetzgeber das Gesetz über Verwaltungsgerichtsbarkeit v. 2. November 1921 verabschiedet (Mitteilungen des Senats an die Bürgerschaft, 1920, S. 1137f.). Aber die justizstaatliche Vergangenheit wirkt nach und verleiht dem Gesetze ein von allen bisher erlassenen Verwaltungsrechtspflegegesetzen abweichendes Gepräge. Die wesentlichen Vorschriften über die Organisation sind folgende: Es gibt zwei Verwaltungsgerichte, das „Verwaltungsgericht" und das „Oberverwaltungsgericht", beide mit dem Sitze in Hamburg, beide der Senatskommission für die Justizverwaltung unterstellt, das VG. unter der unmittelbaren Dienstaufsicht des Landgerichtspräsidenten, das OVG. unter der unmittelbaren Dienstaufsicht des Präsidenten des Hanseatischen OLG. Das VG. entscheidet in der Besetzung mit einem Vorsitzenden und zwei Beisitzern. Der Senat ernennt den Vorsitzenden aus den Berufsrichtern des Landgerichts auf die Dauer seines Hauptamts. Er muß im öffentlichen Rechte bewandert und im Verwaltungsdienst erfahren sein. Die Beisitzer werden auf gutachtlichen Vorschlag der Vollversammlung des VG., der die dreifache Zahl der zu wählenden Personen bezeichnen muß, von der Bürgerschaft für die Dauer von drei Jahren gewählt. Znm Beisitzer kann jeder Deutsche gewählt werden, der Mitglied einer hamburgischen Verwaltungsbehörde ist oder gewesen ist. Entsprechendes gilt für die bürgerlichen Beisitzer des OVG., das in der Besetzung mit einem Vorsitzenden, zwei rechtsgelehrten und zwei bürgerlichen Beisitzern entscheidet. Der Senat ernennt den Vorsitzenden und die rechtsgelehrten Beisitzer aus den Mitgliedern des Hans.OLG. auf die Dauer ihres Hauptamts. Auch sie müssen im öffentlichen Rechte bewandert und im Verwaltungsdienst erfahren sein.

Schon nach der Begründung der Senatsvorlage Nr. 438 von 1920 S. 1155f. war geplant, die Personalfrage teilweise dadurch zu lösen, daß man versuchen wollte, „einen bewährten hamburgischen Verwaltungsbeamten für den Vorsitz im Verwaltungsgerichte zu gewinnen, ihn in das Landgericht zu berufen", und „als rechtsgelehrte Beisitzer des OVG. insbesondere auch Professoren des öffentlichen Rechts an der hamburgischen Universität in Betracht" zu ziehen (S. 1157). Der Plan wurde auch ausgeführt. Zum Landgerichtsdirektor und zugleich zum Vorsitzenden des VG. wurde der bisherige Regierungsrat bei den Landherrenschaften (Aufsichtsbehörde über die Landgemeinden) Dr. Krüss ernannt, der 1911 die 2. juristische Staatsprüfung bestanden hatte, dann bei der Senatskommission für die Justizverwaltung tätig war und 1914 Regierungsrat bei den Landherrenschaften wurde. Er ist der einzige hamburgische Verwaltungsrichter im Hauptamt, denn er sitzt in keiner Zivil- oder Strafkammer. Ebenfalls nur der Form nach wurden die Professoren Dr. Perels und Dr. Laun zu OLG.Räten ernannt, um dann zu Räten des OVG. bestellt werden zu können. Alle übrigen rechtsgelehrten Mitglieder des VG. und des OVG. sind daneben noch Richter der ordentlichen Gerichtsbarkeit; ihre frühere praktische Tätigkeit in der Verwaltung bestand meist nur darin, daß sie längere oder kürzere Zeit der Senatskommission für die Justizverwaltung, im nichthanseatischen Deutschland würde man sagen: dem Justizministerium, angehörten, oder in ehrenamtlichen Stellungen wirkten. Der stellvertretende Vorsitzende des VG. Dr. Knauer, 1895—1901 Amtsrichter, dann Landrichter, seit 1911 Landgerichtsdirektor, ist z. Zt. Vorsitzender der Kammer VI für Handelssachen am Landgericht. Vorsitzender des OVG. ist der rühmlichst bekannte Kommentator des HGB. und der Allgemeinen Deutschen Seeversicherungsbedingungen Dr. R. Carl Ritter, 1897 Assessor, 1898 und 1899 Sekretär der Handelskammer, 1900 OLG.Rat, 1906 Rat bei der Senatskommission für die Justizverwaltung, 1910 OLG.Rat, 1911 Landgerichtsdirektor, während des Krieges auch Mitglied und stellvertretender Vorsitzender der Reichsentschädigungskommission, 1922 Senatspräsident am OLG., z. Zt. Dezernent im 3. Zivilsenat und Strafsenat. Sein Vertreter im Vorsitz des OVG. Dr. Engel, z. Zt. Rat im ebengenannten Senat, ist seit 1909 OLG.Rat und war 1897 Rechtsanwalt, 1899 Landrichter, 1901—1909 Amtsrichter, außerdem 1904—1919 Mitglied der Bürgerschaft und 1917—1919 Leiter der hamb. Kohlenversorgung beim hamb. Kriegsversorgungsamt; bis heute ist übrigens Ritter durch Engel noch nie vertreten worden. Der rechtsgelehrte Beisitzer Dr. Engels wurde 1908 Assessor, war dann mehrere Jahre bei der Senatskommision für die Justizverwaltung tätig, wurde 1913 Landrichter, Anfang 1922 Oberlandesgerichtsrat und wirkt als solcher im 3. Zivilsenat und Strafsenat. Der stellvertretende Beisitzer Davids endlich wurde 1905 Landrichter, 1914 Oberlandesgerichtsrat; auch er war in der Senatskommission für die Justizverwaltung tätig; z. Zt. gehört er dem 7. Zivilsenat an.

Die bürgerlichen Beisitzer sind vielfach Mitglieder der Bürgerschaft oder des Senats. Sie gehören oder gehörten den verschiedensten Verwaltungsbehörden an, so der Oberschulbehörde, der Senatskommission f. d. Justizverwaltung, der Behörde für das Versicherungswesen, der Deputation für Handel, Schiffahrt und Gewerbe; einer war Landherr von Ritzebüttel und Bergedorf, ein anderer Steuereinschätzungsbürger.

Die Kenntnis der eben genannten Personalien verstärkt nur den Eindruck, daß das hamburgische OVG. einen eigenartigen Typ eines höchsten Verwaltungsgerichts darstellt, wenn es, wie gewöhnlich, in der Besetzung Ritter-Engels-Perels oder Ritter-Engels-Laun nebst bürgerlichen Beisitzern entscheidet. Außer dem Professor, bei dessen Vertretung durch OLG.Rat Davids sogar ohne Ausnahme, sind die rechtsgelehrten Mitglieder fast dauernd im Justizdienste tätig gewesen und üben auch jetzt noch ihre richterliche Tätigkeit am OLG. aus. Der Vorsitzende ist, bei aller ihm nachgerühmten Vielseitigkeit, jedenfalls nach seinen Schriften ein ausgesprochener Justizjurist. Auf die Einzigartigkeit des hamburgischen Verwaltungsgerichts erster Instanz, das z. Zt. in Deutschland überhaupt nicht seinesgleichen hat, wird später zurückzukommen sein.

Das dem hamburgischen Gesetze vielfach nachgebildete bremische Gesetz über die Verwaltungsgerichtsbarkeit vom 6. Januar 1924 unterscheidet sich doch gerade in Fragen der Organisation nicht unerheblich vom hamburgischen Muster. Es gibt nur ein Verwaltungsgericht, das „Verwaltungsgericht“ in Bremen, das in der Besetzung von einem Vorsitzenden, zwei beamteten und zwei gewählten Beisitzern entscheidet. Für die gewählten Beisitzer gelten ähnliche Bestimmungen wie in Hamburg, doch genügt es, wenn sie Mitglieder des Kaufmannskonvents, der Handels-, Kleinhandels-, Gewerbe-, Landwirtschafts-, Angestellten-, Arbeiterkammer oder des Gewerbekonvents sind oder waren. Den Vorsitzenden — es gibt z. Zt. nur einen —, die beamteten Beisitzer und deren Stellvertreter ernennt der Senat auf Grund einer Wahl durch einen Ausschuß, der aus je zwei Mitgliedern des Senats und der Bürgerschaft und aus zwei rechtsgelehrten Mitgliedern des Verwaltungsgerichts besteht. Die eben genannten Mitglieder des VG. müssen die Befähigung zum Richteramt erlangt oder die beiden Prüfungen zum höheren Verwaltungsdienst bestanden haben und sollen im bremischen öffentlichen Recht bewandert sein. Die Vorschriften über hauptamtliche Mitglieder sind z. Zt. totes Recht, da es vermöge der Kleinheit der Verhältnisse nur nebenamtliche Mitglieder gibt; diese nebenamtlichen Mitglieder werden aus den bremischen rechtsgelehrten Verwaltungsbeamten oder den Mitgliedern der bremischen Gerichte für die Dauer ihres Hauptamtes gewählt, also nur im letzten Falle auf Lebenszeit. Tatsächlich ist die Justiz bevorzugt. Vorsitzender des VG. ist z. Zt. der Landgerichtspräsident, der eine beamtete Beisitzer ein Landgerichtsdirektor, dessen Stellvertreter wieder ein Richter, der andere beamtete Beisitzer ein Staatsanwalt, dessen Stellvertreter der Regierungsrat bei der Polizeidirektion Wedemeyer, dem wir auch mehrere Aufsätze über das bremische Verwaltungsgericht verdanken (Z. f. d. Berufsbeamten Bremens 1. Jg. 1924 S. 11f., 20f., 29, 46ff.; DJZ. 1925 Sp. 501ff.). Im Falle der Verhinderung wird der Vorsitzende durch den amtsältesten, bei gleichem Amtsalter durch den an Jahren ältesten Beisitzer vertreten. Die nächste Aufsicht über das VG. führt die Justizkommission des Senats (VO. v. 17. Juni 1924 §§ 3, 5).

So bleiben, da Preußen, Bayern, Sachsen, Württemberg, Baden, Hessen, Oldenburg, Braunschweig, Anhalt, Lippe und Lübeck schon vor 1918 Verwaltungsgerichte hatten, nur noch Schaumburg-Lippe und Waldeck übrig, in denen die Forderung des Art. 107 RV. noch nicht erfüllt ist. Schaumburg-Lippe verheißt wenigstens im § 43 der Verfassung vom 24. Februar 1922 die gesetzliche Einführung besonderer Gerichte für die Durchführung des Verwaltungsstreitverfahrens. Waldeck hat sich nur vereinzelt die preußische Verwaltungsgerichtbarkeit zunutze gemacht; so geht bei der Veranlagung zur Gewerbesteuer die Rechtsbeschwerde gegen die Entscheidung des Berufungsausschusses an das preußische OVG. (GewStGes. vom 28. August 1924 § 33). Pyrmont gehört jetzt zu Preußen. Im übrigen wäre es ein Irrtum zu meinen, in Waldeck seien vermöge der engen staatsrechtlichen Beziehungen zu Preußen ohne weiteres die preußischen Vorschriften über Verwaltungsgerichtsbarkeit in Geltung.

Eine Darstellung der Entwicklung des partikularen Rechtsschutzes im öffentlichen Recht seit 1918 darf endlich nicht stillschweigend an der evangelischen Kirchengerichtsbarkeit vorbeigehen, die sich in der Einrichtung von Rechtsausschüssen (altpreuß. Verf. Art. 136ff.) und Kirchengerichten (z. B. hess.-cass. Verf. §§ 118ff.) rein kirchlicher Art äußert. Es wäre namentlich der Untersuchung wert festzustellen, wie die Grenze zwischen der rein kirchlichen Verwaltungsgerichtsbarkeit und der staatlichen Verwaltungsgerichtsbarkeit in Kirchensachen gezogen ist, gezogen werden kann, gezogen werden muß. Doch soll auf diese Frage nur hingewiesen werden.

4. *Einen Fortschritt bedeutet die Einführung der Verfassungsbeschwerde an den bayerischen Staatsgerichtshof in Bayern, einen*

Rückschritt die Oeffnung des höheren Verwaltungsdienstes und damit des Verwaltungsgerichtsdienstes für nicht studierte und nicht geprüfte Praktiker in Preußen (Ges. vom 8. Juli 1920) und die ersatzlose Aufhebung der Kreisregierungen in Württemberg.

Wenn auch die Einführung von Verwaltungsgerichten in Ländern, in denen es vorher keine solchen gab, das größere Interesse in Anspruch nimmt, hat sich doch auch in den Ländern mit altangestammter Verwaltungsgerichtsbarkeit manches zum Vorteil oder Nachteil geändert.

In Bayern ist die Zuständigkeit des VGH. und der unteren Instanzen kraft der dort geltenden Einzelaufzählung von Zuständigkeiten und kraft des Fehlens einer Generalklausel dermaßen beschränkt, daß sogar behauptet werden konnte, RV. Art. 107 sei in Bayern noch nicht verwirklicht (Braunwart, Bay. Gem. u. Verw. Ztg. 1921 Sp. 278 f.). Die Zuständigkeit des VGH., nicht der unteren Instanzen, ist noch mehr eingeengt worden durch das Ges. v. 7. März 1924, trotz der dem VGH. verbliebenen Zuständigkeit zur Beurteilung streitiger Rechtsfragen ein Mangel, solange den unteren Instanzen die volle richterliche Unabhängigkeit fehlt. Deshalb bedeutet die Einführung der Verfassungsbeschwerde durch die bayerische Verfassungsurkunde §§ 70, 93 einen wesentlichen Fortschritt auf dem Gebiete des Rechtsschutzes. Nach § 93 haben „jeder Staatsangehörige und jede juristische Person, die in Bayern ihren Sitz hat, ... das Recht der Beschwerde an den Staatsgerichtshof, wenn sie glauben, durch die Tätigkeit einer Behörde in ihrem Recht unter Verletzung dieser Verfassung geschädigt zu sein“. Der Staatsgerichtshof besteht nach § 70 Abs. 2 aus dem Präsidenten des Obersten Landesgerichtes als Vorsitzenden, aus acht Richtern, von denen drei dem VGH. angehören müssen, und zehn Mitgliedern, die vom Landtag für seine Dauer mit Zweidrittelmehrheit der anwesenden Mitglieder zu wählen sind. Am 28. Februar 1923 entschied der StGH. über die Zulässigkeit der Beschlagnahme der einem Abgeordneten gehörenden Schriftstücke auf der Redaktion einer Zeitung, am 31. Januar 1924 über die Zulässigkeit der Verfassungsbeschwerde gegen Diktaturmaßnahmen (Z. f. Rpfl. i. Bayern 1923 S. 100 ff., 1924 S. 58 ff.). Die mißmutige Ansicht des Anonymus in der Z. f. Rpfl. i. Bayern 1919 S. 365, der StGH. werde sich „hauptsächlich mit aussichtslosen Beschwerden von mehr oder weniger geisteskranken Querulanten zu befassen haben ..., wie es bisher der Landtag tun mußte“, scheint nicht in Erfüllung zu gehen. Daß der StGH. bei der Entscheidung über Verfassungsbeschwerden als Sonderverwaltungsgericht tätig wird, hebt Nawiasky, Bayer. Verfassungsrecht, 1923, S. 457, richtig hervor. Im übrigen sei verwiesen auf den Aufsatz von Braunwart in der Z. f. Rpfl. i. Bayern 1920 S. 257 ff. und den Kommentar zur bayer. VerfUrk. v. Kratzer, 1925, S. 230 ff.

In Preußen wird zwar die vorzunehmende Verwaltungsreform viel besprochen, doch hat sich bisher in der Organisation der Verwaltungsgerichte wenig geändert. Nur die Neuerung eines Gesetzes kann in politisch bewegten Zeiten verhängnisvoll werden. Durch Ges. v. 8. Juli 1920 erhielt § 13 Abs. 1 des Gesetzes über die Befähigung zum höheren Verwaltungsdienste v. 10. August 1906 eine Fassung, die den Minister der Finanzen und den des Innern ermächtigt, „Personen, welche die Befähigung zum höheren Justizdienst erlangt haben, in Ausnahmefällen auch andere Personen, die auf Grund ihrer fachlichen Vorbildung und mindestens dreijähriger Tätigkeit in einem öffentlichen Verwaltungsdienste für die Stellung eines höheren Verwaltungsbeamten besonders geeignet erscheinen, als befähigt zum höheren Verwaltungsdienste zu erklären". Da nach § 17 des Ges. v. 3. Juli 1875 die zweite Hälfte des OVG. zur Bekleidung von höheren Verwaltungsämtern befähigt sein muß, ohne daß die Ablegung bestimmter Prüfungen vorgeschrieben wäre, kann es in der Tat kommen, wie OVG.-Rat Adam im PrVBl. Bd. 42 S. 550 ausführt, daß ein zum Landrat ernannter Bierkutscher später Eingang in das OVG. findet. Neuere Verwaltungsrechtspflegegesetze, wie z. B. das thüringische, sind daher vorsichtiger und verlangen Erwerb der Fähigkeit zum höheren Verwaltungsdienst „auf Grund des Studiums der Rechte an einer Hochschule, einer mehrjährigen praktischen Vorbereitung im öffentlichen Dienst und der Ablegung der vorgeschriebenen Prüfungen" (thür. Ges. v. 30. Mai 1923 § 5).

In Württemberg gab es bis vor kurzem zwei verwaltungsgerichtliche Instanzen: die Kreisregierungen und den VGH. Der VGH. war Berufungsinstanz in den von den Kreisregierungen erstinstanzlich entschiedenen Sachen, außerdem erste und letzte Instanz vor allem für die Erledigung der sog. Rechtsbeschwerde „gegen Entscheidungen oder Verfügungen der Verwaltungsbehörden, wenn Jemand .... behauptet, daß die ergangene auf Gründe des öffentlichen Rechts gestützte Entscheidung oder Verfügung rechtlich nicht begründet, und daß er hiedurch in einem ihm zustehenden Recht verletzt oder mit einer ihm nicht obliegenden Verbindlichkeit belastet sei" (Ges. v. 16. Dez. 1876 Art. 13). Durch VO. v. 10. März 1924 wurden die Kreisregierungen aufgehoben und durch VO. v. 26. März 1924 § 13 bestimmt: „Die Streitigkeiten, in denen bisher die Kreisregierungen als Verwaltungsgerichte erster Instanz zuständig waren, werden zunächst im Verwaltungsweg von den Behörden, in deren Geschäftsbereich der Gegenstand des Streits gehört, entschieden ... Gegen die Entscheidung steht den Beteiligten die Rechtsbeschwerde an den VGH. zu." Wer, wie ich, eine Mehrheit verwaltungsgerichtlicher Instanzen als einen Vorteil ansieht, muß den Wegfall der Kreisregierungen als Verwaltungsgerichte beklagen. Allerdings besticht jetzt das verwaltungsgerichtliche Verfahren durch seine Einfachheit; doch leidet das vorangehende Verwaltungsverfahren an um so größerer Umständlichkeit. Machen A u. Gen. gegen den Grundstückseigentümer B eine angebliche öffentlichrechtliche Wegedienstbarkeit geltend, so entscheidet jetzt im ersten Rechtszuge das Schultheißenamt, im zweiten das Oberamt, im dritten die Ministerialabteilung, im vierten das Ministerium, und erst im fünften Rechtszuge kann der VGH. angerufen werden (vgl. Haller, Württ. Z. f. Rpfl. u. Verw. 1924 S. 150).

5. Die Beteiligung von Laien an der Rechtsprechung ist im großen und ganzen unerheblich und nur dann schädlich, wenn auch nur der Verdacht einer Politisierung der Rechtsprechung wachgerufen wird. Das thüringische Notgesetz vom 27. März 1924, das u. a. das OVG. Jena von den parteipolitisch ausgesuchten Laienrichtern säuberte, bedeutet daher einen Fortschritt.

Zwei große Probleme einer jeden gerichtlichen Organisation sind die Beteiligung von Laien und das Maß der persönlichen Unabhängigkeit der Berufsrichter. Die Frage der Laienbeteiligung im verwaltungsgerichtlichen Verfahren berührt sich mit den Fragen der Selbstverwaltung im sog. politischen Sinne und der Zuziehung von Laien im Strafprozeß. Es läßt sich daher viel für, aber auch manches gegen die Laienbeteiligung sagen. Bei schwierigen, dem Gefühl unzugänglichen Rechtsfragen wird der Laienschöffe versagen, während der mehr nach Art des Handelsrichters gedachte und ausgewählte Laienbeisitzer — dann eben kein wirklicher Laie — auch hier gute Dienste leisten wird. So werden die „sachverständigen Mitglieder" des Reichswirtschaftsgerichts allgemein gelobt, auch die bürgerlichen Beisitzer der hamburgischen Verwaltungsgerichte und des bremischen VG. gehören dem Handelsrichtertyp an. Dagegen ist wohl mehr an den Verwaltungsgerichtsschöffen, also den wirklichen Laien, gedacht, wenn neuerdings der Laie als Verwaltungsrichter u. a. von Drews (Grundzüge einer Verwaltungsreform, 1919, S. 28, s. aber auch Z. f. d. ges. StW. 78. Jg. 1924 S. 603 ff.) und Glockner (Z. f. bad. Verwaltung 1921 S. 6 f.) für entbehrlich erklärt wird. Das Ergebnis der „langen und örtlich weit umfassenden sachlichen Erfahrungen" Schultzensteins ist, daß die Laien „wenig nützen, aber auch nicht gerade schaden", daß sie aber für die Stärkung des Vertrauens der Bevölkerung zur Verwaltungsgerichtsbarkeit ganz erwünscht sein mögen (Danziger Jur. Ztg. 1922 S. 3). In der Tat wird es die Hauptaufgabe des Laienrichters sein, vom einzelnen als Bindeglied zwischen ihm und dem doch als Obrigkeit angesehenen Gericht empfunden zu werden. Nur wenn durch die Laienbeisitzer die Parteipolitik in das Gericht gebracht werden soll, sind sie, jedenfalls nach unsern Begriffen und jedenfalls für das Ansehen des Gerichts, unbedingt schädlich. Nach §§ 21 III, 9 I des thüringischen Gesetzes v. 30. Mai 1923 sollte auch bei der Zuziehung von Laienrichtern zu den Sitzungen des OVG. dafür gesorgt werden, „daß das Verhältnis, in dem die Parteien oder Wählergruppen Stimmen erhalten hatten, zum Ausdruck kam". Auch wenn sich zur Verteidigung dieser Vorschrift sagen ließe, daß der Verwaltungsrichter vielfach gezwungen sei, unbestimmte Begriffe nach den durchschnittlichen Anschauungen der Gesellschaft abzugrenzen, und daß dieser Durchschnitt frei von Willkür gefunden werde, wenn eben diese Gesellschaft in dem nur durch verhältnismäßige Vertretung erzielbaren verkleinerten Maßstabe der Laienbeisitzer als Sachverständige zugezogen werde, auch wenn ferner auf das Beispiel Berns hingewiesen werden könnte, nach dessen Verwaltungsrechtspflegegesetz v. 31. Okt. 1909 Art. 2 Abs. 3 „bei der Bestellung des VG. . . . auf die politischen Parteien angemessene Rücksicht zu nehmen" ist, so entspricht doch guter deutscher Ueberlieferung die Wahl des Tüchtigsten, nicht die des Parteimanns. Mit Vorbedacht läßt daher § 70 Abs. 2 der bayer. VerfUrk. die Laienmitglieder des Staatsgerichtshofs mit Zweidrittelmehrheit der anwesenden Mitglieder des Landtags wählen. Es muß demgemäß als Fortschritt für Thüringen verzeichnet werden, wenn das Notgesetz vom 27. März 1924 die parteipolitisch gefärbte Laienbeteiligung am OVG. wieder beseitigte.

6. Persönlich unabhängig im klassischen Sinne ist nur der wie ein Richter der ordentlichen Gerichtsbarkeit gestellte hauptamtliche Verwaltungsrichter oder der für die Dauer seines Hauptamtes zum Verwaltungsrichter nebenamtlich ernannte ordentliche Richter. Hieran gemessen steht die hamburgische Verwaltungsgerichtsbarkeit organisatorisch an erster Stelle: Hamburg hat auch im ersten Rechtszug ein „echtes" Verwaltungsgericht, während in Preußen das „echte" Verwaltungsgericht in der unteren Instanz zurzeit nur eine Forderung der Verwaltungsreform ist.

An der zweiten Organisationsfrage, der Frage der richterlichen Unabhängigkeit, ist man bei Schaffung der neuen Verwaltungsrechtspflegegesetze nicht achtlos vorbeigegangen, doch begnügte man sich vielfach mit der Formel: „Die Verwaltungsgerichte sind unabhängig und nur den Gesetzen unterworfen." So Thüringen § 1 Abs. 2, ähnlich Mecklenburg-Schwerin § 3 Abs. 2, § 9 Abs. 2, Mecklenburg-Strelitz § 4 Abs. 1, Bremen § 1. Damit ist aber noch keine solche persönliche Unabhängigkeit des Verwaltungsrichters gewährleistet, wie wir sie beim Richter der ordentlichen Gerichtsbarkeit gewohnt sind und als klassisch empfinden. Der wirklich unabhängige Richter muß auf Lebenszeit bestellt und unabsetzbar, insbesondere unversetzbar sein. Es will nicht viel besagen, daß der mecklenburg-strelitzsche Verwaltungsrichter „als solcher" lediglich den Vorschriften der VO. über die Dienstvergehen der Richter unterliegt, wenn er etwa „als Ministerialrat" in ein anderes Amt versetzt werden kann und damit aufhört, Verwaltungsrichter zu sein. Auch kann man nicht unbedingt mit solch aufrechten Charaktern rechnen, die als Verwaltungsrichter die dienstliche Abhängigkeit vergessen, in der sie sich als Verwaltungsbeamte befinden. Wirkliche, auch von der Bevölkerung so empfundene Unabhängigkeit liegt vielmehr nur dann vor, wenn der Verwaltungsrichter im Hauptamt lebenslänglich, unabsetzbar, unversetzbar angestellt ist, wie etwa die Mitglieder der obersten Verwaltungsgerichte der größeren Länder, oder wenn er im Hauptamte ein Richter der ordentlichen Gerichtsbarkeit ist und für die Dauer dieses Hauptamtes zum Verwaltungsrichter bestellt wird. Dies Ideal wird unter den Ländern mit neuer Verwaltungsgerichtsbarkeit nur in Hamburg erreicht, dessen rechtsgelehrte Verwaltungsrichter einschließlich der Stellvertreter ausnahmslos zugleich Mitglieder des Landgerichts oder des OLG. sein müssen und für die Dauer dieser ihrer Mitgliedschaft, also auf Lebenszeit, angestellt sind. Durch diese Regelung kann Hamburg für sich den Ruhm in Anspruch nehmen, als zurzeit einziges deutsches Land auch im ersten Rechtszug ein „echtes" Verwaltungsgericht (Ausdruck von Drews) zu besitzen. Weder die preußischen Kreis-, Stadt- und Bezirksausschüsse, noch die bayerischen Bezirksverwaltungsbehörden und Regierungen, noch die sächsischen Kreishauptmannschaften, noch die badischen Bezirksräte, um nur die größeren Länder zu nennen, sind „echte" Verwaltungsgerichte in diesem Sinne; denn den Mitgliedern, insbesondere den Vorsitzenden, fehlt die volle persönliche richterliche Unabhängigkeit, auch im preußischen Bezirksausschuß, wenn den Vorsitz nicht eines der lebenslänglich ernannten Mitglieder, sondern der Regierungspräsident oder ein stellvertretendes Mitglied führt. Die Folge davon ist namentlich in Preußen eine Ueberlastung des obersten Verwaltungsgerichts mit der Prüfung von Tatsachen, da man sich nicht entschließen kann, das OVG. noch mehr als bisher auf die Prüfung der Rechtsfrage zu beschränken, solange es an einem „echten" VG. erster oder mittlerer Instanz fehlt. So ist mir eine Wegestreitigkeit bekannt, die im Sommer 1921 beim Bezirksausschuß anhängig gemacht wurde und heute nach über $3\frac{1}{2}$ Jahren noch immer beim OVG. schwebt. Es ist daher kein Zeichen von Neuerungssucht, sondern liegt in der Entwicklung der Dinge, wenn Drews in Preußen auch für die unteren Instanzen die Errichtung „echter" Verwaltungsgerichte verlangt (Z. f. d. ges. Staatsw. 78. Jg. 1924 S. 599 ff., ebenso Landrat Dr. Kracht, Autonomie und Selbstverwaltung, 1921, S. 18), und Braunwart für Bayern eine ähnliche Forderung erhebt (Bl. f. adm. Praxis 71. Bd. 1921 S. 26).

Die Vorschriften über die richterliche Unabhängigkeit verhindern eine Politisierung der Rechtspflege nach der Ernennung des Richters, nicht aber bei seiner Ernennung. Es fehlt daher nicht an Stimmen, die einer Selbstergänzung des VG. das Wort reden (Adam im PrVBl. 42. Bd. S. 550, auch Bredt, 41. Bd. S. 202, Strutz, JW. 1921 S. 1568). In Hamburg sind, wie gezeigt, die Gerichte an der Bestellung neuer Mitglieder heute schon beteiligt, in noch stärkerem Maße die Gerichte in Bremen und Danzig (Danziger Richterwahlgesetz v. 11. April 1921). Trotzdem wäre es verfrüht, von einer Entwicklungstendenz dahin zu sprechen, daß der Regierung die Befugnis zur Ernennung der Richter genommen wird, zumal auch die Richter wahrscheinlich nicht immer frei von unbewußter politischer Voreingenommenheit ihre Wahl treffen, zum mindesten geeignete Bewerber übergehen würden.

7. Für das in der Reichsverfassung und einer Reihe von Gesetzen vorgesehene Reichsverwaltungsgericht wird vermutlich, abweichend von den bekannten drei Entwürfen, die glückliche Lösung einer Eingliederung in das Reichsgericht gefunden werden.

Während in den Ländern der Vorschrift des Art. 107 RV. im großen und ganzen Genüge geschehen ist, zögert das Reich selbst mit der Errichtung des Reichsverwaltungsgerichts. Allerdings ist es nicht Art. 107, der die Errichtung eines RVG. vorschreibt, aber Art. 31 sieht für Wahlprüfungen die Beteiligung von Mitgliedern „des Reichsverwaltungsgerichts" vor, das Gesetz über den Staatsgerichtshof v. 9. Juli 1921 §§ 1, 18, das Besoldungssperrgesetz v. 21. Dezember 1920 § 6, das Jugendwohlfahrtgesetz v. 9. Juli 1922 §§ 7, 18 setzen das RVG. voraus. Sowohl der Vorentwurf eines Gesetzes über das RVG. von 1919 (abgedruckt in den Bl. f. adm. Pr. 70. Bd. 1920 S. 72ff.), als auch der von 1921 (C. Heymanns Verlag, 1921), als auch die Regierungsvorlage an den Reichsrat vom 15. Juli 1922 (Reichsratsdrucksache Nr. 187) gingen von der Errichtung eines besonderen Reichsverwaltungsgerichts aus. Nach dem letzten Entwurfe sollte das RVG. seinen Sitz in Stuttgart haben, eine seltsame Bestimmung, die gerade von einem Württemberger einer treffenden Kritik unterworfen wurde; vgl. Bühler, Der Sitz des künftigen Reichsverwaltungsgerichts, Arch. d. ö. R. 43. Bd. S. 103 ff. Soweit ich unterrichtet bin, sind diese Pläne überholt. Das künftige RVG. soll in das RG. eingegliedert werden [1]). Einzelheiten werden noch geheim gehalten, doch scheint soviel sicher zu sein, daß außer den Zivil- und Strafsenaten auch noch Verwaltungssenate gebildet werden sollen. Das RG. wäre dann zugleich das RVG. im Sinne des Reichs- und Landesrechts, nicht nur, wie vielfach z. Zt., dessen Ersatz. Zum Mitglied des RG. würden auch geprüfte Regierungsassessoren ernannt werden dürfen. In den Sachen, in denen das RG. als RVG. zuständig ist, hätte der Oberreichsanwalt den Weisungen des Reichsministers des Innern Folge zu leisten.

Diese Lösung hätte jedenfalls den Vorzug der Einfachheit für sich, auch würde sie im Bereiche des z. Zt. bundesstaatlich und finanziell Erreichbaren liegen. Aber auch sachlich wäre sie zu begrüßen, da in ihr zum Ausdruck käme, daß das Recht eine Einheit ist und daß das öffentliche Recht vom Justizrecht und das Justizrecht vom öffentlichen Recht fruchtbare Anregungen empfangen kann. So wie die Blüte der Fakultäten mit darauf beruht, daß sie nicht abgesonderte Einrichtungen sind, sondern Teile von Universitäten, so würde auch die Reichsverwaltungsgerichtsbarkeit durch Eingliederung in die höchste universitas iurisdictionis gewinnen. Weniger die Vollversammlungen des Gerichts als die persönlichen und geselligen Zusammenkünfte der Mitglieder des Reichsgerichts würden, wie schon jetzt, Gelegenheit zum Meinungsaustausch bieten. Daß in der Reichsgerichtsbibliothek auch für das öffentliche Recht hervorragend gesorgt ist, würden die Mitglieder der Verwaltungssenate sehr bald merken.

8. *Die in den letzten Jahren zu beobachten gewesene Ueberorganisation an reichsrechtlichen Sonderverwaltungsgerichten — Staatsgerichtshof zum Schutze der Republik, Reichswirtschaftsgericht, Kartellgericht, Schiedsgerichte verschiedener Art — wird vermutlich nicht weiter um sich greifen, sondern einem Abbau Platz machen. Ein Anzeichen für diese Entwicklung war schon die Ersetzung der Spruchbehörden der Angestelltenversicherung durch die der Reichsversicherungsordnung (ähnlich wie die Eingliederung des preußischen Landeswasseramtes in das OVG.).*

Noch vor kurzem hätte es geradezu als eine hervorstechende Eigentümlichkeit unserer Gesetzgebung bezeichnet werden müssen, daß sie Sonderverwaltungsgericht an Sonderverwaltungsgericht

[1]) Ebenso wie nach der Botschaft des schweizerischen Bundesrats v. 27. März 1925 das Bundesgericht zugleich das eidgenössische Verwaltungsgericht werden soll (Bundesblatt 1925 Nr. 18).

reihte, statt die gesamte Verwaltungsgerichtsbarkeit in einem Punkte zu sammeln. So entscheidet der Staatsgerichtshof zum Schutze der Republik über die Zulässigkeit der Abweisung und Ausweisung von Mitgliedern der früher landesherrlichen Familien, über Verbote von Versammlungen, Vereinen, Druckschriften (Ges. v. 21. Juli 1922 §§ 23, 17, 21), u. U. über Beschränkungen der persönlichen Freiheit (VO. v. 17. April 1923 § 4). Von dem mit zahlreichen Einzelzuständigkeiten ausgestatteten Reichswirtschaftsgericht (s. Handbuch f. d. Deutsche Reich, 1924, S. 153 f.) wurde Ende 1923 das Kartellgericht abgezweigt (VO. v. 2. Nov. 1923 § 11). Die Gesetze zur Londoner Konferenz vom 30. August 1924 haben u. a. ein „Schiedsgericht" gebracht, das über Meinungsverschiedenheiten zwischen Reichsregierung und Reichsbankdirektorium in Besoldungsfragen entscheidet (Bankgesetz § 10), eine „besondere Spruchkammer", die, nach Art eines Schiedsgerichts gebildet, die Bewertung des Betriebsvermögens nachprüft (Industriebelastungsgesetz § 15), ein ebenfalls an ein Schiedsgericht erinnerndes „besonderes Gericht" zur Entscheidung von Streitfällen zwischen der Reichsregierung und der Reichsbahngesellschaft (Reichsbahngesetz § 44). Auf diese und ähnliche Gebilde, die zudem teilweise, wie die „besondere Spruchkammer", überhaupt nie ins Leben getreten sind, näher einzugehen, ist heute nicht mehr nötig, da hier der Höhepunkt der Entwicklung augenscheinlich überschritten ist. Ein Anzeichen für den Behördenabbau war schon die Beseitigung der Schiedsgerichte und des Oberschiedsgerichts für Angestelltenversicherung und die Unterstellung der Angestelltenversicherung unter die Versicherungsämter, Oberversicherungsämter und das Reichsversicherungsamt durch Gesetz v. 10. Nov. 1922. Dem Reichsversicherungsamt von jeher angegliedert war das Reichsversorgungsgericht. Das Reichswirtschaftsgericht, das Kartellgericht und das Bundesamt für das Heimatwesen werden vermutlich im künftigen Reichsverwaltungsgericht aufgehen. Mit Errichtung des RVG. fällt auch ohne weiteres das durch das Besoldungssperrgesetz v. 21. Dez. 1920 § 7 eingesetzte Reichsschiedsgericht fort. Die Tätigkeit des Staatsgerichtshofs zum Schutze der Republik endigt spätestens im Juli 1927. Daß auch die Sonderverwaltungsgerichte der Länder unter dem Zeichen des Behördenabbaus stehen, beweist die schon erwähnte vielfältige Uebertragung der Landesfinanzverwaltung auf die Behörden der Reichsabgabenordnung und die Eingliederung des preußischen Landeswasseramts in das preußische OVG. durch VO. v. 12. März 1924.

9. Die Reichsfinanzgerichtsbarkeit wird vermutlich als selbständige Organisation bestehen bleiben. Gemessen an rechtsstaatlichen Idealen sind die Finanzgerichte bei den Landesfinanzämtern keine „echten" Verwaltungsgerichte; am Reichsfinanzhof fällt theoretisch die Möglichkeit der Ernennung Subalterner zu Reichsfinanzräten auf.

Von dem bereits im Gange befindlichen Abbau der Sonderverwaltungsgerichte wird die Reichsfinanzgerichtsbarkeit vermutlich nicht getroffen werden. Jedenfalls sehen die verschiedenen Entwürfe über ein Reichsverwaltungsgericht keine Verschmelzung des Reichsfinanzhofs mit dem RVG. vor. Nur nach den Vorschlägen Erwin Ritters sollen auch der RFinH. und die 26 Finanzgerichte als selbständige Behörden zu bestehen aufhören (Vorschläge zum Behördenabbau, 1924, S. 21). Die Frage, ob die Einführung der Reichsfinanzgerichtsbarkeit organisatorisch den Erwartungen entspricht, die man billigerweise für diese Art von Verwaltungsgerichtsbarkeit hegen durfte, muß für die unteren Instanzen verneint werden. Da der RFinH. im wesentlichen nur die Rechtsfrage prüft, fehlt es für die Zölle und Verbrauchssteuern an jeder auch nur dem Namen nach verwaltungsgerichtlichen Instanz zur Prüfung der Tatfrage (RAbgO. §§ 217, 219). Ueber alle übrigen Steuern entscheiden in vorletzter Instanz die den Landesfinanzämtern angegliederten Finanzgerichte. Zwar sind die Mitglieder der Finanzgerichte „als solche unabhängig und nur dem Gesetz unterworfen" (§ 14 Abs. 4). Da aber die Vorsitzenden und die ständigen Mitglieder und deren Vertreter für die Dauer ihres Hauptamtes aus den Mitgliedern des Landesfinanzamts bestellt werden (§ 15) und in dieser ihrer letztgenannten Eigenschaft auch gegen ihren Willen versetzbar sind, fehlt es hier an der nötigen richterlichen Unabhängigkeit, ein organisatorischer Mangel, der auch nicht dadurch widerlegt wird, daß sich einzelne Finanzgerichte einer rühmlichen Selbständigkeit befleißigen. Strutz weist auf diesen Fehler in der JW. 1921 S. 1566 f. energisch hin. Bedenkt man ferner, daß nach dem der RAbgO nachgebildeten Danziger Steuergrundgesetz vom 11. Dez. 1922/9. März 1923 § 18 das zweite hauptamtliche Mitglied des „Steuergerichts" zum Richteramt befähigt sein muß und nicht Beamter der Steuerverwaltung sein darf, endlich, daß in Preußen und in Bayern eine Umgestaltung der Verwaltungsgerichte unterer Instanz in „echte" Verwaltungsgerichte angestrebt wird (s. S. 29 f.), so ist es wohl nicht zuviel gesagt, daß auch eine Umbildung der Finanzgerichte im Sinne der Gewährleistung erhöhter Unabhängigkeit in der Luft liegt, zumal auch ein im jetzigen Reichstag eingebrachter deutschnationaler Antrag (Drucks. Nr. 360) ein „geordnetes Berufungsverfahren vor unabhängigen Gerichtsbehörden... unter Beseitigung der Rechtsprechung der Steuerbehörden in eigener Sache" fordert.

Im Gegensatze zu den Finanzgerichten ist der Reichsfinanzhof ein vollwertiges Verwaltungsgericht. Doch enthält die Vorschrift über die Ernennung der Mitglieder des RFinH. einen Schönheitsfehler. „Mindestens die Hälfte der Mitglieder muß die Befähigung zum Richteramt erlangt haben" (§ 35). Ueber die Vorbildung der anderen Hälfte schweigt das Gesetz. Tatsächlich waren im Jahre 1922 von den 39 Mitgliedern des RFinH. 32 zum Richteramt befähigt, 6 waren aus dem höheren preußischen Verwaltungsdienst hervorgegangen, einer war früherer württembergischer Kameralist; vgl. Boethke, Vom inneren Dienstbetrieb des Reichsfinanzhofs, JW. 1922 S. 1643. Die von Strutz, JW. 1921 S. 1568f., ausgesprochenen Befürchtungen über die mangelhafte Auswahl der zweiten Hälfte scheinen sich also nicht zu erfüllen und werden noch mehr an Bedeutung verlieren, sobald die Vorbildung für den höheren Finanzdienst gemäß § 9 RAbgO. endgültig geregelt sein wird.

10. Bei der Reich und Länder gleichmäßig berührenden Disziplinargerichtsbarkeit begegnen sich Verbesserungen und Verschlechterungen, Verbesserungen in der allerdings nicht durchgängigen Einführung zweier disziplinargerichtlicher Instanzen dort, wo sie noch nicht bestanden, Verschlechterungen in der zum mindesten den Anschein einer Politisierung der Disziplinargerichtsbarkeit erweckenden Verminderung der richterlichen Mitglieder der Kollegien.

Außer den richterlichen Behörden der Finanzverwaltung werden vermutlich die Disziplinargerichte als Sonderverwaltungsgerichte bestehen bleiben, obgleich es nicht an Stimmen für ihre Angliederung an die allgemeinen Verwaltungsgerichte fehlt (Drews, Z. f. d. ges. StW. 78. Jg. 1924 S. 605), obgleich in Hessen von jeher der VGH. Disziplinargericht für die nichtrichterlichen Staatsbeamten war und obgleich die Disziplinargerichtsbarkeit über Gemeindebeamte in einigen Ländern schon längst von den allgemeinen Verwaltungsgerichten ausgeübt wird (vgl. z. B. preuß. Zuständigkeitsgesetz v. 1. August 1883 § 20, bad. StädteO. v. 18. Okt. 1910 § 42, etwas abgeschwächt bad. GemO. v. 5. Okt. 1921 § 74 Abs. 5, neuerdings meckl.-strelitzsche LGemO. v. 27. Juli 1922 § 62).

Ueber die Ausgestaltung der Disziplinargerichte schweigt die Reichsverfassung. Sie schreibt nur vor, daß gegen jedes dienstliche Straferkenntnis ein Beschwerdeweg und die Möglichkeit eines Wiederaufnahmeverfahrens eröffnet sein muß (Art. 129 Abs. 3); ein Reichsgesetz über die Grundsätze der Organisation solcher Landesdisziplinarbehörden, das nach RV. Art. 10 Ziff. 3 zulässig wäre, ist noch nicht ergangen. So ist es möglich, daß in Preußen zwar für die unteren und mittleren Beamten seit der VO. v. 18. Februar 1919 zwei disziplinargerichtliche Rechtszüge, die Disziplinarkammer und der Disziplinarhof, bestehen, daß aber für die höheren Beamten nach wie vor das Staatsministerium als zweitinstanzliche Disziplinarbehörde über dem Disziplinarhof tätig ist. Auch in den beiden Mecklenburg geht die Berufung von der Disziplinarkammer an das Staatsministerium (Me.-Schw., Ges. v. 3. Mai 1907 § 23; Me.-Str., Ges. vom 17. März 1921, Einziger Paragraph). In den meisten Ländern jedoch, die das Disziplinarverfahren neu geregelt haben, geht die Berufung von einer „Disziplinarkammer" an einen „Disziplinarhof" (Hamburg, Ges. v. 12. Febr. 1920 Art. I § 10; Bremen, Ges. vom 22. Mai 1919 Art. I; Lübeck, Ges. v. 4. Mai 1921 III § 52) oder von einem „Disziplinargericht" an einen „Disziplinarhof" (Anhalt, Ges. v. 1. Juni 1920 Art. 1 Ziff. 4); auch die Bezeichnungen „Dienststrafkammer" und „Dienststrafhof" (Thüringen, Staatsbeamtenges. v. 14. März 1923 § 82) oder „Dienststrafgerichtshof" (Braunschweig, Staatsbeamtenges. v. 4. April 1923 § 46) finden sich. Schaumburg-Lippe macht aus dem Mangel einer Verwaltungsgerichtsbarkeit die typische justizstaatliche Tugend und hat über die „Disziplinarkammer" den 1. Zivilsenat des OLG. Celle als zweite Disziplinarinstanz gesetzt (Ges. v. 29. November 1922 Art. VII).

Die Disziplinargerichtsbarkeit im Reiche war durch das Reichsbeamtengesetz vom 17. Mai 1907 vorbildlich geregelt gewesen. Von den sieben Mitgliedern der Disziplinarkammern mußten der Präsident und wenigstens drei andere Mitglieder sich in richterlicher Stellung in einem Lande befinden (§ 89), von den elf Mitgliedern des Disziplinarhofs mußten der Präsident und wenigstens fünf andere Mitglieder, also auch hier über die Hälfte, zu den Mitgliedern des Reichsgerichts gehören (§ 91); auch bei der mündlichen Verhandlung und der Entscheidung überwogen die richterlichen Mitglieder; alle Disziplinarrichter wurden für die Dauer ihres Hauptamtes ernannt (§ 93), die richterlichen also auf Lebenszeit. Dieser großzügige Schutz des Reichsbeamten gegen unsachliche Disziplinarerkenntnisse wurde durch das Reichsgesetz über die Pflichten der Beamten zum Schutze der Republik vom 21. Juli 1922 dreifach verschlechtert: 1. weder in den Disziplinarkammern noch im Disziplinarhof müssen in Zukunft die richterlichen Mitglieder überwiegen; 2. die Mitglieder der Disziplinarkammern und des Disziplinarhofs werden auf drei Jahre ernannt; 3. die Amtsdauer der im Amte befindlichen Mitglieder, also auch der auf Lebenszeit ernannten, endigte mit dem 31. August 1922. Einzelne Länder ahmten das Beispiel des Reiches nach, so Preußen durch Ges. v. 4. August 1922, Hessen durch Ges. v. 11. August 1922, Sachsen durch Ges. v. 26. Juli 1923. Dem um seinen Bestand ringenden Staat billigt man gewiß das Recht zu außerordentlichen Maßnahmen zu, aber auf die Dauer wird sich eine solche ausgesprochene oder unausgesprochene Politisierung der Disziplinargerichtsbarkeit nicht aufrechterhalten lassen. Aehnliche Erwägungen mögen dem preußischen Gesetzgeber vorgeschwebt haben, wenn er im Ges. v. 4. August 1922 Art. 7 ausdrücklich bestimmt, das Gesetz trete mit dem Erlaß eines neuen allgemeinen Disziplinargesetzes außer Kraft.

11. Der aus der Mitte des Reichstags eingebrachte demokratische Entwurf eines deutschen Beamtengesetzes (Drucksache Nr. 86 der III. Wahlperiode) bedeutet in der vorgeschlagenen Einrichtung von Dienstgerichten und Dienststrafgerichten einen bemerkenswerten Zug zur rechtsstaatlichen Ausgestaltung des Beamtenrechts.

Daß auch eine republikanische Partei Wert auf eine unparteiische Rechtsprechung in Dienstsachen legen muß, beweist der von der demokratischen Partei aus der Mitte des Reichstags zunächst als Drucksache Nr. 311 der II. Wahlperiode, dann als Drucksache Nr. 86 der III. Wahlperiode eingebrachte große Entwurf eines deutschen Beamtengesetzes. Nach dessen § 157 wird die Dienststrafgerichtsbarkeit durch die Dienststrafgerichte und den Dienststrafhof ausgeübt. Die den Oberlandesgerichten anzugliedernden Dienststrafgerichte entscheiden in der Besetzung von zwei richterlichen Mitgliedern, die entweder hauptamtlich auf Lebenszeit oder nebenamtlich auf die Dauer des von ihnen bekleideten richterlichen oder verwaltungsrichterlichen Amtes — gedacht ist auch hier an lebenslängliche Anstellung — ernannt werden, und drei von den Beamtenvertretungen auf vier Jahre zu wählenden Beamtenbeisitzern (§§ 159—161). Die richterlichen Mitglieder der Dienststrafgerichte haben die Rechte aus RV. Art. 104 (§ 169), auch die Beamtenbeisitzer sind unabsetzbar wie Richter (§ 170). Der Dienststrafhof hat seinen Sitz beim Reichsverwaltungsgericht. Er entscheidet in der Besetzung von vier richterlichen Mitgliedern und drei Beamtenbeisitzern. Die richterlichen Mitglieder werden hauptamtlich auf Lebenszeit oder nebenamtlich aus der Zahl der Mitglieder des RVG. für die Dauer des dort bekleideten Amts ernannt (§§ 171 f.). Wichtig ist, daß auch gegen Ordnungsstrafen das Dienststrafgericht angerufen werden kann (§ 182), während das geltende Recht den Staatsbeamten gegen solche Strafen meist ohne gerichtlichen Schutz läßt.

Auch wenn der Entwurf nicht Gesetz wird, auch wenn man ihm in vielen Punkten ablehnend gegenübersteht, verdient er doch hohes Lob als Wahrzeichen der in einem großen Teile unserer heutigen Beamtenschaft lebendigen rechtsstaatlichen Ideale. Die Vorschläge zum Dienststrafrecht bilden nur einen kleinen Teil des Riesenwerkes. Vor allem wird für die Geltendmachung grundsätzlich aller Dienstrechtsansprüche der Dienstrechtsweg vor den Dienstgerichten und dem Dienstobergericht eröffnet (§ 2 Ziff. 23, §§ 20 ff., 444 ff., 455 ff.). Bei den Dienstgerichten ist wenigstens der Vorsitzende mit voller richterlicher Unabhängigkeit ausgestattet, der ernannte Beisitzer und der von der Beamtenvertretung gewählte Beisitzer halten sich die Wage (§§ 458 ff.). Das Dienstobergericht soll dem RVG. angegliedert werden (§ 492). Der Vorsitzende und zwei Beisitzer sind den Mitgliedern des RVG. zu entnehmen, die beiden andern Beisitzer werden aus der Zahl der bei den Dienstgerichten gewählten Beamtenbeisitzer vom Reichspräsidenten ernannt. Die Amtszeit der vier Beisitzer beträgt vier Jahre. Die aus den Mitgliedern des RVG. zu entnehmenden Beisitzer werden vom Präsidenten des RVG. bestimmt. Der Vorsitzende wird vom Reichspräsidenten auf Lebenszeit ernannt (§§ 492, 495).

II. Schutz rein oder überwiegend objektiven Rechts.

Vorbemerkung zu diesem und dem folgenden Abschnitt. Obgleich in einem Bericht wie diesem abstrakt-theoretische Ausführungen nach Möglichkeit vermieden werden sollen, muß doch über die Abgrenzung des „rein oder überwiegend objektiven Rechts“ dieses Abschnitts von den „subjektiven Rechten“ des folgenden Abschnitts ein Wort gesagt werden. Zum objektiven Recht rechne ich das Rechtsnormenrecht und das die Staatsorgane eines und desselben Staates ausschließlich betreffende Recht. Zum objektiven Recht gehört also einmal die Frage der Gültigkeit und die Frage der Auslegung einer Rechtsnorm; selbst wenn, wie beim Widerspruch zwischen Reichsrecht und Landesrecht, die Frage auch Gegenstand eines Rechtsstreites zweier Rechtssubjekte sein könnte, tritt doch, namentlich durch die Regelung nach RV. Art. 13 (im Gegensatze zu Art. 19), die subjektivrechtliche Seite des Streites so stark in den Hintergrund, daß auch hier noch von dem Schutze zum mindesten überwiegend objektiven Rechts gesprochen werden kann. Zum objektiven Recht gehört zweitens die Frage nach dem Bestand eines Staatsorgans, nach seinen Befugnissen einem andern Staatsorgan desselben Staates gegenüber und nach seinen sonstigen Beziehungen zu diesem Staatsorgan. Entsprechendes gilt von Kommunalorganen. Auch hier kann das subjektive Recht hineinragen, so wenn durch Ungültigerklärung einer Reichstagswahl nicht nur über den Bestand des Reichsorgans „Reichstag“, sondern auch über das etwa vorhandene subjektive Recht eines Reichstagsabgeordneten auf diese seine Eigenschaft entschieden wird. Aber auch in diesem Falle überwiegt das objektive Recht, denn die Wahlprüfung würde genau so auch dann vor sich gehen, wenn ein positiver Rechtssatz den Abgeordneten jedes subjektive Recht auf ihren Sitz im Reichstage abspräche. Popularklagen gegen die Gültigkeit einer Wahl würden ebenfalls dem objektiven Rechte zuzurechnen sein.

Dagegen liegt nicht Schutz nur objektiven Rechts, sondern neben diesem Schutze der Schutz subjektiver Rechte in allen Fällen vor, in denen sich zwei Rechtssubjekte gegenüberstehen und ihr Interesse wahrnehmen. Der sog. Kompetenzkonflikt in seiner heutigen Ausgestaltung gehört daher nicht dem rein oder überwiegend objektiven Rechte an. Er würde es, wenn zwischen Gericht und Verwaltungsbehörde eine abstrakt streitig gewordene Frage entschieden würde. In Wirklichkeit wird über den Rechtsschutzanspruch des Klägers, also ein subjektives Recht, entschieden, nämlich darüber, ob er ein Recht darauf hat, daß das ordentliche Gericht seine Klage in der Sache erledigt, oder ob er ein solches Recht nicht hat.

1. Die Prüfung der Gesetze auf Verfassungsmäßigkeit anläßlich eines gewöhnlichen Verfahrens befiehlt die bayerische, verbietet die schaumburg-lippische Verfassung. Die von Mitgliedern des Reichsgerichts mehrfach geäußerte Ansicht, das Reichsgericht habe die Frage des richterlichen Prüfungsrechts im bejahenden Sinne entschieden, trifft in dieser Form nicht zu. Wohl aber hat der Große Senat des Reichsversorgungsgerichts am 21. Oktober 1924 einem Reichsgesetz wegen Verfassungswidrigkeit die Gültigkeit versagt. Vielleicht neigt die Entwicklung zur österreichischen, auch in der Tschecho-Slowakei angenommenen Lösung, wonach die Prüfung dem Staatsgerichtshof für das Deutsche Reich vorzubehalten wäre.

Während nach § 72 der bayer. VerfU. die mit der Rechtspflege betrauten Behörden bei ihren Entscheidungen prüfen, ob ein anzuwendendes Landesgesetz mit einer Bestimmung der bayerischen Verfassung in Widerspruch steht, während andererseits nach § 47 der schaumburg-lippischen Verfassung v. 24. Februar 1922 die Prüfung der Rechtsbeständigkeit gehörig verkündeter Gesetze und Notgesetze nicht den Behörden, sondern ausschliesslich dem Landtag zusteht, ist die Frage nach dem richterlichen Prüfungsrecht dort, wo die Verfassung schweigt, also namentlich für das Reich, nach wie vor leidenschaftlich umstritten. Um einem weitverbreiteten Märchen entgegenzutreten, sei bemerkt, daß das RG. die Frage noch nicht im bejahenden Sinne entschieden hat; vgl. die Nachweise in meinem Aufsatz „Das Märchen von der Überprüfung verfassungswidriger Reichsgesetze durch das Reichsgericht" in der

JW. 1925 S. 454f. Wenn auf dem 33. Deutschen Juristentage Senatspräsident Dr. Lobe von einer res iudicata auf diesem Gebiete gesprochen hat (vgl. Arch. d. öff. R., N. F. Bd. 7 S. 352), wenn Reichsgerichtspräsident Dr. Simons am 1. Oktober 1924 in einer Ansprache es „als eines der wichtigsten Ergebnisse der vom RG. im vergangenen Berichtsjahr ausgeübten Urteilstätigkeit" bezeichnete, „daß das Plenum der Zivilsenate am 22. Februar 1924 dem deutschen Richter das Recht der Prüfung aller Gesetze auf ihre Verfassungsmäßigkeit vindiziert hat" (D. Richterz. 1924 Sp. 424), so muß einer leicht möglichen Legendenbildung entgegengetreten werden. Der Beschluß der Vereinigten Zivilsenate v. 22. Februar 1924 (RGZ. Bd. 107 S. 320ff.) betraf nur die Gültigkeit der Abgeltungserweiterungs**verordnung**, nicht die eines **Gesetzes**. Selbst wenn, worauf die Aeußerungen Lobes und Simons' hindeuten, in der Beratung die Ansicht vertreten wurde, daß dem Richter auch gegenüber Gesetzen das Prüfungsrecht zusteht, so kommt diese Auffassung doch im Beschlusse selbst nicht zum Ausdruck und würde, auch wenn sie zum Ausdruck gekommen wäre, nicht die Bedeutung eines Präjudizes haben. Denn der eigentümliche Wirklichkeitswert, der eine gerichtliche Entscheidung vor einer theoretischen Erörterung auszeichnet, kommt nur solchen Gedankengängen zu, auf die sich eine Fallentscheidung aufbaut; nur hinter ihnen steht die ganze Wucht richterlicher Verantwortung, nur sie sind viva vox iuris. Bedauerlich ist, daß jener Beschluß in der DJZ. insofern ungenau wiedergegeben wurde, als er dort den einleitenden Satz enthält: „Zunächst ist das Plenum davon ausgegangen, daß es Pflicht und Recht der Gerichte sei, die Verfassungsmäßigkeit der in gehöriger Form publizierten Normen nachzuprüfen" (DJZ. 1924 Sp. 290). Davon steht in der amtlichen Sammlung kein Wort. Das Reichsversorgungsgericht aber stützt sich in der Entscheidung des Großen Senats v. 21. Oktober 1924 auf die irreführende Darstellung des Rechtsanwalts Görres in der JW. 1924 S. 1564ff. (dazu „Märchen", JW. 1925 S. 454f.) und vor allem auf den Zusatz der DJZ., deren oben angeführter Satz wörtlich wiedergegeben wird, und kommt mit einem: „Der Große Senat hat sich dieser Ansicht angeschlossen" zu einer Ungültigerklärung der als ein Rechts**gesetz** zustandegekommenen „Siebenten Ergänzung des Besoldungsgetzes" v. 25. Oktober 1922 (vgl. Entsch. d. Reichsversorgungsgerichts 4. Bd. S. 168ff., insbes. S. 189). Angesichts dieser Irrungen, Wirrungen liegt auch heute noch nicht res iudicata vor. Sollte das RG. aber einmal wirklich verantwortlich zu der Frage Stellung nehmen müssen, dann wird es mit gewohnter Sorgfalt die Gründe für und wider prüfen.

Es wird sich sagen, daß ein doch sehr leicht möglicher richterlicher Irrtum u. U. schädlicher sein kann als ein Irrtum des Gesetzgebers. Es wird an den fein abwägenden Ausführungen Thomas im Arch. d. ö. R. Bd. 43 S. 267 ff. (jetzt auch DJZ. 1925 Sp. 573 f.) nicht achtlos vorbeigehen dürfen. Es wird sich klar machen, wie schwer es bei uns angesichts der Parteigruppierungen ist, selbst ein lebensnotwendiges Gesetz mit Zweidrittelmehrheit durchzubringen, und daß die Gefahr nur dadurch gemildert werden kann, daß sich der Richter der Prüfung eines in seiner Verfassungsmäßigkeit zweifelhaften Gesetzes enthält. Es wird die unserm Kulturkreise angehörigen Verfassungen der Eidgenossenschaft, Oesterreichs und der Tschecho-Slowakei auf sich wirken lassen, die dem Richter, sei es überhaupt, sei es im gewöhnlichen Verfahren, das Prüfungsrecht versagen (Schweiz. Bundesverf. Art. 113, 114 bis, Oest. Bundesverf. Art. 89, Tsch.-Sl. Verf. EG. v. 29. Febr. 1920 Art. II, dazu Epstein, Studienausgabe, 1923, S. 214). Es wird endlich beachten, daß auch nach dem ungeschriebenen Rechte Basels das richterliche Prüfungsrecht von den Gerichten neuerdings verneint wird (Urt. des Basler Verwaltungsgerichts v. 26. Januar 1923, Entscheid des Bundesgerichts v. 27. April 1923, Schweizerisches Zentralblatt f. Staats- u. Gemeinde-Verwaltung 1923 S. 309 ff.), obgleich hier die Theorie daran gearbeitet hatte, es zu bejahen (Ruck, Basler Festg. z. schweiz. Juristentag, 1920, S. 49 ff.). Bedenkt man, zu welcher Erschütterung der Rechtssicherheit selbst die Ungültigkeitserklärung einer bloßen Notverordnung wie der des Reichspräsidenten v. 4. Dez. 1924 durch den Reichsfinanzhof geführt hat (vgl. Kloß in der DJZ. 1925 Sp. 235 ff.), so scheint es mir, trotz der vorhandenen starken Strömungen für das richterliche Prüfungsrecht, doch nicht sicher zu sein, daß es auch wirklich kommt. Wahrscheinlicher ist die Entwicklung im Sinne der österreichischen Lösung. Die österreichische Bundesverfassung behält die Prüfung eines Gesetzes auf Verfassungsmäßigkeit dem Verfassungsgerichtshof vor (Art. 89, 140), ähnlich die tschecho-slowakische Verfassung (EG. Art. II). Da der 33. Deutsche Juristentag Ausdehnung der Zuständigkeit des Staatsgerichtshofes für das Deutsche Reich auf Verfassungsstreitigkeiten des Reichs verlangt hat (Arch. d. ö. R., N. F. Bd. 7 S. 353), ist es leicht möglich, daß durch oder bei Erfüllung dieser Forderung der unerquickliche Streit im Sinne einer ausschließlichen Zuständigkeit des Staatsgerichtshofs für das Deutsche Reich entschieden wird.

2. *Die abstrakte Feststellung der Gültigkeit oder der Ungültigkeit einer Rechtsnorm* ist aus-

drücklich vorgesehen nur im Verhältnis zwischen Reichsrecht und Landesrecht (RV. Art. 13). Darüber hinaus kann die Frage der Verfassungsmäßigkeit einer Landesverordnung, eines Statuts oder eines Landesgesetzes Hauptpunkt einer nach RV. Art. 19 zu entscheidenden Verfassungsstreitigkeit sein. Da die Ausdehnung der Zuständigkeit des Staatsgerichtshofs für das Deutsche Reich auf Verfassungsstreitigkeiten des Reichs angestrebt wird und sich auch sonstige Anzeichen einer abstrakten gerichtlichen Feststellung der Gültigkeit von Rechtsnormen bemerkbar machen, dürfte auch hier die österreichische Regelung die Entwicklungsrichtung angeben.

Die soeben angedeutete Lösung der Frage des richterlichen Prüfungsrechts hätte den unleugbaren Vorteil, daß der Streitpunkt abstrakt, d. h. einmal für allemal, entschieden würde und die Gerichte nicht ein zweites oder drittes Mal beschäftigen könnte. Eine solche abstrakte Feststellung der Gültigkeit oder Ungültigkeit einer Rechtsnorm ist dem geltenden Reichsrecht nicht mehr fremd, seit die Reichsverfassung (Art. 13), das zu ihrer Ausführung ergangene Reichsgesetz v. 8. April 1920 und § 6 des Finanzausgleichsgesetzes v. 30. März 1920/23. Juni 1923 mit der abstrakten Prüfung der Gültigkeit eines Landesgesetzes das Reichsgericht, bei Steuervorschriften den Reichsfinanzhof betraut haben. So wichtig diese Regelung war, so ist sie doch nur eine Teilregelung, denn ein gleich starkes Interesse besteht u. U. für die abstrakte Feststellung der Verfassungsmäßigkeit eines Gesetzes und der Gesetzmäßigkeit („Gesetz" hier im Sinne von „höhere Rechtsnorm" genommen) einer Verordnung oder einer sonstigen untergeordneten Rechtsnorm. Hier greift RV. Art. 19 ein, aber nur, soweit die Frage Gegenstand einer Verfassungsstreitigkeit innerhalb eines Landes sein kann, also nicht bei Reichsnormen, auch nicht bei bloßer Gesetzwidrigkeit einer Landesnorm, sondern nur bei deren Verfassungswidrigkeit, gleichgültig, ob es sich dabei um ein Landesgesetz, eine Landesverordnung oder eine statutarische Vorschrift handelt. So hat der Staatsgerichtshof für das Deutsche Reich am 29. September 1923 entschieden: „Es wird festgestellt, daß die §§ 6 und 11 des sächsischen Gesetzes über den Staatsrechnungshof vom 4. Juli 1922 mit Art. 48 der sächsischen Verfassung in Widerspruch stehen" (RGZ. Bd. 107 S. 17*). Ob eine solche Entscheidung die Unwirksamkeit der verfassungswidrigen Bestimmung zur Folge hat oder das Land nur zu deren Aufhebung verpflichtet, richtet sich nach Landesrecht.

Die abstrakte Feststellung der Gesetzwidrigkeit einer untergeordneten Rechtsnorm oder, was etwa dasselbe bedeutet, die abstrakte Anfechtung einer solchen Norm wegen Gesetzwidrigkeit kam früher nur vereinzelt vor (bad. Wassergesetz v. 12.

April 1913 § 120 Abs. 1 Ziff. 2) und ist auch heute noch selten. Namentlich darf das Wortpaar „Anordnungen und Verfügungen" in RV. Art. 107 und in neueren Landesgesetzen nicht zu der Annahme verleiten, die verwaltungsgerichtliche Anfechtungsklage sei jetzt anders als früher auch unmittelbar gegen Verordnungen gegeben. Versuche derartiger abstrakter Anfechtungen wurden mit Recht mehrfach zurückgewiesen (Thür. OVG. 25. Okt. 1920, Jahrb. d. Entsch. d. thür. OVG. 1920 S. 101ff.; Württ. VGH. 15. Okt. 1922, Z. f. fr. Ger. usw. i. Wü., Spruchbeil. 1923 S. 118ff.). Daß trotzdem der Gedanke der abstrakten Ungültigkeitserklärung einer untergeordneten Rechtsnorm um sich greift, beweist neben RV. Art. 13 und neben dem Antrag Schiffer u. Gen. v. 2. Januar 1912 (Drucks. Nr. 20 d. Abg.Hauses) das preußische Gesetz v. 26. August 1921 zur Aenderung des Kommunalabgabengesetzes, dessen § 70a bestimmt: „Wird im Verwaltungsstreitverfahren (nämlich auf Klage eines Steuerpflichtigen) eine Abgabenordnung für rechtsungültig erklärt (nämlich nur für diesen einen Fall), so kann einer neuen Ordnung, die die gleiche oder eine gleichartige Abgabe regelt, rückwirkende Kraft beigelegt werden." Dies ist zwar noch keine abstrakte Ungültigkeitserklärung, aber doch eine, die so wirkt, als wäre sie abstrakt. Vor allem sei aber auf Art. 139 der österreichischen Bundesverfassung hingewiesen, wonach der Verfassungsgerichtshof in einem Sonderverfahren über die Gesetzwidrigkeit von Verordnungen einer Bundes- oder Landesbehörde entscheidet. „Das Erkenntnis des Verfassungsgerichtshofes, mit dem die VO. als gesetzwidrig aufgehoben wird, verpflichtet die zuständige Behörde zur unverzüglichen Kundmachung der Aufhebung; die Aufhebung tritt am Tage der Kundmachung in Kraft." Bedenkt man das schon erwähnte Bestreben, die Zuständigkeit des Staatsgerichtshofs für das Deutsche Reich auf Verfassungsstreitigkeiten des Reichs auszudehnen, bedenkt man ferner die nahe Verwandtschaft des österreichischen Rechts mit dem deutschen und die in die Augen springende Zweckmäßigkeit der österreichischen Regelung, bedenkt man endlich, daß es doch kaum einen tieferen Sinn hat, die abstrakte Feststellung der Gültigkeit einer Norm für alle Zukunft nur im Verhältnis zwischen Reichsrecht und Landesrecht oder zwischen Landesnorm und Landesverfassung zuzulassen, so wird vermutlich die österreichische Regelung auch einmal auf Deutschland übergreifen.

3. Die Entscheidung des RG. und des RFH. (künftig wohl auch des RVG.) nach RV. Art. 13 Abs. 2 über die Unvereinbarkeit einer landesrechtlichen Norm mit dem Reichsrecht ist zugleich eine gesetzeskräftige Auslegung des Reichsrechts dahin, daß es das Bestehen einer d e r a r t i g e n landesrechtlichen Norm nicht duldet. Dies, die Tatsache, daß das RG. neuerdings mit Recht auch die Unvereinbarkeit einer Landesnorm „in ihrer Anwendung auf bestimmte Fälle" feststellt (RGZ. 107, 287), die Betrauung des württ. VGH. mit der authentischen Auslegung einer Bestimmung der württembergischen Verfassung, endlich auch die namentlich an den Namen Z e i l e r sich knüpfenden Bestrebungen nach der Schaffung eines Reichsrechtshofs zur bindenden Gesetzesauslegung lassen vermuten, daß über kurz oder lang die gesetzeskräftige Auslegung objektiven Rechts ganz allgemein einem oder mehreren obersten Gerichtshöfen übertragen werden wird.

RV. Art. 13 Abs. 2 wird vielleicht auch noch die Keimzelle für eine andere als die soeben geschilderte Entwicklung sein. Er ermächtigt die zuständige Reichs- oder Landeszentralbehörde, die Entscheidung „eines obersten Gerichtshofs des Reichs" darüber anzurufen, ob eine landesrechtliche Vorschrift mit dem Reichsrecht vereinbar ist oder nicht. Dieser oberste Gerichtshof ist z. Zt. für Steuergesetze der Reichsfinanzhof, sonst das Reichsgericht. Nach Errichtung des RVG. oder der Einrichtung von Verwaltungssenaten am RG. als RVG. wird aber diese stark justizstaatliche Regelung vermutlich ihr Ende finden, und die Zuständigkeit der Zivil- oder Strafsenate auf den Fall beschränkt bleiben, daß die landesrechtliche Vorschrift dem bürgerlichen Rechte, dem Strafrecht oder dem gerichtlichen Verfahren angehört. Welches ist nun aber die Wirkung einer Entscheidung solcher obersten Gerichtshöfe des Reichs? Nach § 3 Abs. 3 des Gesetzes v. 8. April 1920 hat die Entscheidung Gesetzeskraft. Die nach Ansicht des RG. mit dem Reichsrecht im Widerspruch stehende landesrechtliche Vorschrift tritt also außer Kraft, wie wenn sie durch ein Reichsgesetz förmlich aufgehoben worden wäre, gleichgültig, ob die Ansicht des RG. richtig ist oder nicht. Darüber hinaus muß die Entscheidung aber auch die Bedeutung einer gesetzeskräftigen Auslegung des Reichsrechts dahin haben, daß das geltende Reichsrecht eine landesrechtliche Vorschrift wie die aufgehobene nicht duldet, auch eine künftige nicht, auch nicht eine gleichlautende oder gleichbedeutende eines anderen Landes. Sonst würde es ja das Land versuchen dürfen, die aufgehobene Vorschrift alsbald neu zu erlassen, eine Ansicht, die von M o r s t e i n M a r x vertreten wird (PrVBl. Bd. 43 S. 500, Bd. 44 S. 137), die aber angesichts des ausgesprochenen Zwecks des Art. 13 der RV., Rechtsklarheit im Gegensatze zur bisher möglichen Rechtsverwirrung zu schaffen, unmöglich richtig sein kann. Bei der Ausdehnung der Gesetzeskraft der Entscheidung auf andere Länder tritt allerdings das Bedenken entgegen, daß die Regierungen jener Länder am gerichtlichen Verfahren gar nicht beteiligt waren, daß also für sie eine res inter alios iudicata vorliegt. Dem ist entgegenzuhalten, daß das zum zweitenmale angerufene RG. gar nicht anders entscheiden darf als das erstemal, da es sonst zu dem unmöglichen Ergebnis kommen könnte, daß die Vorschrift x im Lande P. mit dem doch einheitlichen Reichsrecht im Widerspruche steht, im Lande B. aber mit ihm vereinbar ist. Dadurch, daß der Entscheidung Gesetzeskraft beigelegt ist, nicht bloße Rechtskraft, wirkt sie eben inter omnes, nicht nur inter partes. Ebenso mit überzeugenden Gründen RGRat Dr. Strecker in der bayer. Gemeinde- u. Verwaltungszeitung 1923 Sp. 465ff.; vgl. auch meine Anmerkung in der JW. 1924 S. 439. Das bayerische Oberste Landesgericht hatte sich wenigstens aus Zweckmäßigkeitsgründen dem für das preußische Recht ergangenen Beschlusse des RG. v. 20. Februar 1923 gefügt (Urt. v. 9. Mai 1923, Z. f. Rpfl. in Bayern 1923 S. 215f.), während der bay. VGH. dem Beschlusse unmittelbare Bedeutung für Bayern absprach (Beschl. v. 28. Nov. 1923, ebendort 1924 S. 12f.). Glücklicherweise hat das bayerische Gesetz v. 7. März 1924 diesem unerträglichen Zwiespalt dadurch ein Ende bereitet, daß es sich der Auffassung des RG. fügte.

Die soeben gemachten Ausführungen sollten nur den Boden für die Erkenntnis vorbereiten, daß es schon heute Fälle gesetzeskräftiger Auslegung objektiven Rechtes gibt. Im Bereiche dieser Tatsache liegt es auch, daß das RG. neuerdings der landesgesetzlichen Norm zunächst eine bestimmte Auslegung gibt und dann die Unvereinbarkeit der anders ausgelegten Norm mit dem Reichsrecht ausspricht. So lautet der Beschluß des RG. v. 27. Nov. 1923 (RGBl. 1924 I S. 41, RGZ. Bd. 107 S. 287), daß die Vorschriften des sächsischen Altersgrenzengesetzes „in ihrer Anwendung auf die ordentlichen Mitglieder des Landeskonsistoriums“ mit der RV. nicht vereinbar seien. Von hier zur Erklärung der Unvereinbarkeit der richtig ausgelegten Landesnorm mit dem Reichsrecht ist nur ein Schritt. Eine ganz zweifelsfreie gesetzeskräftige Auslegung durch Richterspruch sieht aber das württembergische Gesetz v. 31. Mai 1922 über die Auslegung des § 63 Abs. 3 Satz 2 der württembergischen Verfassung vor. Die Auslegung dieses Satzes oder des § 83 der VerfU. v. 20. Mai 1919 wird durch Beschluß des VGH. festgestellt. Der Beschluß hat Gesetzeskraft. Betrachtet man diese Ansätze einer Entwicklung in ihrer Gesamtheit, so hat es den Anschein, als ob der Zeilersche Plan eines Reichsrechtshofs zur gesetzeskräftigen Auslegung des geltenden Reichsrechts nicht mehr ganz dem Bereiche der bloßen Wünsche angehört. Zeiler hat seine Gedanken zuletzt in der D. Richterzeitung 1925 Sp. 62ff. geäußert. Von Praktikern haben ihm in neuerer Zeit Drews und Wiedersum zugestimmt

(D. Wirtschaftsztg. 1921 S. 195 ff.). Eine Abschlagszahlung auf die Forderung nach einem Reichsrechtshof wäre der m. W. bei den amtlichen Stellen gehegte Plan, für die grundsätzlichen Entscheidungen der obersten Verwaltungsgerichte des Reichs und der Länder zum Reichsrecht eine fortlaufende einheitliche Sammlung einzurichten und diese Gerichte zu verpflichten, eine Entscheidung des Staatsgerichtshofs oder eines anderen höchsten Gerichtshofs des Reichs einzuholen, wenn sie von der veröffentlichten Entscheidung eines anderen Gerichts abweichen wollen. Die dann ergehende Entscheidung des Staatsgerichtshofs oder des andern höchsten Gerichtshofs wird ebenfalls in der Sammlung veröffentlicht und hat für künftige Fälle keine größere Kraft als die übrigen Entscheidungen.

4. *Ueber den Bestand der höchsten Staatsorgane entscheiden die ordentlichen und die Verwaltungsgerichte in reiner Form und nach der Revolution nur selten, so das Verwaltungsgericht in Lübeck über die Eintragung in die Wählerliste für die Reichstagswahl, das preußische OVG. über die Gültigkeit der Wahlen zum Staatsrat, das Danziger Oberste Gericht über die Gültigkeit der Wahlen zum Volkstag und die zweifelhaft gewordene Mitgliedschaft zum Volkstag.*

Der Hauptanwendungsfall für eine gerichtliche Entscheidung über den Bestand eines Staats- oder Kommunalorgans, insbesondere über die Zusammensetzung eines Kollegiums, wird immer der Fall der Wahlprüfung bleiben. Während sich auf dem Gebiete der Gemeindewahlen seit 1918 nichts Wesentliches geändert hat, es hier auch keiner wesentlichen Aenderung bedurfte, hat sich der Rechtsschutz für die staatlichen Wahlen durch die, allerdings nicht durchgängige, Einführung von Wahlprüfungsgerichten erheblich verbessert. Es würde den Gegenstand der mir gegebenen Aufgabe einer Darstellung des Rechtsschutzes durch die ordentlichen und die Verwaltungsgerichte überschreiten, wollte ich auf die Organisation der besonderen Wahlprüfungsgerichte, dieser Sonderstaatsgerichtshöfe, näher eingehen. Nur wenn Verwaltungsgerichte oder ordentliche Gerichte ausnahmsweise mit solcher Staatsgerichtsbarkeit betraut sind, bedarf die Tatsache der Erwähnung. Das einzige Verwaltungsgericht, das über die Zugehörigkeit zum Organ „Reichswählerschaft", nämlich die Eintragung in die Wählerliste für die Reichstagswahl oder für eine sonstige Stimmenabgabe in Reichssachen entscheidet, ist das VG. Lübeck nach der lüb. AusfVO. z. Reichsstimmordnung v. 29. März 1924; im übrigen Deutschland fehlt es in dieser Beziehung überhaupt an jedem gerichtlichen Schutz, eine begreifliche Folge der „Wählerliste von Fall zu Fall" im Gegensatze zur dauernden Wählerliste, wie sie z. B.

in der Tschecho-Slowakei besteht (Ges. v. 19. Dez. 1919). Ueber die Gültigkeit der Wahlen zum preußischen Staatsrat entscheidet nach dem preuß. Gesetz v. 16. Dez. 1920 § 24 das OVG., ebenso nach dem Ges. v. 25. Juli 1922 § 2 über die Gültigkeit der Wahlen zum Bezirksausschuß und zum Provinzialrat. Die Betrauung eines ordentlichen Gerichts mit den Aufgaben eines Wahlprüfungsgerichts wie früher in Elsaß-Lothringen findet sich zurzeit nur in Danzig, wo nach Art. 10 der Verfassung v. 14. Juni 1922 das Oberste Gericht über die Gültigkeit der Wahl eines Abgeordneten und auch sonstwie darüber entscheidet, ob die gesetzlichen Voraussetzungen der Mitgliedschaft vorhanden sind. Weder die lübeckische noch diese Danziger Bestimmung kann aber als typisch gelten, und so wird es wohl auch in Zukunft dabei bleiben, daß über die Gültigkeit parlamentarischer Wahlen und sonstiger höchstpolitischer Stimmabgaben besondere Wahlprüfungsgerichte entscheiden, die Zuständigkeit der ordentlichen Gerichte ganz ausscheidet und die Zuständigkeit der Verwaltungsgerichte auf die Prüfung der Gültigkeit von Kommunalwahlen und Wahlen zu Staatsbehörden beschränkt bleibt.

5. Auch über die Befugnisse der höchsten Staatsorgane und deren Beziehungen zueinander entscheiden die ordentlichen und die Verwaltungsgerichte nur selten. Für Lübeck übt das Hanseatische OLG. Staatsgerichtsbarkeit aus, in Sachsen entscheidet über die Zulassung zum Volksbegehren das Plenum des OVG. Diese sächsische Bestimmung deckt einen Mangel des Reichsrechts auf. Von einer Entwicklungstendenz zu einem allgemeinen gerichtlichen Schutz der Beziehungen einzelner Behörden zueinander — etwa der akademischen Behörden zur Staatsregierung — ist zurzeit noch nichts zu spüren.

Eine weitere Art des Schutzes rein oder überwiegend objektiven Rechts bestände darin, daß die Gerichte über die Zuständigkeit eines bestimmten Staats- oder Kommunalorgans schlechthin, ohne Beziehung zu einem dem Staate oder dem Kommunalverband gegenüberstehenden Rechtssubjekt, und über die Beziehungen zwischen mehreren Organen eines und desselben Staates oder eines und desselben Kommunalverbandes zu entscheiden hätten. Soweit die Organe höchste Organe der Länder sind, insbesondere Regierung und Volksvertretung, wäre der Streit eine Verfassungsstreitigkeit und würde, falls im Lande kein Gericht zu ihrer Erledigung besteht, durch den Staatsgerichtshof für das Deutsche Reich zu entscheiden sein (RV. Art. 19). Die Darstellung der Zuständigkeit besonderer Staatsgerichtshöfe der Länder, wie es sie z. B. in Bayern, Thüringen, Mecklenburg-Schwerin und Oldenburg gibt, ist nicht Aufgabe dieses Berichts. Dagegen ist hervorzuheben, daß nach Art. 60

der Verfassung von Lübeck über Meinungsverschiedenheiten zwischen Senat und Bürgerschaft das Hanseatische OLG. Recht spricht. Auch das Plenum des sächsischen OVG. übt Staatsgerichtsbarkeit aus, wenn es nach dem sächsischen Gesetze v. 8. März 1921 § 2 auf Einspruch des ersten Unterzeichners über die vom Gesamtministerium abgelehnte Zulassung eines Volksbegehrens entscheidet. In andern Ländern würde hier, falls keine Regelung getroffen ist, der Staatsgerichtshof für das Deutsche Reich zuständig sein. Dagegen fehlt es solchenfalls im Reiche an jedem Rechtsschutz, solange RV. Art. 19 noch nicht auf Verfassungsstreitigkeiten des Reichs ausgedehnt ist: über den Antrag auf Zulassung entscheidet der Reichsminister des Innern ohne jegliche Nachprüfung durch ein Gericht (Reichsges. ü. d. Volksentscheid v. 27. Juni 1921 § 30). Bei Streitigkeiten nicht-höchster Staatsorgane liegt der Rechtsschutz auch in den Ländern ziemlich im argen. Wohl ist nach wie vor das Verwaltungsstreitverfahren für den Fall vorgesehen, daß der Bürgermeister einen Beschluß der Gemeindevertretung beanstandet (z. B. preuß. Zuständigkeitsgesetz v. 1. Aug. 1883 § 15); hierbei kann man allerdings im Zweifel sein, ob es sich noch um den Schutz rein objektiven Rechts handelt, da sich die Ansicht vertreten läßt, daß der hier den Weisungen der Aufsichtsbehörde unbedingt unterworfene Bürgermeister gar nicht als Gemeinde-, sondern als Staatsorgan tätig wird. Auch an die verwaltungsgerichtliche Anfechtung eines endgültigen Beschlusses des Provinzialrats, des Bezirksausschusses, des Kreisausschusses durch den Oberpräsidenten, Regierungspräsidenten, Landrat nach dem preußischen Landesverwaltungsgesetz § 126 ist hier zu denken, soweit jener endgültige Beschluß nicht zugleich ein subjektives Recht berührt. Dagegen sucht man vergebens nach einem allgemeinen Schutz der Beziehungen der Staatsbehörden zueinander. Ich denke dabei in erster Linie an das Verhältnis der Universitätsbehörden zur Aufsichtsbehörde, insbesondere zum Minister. Die Befugnisse des Senats, der Fakultäten, der Institutsdirektoren stehen mit der juristischen Persönlichkeit der Universitäten in gar keinem oder in nur losem Zusammenhang, gehören also auch im Verhältnis zum Staate dem objektiven Rechte an (vgl. Otto Mayer, VR. II[3], S. 339). Auch bei Neuordnung der preußischen Universitätssatzungen hat die Regierung nichts getan, um den unerquicklichen Konflikten zwischen Universität und Aufsichtsbehörde durch Gewährung verwaltungsgerichtlichen Rechtsschutzes die Spitze abzubrechen, obgleich das Bedürfnis danach in der Schrift Hubrichs, Der Legalcharakter der preußischen Universitätsstatuten und die Notwendigkeit eines neuen Universitätsgesetzes, 1918, S. 123 ff., deutlich zum Ausdruck gekommen war.

III. Schutz subjektiver Rechte.

Der Schutz subjektiver Rechte kann bestehen

1. *in der Notwendigkeit einer gerichtlichen Entscheidnug für die Vornahme eines behördlichen Eingriffs,*
2. *in der von den Gerichten nachträglich anzuerkennenden Selbsthilfe gegen behördliche Maßnahmen,*
3. *in der Anrufung der Gerichte gegen behördliche Maßnahmen oder behördliche Untätigkeit,*
4. *in der gerichtlichen Geltendmachung der vermögensrechtlichen und der strafrechtlichen Beamtenhaftung.*

Wegen der Abgrenzung des objektiven Rechts vom subjektiven sei auf die Vorbemerkung unter II verwiesen. Es ist wohl überflüssig zu betonen, daß mit dem Schutze subjektiver Rechte immer auch der Schutz objektiven Rechts verbunden ist, da zwar das objektive Recht ohne subjektives Recht gedacht werden kann, nicht aber das subjektive Recht ohne objektives.

Die Gliederung des Schutzes subjektiver Rechte bedarf keiner ausführlichen Erläuterung. Nehmen wir ein einfaches Beispiel: das Eigentum an einer Sache, das mir nur unter bestimmten Voraussetzungen entzogen werden darf. Ich bin gerichtlich geschützt, wenn mir die Sache erst auf Grund eines Richterspruchs genommen werden darf. Ich bin gerichtlich geschützt, wenn ich mich der Wegnahme mit Gewalt erwehren kann und der Strafrichter mich von der Anklage des Widerstands gegen die Staatsgewalt freispricht. Ich bin gerichtlich geschützt, wenn die Verwaltungsbehörde die Sache beschlagnahmt, das von mir angerufene Gericht aber die Beschlagnahme aufhebt. Ich bin endlich gerichtlich geschützt, wenn ich den durch die gesetzwidrige Wegnahme der Sache entstandenen Schaden durch Klage gegen den Staat geltend machen und wenn ich durch Anrufung des OLG. nach StPO. § 172 die Staatsanwaltschaft zwingen kann, Anklage gegen den schuldigen Beamten zu erheben. Ob die Geltendmachung der vermögensrechtlichen Amtshaftung theoretisch besser dem Privatrecht oder dem Verwaltungsrecht zuzuweisen ist, bleibe dahingestellt; jedenfalls steht die Amtshaftung im engsten Zweckzusammenhange mit dem Schutze subjektiver öffentlicher Rechte.

1. Als vereinzelte Beispiele der Notwendigkeit einer gerichtlichen Entscheidung für die Vornahme eines behördlichen Eingriffs sind zu nennen die aus dem Kriege stammende Untersagung des Handels durch den Strafrichter nach § 25 der VO. über Handelsbeschränkungen vom 13. Juli 1923, die ebenfalls schon früher möglich gewesene Entziehung der Befugnis zur Notenausgabe durch zivilgerichtliches Urteil nach § 24 des Privatbankgesetzes vom 30. August 1924, die Nichtigerklärung eines Kartells durch das Kartellgericht auf Antrag des Reichswirtschaftsministeriums nach der VO. vom 2. November 1923. In größerem Maßstabe sieht diese Art der Gerichtstätigkeit der Entwurf eines StGB. von 1925 vor, sofern er den Strafrichter zu zahlreichen „Maßregeln der Besserung und Sicherung" ermächtigt, wie Anordnung der Unterbringung in einer öffentlichen Heil- oder Pflegeanstalt, einer Trinkerheilanstalt, Sicherheitsverwahrung, Schutzaufsicht, Wirtshausverbot. Ob eine solch ausgedehnte Verwaltung durch die Gerichte einen Fortschritt bedeutet, hängt von der im EG. zu beantwortenden Frage ab, wieweit die Zuständigkeit des Strafrichters die Vornahme ähnlicher Maßnahmen durch die Verwaltungsbehörden ausschließt.

Es würde heute als eine Ueberspannung des Rechtsstaatsgedankens, als eine Stilwidrigkeit empfunden werden, wenn dem Staate in weitem Umfange oder gar regelmäßig die Rolle des Klägers zugemutet würde. Vorschriften wie die des preußischen Zuständigkeitsgesetzes v. 1. August 1883 §§ 119, 120 oder des preußischen Kleinbahngesetzes v. 28. Juli 1892 § 25, wonach Gewerbegenehmigungen und Kleinbahnkonzessionen auf verwaltungsgerichtliche „Klage der zuständigen Behörde" zurückgenommen werden, oder wie die des Bankgesetzes v. 14. März 1875 § 50 (übergegangen in § 24 des Privatbankgesetzes v. 30. August 1924), wonach die Befugnis einer Privatnotenbank zur Notenausgabe auf Klage der zuständigen Reichs- oder Landesbehörde durch Urteil der ordentlichen Gerichte entzogen werden konnte und kann, oder wie die der ReichsVO. gegen Mißbrauch wirtschaftlicher Machtstellungen v. 2. Nov. 1923 § 4, wonach der Reichswirtschaftsminister beim Kartellgericht beantragen kann, daß ein Syndikat oder der Beschluß eines Syndikats für nichtig erklärt oder die bestimmte Art seiner Durchführung untersagt wird, alle derartigen Vorschriften waren Ausnahmen und sind es auch heute noch; sie rechtfertigen sich aber durch die Höhe des auf dem Spiele stehenden Interesses. Nur auf einem Gebiete staatlicher Verwaltung, das wir allerdings gar nicht mehr als Verwaltung empfinden, gilt der Grundsatz von der Notwendigkeit vorgängiger gerichtlicher Entscheidung in weitestem Umfange: auf dem Gebiete des Strafrechts. Nulla poena sine lege, aber auch: Nulla poena sine iudicio. Wo es daher der Gesetzgeber für gut gefunden hat, mit der Bestrafung eine Verwaltungsmaßregel zu verbinden, wie bei der VO. über Handelsbeschränkungen v. 13. Juli 1923 § 25 (RGBl. I S. 706), ist es nicht verwunderlich, daß die Verwaltungsmaßregel als Zubehör der Bestrafung erscheint und das Gericht, nicht eine Verwaltungsbehörde, ermächtigt wird, dem Angeklagten im Urteil den Handel mit Gegenständen des täglichen Bedarfs zu untersagen. In großem Umfange betraut der „Amtliche Entwurf eines Allgemeinen Deutschen Strafgesetzbuchs“ von 1925 den Strafrichter mit solchen, von den Strafen wohl geschiedenen (§ 3) „Maßregeln der Besserung und Sicherung“, wie Unterbringung in einer öffentlichen Heil- oder Pflegeanstalt, einer Trinkerheilanstalt, Sicherheitsverwahrung, Schutzaufsicht, Wirtshausverbot, Ueberweisung an ein Armenhaus (§§ 42ff., 378ff.). Bei einigen Maßregeln leuchtet es ein, daß ihre Anordnung oder Nichtanordnung durch das Gericht die Verwaltungsbehörden in ihren weiteren Entschließungen nicht behindert. So kann sicher ein Irrsinniger von der Verwaltungsbehörde einer Heil- oder Pflegeanstalt überwiesen werden, auch wenn das Gericht in Verkennung der drohenden Gefahr von dieser Maßnahme abgesehen hatte. Nicht ganz so klar liegt der Fall z. B., wenn das Gericht nach § 52 ein Wirtshausverbot erlassen hat, da hier das Gesetz die Frist auf drei Monate bis ein Jahr festsetzt und es als große Unbilligkeit empfunden werden könnte, wenn nach Ablauf der Frist die Verwaltungsbehörde das Verbot unbegrenzt erneuern dürfte. Hier Klarheit zu schaffen, ist Aufgabe des künftigen Einführungsgesetzes. Von dessen Regelung wird es abhängen, ob und welche Verwaltungsmaßnahmen zur ausschließlichen Zuständigkeit des Strafrichters gehören sollen, und damit, ob und in welchem Umfange hier der vorgängige gerichtliche Rechtsschutz an Boden gewonnen hat.

2. Die Selbsthilfe des einzelnen kann bestehen im Ungehorsam gegen eine in ihrer Bedeutung oder Gültigkeit zweifelhafte Anordnung, im Widerstand gegen die Staatsgewalt und in der Beleidigung einer Behörde.

a) Der Ungehorsam ermöglicht nach wie vor den besonders in Bayern auch bei Einzelverfügungen zu Ansehen gelangten Schutz des Strafrichters. Die neuerdings geschaffene Möglichkeit einer Nichtverfolgung des Täters wegen Belanglosigkeit der Tat (StPO. § 153), die nach dem StGEntw. § 13 vorgeschriebene Freisprechung des Täters bei einem schuldlosen Irrtum, der ihn das Unerlaubte seiner Tat nicht erkennen läßt, bedeutet eine Verschlechterung dieser an sich nicht idealen Art des Rechtsschutzes.

Der disziplinargerichtlich zu beurteilende Ungehorsam des Beamten ist zurzeit vielfach das einzige Mittel, durch das sich der Beamte, allerdings auf eigene Gefahr, unter gerichtlichem Schutze gegen unzulässige Befehle seiner Vorgesetzten wehren kann. Verschlechterung, insbesondere Politisierung der Disziplinargerichtsbarkeit, verschlechtert daher auch diese Art des Rechtsschutzes, dessen Ablösung durch dienstgerichtliche Einrichtungen wohl nur eine Frage der Zeit ist.

b) *Bei der Regelung des* W i d e r s t a n d s g e g e n d i e S t a a t s - g e w a l t *läßt der StGEntw. § 141 die Frage, ob zur Rechtmäßigkeit der Amtsausübung der pflichtmäßige gute Glaube des Beamten von der Rechtmäßigkeit seiner Handlung genügt — die bei billiger Abwägung der beiderseitigen Interessen wohl richtigere, aber dem Rechtsschutz nachteiligere Lösung —, nach wie vor offen.*

c) *Die* B e h ö r d e n b e l e i d i g u n g *— etwa in der Form, die Behörde habe das Recht verdreht — wird nach dem Entwurf eines StGB. in ihrer Bedeutung als Rechtsbehelf insofern herabgemindert, als der Beleidiger leichter als nach geltendem Rechte schon wegen Wahrnehmung berechtigter Interessen freigesprochen werden kann (Entw. § 286).*

Die Selbsthilfe des einzelnen gegenüber dem Staate wird immer ein Notbehelf bleiben und sich schon aus physischen Gründen nur selten zum körperlichen Angriff steigern können. Sie ist aber für den seines Rechtes bewußten Bürger das einzige Mittel zu gerichtlicher Durchsetzung seines Rechts, wenn ihm der ordentliche oder der Verwaltungsrechtsweg für die Anfechtung der behördlichen Maßnahmen oder die sonstige Feststellung seines Rechts versagt ist. Daher findet sich die Selbsthilfe vor allem in der Form des U n g e h o r s a m s g e g e n u n g ü l t i g e V e r o r d n u n g e n. Eine VO. kann, wie gezeigt, nicht gerichtlich angefochten werden, also bleibt dem Bürger, der nicht nachgeben will, nichts übrig als die VO. zu übertreten und dann, um einen Ausdruck v. S e y d e l s (StR. III², S. 5) zu gebrauchen, mit dem Schwerte des Damokles über dem Haupte sich dem Schutze des Strafrichters anzuvertrauen. Wo es an einer allgemeinen Anfechtungsklage gegen P o l i z e i v e r f ü g u n g e n fehlt, wie in Bayern, ist auch gegen gesetzwidrige Polizeiverfügungen der nachträglich vom Strafrichter zu billigende Ungehorsam zulässig und das einzige rechtsstaatliche Mittel zur Feststellung der Gesetzwidrigkeit der Verfügung (B r a u n w a r t, Bayer. Gem. u. Verw. Ztg. 1921 Sp. 315, R o t t m a n n, ebenda 1923 Sp. 591). Aber auch einer d e m S i n n e n a c h z w e i f e l h a f t e n G e s e t z e s - b e s t i m m u n g gegenüber übt der Ungehorsam jene rechtsstaatliche Funktion aus, so wenn eine Ehefrau wissen will, ob sie dem Namen ihres Mannes den eigenen Mädchennamen mit Bindestrich hinzufügen darf, ohne sich nach StGB. § 360 Ziff. 8 strafbar zu machen. Wie wenig dieser „Schutz des Strafrichters" eine endgültige Lösung des Rechtsschutzproblems bedeutet, zeigt sich darin, daß eine Verbesserung des Strafrechts und des Strafverfahrens zugleich eine Verschlechterung des Rechtsschutzes zur Folge haben kann. Seit der Strafprozeßnovelle v. 4. Jan. 1924 werden nach StPO. § 153 Uebertretungen nicht verfolgt, wenn die Schuld des Täters gering ist und die Folgen der Tat unbedeutend sind, es sei denn, daß ein öffentliches Interesse an der Herbeiführung einer gerichtlichen Entscheidung besteht. Jene Ehefrau, die sich mit ihrem Mädchennamen bezeichnet und deswegen von der Polizeibehörde mehrere Warnungen erhalten hat, kann also der quälenden Ungewißheit nicht mehr dadurch ein sicheres Ende bereiten, daß sie sich selbst bei der Staatsanwaltschaft anzeigt, ähnlich wie seinerzeit Oberst Gaedke zu einer vorher angesagten Stunde in Uniform Unter den Linden fuhr, um seine Berechtigung zum Tragen der Uniform vor dem Strafrichter zu erweisen; denn ob der Staatsanwalt ein öffentliches Interesse zum Einschreiten anerkennen will, steht in seinem Ermessen. Wird sie aber ihrem Wunsche gemäß angeklagt oder bringt sie ihre Angelegenheit auf dem Wege über eine polizeiliche Strafverfügung vor den Amtsrichter, so wird sie vermutlich, auch wenn sie nach Ansicht des Richters im Unrecht ist, nach § 13 des StGEntw. mit der Begründung freigesprochen werden, sie habe sich ohne Fahrlässigkeit in einem Irrtum befunden, der sie das Unerlaubte ihrer Tat nicht erkennen ließ. Da sie gegen die Freisprechung kein Rechtsmittel einlegen kann, bleibt es ihr versagt, eine höchstrichterliche Entscheidung herbeizuführen.

Auf einer ähnlich unentwickelten Stufe ist das Beamtenrecht stehen geblieben, wenn es dem Beamten keine Anfechtungsklage gegen einen als ungesetzlich empfundenen Dienstbefehl zubilligt, aber dafür gestattet, auf eigene Gefahr ungehorsam zu sein, d. h. auf die Gefahr einer disziplinarischen Bestrafung „für den Fall, daß die höhere Dienstinstanz oder der Disziplinarrichter jene Weigerung nicht als berechtigt anerkennen sollten“, wobei „auch ein entschuldbarer Irrtum keine Straflosigkeit des Beamten begründet“. So die preußische Praxis (vgl. v. Rheinbaben, Die preußischen Disziplinargesetze, 2. Aufl., 1911, S. 76f. u. N. 2 zu S. 76), die immerhin beamtenfreundlich ist, da sie vom Beamten nicht unbedingten Gehorsam vorbehaltlich nachträglicher Beschwerde verlangt, aber doch auch mangelhaft, da es gar nicht sicher ist, daß gerade ein Disziplinargericht, und nicht etwa bloß ein Disziplinarvorgesetzter, über die Zulässigkeit des Dienstbefehles entscheidet. Besser dem Gedanken des gerichtlichen Rechtsschutzes entspricht die thüringische Regelung im Staatsbeamtengesetz v. 14. März 1923. Nach § 72 ist jeder Dienstvorgesetzte, um die Erledigung eines Amtsgeschäftes herbeizuführen, zur Androhung und Verhängung von Zwangsstrafen befugt. Hiergegen kann der Beamte die Einleitung eines förmlichen Dienststrafverfahrens beantragen, weil ihm die Verzögerung eines Amtsgeschäftes nicht zur Last falle; die Sache geht dann an das Dienststrafgericht. Auch nach dem Entwurf eines deutschen Beamtengesetzes findet der Beamte immer dienststrafgerichtlichen Schutz (§ 182). Welche Gefahren aber dem Beamten durch die Politisierung der Dienststrafgerichte drohen, wurde an anderer Stelle gezeigt.

Die Selbsthilfe gegen körperliche staatliche Handlungen ist bekannt unter dem Namen des Widerstands gegen die Staatsgewalt. Wann der Widerstand zulässig ist, ist eine verwaltungsrechtliche, aber vermöge des „Schutzes des Strafrichters" fast ganz von der Strafrechtswissenschaft und -praxis in Anspruch genommene Frage. Wissenschaft und Praxis des Verwaltungsrechts würden vermutlich die Rechtmäßigkeit der Ausübung der Staatsgewalt nach StGB. § 113, vorbehaltlich der gröbsten, auch sonstige Staatsakte nichtig machenden Fehler, immer dann annehmen, wenn der Beamte in dem pflichtmäßigen guten Glauben von der Rechtmäßigkeit seines Vorgehens tätig war. So hat auch der hessische VGH. in einer Voreutscheidungssache am 6. Januar 1923 ausgesprochen, daß „ein Beamter wegen Ueberschreitung seiner Amtsbefugnisse nicht verantwortlich gemacht werden kann, wenn er in entschuldbarem Irrtum, auch rechtlichem Irrtum, die ihm zustehenden Amtsbefugnisse überschritten hat" (Z. f. Staats- u. Gem. Verw. i. Hessen 48. Jg. S. 35). Auch die Ausleger des § 113 StGB. nehmen Rechtmäßigkeit der Amtsausübung bei entschuldbarem Tatsachenirrtum, nicht aber bei Rechtsirrtum an (Ebermayer-Lobe-Rosenberg, StGB., 2. A., S. 344, Frank, StGB., 15. A., S. 271). So wenig diese letzte Auffassung den Notwendigkeiten der Staatsverwaltung gerecht wird, so hat sie doch den Vorteil, das Strafurteil zu einem Rechtsschutzbehelf des Angeklagten zu machen, da der Strafrichter durch Freisprechung des Angeklagten, weil die Staatsgewalt objektiv nicht rechtmäßig ausgeübt worden sei, ihm zugleich bestätigt, daß er sich unter allen Umständen zur Wehr setzen durfte. An diesem Zustande ändert auch der Strafgesetzentwurf § 141 augenscheinlich nichts, ja er verbessert sogar, vom Standpunkte des Rechtsschutzes betrachtet, den bisherigen Zustand insofern, als er, allerdings im Einklang mit der Rechtsprechung des RG., aber entgegen der herrschenden Lehre, die Rechtmäßigkeit der Amtshandlung zu einer bloßen Voraussetzung der Strafbarkeit macht, also eine Freisprechung des Täters bloß deswegen, weil er sich der Rechtmäßigkeit der Amtshandlung des ihm entgegentretenden Beamten nicht bewußt war, ausschließt. Denn ein Freispruch aus subjektiven Gründen wäre keine Rechtsschutzeinrichtung in dem dargelegten Sinne.

Von den übrigen denkbaren Selbsthilfeakten des Bürgers sei nur noch die Behördenbeleidigung genannt, da ihr im französischen Rechte unter dem Kapitel „Appel à l'opinion publique" ein besonderer Platz im System des Schutzes gegen die Staatsgewalt eingeräumt wird (P. Dareste, Voies de recours contre les actes de la puissance publique, 1914, S. 650ff.). Der vom Finanzamt gepeinigte Kaufmann macht seinem Herzen Luft und wirft dem Finanzamt in einem „Eingesandt" Torheit, Ungerechtigkeit, Rechtsverdrehung, Rechtsbeugung vor. Auch hier wird es dem Bürger, in unserm Falle dem Kaufmann, darauf ankommen, daß er freigesprochen wird, weil seine Anschuldigungen erweislich wahr sind, nicht weil er in Wahrnehmung eines berechtigten Interesses gehandelt habe. Die Möglichkeit, aus dem letztgenannten Grunde freigesprochen zu werden, bleibt für den im eigenen Interesse Handelnden nach dem StGEntw. § 286 Abs. 2 annähernd die gleiche wie heute, erweitert sich aber für den nicht selbst Beteiligten; es genügt, daß der Täter „zur Wahrnehmung eines berechtigten öffentlichen oder privaten Interesses handelt". Auch der Schriftleiter der Zeitung also, der die Zustände beim Finanzamt einer beleidigenden Kritik unterwirft, wird nach dem künftigen StGB. vielleicht, anders als jetzt, wegen Wahrnehmung berechtigter Interessen freigesprochen, ohne daß er es durchsetzen kann, wegen erweislicher Wahrheit der vorgebrachten Tatsachen freigesprochen zu werden.

3. Die Anrufung der Gerichte gegen „Anordnungen und Verfügungen der Verwaltungsbehörden" war in und nach dem Kriege vielfach durch das von Drews so benannte „Verwaltungsstandrecht" ausgeschlossen worden. Dieses System hat sich namentlich bei der Wohnungsmangelpraxis auf die Dauer als unerträglich erwiesen. Die in Preußen und sonstwo neuerdings zugelassene Rechtsbeschwerde an das Landgericht in Wohnungsmangelsachen bedeutet einen der wichtigsten Schritte zur Wiederherstellung des mißhandelten Rechtsstaates.

Während der vorgängige gerichtliche Rechtsschutz die Ausnahme bildet, die Selbsthilfe gegen Aeußerungen der Staatsgewalt einen Notbehelf darstellt, ist die Anrufung der Gerichte, vor allem der Verwaltungsgerichte, gegen „Anordnungen und Verfügungen der Verwaltungsbehörden" die von der RV. Art. 107 gewollte und auch sonst typische Art des verwaltungsrechtlichen Rechtsschutzes. Aber gerade diese Art des Rechtsschutzes war während des Krieges und der ersten Jahre nach ihm vielfach eingeengt zugunsten des Beschwerdewegs an die höhere Behörde, die dann endgültig zu entscheiden hatte. Viele Beispiele für dieses von Drews in der Z. f. d. ges. Staatsw. Bd. 78 (1924) S. 592 treffend so benannte „Verwaltungsstandrecht" brachte Wiedersum in der JW. 1922 S. 666ff. Weitere Beispiele bieten die neueren Landesverordnungen zur Ausführung der ReichsVO. v. 8. Mai 1920 über den Denkmal- und Kunstschutz, so die preußische vom 7. Febr. 1921, die sich sehr unvorteilhaft von älteren gesetzlichen Bestimmungen, wie denen des oldenburgischen Gesetzes v. 18. Mai 1911 § 7, unterscheiden. Noch die Reichsgesetze v. 11. Juni 1923 über den Verkehr mit unedlen Metallen und den Verkehr mit Edelmetallen, Edelsteinen und Perlen lassen gegen die Versagung und die Zurücknahme der Gewerbeerlaubnis nur „die Beschwerde an die von der obersten Landesbehörde bestimmte Stelle zu, die endgültig entscheidet“ (beide Gesetze §§ 3 u. 4), Bestimmungen, die rühmlicherweise Hessen nicht gehindert haben, das Verwaltungsstreitverfahren, allerdings nur vor dem Provinzialausschuß, vorzusehen (VO. v. 3. u. v. 28. Aug. 1923 Art. 3). In schlimmster Erinnerung lebt aber die Wohnungszwangswirtschaft fort, die erst in dem Augenblicke erträglich wurde, als eine gerichtliche Instanz über die Zulässigkeit der Wohnungsbeschlagnahme zu entscheiden hatte. Von Reichs wegen ist allerdings für den gerichtlichen Rechtsschutz nicht gesorgt worden, aber Preußen hat ihn durch eine unscheinbare Bestimmung der VO. v 11. Sept. 1923 § 2, die erst durch Verbindung mit § 13 der VO. v. 15. August 1923 von weittragender Bedeutung wird, in der Form eingeführt, daß gegen eine Wohnungsbeschlagnahme das Mieteinigungsamt und gegen dessen Entscheidung eine Zivilkammer des Landgerichts angerufen werden kann; u. U. entscheidet das Kammergericht (§ 1 der VO. v. 22. Okt. 1923). Aehnlich liegen die Verhältnisse in Baden (VO. v. 22. Sept. 1923 Art. I Ziff. 26, VO. v. 28. Sept. 1923 § 6). In Hessen ist das OLG. Beschwerdestelle (VO. v. 22. Okt. 1923 Art. 28, VO. v. 8. Sept. 1923 Art. 13). Wegen der übrigen Länder, die zum Teil am Beschwerdeweg innerhalb der Verwaltung festhalten, vgl. Brandis, Miet- und Wohnungsrecht, 1925. Ueberblickt man die unzähligen geglückten oder nicht geglückten Versuche in der Zeit des Wohnungs-„Standrechts“, die Gerichte auf Umwegen mit der Ueberprüfung der Wohnungsbeschlagnahme zu befassen, so muß man die Erklärung der Gerichte zu Beschwerdestellen als einen der wichtigsten Marksteine auf dem Wege zur Wiederherstellung des Rechtsstaates bezeichnen. Denn das Empörende, die Staatsgewalt nicht etwa Schützende, sondern Gefährdende, der früheren Regelung lag nicht in der Größe des zu duldenden Eingriffs; eine zeitweilige schrankenlose Beschlagnahme aller Wohnungen wäre noch erträglich gewesen; wenn aber der Staat die Beschlagnahme nur unter gewissen Voraussetzungen zuläßt, dann duldet es unser Rechtsbewußtsein nicht, daß über diese Voraussetzungen eine Verwaltungsbehörde endgültig entscheiden soll. Die jetzige Regelung in Preußen und anderswo zeigt aber auch, daß die von der Theorie übertriebene Gegenüberstellung des justizgerichtlichen und des verwaltungsgerichtlichen Rechtsschutzes in der Praxis völlig verblaßt angesichts der Frage des gerichtlichen Rechtsschutzes überhaupt. Ob die Beschwerdestelle Landgericht oder Kammergericht oder OVG. heißt, ist der Allgemeinheit ziemlich gleichgültig; wichtig ist ihr nur, daß eine unabhängige, von der aktiven Verwaltung getrennte Stelle mit dem Rechtsschutz betraut ist.

Man darf vermuten, daß das „Verwaltungsstandrecht" auch sonst seinen Höhepunkt überschritten hat und im Abbau begriffen ist.

a) Bei Verteilung der Zuständigkeiten zwischen ordentlichen und Verwaltungsgerichten läßt sich das Bestreben erkennen, die größere zu vermutende Sachkunde und nicht die — hier ja immer vorhandene — Oeffentlichrechtlichkeit des Rechtsverhältnisses entscheiden zu lassen. So erklärt sich die Zuständigkeit der ordentlichen Gerichte bei Zwangsauflösung von Fideikommissen, bei Widerspruchsklagen und Zwangsversteigerungen innerhalb eines Steuerbeitreibungsverfahrens, bei Streitigkeiten über die Entrichtung von Stempelsteuern (Preußen, Bayern), über die Ersatzpflicht des Unterhaltspflichtigen an den Fürsorgeverband. Auf die noch fehlende oder mangelhafte verwaltungsgerichtliche Organisation ist die Zuständigkeit der ordentlichen Gerichte in einigen Fällen in Lübeck, Schaumburg-Lippe (Steuern) und Danzig (Staatsangehörigkeit) zurückzuführen. Die von der RV. angeordnete Zuständigkeit der ordentlichen Gerichte für die vermögensrechtlichen Ansprüche der Beamten, für die Geltendmachung der Amtshaftung, für die Enteignungsentschädigung aber beruht auf alter, fest eingewurzelter Ueberlieferung.

Bei Gewährung gerichtlichen Rechtsschutzes im Verwaltungsrecht wäre es für den Staat das auf den ersten Blick Gegebene und Einfachste, sich ausschließlich der Zuständigkeit der Verwaltungsgerichte zu bedienen. Aber das theoretisch Richtige ist nicht immer auch das praktisch Gangbare, und so lassen sich, wie vordem, auch in der Zeit seit 1918 eine Reihe von leicht erklärlichen Ausnahmen verzeichnen, die sich aus ihrer inneren Verwandtschaft mit dem Justizrecht, aus der mangelnden oder mangelhaften verwaltungsgerichtlichen Organisation in einigen Ländern und aus geschichtlichen Gründen herleiten.

So bringen es die Beziehungen zwischen Fideikommißrecht und schwierigen Fragen des Privatrechts mit sich, daß in Mecklenburg-Schwerin die Beschwerde gegen eine Entscheidung der Auflösungsbehörde für die Familienfideikommisse an das OLG. geht (Ges. v. 16. Mai 1922 § 4 Abs. 7) und in Hessen das

Landgericht selbst Auflösungsbehörde ist (Ges. v. 11. Nov. 1923 Art. 36). Sogar die ausgesprochen justizfeindliche Reichsabgabenordnung (vgl. § 227) läßt die Widerspruchsklage selbst gegen den Fiskus vor den ordentlichen Gerichten zu, wenn ein Unbeteiligter behauptet, der beim Steuerschuldner gepfändete Gegenstand gehöre ihm (§ 301), auch überläßt sie die Zwangsvollstreckung in das unbewegliche Vermögen ohne Bedenken den sachverständigeren ordentlichen Gerichten (§ 345). Ebenso stehen die Stempelsteuern in solch nahem Zusammenhang mit Fragen des den stempelpflichtigen Vorgang betreffenden Privatrechts, daß Länder wie etwa Preußen und Bayern gut daran taten, die Entscheidung über bestrittene Fragen des Stempelsteuerrechts den ordentlichen Gerichten zu belassen (Pr. Stempelst.Ges. v. 27. Okt. 1924 § 26, bayer. Stempelges. v. 16. Febr. 1921 Art. 31 ff.). Auch der zunächst im Verwaltungswege festzustellende Anspruch des Fürsorgeverbandes gegen den Angehörigen des Unterstützten auf Kostenersatz gehört wohl theoretisch dem öffentlichen Rechte an, wird aber nach ausdrücklicher Regelung der ReichsVO. über Fürsorgepflicht v. 13. Februar 1924 § 23 endgültig im ordentlichen Rechtsweg, also durch dasselbe Gericht festgestellt, das auch über die Klage des Unterhaltsberechtigten gegen den Unterhaltsverpflichteten entscheiden würde.

Auf einem andern Blatte steht die Betrauung der ordentlichen Gerichte mit Verwaltungsrechtspflege in einigen Kleinstaaten. Schaumburg-Lippe hat noch keine Verwaltungsgerichte. Nur aus diesem Grunde erklärt sich hier die Zulassung der Klage im ordentlichen Rechtsweg gegen die Veranlagung zu Gemeindesteuern (Ges. v. 11. April 1918 § 15, v. 14. April 1924 § 48). Das lübeckische Verwaltungsgericht ist organisatorisch nur unvollkommen von der Verwaltung getrennt, da, wie bekannt, von den drei rechtskundigen Mitgliedern der Vorsitzende Senator, ein zweites Mitglied Senatsbeamter ist; daher war es auch hier das Gegebene, die Rechtsbeschwerde in Landesabgabensachen nicht an das VG., sondern an das Hanseatische OLG. zu leiten (Ges. v. 15. Nov. 1922). Ebenso hat wohl das Unfertige in der Organisation des vorläufigen OVG. in Danzig (VO. v. 9. April 1920) dazu geführt, Streitigkeiten über den Erwerb und den Verlust der Danziger Staatsangehörigkeit nicht ihm, sondern dem Obergericht anzuvertrauen (Ges. v. 30. Mai 1922 § 23).

Die bekannten justizstaatlichen Vorschriften der Reichsverfassung endlich, nämlich die Bestimmung, daß für die vermögensrechtlichen Ansprüche der Beamten der Rechtsweg offen steht (Art. 129 Abs. 1), daß für die Geltendmachung der vermögensrechtlichen Amtshaftung der ordentliche Rechtsweg nicht ausgeschlossen werden darf (Art. 131 Abs. 1) und daß wegen der Höhe der Entschädigung für Enteignungen im Streitfalle der Rechtsweg vor den ordentlichen Gerichten offen zu halten ist, soweit Reichsgesetze nichts anderes bestimmen (Art. 153 Abs. 2), sind vor allem geschichtlich zu erklären. Mitgewirkt haben mag aber auch der Gedanke, daß nur die Organisation der ordentlichen Gerichte reichsgesetzlich, sogar reichsverfassungsmäßig durch Art. 104, allen berechtigten Anforderungen entsprechend geregelt ist, während die Länder bei der Organisation der Verwaltungsgerichte freie Hand haben und unter Umständen eine unglückliche Hand haben können. Die Begünstigung der ordentlichen Gerichte durch die Reichsverfassung springt so sehr in die Augen, daß das Wort „Rechtsweg" als „ordentlicher Rechtsweg" gedeutet werden muß, selbst wenn die Verfassung, wie im Art. 129, nur vom „Rechtsweg" schlechthin spricht (so auch Sächs. OVG. 3. Nov. 1923, Jahrb. Bd. 27 S. 292ff.).

b) Während die Verwaltungsrechtspflegegesetze der beiden Mecklenburg noch am System der beschränkten Generalklausel verbunden mit Einzelaufzählung festhalten, während die Zuständigkeit des künftigen RVG. vermutlich zunächst nur nach dem System der Einzelaufzählung geregelt wird, enthält das thüringische Gesetz über die Verwaltungsgerichtsbarkeit eine sehr weitgehende, das hamburgische und ihm folgend das bremische Gesetz eine fast schrankenlose Generalklausel schlechthin für „Streitigkeiten des öffentlichen Rechts". Der Generalklausel gehört die Zukunft. Die Vereinbarung einer verwaltungsgerichtlichen Zuständigkeit (vgl. VO. ü. d. RWiGer. vom 21. Mai 1920 § 3) ist bisher noch nicht eine allgemein anerkannte Einrichtung geworden.

Wenden wir nunmehr unsern Blick auf die Zuständigkeitsbestimmungen für die Verwaltungsgerichte seit 1918, so kann man ohne Uebertreibung behaupten, daß die Generalklausel auf dem Marsche ist.

Verhältnismäßig dürftig allerdings ist die Liste der für das künftige Reichsverwaltungsgericht vorgesehenen Gegenstände. Während nach dem Gutachten Thomas für den 30. Deutschen Juristentag gegen alle landesrechtlich letztinstanzlichen Urteile der Landesverwaltungsgerichte das Rechtsmittel der Revision beim RVG. zulässig sein sollte, wenn Verletzung des Reichsrechts gerügt wurde, während nach dem Gutachten von Anschütz für den gleichen Juristentag das RVG. an die Stelle des nach den Landesgesetzen bestehenden obersten Verwaltungsgerichtshofes treten sollte, wenn und soweit in einer zur Zuständigkeit der Verwaltungsgerichte gehörigen Sache die Auslegung eines Reichsgesetzes den Streitpunkt bildet (Verhandlungen I 1910 S. 109, 510), soll sich, soweit ich unterrichtet bin, die Zuständigkeit des z. Zt. geplanten RVG. auf Entscheidungen nach RV. Art. 13 Abs. 2, auf die Aufgaben des Bundesamts für das Heimatwesen und des Reichswirtschaftsgerichts, endlich auf Fragen des Vereins- und Versammlungsrechts, der Entziehung der Rechtsfähigkeit, der religiösen Grundrechte des einzelnen, der Freizügigkeit und der Staatsangehörigkeit beschränken. Daß eine solche Liste geradezu unwürdig ist und stark nach Erweiterung strebt, sobald das RVG. einmal geschaffen worden ist, leuchtet ein, wenn man bedenkt, daß in Bayern die Verfassungsbeschwerde an den Staatsgerichtshof wegen jeder Verletzung der bayerischen Verfassung, in Oesterreich die Beschwerde an den Verfassungsgerichtshof wegen jeder Verletzung der verfassungsmäßig gewährleisteten Rechte gegeben ist (Bayer. Verf. § 93, Oest. Verf. Art. 144).

Der Generalklausel freundlicher sind die neuen Verwaltungsrechtspflegegesetze der Länder. Mecklenburg-Schwerin zählt die Zuständigkeiten einzeln auf und verweist außerdem auf andere Gesetze (§§ 13 ff.), sieht aber daneben nach preußischem Vorbild eine Generalklausel für die Anfechtung ortspolizeilicher Verfügungen vor (§ 33). Ganz ähnlich ist die Regelung in Mecklenburg-Strelitz (§§ 6, 7). Weiter geht Thüringen, da es mit einigen ausdrücklich genannten Ausnahmen gegen „alle Verfügungen, Anordnungen und Entscheidungen der Verwaltungsbehörden, gegen die sonst kein verwaltungsrechtliches Rechtsmittel gegeben ist, ... den Beteiligten die Anfechtungsklage beim OVG.“ zubilligt (§ 31) und damit im wesentlichen die berühmte württembergische Generalklausel (Ges. v. 16. Dez. 1876 Art. 13) übernimmt. Alle bisher bekannten Generalklauseln stellt aber Hamburg (und ihm folgend Bremen) in den Schatten, wenn es das Verwaltungsgericht „über die Anfechtung von Anordnungen oder Verfügungen der Verwaltungsbehörden sowie in sonstigen Streitigkeiten des öffentlichen Rechts“ entscheiden läßt, soweit nicht gesetzlich ein anderes bestimmt ist (Hamburg § 9, ähnlich Bremen § 8). Damit erst hat GVG. §13 ein vollwertiges verwaltungsgerichtliches Gegenstück erhalten. Welch einen Segen die Generalklausel zu bringen vermag, ermißt man, wenn man der Kinder gedenkt, die in den letzten Jahren nach dreijährigem Privatunterricht in die Sexta einer höheren Schule aufgenommen werden wollten, aber, zunächst wenigstens, abgewiesen wurden. In Preußen gab es kein Rechtsmittel dagegen, die Eltern mußten es in ohnmächtiger Wut hinnehmen, daß vermöge der sehr parteiischen Anwendung einer Uebergangsbestimmung ihre sextareifen Kinder ein Jahr lang wiederholen sollten, was ihnen schon bekannt war. In Hamburg dagegen nahmen VG. und OVG. die Klage der Väter an (HansRZ. 1924 Sp. 111ff.). Obgleich die Kläger sachlich abgewiesen wurden, so blieb in ihnen jedenfalls nicht der Stachel zurück, Opfer behördlicher Willkür geworden zu sein; denn die beiden Urteile setzen klar auseinander, daß nach hamburgischem Recht ein Anspruch auf Aufnahme in die Sexta nicht bestand.

Angesichts dieses Vordringens der Generalklausel, das auch in der Schweiz beobachtet werden kann (vgl. Hungerbühler, Schw. Zentralbl. f. St. u. Gem. Verw. 1923 S. 1ff., zum Entwurf einer Aenderung des Basler Gesetzes über Verwaltungsrechtspflege; Fleiner, ebenda 1924 S. 67, zum Zürcher Entwurf eines Verwaltungsgerichtsgesetzes), will es nicht viel bedeuten, daß die Ausdehnung der verwaltungsgerichtlichen Zuständigkeiten durch Vereinbarung nach wie vor eine Ausnahme bildet. Nach § 3 der VO. ü. d. Reichswirtschaftsgericht v. 21. Mai 1920 kann, sofern nicht die Zuständigkeit der ordentlichen Gerichte begründet ist, „für wirtschaftliche Streitigkeiten, die sich zwischen einer Behörde oder einer anderen mit der Wahrnehmung öffentlicher Interessen betrauten Stelle und dem von einer Maßnahme der Behörde oder der Stelle Betroffenen oder zwischen den davon Betroffenen ergeben, das RWiGer. durch Vereinbarung der Parteien für zuständig erklärt werden." Diese neuartige und vielversprechende Bestimmung hat, soviel ich sehe, keine Nachfolgerin gefunden.

c) *Unter den neuen Einzelzuständigkeiten ist hervorzuheben, daß in Hessen über die Zulässigkeit einer Zwangspensionierung der Verwaltungsgerichtshof entscheidet (Ges. vom 18. Dezember 1923), ein Sicherheitsventil gegen die trotz der Rechtsprechung des RG. vorhandene Tendenz, die Nachprüfung der Zurruhesetzung und ähnlicher Akte für das über die Gehaltsklage entscheidende ordentliche Gericht in Anspruch zu nehmen.*

Soweit die Generalklausel nicht oder nicht restlos durchgeführt ist, verdient nach wie vor die Zuweisung bestimmter einzelner Angelegenheiten an die Verwaltungsgerichte unsere Aufmerksamkeit. In dieser Beziehung hat Hessen, das auch sonst, so auf dem Gebiete des Körwesens (Ges. v. 20. Aug. 1920, RegBl. 1921 S. 1), sich durch rechtsstaatliche Gesetze vor andern Ländern auszeichnet, durch Gesetz v. 18. Dez. 1923 (RegBl. 1924 S. 1) eine sehr bedeutsame Neuerung getroffen. Soll nämlich ein Beamter wegen Dienstunfähigkeit gegen seinen Willen in den Ruhestand versetzt werden und erhebt er Einwendungen, so entscheidet der VGH. (Art. 31), und nicht, wie im Reiche und in andern Ländern, der Minister oder die Regierung. Da in Oesterreich solchenfalls der Verfassungsgerichtshof zuständig ist (vgl. z. B. Sammlung d. Erk. d. VerfGH. N. F. 2. Heft S. 31 f.), da der Entwurf eines deutschen Beamtengesetzes (Reichstagsdrucksache Nr. 86 der III. Wahlperiode) für alle Feststellungen, die unmittelbar oder mittelbar Folgen für das Vermögen des Beamten oder seiner Hinterbliebenen haben, den Dienstrechtsweg vor den Dienstgerichten zuläßt (§§ 21, 389, 444 ff.), wird die hessische Regelung vermutlich nicht vereinzelt bleiben. Sonst ist es leicht möglich, daß die ordentlichen Gerichte bei Entscheidungen über Gehaltsklagen unter Aufgabe der bisherigen Rechtsprechung (RGZ. Bd. 108 S. 170) und unter Berufung auf die Reichsverfassung entgegen Reichsbeamtenges. § 155 und den entsprechenden landesrechtlichen Bestimmungen dazu kommen, die Zurruhesetzung zu überprüfen, zumal es nicht an Stimmen fehlt, die schon heute die richterliche Prüfungspflicht bejahen (Eickel im Beamten-Jahrb. 1924 S. 186 ff., Bongard in „Recht u. Leben“, Wochenbeil. d. Voss. Ztg., v. 29. Jan. 1925).

d) Die beiden neuen hanseatischen Gesetze über Verwaltungsgerichtsbarkeit muten auch insofern ganz modern an, als sie die Feststellungsklage allgemein zulassen. Die Handhabung dieser Bestimmung in Hamburg läßt aber zu wünschen übrig.

Die Generalklausel des hamburgischen und des bremischen Gesetzes erhält noch ihre besondere Bedeutung durch die allgemeine Zulassung der sonst schwer um ihre Durchsetzung ringenden Feststellungsklage. Wie nach ZPO. § 256 kann „auf Feststellung des Bestehens oder Nichtbestehens eines Rechtsverhältnisses .... Klage erhoben werden, wenn der Kläger ein berechtigtes Interesse daran hat, daß das Rechtsverhältnis durch richterliche Entscheidung alsbald festgestellt wird“ (Hamburg § 20, Bremen § 28). Auch Mecklenburg-Strelitz ordnet die sinngemäße Anwendung des § 256 ZPO. an (Ges. § 42). So wurde eine Klage hamburgischer Oberlehrer auf Feststellung, „daß ihnen nicht verboten werden kann, sich Professor zu nennen“, von VG. und OVG. angenommen (HansRZ. 1923 Sp. 30 ff.), während sie in Ländern mit alter Verwaltungsgerichtsbarkeit den Stempel der Unzulässigkeit auf der Stirne getragen hätte. Auch jene Ehefrau, die das Recht zur Führung ihres Mädchennamens erstreiten will (oben S. 51 f.), braucht sich in Hamburg nicht dem zweifelhaften Schutze des Strafrichters anzuvertrauen. Am 2. Juni 1924 erläßt das hamb. VG. ein Feststellungsurteil dahin, daß die verklagte Friedhofsdeputation nicht berechtigt sei, die Aufstellung eines Kissensteines auf dem der Klägerin gehörigen Grabe von besonderer Genehmigung abhängig zu machen (HansRZ. 1925 S. 70). Dagegen hat das VG. am 24. April 1922 eine Klage als unzulässig abgewiesen, durch die Kl. u. a. Feststellung begehrte, daß das Dulden gewisser Tänze keine Abhaltung von Tanzlustbarkeiten im Sinne des § 33c GewO. darstelle, und am 11. September 1922 eine Klage, durch die Klägerin festgestellt wissen wollte, daß sie nach Art der Ausübung ihres Gewerbes eines Wandergewerbescheines nicht bedürfe. Offenbar liegt beiden Urteilen eine zu enge Umgrenzung des Begriffes „Rechtsverhältnis" zugrunde. Ein Rechtsverhältnis ist im öffentlichen Rechte schon dann gegeben, wenn zwischen Staat und einzelnem Beziehungen bestehen, kraft deren auch nur nach Meinung der Staatsbehörde ein Einschreiten gegen den einzelnen zulässig ist. Gerade gegen solche drohenden, aber vorläufig noch nicht erlassenen Verwaltungsakte besteht ein unverkennbares Rechtsschutzbedürfnis. So hielt der Kieler Polizeipräsident das Verabreichen von Kaffee und sonstigen Getränken im Institut für Weltwirtschaft und Seeverkehr für genehmigungspflichtig, der Direktor war anderer Ansicht, da das Kasino den Zubehör zu einer Unterrichtsanstalt bilde und daher nach § 6 GewO. überhaupt nicht unter die GewO. falle. Da es in Preußen eine allgemeine Feststellungsklage nicht gibt, wurde der Polizeipräsident gebeten, eine im Verwaltungsstreitverfahren anfechtbare Verfügung zu erlassen. Er kam der Bitte in der Form nach, daß er auf das Unerlaubte des ungenehmigten Betriebes hinwies und Anrufung der Staatsanwaltschaft in Aussicht stellte. Die Beschwerde an den Regierungspräsidenten und die weitere Beschwerde an den Oberpräsidenten wurden als unzulässig abgewiesen, da nur eine Warnung des Polizeipräsidenten, keine echte Verfügung vorliege; das OVG. hätte vermutlich ebenso entschieden. Damit war aber der Leitung des Instituts jede Möglichkeit genommen, den Rechtsfall vor eine verwaltungsgerichtliche Instanz zu bringen. Es wäre bedauerlich, wenn das hamburgische VG. trotz der doch gerade für solche Fälle geschaffenen Feststellungsklage den Rechtsschutz ohne Not einengte, zumal das Hans. OLG. noch am 1. Juni 1920 in einer ebenso gelagerten bremischen Sache ohne Bedenken ein Feststellungsurteil erließ (HansGZ. Beibl. 1920 S. 178ff.). Der Präsident des hamb. OVG. scheint denn auch jene beiden Urteile des VG. nicht zu billigen (HansRZ. 1923 Sp. 388, Unterschrift und Fußnote). Auch hat in einem ähnlichen Verwaltungsrechtsstreit zwischen der Stadt Cuxhaven und der Oberschulbehörde das OVG. am 29. Dez. 1922 die Feststellungsklage zugelassen (a. a. O. Sp. 196 ff.).

e) Auch die neuen Gesetze und Gesetzentwürfe beschränken die Verwaltungsgerichte grundsätzlich auf die Rechtskontrolle. Rechtswidrigkeiten bei Ausübung des freien Ermessens unterliegen folgerichtig der verwaltungsgerichtlichen Nachprüfung. In der Ueberprüfung unbestimmter Begriffe geht die neuere Rechtsprechung bisweilen etwas zu weit.

Während die Generalklausel und die Feststellungsklage gleichsam in der Luft lagen, ehe sie in Hamburg und Bremen geltendes Recht wurden, hatte sich ein irgendwie lebhaftes Bedürfnis nach Ausdehnung der Verwaltungsrechtspflege auf Ermessensfragen nirgends gezeigt. Daher liegt es ganz im Zuge der Entwicklung, daß auch die neuen Verwaltungsrechtspflegegesetze Ermessensfragen grundsätzlich von den Verwaltungsgerichten fernhalten. Mecklenburg-Strelitz übernimmt bei der Anfechtungsklage die preußische Einschränkung auf die Rechts- und die Tatfrage (§ 7 Abs. 1), ebenso Thüringen (§ 32 Abs. 1), und zwar hier mit Verbesserung des preußischen Redaktionsversehens, das die irrige Meinung aufkommen lassen konnte, die Verletzung des Klägers in seinen Rechten sei nur Voraussetzung für die Anfechtung wegen Rechtsirrtums, nicht auch für die wegen Tatsachenirrtums. Mecklenburg-Schwerin schließt die Anfechtungsklage nach süddeutschem Vorbild aus, „wenn und soweit die Behörden nach ihrem Ermessen zu verfügen berechtigt sind“ (§ 33 Abs. 4). Eine ähnliche Klausel wird wohl auch das Gesetz über das Reichsverwaltungsgericht erhalten. In Hamburg lautet der Satz genauer (§ 46): „Soweit Behörden gesetzlich ermächtigt sind, nach ihrem Ermessen zu verfahren, und nicht gesetzlich ein anderes bestimmt ist, kann die Klage nicht darauf gestützt werden, daß nach richtigem Ermessen anders zu verfahren gewesen wäre.“ Bremen endlich übernimmt diese in Hamburg ausdrücklich nur für Anfechtungsklagen vorgeschriebene Regel in die allgemeinen Zuständigkeitsbestimmungen (§ 9) mit einem Zusatz, der zeigt, daß die Verwaltungsrechtswissenschaft nicht spurlos am bremischen Gesetzgeber vorübergegangen ist: „Soweit Behörden ermächtigt sind, nach ihrem Ermessen zu entscheiden,“ kann die Klage vorbehaltlich abweichender Bestimmungen des Reichs- und Landesrechts nicht darauf gestützt werden, „daß von dem Ermessen ein unrichtiger Gebrauch gemacht sei, es sei denn, daß Ermessensmißbrauch vorliegt“.

Das Bestreben des bremischen Gesetzgebers, die verwaltungsgerichtliche Nachprüfung des Ermessensmißbrauchs zuzulassen, ist an sich lobenswert, doch ist der Zusatz überflüssig und irreführend; überflüssig, da der Ermessensmißbrauch schon durch den Vordersatz ausgeschlossen wird („Soweit Behörden ermächtigt sind, nach ihrem Ermessen zu entscheiden, . . .“), irreführend, da er den falschen Schein erweckt, als ob andere Rechtswidrigkeiten bei Ausübung des freien Ermessens — die von mir so benannten „Ermessensfehler“ (vgl. Gesetz, Gesetzesanwendung und Zweckmäßigkeitserwägung, § 18) — der verwaltungsgerichtlichen Nachprüfung entzogen sein sollen. Auch ohne den Zusatz im hamburgischen Gesetze haben denn dort VG. und OVG. geprüft, ob die Justizverwaltung berechtigt war, eine Genehmigung zum Grundstückserwerb von der Zahlung einer größeren Geldsumme abhängig zu machen, der typische Fall des Ermessensmißbrauchs (HansRZ. 1925 Sp. 130ff.; vgl. auch das zur Frage erstattete Gutachten von Perels im Arch. d. ö. R., N. F. Bd. 6 S. 93ff.). Aehnlich hat der württ. VGH. am 19. April 1922 in einer Gewerbesache entschieden (JW. 1922 S. 1360f.), obgleich auch dem württembergischen Gesetze die bremische Klausel fremd ist. Außer dem Ermessensmißbrauch, d. h. der Verfolgung unsachlicher Zwecke, sind aber in der Berichtszeit noch andere Ermessensfehler der richterlichen Prüfung unterworfen worden, so die irrtümliche Annahme einer Gebundenheit, wenn das Danziger Staatsangehörigkeitsgesetz v. 30. Mai 1922 § 23 auch gegen den Bescheid, durch den die Voraussetzungen der Einbürgerung verneint werden, die Klage beim Obergericht zuläßt. Denn auch in Danzig ist die gewöhnliche Einbürgerung Ermessenssache, der Senat ist nie in dem Sinne gebunden, daß er die Danziger Staatsangehörigkeit verleihen müßte, sondern nur in dem Sinne, daß er den Antrag auf Einbürgerung abweisen muß, wenn nicht die sieben Voraussetzungen des § 8 erfüllt sind. Der Ausländer hat also, wie in Deutschland, abgesehen von hier nicht interessierenden Sondervorschriften, keinen Anspruch auf Einbürgerung, kann aber trotzdem klagen, wenn der Senat seinen Antrag etwa mit der irrigen Begründung glaubte ablehnen zu müssen, daß der Antragsteller noch keine fünf Jahre in Danzig Aufenthalt oder Wohnsitz gehabt habe.

So wichtig es ist, daß die Verwaltungsgerichte nicht irrtümlicherweise Rechtsfragen als Ermessensfragen behandeln und dadurch den Rechtsschutz des Bürgers verkümmern, so sehr es Anerkennung verdient, wenn sie im gegebenen Falle auch vor der Prüfung eines so unbestimmten Begriffes wie dem des „öffentlichen Interesses“ nicht Halt machen (Hamb. VG. 24. Sept. 1923, Hans RZ. 1924 Sp. 232ff.), so können sie doch auch des Guten zu viel tun. So vermag der württ. VGH. die ganze Staatsverwaltung lahmzulegen, wenn er mit seinen, im Falle glücklicherweise nur theoretischen, Ausführungen des Urteils v. 21. Febr. 1923 (Württ. Z. f. Rpfl. u. Verw. 1923 S. 121ff.)

Ernst macht und die Versetzung eines Beamten in ein anderes Amt wegen „mangelnden dienstlichen Bedürfnisses“ aufhebt. Selbst der Entwurf eines deutschen Beamtengesetzes geht nicht soweit, gegen die Versetzung im dienstlichen Interesse die Anrufung der Dienstgerichte zuzulassen, wenn nicht die Verletzung eines Dienstrechtsanspruchs auf Gleichwertigkeit des neuen Amtes oder dgl. geltend gemacht werden kann (§ 75 Abs. 1 u. 2, §§ 77, 444). Auch das hamb. OVG. überschreitet die Grenze der Rechts- und Tatfrage, wenn es, der Ermessenseigenschaft der Frage sich wohl bewußt, in der Entscheidung v. 29. Dezember 1922 (HansRZ. 1923 Sp. 111ff.) das Vorhandensein eines Bedürfnisses für die Veranstaltung von Singspielen selbständig prüft und bejaht; es hätte hier höchstens wegen des Ermessensfehlers der mangelnden Folgerichtigkeit die Entscheidung der Vorinstanz aufheben und die Sache an sie zurückverweisen dürfen.

Bei Schilderung der Entwicklung der Ermessenskontrolle darf endlich die Reichsabgabenordnung nicht völlig mit Stillschweigen übergangen werden. Wenn § 6 bestimmt: „Wo im Sinne des Gesetzes die Behörden die Entscheidung nach ihrem Ermessen zu treffen haben, hat sie nach Recht und Billigkeit zu erfolgen“, und wenn ferner der mit Rechtsbeschwerde angerufene Reichsfinanzhof auch über die Verletzung des § 6 entscheidet (E. Becker, RAbgO., 3. Aufl., S. 59), so liegt hierin nicht etwa eine Ausnahme von der Regel, daß die Ermessensfrage den Verwaltungsgerichten, namentlich den höchsten, vorenthalten wird, sondern das Ermessen in Steuersachen ist gar kein echtes, freies Verwaltungsermessen. Eines der Hauptideale des Steuerrechts ist die Gerechtigkeit, die Gerechtigkeit läßt aber eine individuelle, d. h. von der Persönlichkeit des Finanzbeamten abhängige Erledigung von Gesuchen nicht zu. Das Ermessen ist eben billiges, an dem objektiven Maßstab gesellschaftlicher Anschauungen zu orientierendes Ermessen, ist richterliches Ermessen, im Gegensatze zu dem der persönlichen Auffassung überlassenen Ermessen etwa einer Behörde der inneren Verwaltung.

f) Die Entwicklung strebt jedenfalls in den räumlich größeren Rechtsgebieten dahin, das oberste VG. von der Nötigung zur Nachprüfung der Tatfrage zu befreien. Mittel zu diesem Zweck wird aber vermutlich nicht die Revision sein, sondern die Rechtsbeschwerde im Sinne der RAbgO. (mit Nachprüfung der Aktenwidrigkeit neben der Rechtsverletzung) oder im Sinne der Gesetzentwürfe über ein RVG. (mit der Möglichkeit, nicht der Notwendigkeit einer Nachprüfung der Tatfrage in vollem Umfange).

Wenn man von der typischen Beschränkung der Verwaltungsgerichtsbarkeit auf die Rechtskontrolle spricht, so wird das Wort in einem weiteren Sinne genommen und umfaßt auch die Prüfung der Tatfrage. Auch das oberste Verwaltungsgericht des größten deutschen Landes, das preußische OVG., ist von der Prüfung der Tatfrage nur in seltenen Fällen befreit, bei der Anfechtungsklage nur, wenn in erster Instanz der Kreisausschuß entschieden hatte, nicht, wenn die Klage gleich beim Bezirksausschuß zu erheben war, vor allem nicht, wenn die Klage nach erfolgloser Beschwerde unmittelbar an das OVG. ging. Allein, so angenehm für den rechtsuchenden Bürger die Einrichtung des OVG. als Vollinstanz ist, so bringt sie doch allmählich eine solche Ueberlastung des OVG. mit sich, daß sie sich auf die Dauer kaum wird halten können. Daher der Ruf nach Errichtung „echter“ Provinzialverwaltungsgerichte in Preußen (s. oben S. 30) und nach Befreiung des OVG. von der Pflicht zur Nachprüfung der Tatfrage. Auch im bayerischen Gesetze v. 7. März 1924, dessen Art. III in einer Reihe von Fällen die Berufung an den VGH. ausschließt, aber bei streitiger oder ungeklärter Rechtslage die Vorlage der Sache an den VGH. anordnet, ist dieser Zug der Entwicklung zu erkennen. Kommt es aber einmal so weit, dann wird das oberste Verwaltungsgericht doch vermutlich nicht reine Revisionsinstanz werden wie das Reichsgericht in Zivil- und Strafsachen, sondern in beschränktem Umfange an der Prüfung der Tatfrage beteiligt bleiben. Dafür spricht, daß die „Rechtsbeschwerde“ der RAbgO. § 267 aus der RVO. § 1697 die Anfechtung wegen „Verstoßes wider den klaren Inhalt der Akten“ übernommen und mit dieser Neuerung auch in Preußen Anklang gefunden hat, als Preußen daranging, die Steuer vom Grundvermögen und vom Gewerbebetrieb neu zu ordnen (Ges. v. 14. Febr. 1923 § 10, VO. v. 23. Nov. 1923 § 33 Abs. 3, § 35); früher war das preußische OVG. in Staatssteuersachen reine Revisionsinstanz (z. B. Gewerbest.Ges. v. 24. Juni 1891 § 37, Ergänzungsst.Ges. v. 14. Juli 1893 § 36, Einkommenst.Ges. v. 19. Juni 1906 § 49). Auch das Reichsverwaltungsgericht wird vermutlich nicht reine Revisionsinstanz werden. Zwar wird mit der auch hier so benannten „Rechtsbeschwerde“ nur die Verletzung des materiellen Rechts oder ein Verfahrensmangel gerügt werden können, einen Anspruch auf Nachprüfung der tatsächlichen Feststellungen hat der Beschwerdeführer nicht; doch „kann“ das RVG. die tatsächlichen Feststellungen der angefochtenen Entscheidung nachprüfen und hierüber Beweis erheben (vgl. z. B. Reichsratsdrucksache 1922 Nr. 187 §§ 36, 55). An dieser eigentümlichen Ausgestaltung der Rechtsbeschwerde, wodurch sie für die Partei zur Revision, für das Gericht zur Berufung wird, soll, soweit ich unterrichtet bin, festgehalten werden.

g) Das Problem der behördlichen Untätigkeit in Fällen, wo eine behördliche Tätigkeit Voraussetzung für die Einlegung eines Rechtsmittels ist, ist vom bayerischen Gesetz vom 11. Juni 1920 über den Staatsgerichtshof erkannt worden, wenn es ein dreimonatiges behördliches Schweigen der Abschlagung eines Abhilfegesuchs gleichsetzt. Die nach der Revolution gegen alle Ueberlieferung vorgekommene behördliche Untätigkeit einem klaren vermögensrechtlichen Anspruch gegenüber rückt auch die Frage der Zwangsvollstreckung gegen den Staat in den Bereich des Interesses. Sie ist in Hamburg neu und so geregelt worden, daß die Vollstreckung nicht von einer behördlichen Genehmigung abhängt.

Auch die am besten eingerichtete Anfechtungsklage, sei es vor den ordentlichen, sei es vor den Verwaltungsgerichten, verfehlt ihren Zweck, wenn die Behörde es vermeidet, eine anfechtbare Verfügung oder Entscheidung zu erlassen. So steht dem Beamten für seine vermögensrechtlichen Ansprüche letzten Endes der Rechtsweg offen, aber der Beamte kann ihn nicht beschreiten, ehe der Minister oder die sonstige zuständige Behörde eine Vorentscheidung getroffen hat (z. B. Reichsbeamtenges. § 150). Wenn der Minister die Sache verschleppt, bleibt dem Beamten höchstens der unsichere Ausweg, den Staat auf Schadensersatz wegen pflichtwidriger Verzögerung einer Amtshandlung zu belangen (BGB. § 839 und die Amtshaftungsgesetze).

Einen Ausweg aus dieser Schwierigkeit bietet weniger die für Basel vorgeschlagene Neuerung, der Verwaltungsbehörde durch das Verwaltungsgericht eine Frist für den Erlaß der Verfügung setzen zu lassen (vgl. Hungerbühler im Schw. Zentralbl. f. St. u. Gem. Verwaltung 1923 S. 18), als die Regelung im französischen Gesetze v. 17. Juli 1900, durch dessen Art. 3 der Ablauf einer viermonatigen Frist einem ablehnenden Bescheide gleichgesetzt wurde. Laun, der in seiner Schrift über das freie Ermessen, 1910, S. 255, hierauf aufmerksam machte, wollte die französische Regel schon damals allgemein als geltendes Recht betrachtet wissen. War diese Ansicht auch verfrüht, so gab sie doch die Entwicklungsrichtung an, die über das bayerische Gesetz v. 11. Juni 1920 und weiter über den Entwurf eines deutschen Beamtengesetzes schließlich zu einer allgemeinen Regelung führen dürfte. Nach § 42 des bayerischen Gesetzes über den Staatsgerichtshof v. 11. Juni 1920 muß der Beschwerdeführer, wenn die Beschwerde gegen eine einem Ministerium untergeordnete Behörde erhoben wird, mit der Beschwerdeschrift den Nachweis vorlegen, daß er vorher ohne Erfolg bei dem zuständigen Ministerium um Abhilfe nachgesucht hat. „Sind seit der Einreichung des Gesuches um

Abhilfe drei Monate verstrichen, ohne daß dem Beschwerdeführer ein Bescheid zugegangen ist, so wird angenommen, daß das Abhilfegesuch erfolglos geblieben ist." Aehnlich gestattet der mehrfach genannte Entwurf eines deutschen Beamtengetzes (Reichstagsdrucksache Nr. 86 der III. Wahlperiode) die Verfolgung der Dienstrechtsansprüche vor den Dienstgerichten erst nach Erschöpfung des Beschwerdewegs, läßt aber die Anrufung des Dienstgerichts zu, wenn der Beschwerdeführer „innerhalb von sechs Wochen keine Entscheidung erhalten hat" (§ 446). Auch enthält § 42 des hamburgischen Gesetzes über Verwaltungsgerichtsbarkeit einen vielversprechenden Ansatz zur Lösung des Problems, wenn es dort neben den Anfechtungsklagen gegen Anordnungen oder Verfügungen von Verwaltungsbehörden auch die „Klagen, die wegen Verweigerung einer Amtshandlung erhoben werden", besonders aufführt. Allerdings enttäuscht das Gesetz, ähnlich wie das bremische §§ 48ff., in den weiteren Bestimmungen, da es keine Frist nennt, bei deren Ablauf die Amtshandlung als verweigert zu gelten hat. Vermutlich verstehen beide Gesetze unter „Verweigerung" einen ausdrücklichen ablehnenden Bescheid. Ist dem aber so, dann kann wohl gegen wirkliche Untätigkeiten auf die Generalklausel zurückgegriffen und Klage auf Vornahme der Amtshandlung erhoben werden.

Ein vom Reichsgericht am 1. April 1924 entschiedener Fall (RGZ. Bd. 108 S. 144ff.) zeigt, daß es gegen behördliche Untätigkeit u. U. noch eines andern Rechtsschutzes bedarf als des soeben dargestellten. Der Anspruch eines Volksschullehrers auf Dienstbezüge war vom zuständigen Oberpräsidenten anerkannt worden, trotzdem zahlte die verpflichtete Stadtgemeinde nicht, so daß der Lehrer unglaublicher Weise gegen die Stadtgemeinde klagen mußte. War aber dies möglich, dann kann es auch geschehen, daß eine Stadtgemeinde trotz rechtskräftigen Urteils nicht zahlt, und was bei einer Gemeinde möglich ist, kann auch einmal beim Staate vorkommen. So rückt wieder einmal die Frage der Zwangsvollstreckung gegen Gemeinden (vgl. Waldecker, Zwangsvollstr. gegen Kommunalverbände, 1918) und den Staat in den Bereich der Möglichkeiten, obgleich es an sich ein Widersinn ist, „daß der Hort des Rechtes im Namen dieses Rechtes mit äußerem Zwang dazu gebracht werden soll, sein Recht zu achten und ihm genug zu tun" (Otto Mayer, VR. I³, S. 381), und es mag der Vollständigkeit halber erwähnt werden, daß Hamburg in seinem Gesetze v. 10. Oktober 1923 zur Abänderung des Verhältnisgesetzes die Zwangsvollstreckung gegen den Staat und die Gemeinden wegen Geldforderungen bei dinglichen Rechten unbeschränkt (s. EG. z. ZPO. § 15 Ziff. 3), sonst dann zuläßt, wenn der Gläubiger die zuständige Behörde benachrichtigt hat und seit Eingang der Anzeige ein Zeitraum von einer Woche verflossen ist. Daß der Reichsfiskus hierbei wie der Landesfiskus behandelt wird, hat neuerdings wieder das Landgericht München ausgesprochen (Beschl. v. 22. März 1924, Z. f. Rechtspfl. i. Bayern 1924 S. 137 f.)

h) Zu einer abschließenden Beurteilung der neueren Entwicklung der Verwaltungsgerichtsbarkeit gehört auch die Prüfung der Stellung der Parteien, der Kostenfrage und der Schnelligkeit des Verfahrens, wie hier nur angedeutet werden mag.

Zu weit würde es führen, sollte im Rahmen dieses Berichts noch auf Einzelheiten des verwaltungsgerichtlichen Verfahrens eingegangen werden. Eine der wichtigsten Fragen für die Beurteilung der Güte des Verfahrens würde hierbei die Kostenfrage sein. Noch fehlt eine vergleichende Uebersicht der bei den einzelnen Verwaltungsgerichten erhobenen Gebühren, aber erst sie würde zeigen, wo es mit dem Schutze des einzelnen wirklich gut bestellt ist. Die Erhöhung der Rechtsmittelgebühren in Finanzsachen durch die III. StNotVO. § 54 Ziff. 2, die Einführung eines Kostenvorschusses durch § 51 derselben VO. waren jedenfalls nicht von rechtsstaatlichem Geiste getragen, mochten die Maßregeln auch als vorübergehende Einrichtungen durch die Staatsnotwendigkeit geboten gewesen sein. Weitere Fragen für die Beurteilung der Güte des verwaltungsgerichtlichen Verfahrens sind angedeutet durch die Worte: Anwaltszwang, Parteistreitigkeit und einparteiige Verwaltungsrechtspflege, Partei und Beweis, Schnelligkeit des Verfahrens, reformatio in peius, Rechtsmittelbelehrung — um nur einen Teil der Probleme zu berühren, die das Verfahren vor den Verwaltungsgerichten bietet.

4. Beamtenhaftung.

a) Die vermögensrechtliche Amtshaftung ist nach der vom RG. dem Art. 131 RV. gegebenen Auslegung jetzt so geregelt, daß in ganz Deutschland der Staat usw. für die schuldhafte Amtshandlung seiner Beamten haftet, und daß diese Haftung ohne bindende Vorentscheidung eines Verwaltungsgerichts vor den ordentlichen Gerichten geltend gemacht werden kann. Die Amtshaftung ist dadurch zur rechtsstaatlichen ultima ratio in allen Fällen geworden, in denen der unmittelbare Rechtsschutz nicht ausreicht.

b) Der sog. Konflikt steht, wo er nicht landesgesetzlich aufgehoben ist, mit der RV. nicht im Widerspruch, sofern er bei persönlicher — sei es vermögens-, sei es strafrechtlicher — Belangung des Beamten erhoben wird.

c) Die strafrechtliche Belangung des Beamten als Art des mittelbaren gerichtlichen Rechtsschutzes erfährt durch den StGEntw. insofern eine Förderung, als sich das Verbrechen der Rechtsbeugung nicht mehr auf den Fall der Leitung oder Entscheidung einer Rechtssache beschränkt (§ 126), aber durch die Strafprozeßnovelle auch eine Hemmung, da der Verletzte das OLG. nicht beschwerdeführend angehen kann, wenn die Staatsanwaltschaft das Verfahren wegen Belanglosigkeit der Tat eingestellt hat.

Auch die erfolgreich erhobene Anfechtungsklage führt nicht zum Ersatze des durch die fehlerhafte Verfügung oder durch rechtswidrige Unterlassung entstandenen Schadens, und wo es an einer allgemeinen Anfechtungsklage fehlt, ist die gerichtliche Geltendmachung des Schadens vielfach sogar der einzige rechtsstaatliche Behelf des Geschädigten. Daher muß der bedeutenden Neuerungen gedacht werden, die auf diesem Gebiete durch die Reichsverfassung und die ihr vom Reichsgericht gegebene Auslegung geschaffen worden sind.

„Verletzt ein Beamter in Ausübung der ihm anvertrauten öffentlichen Gewalt die ihm einem Dritten gegenüber obliegende Amtspflicht, so trifft die Verantwortlichkeit grundsätzlich den Staat oder die Körperschaft, in deren Dienste der Beamte steht.“ Diese Bestimmung der RV. Art. 131 Abs. 1 Satz 1 bedeutet für die Rechtsgebiete mit Staatshaftungsgesetzen, also namentlich für das Reich und für Preußen, nichts wesentlich Neues. Für alle Länder ohne Staatshaftungsgesetze bedeutete sie jedenfalls die Verbindlichkeit zur Einführung eines solchen Gesetzes, eine Pflicht, der Bremen mit Ges. v. 19. März 1921 und Lippe mit Ges. v. 28. Nov. 1922 nachkamen. Der III. Zivilsenat des RG. ging aber in seiner Entscheidung v. 29. April 1921 (RGZ. Bd. 102 S. 166ff.) weiter, erklärte den Grundsatz für unmittelbar geltendes Recht und hat diese immerhin bedenkliche Ansicht auch in der Begründung des Beschlusses v. 20. Februar 1923 (RGZ. Bd. 106 S. 36f.) nicht aufgegeben. Wichtiger noch ist aber die Deutung, die das RG. durch den letztgenannten, gesetzeskräftigen Beschluß dem Satze: „Der ordentliche Rechtsweg darf nicht ausgeschlossen werden“ gegeben hat. Auch dieser Satz ist nach Ansicht des RG. unmittelbar geltendes Recht und verträgt sich weder mit den Resten der sog. „Konfliktserhebung“, die Preußen in seinem Gesetze v. 16. November 1920 aufrechterhalten hatte, noch mit der Vorschrift des § 5 des preußischen Staatshaftungsgesetzes v. 1. August 1909, wonach gegen den Staat oder einen Kommunalverband wegen einer Polizeiverfügung ein Schadensersatzanspruch aus Amtshaftung nur geltend gemacht werden konnte, wenn die Verfügung aufgehoben worden war. Da nach früher (S. 43f.) entwickelter Ansicht die Gesetzeskraft des Beschlusses v. 20. Februar 1923 für ganz Deutschland wirkt, ist jetzt die unbedingte Zulässigkeit des ordentlichen Rechtswegs für die Geltendmachung der vermögensrechtlichen Amtshaftung gemeindeutsches Reichsverfassungsrecht. Also ist auch das Reichsgericht für ganz Deutschland letzte Instanz für die Auslegung des Art. 131 Abs. 1 Satz 1 der RV. Wie großzügig im übrigen das RG. seine Zuständigkeit in Fällen der Amtshaftung auszuüben versteht, zeigt u. a. die Entscheidung des III. Zivilsenats v. 31. Jan. 1922 (RGZ. Bd. 103 S. 429ff.). Ein Marineunteroffizier war als dauernd dienstunfähig entlassen worden, da er nach einem marineärztlichen Gutachten an chronischem Gelenkrheumatismus in beiden Fußgelenken gelitten haben sollte. Der Entlassene trat nun aber den Beweis an, daß er in Wirklichkeit nur an Plattfüßen leide, daß die Marineärzte dies fahrlässigerweise verkannt und so seine Entlassung verschuldet hätten, und klagte unter Geltendmachung der Amtshaftung den Unterschied zwischen seinen jetzigen und den aktiven Bezügen als Schadensersatz ein. Obgleich der Kläger hierdurch wirtschaftlich nichts anderes verlangte, als die — wirtschaftliche — Ungültigerklärung der einer Nachprüfung durch die Gerichte an sich nicht unterworfenen Entlassung, erklärte das Reichsgericht den Rechtsweg für zulässig. Keine Entscheidung zeigt vielleicht so deutlich wie diese, daß die Amtshaftung das letzte Mittel ist, um in der Verwaltung dem Satze „Recht muß Recht bleiben“ trotz aller Widerstände Geltung zu verschaffen.

Wenn man trotz Reichsverfassung und Reichsgericht noch in der neuesten Zeit von Vorentscheidungen über die Frage liest, ob sich ein Beamter einer Ueberschreitung seiner Amtsbefugnisse schuldig gemacht habe (z. B. Ztschr. f. St. u. Gem. Verw. i. Hessen v. 20. Feb. 1925), so hat das seine natürlichen Gründe. RV. Art. 131 regelt im Rahmen der Grundrechte und Grundpflichten der Deutschen nur die vermögensrechtliche Haftung des Staates und der öffentlichen Körperschaften. Er verlangt nicht die Durchführung der Staatshaftung dem Ausländer gegenüber, er bezieht sich nicht auf die Bestrafung des schuldigen Beamten. Wenn also ein Gesetz, wie üblich, den Beamten dem Ausländer gegenüber bei mangelnder Gegenseitigkeit des ausländischen Rechts persönlich haften läßt oder wenn es sonst im Rahmen des durch Art. 131 ausgesprochenen Grundsatzes ausnahmsweise die Staatshaftung ablehnt, so ist für diesen Fall die verwaltungsgerichtliche Vorentscheidung zulässig; auch ist sie zulässig, wenn ein Beamter wegen einer Amtshandlung bestraft werden soll. Ob allerdings in diesem bescheidenen Umfange der Vorentscheidung noch eine große Zukunft beschieden ist, ob sie ihr namentlich auf strafrechtlichem Gebiete beschieden ist, muß bezweifelt werden. Was ist das doch für Kleinkram, wegen dessen die höchsten Verwaltungsgerichte um den Erlaß einer Vorentscheidung angegangen werden! Ein Bürgermeister äußert zu einem Assistenzarzt: „Räumen Sie ja das Haus, sonst räume ich es Ihnen, Sie junger Mann, Sie!" Hierüber Vorentscheidung des bad. VGH. (Z. f. bad. Verw. 1921 S. 146 ff.). Ein Polizeiwachtmeister schlägt einen Studenten mit dem Handrücken derart ins Gesicht, daß der Student aus der Nase blutet. Ein anderer Polizeiwachtmeister schleift seinen Hausherrn, der ihm das Wasser abgestellt hat, gewaltsam über die Treppe nach dem Hofe und versetzt ihm dabei mit dem Gummiknüppel mehrere Schläge auf Hand und Arm. In beiden Fällen Vorentscheidung des hess. VGH. (Z. f. St. u. Gem. Verw. in Hessen 48. Jg. 1924/25 S. 17 f., 25 f., 77 f.). Ein Gendarmeriekommissar nennt eine Frau ein „verrücktes Frauenzimmer", das in die Irrenanstalt gehöre: Vorentscheidung des mecklenburg-schwerinschen LVG. (Meckl. Z. f. Rechtspfl. u. Verw. 41. Jg. 1924/25 Sp. 108 ff). In all den Fällen wurde festgestellt, daß eine Ueberschreitung der Amtsbefugnisse vorlag. Zu diesem Ergebnisse hätte aber der Strafrichter auch ohne die Hilfe der obersten Verwaltungsgerichte kommen können, vor denen der Verletzte nicht als Partei auftreten kann, deren Verfahren daher im Volke den Schein erwecken muß, als solle der schuldige Beamte seinem gesetzlichen Richter entzogen werden.

Ist somit anzunehmen, daß die Beseitigung der Erhebung des „Konflikts" in Preußen durch Gesetz v. 16. November 1920 das Signal zu einem durchgängigen Abbau dieser Einrichtung auch im übrigen Deutschland bedeuten wird, so droht dem durch eine strafbare Amtshandlung verletzten Bürger doch von ganz anderer Seite eine Verkümmerung seiner Rechte. Nach wie vor zwar kann der Verletzte, wenn die Staatsanwaltschaft dem Antrag auf Erhebung der öffentlichen Klage keine Folge gibt oder die Einstellung des Verfahrens verfügt, nach Erschöpfung des Beschwerdewegs das OLG. anrufen, das bei Begründetheit des Antrags die Erhebung der öffentlichen Klage beschließt (StPO. §§ 171 f., 175). Da aber nach der neuen Bestimmung der StPO. § 153 Abs. 2 bei Vergehen, auch Amtsvergehen, die Erhebung der öffentlichen Klage in weitem Umfange vom Ermessen des Staatsanwalts und des Amtsrichters abhängt, nützt die Anrufung des OLG. nichts, wenn das Einschreiten des Staatsanwalts nicht aus tatsächlichen Gründen oder solchen des Rechts, sondern wegen Belanglosigkeit der Tat unterbleibt (vgl. Löwe-Rosenberg, StPO., 16. Aufl., S. 411). Demgegenüber bedeutet die Ausdehnung der Möglichkeit des Verbrechens der Rechtsbeugung im StGEntw. § 126 auf alle Fälle der Amtsausübung einen Fortschritt im rechtsstaatlichen Sinne. Wenn man dem Wortlaut der Bestimmung trauen darf, würde in Zukunft auch der Landrat, der aus persönlicher Rache die Ausstellung eines Jagdscheins versagt, obgleich er weiß, daß er hierzu verpflichtet ist, wegen Rechtsbeugung bestraft werden.

5. Nebenpunkte und Kompetenzkonflikt.

a) Die deutsche Regel, daß das Zivilgericht zwar befugt, aber nicht verpflichtet ist, das Verfahren bis zur Erledigung eines verwaltungsrechtlichen Nebenpunktes auszusetzen, hat nur einige unwesentliche Durchbrechungen erfahren.

b) Dagegen hat die entsprechende Regel des Strafverfahrens durch RAbgO. § 433 einen schweren Stoß erlitten. Die Aussetzungspflicht des Strafrichters bedeutet jedenfalls solange eine Verschlechterung des Rechtsschutzes, als es im Finanzverfahren an einer vollwertigen gerichtlichen Tatsacheninstanz fehlt.

c) Die Lösung, die die Frage des positiven Kompetenzkonflikts in Hamburg, Bremen und Thüringen gefunden hat, ist sehr einfach, aber mit dem Reichsrecht unvereinbar. Alle drei Länder schließen den ordentlichen Rechtsweg aus, wenn die Verwaltungsgerichte rechtskräftig in der Sache entschieden haben.

d) Die Gerichtshöfe zur Entscheidung der Kompetenzkonflikte in Preußen und Bayern sowie das OLG. Jena verwechseln sehr zum Schaden des Rechtsschutzes den verwaltungsrechtlichen Hauptpunkt mit dem verwaltungsrechtlichen Nebenpunkt, wenn sie die Räumungsklage des Hauseigentümers gegen den Zwangsmieter und ähnliche Klagen für unzulässig erklären. Sie nehmen auf diese Weise dem Gericht die Möglichkeit, der Klage wegen doch immerhin denkbarer Nichtigkeit der Einweisung des Zwangsmieters stattzugeben. Auch die vom RG. freigelegte Geltendmachung der vermögensrechtlichen Amtshaftung droht durch den Kompetenzkonflikt sabotiert zu werden.

Solange sich die Dreiheit: ordentliches Gericht, Verwaltungsgericht, Verwaltungsbehörde in die Zuständigkeit zur Entscheidung von Rechtsstreitigkeiten teilen, wird es Kompetenzkonflikte geben und wird die Frage des fremdbehördlichen Nebenpunkts von Bedeutung sein.

Um mit dem letzten zu beginnen, so ist der Zivilrichter gemäß ZPO. § 148 zur Aussetzung des Rechtsstreits nach wie vor befugt, aber nicht verpflichtet, wenn die Entscheidung ganz oder zum Teil von dem Bestehen oder Nichtbestehen eines Rechtsverhältnisses abhängt, das von einer Verwaltungsbehörde (oder einem Verwaltungsgericht) festzustellen ist. Dieser Rechtszustand ist in der Berichtszeit nur vereinzelt im Sinne der französischen Regel einer Aussetzungs p f l i c h t (vgl. Dareste, Voies de recours, 1914, S. 62f.) geändert worden, so für präjudizielle Entscheidungen des Kartellgerichts, die überdies vielfach rechtsändernd wirken (VO. gegen Mißbrauch wirtschaftlicher Machtstellungen v. 2. Nov. 1923 § 12 Abs. 3). Da es derartige vereinzelte Ausnahmen schon früher gab, so nach RVO. § 901 Abs. 2, kann von einem Tendenzumschwung in der Gesetzgebung nicht gesprochen werden. Die Wichtigkeit dieser Erkenntnis wird sich noch zeigen.

Auch der S t r a f r i c h t e r kann nach herrschender Ansicht — vgl. L ö w e - R o s e n b e r g, StPO., 16. Aufl., S. 587; der strenge Wortlaut des § 262 würde es nicht gestatten — das Verfahren aussetzen, wenn die Strafbarkeit der Handlung von der Beurteilung eines verwaltungsrechtlichen Rechtsverhältnisses abhängt, und die Entscheidung des Verwaltungsgerichts oder der Verwaltungsbehörde abwarten; verpflichtet dazu ist er nicht, auch bindet ihn eine Entscheidung nur, wenn sie vor der Tat rechtskräftig ergangen war (etwas weiter gehend L ö w e - R o s e n b e r g, a. a. O.). Diese altüberlieferte Regelung greift RAbgO. § 433 an und bringt dadurch französisches Blut in die deutsche Entwicklung. „Hängt eine Verurteilung wegen Steuerhinterziehung oder Steuergefährdung davon ab, ob ein Steueranspruch besteht, oder ob und in welcher Höhe ein Steueranspruch verkürzt oder ein Steuervorteil zu Unrecht gewährt ist", so bindet die schon ergangene oder während der, hier notwendigen, Aussetzung im gewöhnlichen Verfahren ergehende oder durch Antrag des Gerichts herbeizuführende Entscheidung des Reichsfinanzhofs den Strafrichter. Der Bestimmung liegt die Absicht zugrunde, sich widersprechende Entscheidungen der Finanzbehörden und der Strafgerichte zu vermeiden; es soll nicht zu der von H o f a c k e r (Staatsverwaltung und Strafrechtsreform, 1919, S. 302ff.) mit Recht gerügten „Doppelverwaltung" kommen. Diesem Zwecke hätte aber besser und lückenloser gedient werden können, wenn die RAbgO., den Vorschlägen J. G o l d s c h m i d t s (Verwaltungsstrafrecht, 1902, S. 582ff.) und H o f a c k e r s (a. a. O., S. 358ff.) und den Ansätzen der RVO. (vgl. S c h u l z, RVO., 6. Aufl., 1925, S. 110) folgend, das Finanzstrafrecht a u s s c h l i e ß l i c h den Finanzbehörden und -gerichten übertragen hätte. Denn nach der nun einmal herrschenden Anschauung des Volkes ist der vom Strafrichter bestrafte Bürger, und nur er, „vorbestraft". Hat aber das strafgerichtliche Urteil diese entehrende Wirkung, dann darf es nur in jeder Beziehung strafgerichtliches Urteil sein, nicht die Folge eines hinter dem Urteil stehenden, vielleicht irrigen Verwaltungsakts. Bedenkt man ferner, daß der Reichsfinanzhof in der Mehrzahl der Fälle des § 433 nur als Rechtsbeschwerdeinstanz tätig gewesen ist (E. Becke, RAbgO. § 433 Anm. 1 u. 6), daß also über die tatsächlichen Voraussetzungen der Besteuerung bei Besitz- und Verkehrssteuern im letzten Rechtszuge das Finanzgericht, bei Zöllen und Verbrauchssteuern gar nur das Landesfinanzamt entschieden hat, so muß man vom Standpunkte des Rechtsstaates § 433 RAbgO. als einen bedauerlichen Rückschritt bezeichnen.

Einen weiteren Vorstoß gegen die Stellung der ordentlichen Gerichte unternimmt das hamburgische Gesetz über Verwaltungsgerichtsbarkeit (§ 17), ihm folgend das thüringische (§ 46) und, mit einer Einschränkung, das bremische (§ 18). „Soweit die Verwaltungsgerichte rechtskräftig entschieden haben, ist der ordentliche Rechtsweg nur zulässig, wenn die Klage wegen Zulässigkeit des ordentlichen Rechtsweges abgewiesen ist." Allerdings sieht Hamburg im § 55 Abs. 2 Ziff. 2 die Nichtigkeitsklage vor, „wenn einer Klage entsprochen war und die ordentlichen Gerichte den ordentlichen Rechtsweg rechtskräftig für zulässig erklärt haben", ebenso Bremen im § 55 Abs. 2 Ziff. 2; da die Bestimmung nicht unterscheidet, soll sie wohl auch für den Fall gelten, daß das ordentliche Gericht sich um das rechtskräftige Urteil des Verwaltungsgerichts nicht gekümmert hatte. Das ändert nichts an der Tatsache, daß die hamburgische, thüringische und bremische Regelung des positiven Kompetenzkonflikts eine glatte Verletzung des Reichsrechts bedeutet. Nach § 17 GVG. entscheiden die Gerichte, d. h. die Justizgerichte, nicht die Verwaltungsgerichte, über die Zulässigkeit des Rechtswegs. Das einzige, was der Landesgesetzgebung gestattet wird, ist die Einsetzung besonderer Gerichtshöfe zur Entscheidung von Kompetenzkonflikten zwischen den Gerichten und den Verwaltungsbehörden oder Verwaltungsgerichten; aber weder das hamburgische, noch das thüringische OVG., noch das bremische VG. entsprechen in ihrer Organisation den vom GVG. für die Kompetenzgerichtshöfe festgesetzten Mindestanforderungen. Auch läßt sich die Regelung nicht auf dem Umwege über § 13 aufrechterhalten, da es in den meisten Fällen der Landesgesetzgebung freistehe, auch für bürgerliche Rechtsstreitigkeiten die Zuständigkeit der Verwaltungsgerichte zu begründen, eine solche Zuständigkeitsbegründung aber auch durch die Rechtskraft eines verwaltungsgerichtlichen Urteils möglich sei (Anklänge an diesen Gedankengang bei Oppenhoff, Ressortverhältnisse, 2. Aufl., 1904, S. 492 unten); vielmehr wäre dies eine offenbare Umgehung der Vorschriften über die Entscheidungsgewalt der ordentlichen Gerichte und der Kompetenzgerichtshöfe.

Die einfache Antwort der ordentlichen Gerichte auf die Bestimmungen der neuen Verwaltungsrechtspflegegesetze wird sein, daß sie sich nicht daran kehren. Eine größere Gefahr droht der ordentlichen Gerichtsbarkeit von den Kompetenzgerichtshöfen selbst Es ist doch, wie gezeigt, eine hervorstechende Eigentümlichkeit des deutschen Rechts im Gegensatze zum französischen, daß der öffentlichrechtliche Nebenpunkt die Zuständigkeit der ordentlichen Gerichte nicht ausschließt, sowenig wie der privatrechtliche Nebenpunkt die Zuständigkeit der Verwaltungsgerichte. Daher ist auch z. B. eine Räumungsklage gegen den Zwangsmieter zulässig, wenn behauptet wird, die Einweisung des Zwangsmieters sei nichtig gewesen. Nichtigkeit einer Wohnungsbeschlagnahme wegen Formfehlers nimmt z. B. der badische VGH. am 12. Febr. 1924 an (Z. f. bad. Verw. 1924 S. 67f.), Nichtigkeit eines andern Verwaltungsakts wegen sachlicher Unzuständigkeit der verfügenden Behörde das sächsische OVG. am 25. Mai 1921 (Jahrb. Bd. 26 S. 260ff.), Nichtigkeit einer Dienstentlassung wegen Fehlens der notwendigen Einwilligung des zu Entlassenden das preußische OVG. am 5. Okt. 1922 (Entsch. Bd. 78 S. 251ff.), um nur neuere Fälle aus der Rechtsprechung der doch gewiß unverdächtigen Verwaltungsgerichte zu nennen. Bejaht das Gericht die Nichtigkeit der Beschlagnahme, dann besitzt der Zwangsmieter fehlerhaft und wird zur Räumung verurteilt, verneint es sie, dann wird die Klage sachlich abgewiesen. Während das Reichsgericht auf diesem m. E. allein möglichen Standpunkt steht, (V. Ziv. Sen. 24. Febr. 1921, Z. f. Rpfl. i. Bayern 1921 S. 151), lassen der preußische und der bayerische Kompetenzkonfliktsgerichtshof und dem preußischen folgend das OLG. Jena in solchen und ähnlichen Fällen die Klage im ordentlichen Rechtsweg nicht zu: preuß. KompGH. v. 10. Dez. 1921, 28. Okt. 1922, 30. Juni 1923 (PrVBl. Bd. 43 S. 618ff., Bd. 44 S. 240f., Bd. 45 S. 155ff.), bay. KompGH. v. 14. Okt. 1920 u. 6. Febr. 1924 (Bay. Gem. u. Verw. Ztg. 1920 Sp. 755, 1924 Sp. 509f.), OLG. Jena v. 11. April 1924 (Arch. f. Rechtspfl. i. Sachs. usw. 1. Jg. 1924 S. 190ff.). Sie versagen dadurch dem Kläger u. U. jeden gerichtlichen Schutz mit der ganz unzutreffenden Begründung, der Kläger erhebe die privatrechtliche Klage nur zum Scheine und fechte auf Umwegen den Verwaltungsakt an. Um eine Anfechtung kann es sich aber in diesen Fällen gar nicht handeln, sondern nur um die Behauptung einer von sich aus wirkenden Unbeachtlichkeit, die den verwaltungsrechtlichen Nebenpunkt eines Privatrechtsstreites bildet und daher nach ZPO. § 148 von der Zuständigkeit des ordentlichen Gerichts mit umfaßt wird.

Mit Rücksicht auf das Abflauen der Zwangswirtschaft würde dieser bedenklichen Rechtsprechung keine allzugroße Bedeutung beizumessen sein, wenn sie nicht das Bestreben zeigte, auf ein anderes wichtiges Gebiet überzugreifen. Das Reichsgericht handhabt, wie S. 71 gezeigt, die Bestimmungen über Amtshaftung in der großzügigsten Weise. Außer der Plattfuß-Entscheidung (RGZ. Bd. 103 S. 429ff.) wäre z. B. noch die Entscheidung des III. Ziv.Sen. v. 22. Sept. 1922 (RGZ. Bd. 105 S. 196ff.) zu nennen, in der die Klage eines Telegraphensekretärs auf Zahlung von Mehrbezügen zugelassen wurde, die er bei einer früheren, nur durch schuldhaft unwahre Berichte seines Vorgesetzten hinausgezögerten Beförderung erhalten hätte. Es ist leicht auszudenken, wie auch derartige, sachlich doch sicher dem Rechtsgefühl entsprechende Entscheidungen bei Geltendmachung der Amtshaftung gegen ein Land durch einen erfolgreichen Kompetenzkonflikt unmöglich gemacht werden können. Daß die Gefahr nahe liegt, beweist das Urteil des mecklenburgischen Gerichtshofs zur Entscheidung von Kompetenzkonflikten v. 29. April 1924 (Meckl. Z. f. Rechtspfl. u. Verw. 41. Jg. Sp. 37ff.). Kläger war durch die Landdrostei gezwungen worden, für eine Schule ein Grundstück als Turnplatz ohne Entschädigung bereitzustellen; er stützte seine Klage aus Amtshaftung darauf, daß die Beamten unter Verletzung ihrer Amtspflicht ein nach seiner Ansicht ungültiges Landesgesetz angewandt hätten, ohne dessen Vereinbarkeit mit der Reichsverfassung zu prüfen. Der Gerichtshof erklärte den Rechtsweg für unzulässig, obgleich er sich auf den Boden des reichsgerichtlichen Beschlusses v. 20. Februar 1923 stellt, ohne allerdings zu merken, daß er damit die Befreiungstat jenes Beschlusses zu einem erheblichen Teile abschwächt. Angesichts solcher Kompetenzübergriffe der Kompetenzkonfliktsgerichtshöfe, die beweisen, daß auf dem Gebiete des Rechtsschutzes, um auf Carl Schmitts Beitrag zur Erinnerungsgabe für Max Weber anzuspielen, nicht die Gerichte „souverän" sind, sondern u. U., wie in Preußen und Mecklenburg, ein gemeinsamer Ausschuß von Richtern und Beamten der aktiven Verwaltung, tritt an den Gesetzgeber die ernste Frage heran, ob er die Einrichtung des Kompetenzkonflikts beibehalten und dort, wo sie noch nicht besteht, neu einführen, ob er sie abschaffen, oder ob er sie durch Aenderung der organisatorischen Bestimmungen und durch Zulassung eines Rechtsmittels an ein höchstes Gericht des Reiches verbessern und so ihrer Gefährlichkeit entkleiden soll. Jedenfalls wird das Rechtsbewußtsein auf eine harte Probe gestellt, wenn es ganz von der Wachsamkeit oder dem Ermessen der Verwaltungsbehörde abhängt, ob der Kläger bis ans Reichsgericht dringt und siegt oder durch die Erhebung des Kompetenzkonflikts des ordentlichen Rechtsschutzes beraubt wird und unterliegt.

Schluss.

Die bedeutsamsten Ereignisse für den Fortschritt des gerichtlichen Rechtsschutzes in Sachen des öffentlichen Rechts seit der Revolution sind die Weimarer Verfassung, die Rechtsprechung des RG. zu RV. Art. 131 und das hamburgische Gesetz über Verwaltungsgerichtsbarkeit. Wenn es auch zuviel wäre, von einem leidenschaftlichen Bekenntnis zum Rechtsstaat in der Zeit seit der Revolution zu sprechen, so sind die Aeußerungen rechtsstaatlichen Geistes doch stark genug, um die Idee des Rechtsstaates als Leitstern für die Auslegung zweifelhafter Bestimmungen — etwa der Frage der Aktivlegitimation zur Erhebung einer Verfassungsstreitigkeit — erscheinen zu lassen.

Soll ich am Schlusse die Bilanz der Entwicklung seit 1918 ziehen, so bekenne ich mich zu der Ansicht, daß die Fortschritte größer sind als die Rückschritte. Vor allem ist es die Weimarer Verfassung, die von rechtsstaatlichem Geiste zeugt, wenn sie dem einzelnen gegen Uebergriffe der Verwaltung verwaltungsgerichtlichen Rechtsschutz angedeihen lassen will, wenn sie die Errichtung eines Reichsverwaltungsgerichts vorsieht, wenn sie dem Beamten und dem Enteigneten den ordentlichen Rechtsweg offenhält, wenn sie Staat und Gemeinde für das Verschulden ihrer Beamten haften läßt und für die Geltendmachung der Haftung ebenfalls die Zuständigkeit der ordentlichen Gerichte vorschreibt. Da es zweifelhaft sein mag, ob diese letzten Vorschriften nach dem Willen der Verfassung unmittelbar geltendes Recht oder nur Richtlinien für den Gesetzgeber darstellen, muß die Rechtsprechung des Reichsgerichts, die die unmittelbare Geltung der Amtshaftung und die Unbedingtheit des ordentlichen Rechtswegs — diese sogar mit Gesetzeskraft — bejaht, neben der Reichsverfassung besonders hervorgehoben werden. Von den Landesgesetzen verdient aber namentlich das hamburgische Gesetz über Verwaltungsgerichtsbarkeit Beachtung, vor allem wegen der umfassenden Generalklausel, wegen der unbeschränkten Zulassung der Feststellungsklage und wegen der unbedingten, vollen, persönlichen Unabhängigkeit, die das Gesetz auch dem Vorsitzenden des Verwaltungsgerichts erster Instanz zubilligt.

Allerdings durfte man vom Deutschland der Kriegs- und Nachkriegszeit, vom Deutschland der sozialistischen Revolution kein leidenschaftliches Bekenntnis zum Rechtsstaat erwarten. Das militärische Standrecht war der Entwicklung gerichtlichen Rechtsschutzes ebensowenig günstig wie die von den Sozialisten angestrebte Zwangswirtschaft, die allgemeine Not lenkte die Aufmerksamkeit der staatlichen Stellen auf lebensnotwendigere Dinge als den Ausbau der Verwaltungsgerichtsbarkeit. Es ist daher zum Teil mehr eine liberale Abwehrmaßregel als eine vom allgemeinen Bewußtsein getragene Forderung gewesen, daß trotz Krieg, Sozialismus und Not soviel rechtsstaatliche Gedanken in die Verfassung Eingang fanden. Nun sie sich aber einmal zu Verfassungssätzen verdichtet und als lebendig erwiesen haben, teilen sie der ganzen Verfassung ihren Geist mit und lassen in Verbindung mit den Bestimmungen über Staatsgerichtsbarkeit die Verfassung als ein Wahrzeichen des Rechtsstaats erscheinen. In solch rechtsstaatlicher Verklärung erleuchtet die Verfassung wiederum die Auslegung dunkler Vorschriften. So wie es im Schlußprotokoll des deutsch-schweizerischen Schiedsgerichtsvertrags v. 3. Dez. 1921 heißt, daß die einzelnen Bestimmungen des Vertrags im Zweifel zugunsten der Anwendung des Grundsatzes der schiedsgerichtlichen Erledigung von Streitigkeiten auszulegen sind, so wird auch die Verfassung nach Möglichkeit im Sinne der gerichtlichen Erledigung von Streitigkeiten gedeutet werden müssen. Die Feststellung der Ungültigkeit einer landesgesetzlichen Bestimmung durch das Reichsgericht in ihrer Anwendung auf bestimmte Fälle, die Zubilligung der Aktivlegitimation zur Erhebung einer Verfassungsstreitigkeit an eine Fraktion (RGZ. Bd. 107 S. 17*) oder eine Ortsgruppe des ehemaligen unmittelbaren Reichsadels (JW. 1924 S. 1885) durch den Staatsgerichtshof für das Deutsche Reich, nicht zuletzt die Urteile des RG. zu Art. 131 RV. zeigen, daß unsere Gerichte im besten Zuge sind, die Reichsverfassung im rechtsstaatlichen Sinne auszulegen.

So bleibt nur noch eine letzte kritische Frage: ob denn der Ausgangspunkt für die grundlegende Bewertung richtig gewählt ist und ob der Rechtsstaat wirklich noch als unumstößliches Ideal gelten darf. So selbstverständlich, wie vor dem Kriege, ist die Bejahung jedenfalls nicht mehr. Das „fiat iustitia, pereat mundus" gilt auch für den Staat; auch der Staat, namentlich ein so geschwächter wie der unsrige nach dem Zusammenbruch, kann zugrunde gehen, wenn über dem Rechtsschutzinteresse des einzelnen der Staatsgedanke vergessen wird, wenn die dem Rechtsstaatsgedanken zugrunde liegende liberale Staatsauffassung in einen anarchischen Liberalismus ausartet. Indessen, neben dem anarchischen Liberalismus des „fiat iustitia, pereat mundus" gibt es auch den staatserhaltenden Liberalismus des „iustitia fundamentum regnorum". Der anarchische Liberalismus begünstigt das Recht des einzelnen um des einzelnen willen, der staatserhaltende Liberalismus um des Staates willen, in der Ueberzeugung, daß ein aus freien, rechtsbewußten

Bürgern zusammengesetzter Staat mächtiger ist als ein despotischer Staat, der nur rechtlose Untertanen kennt. Der Freiherr vom Stein, gewiß das Gegenteil eines Staatszerstörers, war ein solcher Künstler der Staatskräftigung durch Freiheit. Was aber vor hundert Jahren richtig war, ist es auch heute noch. Auch heute kann der Staatsgedanke nur gewinnen, wenn der Staat in den Grenzen eines vernünftigen Ausgleichs zwischen Staatlichkeit und Einzelinteresse dem Bürger Rechte gewährt und Gerichte zu deren Schutz einsetzt. Die Gerechtigkeit ist die Grundlage der Königreiche. Aber auch die Republik wird nur dann bestehen können, wenn sie sich auf Recht und Gerechtigkeit aufbaut.

1a. Leitsätze des Berichterstatters.

Die Leitsätze stehen im Berichte und sind durch Schrägdruck kenntlich gemacht. Sie befinden sich auf folgenden Seiten: die Vorbemerkung S. 8, die Leitsätze unter I S. 12ff., unter II S. 37ff., unter III S. 48ff., die in mehrere Unterabschnitte zerfallenden unter III 3 S. 54—69, der Schluß S. 78.

---

2. Der Schutz des öffentlichen Rechts durch ordentliche und durch Verwaltungsgerichte
(Fortschritte, Rückschritte und Entwicklungstendenzen seit der Revolution).

Mitbericht von Professor **Dr. Gerhard Lassar** in Berlin.

Wir befinden uns gegenwärtig in dem Abschnitt der europäischen Geschichte, in dem der Staat „ein soziologisch völlig selbständiges, grundsätzlich mit nichts anderem verflochtenes Gebilde wird, ganz auf eigenen Grundlagen ruhend, sich nach eigener Gesetzlichkeit im ausschließlich politischen Raum bewegend, endlich der „wahre Staat" des solange um ihn bemühten europäischen Denkens" [1]). Auch der heute zur Erörterung stehende Problemkomplex des deutschen Rechts erwächst auf diesem Untergrunde. Es handelt sich um vier Fragengruppen: die öffentlichrechtliche Ausbildung der Juristen, die Verfassung der Verwaltungsgerichte, den Umfang des in öffentlichrechtlichen Streitsachen zu gewährenden Rechtsschutzes und die Errichtung des Reichsverwaltungsgerichts.

I.

Die wichtigste Voraussetzung für einen wirksamen Schutz des öffentlichen Rechts durch ordentliche und Verwaltungsgerichte ist eine gründliche Durchbildung der Richter im öffentlichen Recht und in der Verwaltung. Sonst können sachkundige Urteile nicht ergehen. Eine gleichmäßige Vorbildung im öffentlichen und im Privatrecht, die auch vom Standpunkt der juristischen Allgemeinbildung aus unerläßlich ist, hat bisher nur außerhalb Preußens bestanden. Die Beschaffenheit des preußischen Nachwuchses ist aber bei seinem zahlenmäßigen Verhältnis zu den übrigen deutschen Juristen von wesentlicher Bedeutung für die deutsche Rechtsentwicklung.

---

[1]) Alfred Weber, Die Krise des modernen Staatsgedankens in Europa. S. 40.

Daher stellt die preußische Ausbildungsordnung vom 13. August 1923 jedenfalls durch ihre, entsprechend den außerpreußischen Vorbildern vermehrten Anforderungen im öffentlichen Recht und in den Staatswissenschaften einen wesentlichen Fortschritt dar. Inwieweit sie i. A. eine geeignete Grundlage für die Prüfungsanforderungen bildet, kann hier dahingestellt bleiben. Eine günstige Wirkung kann m. E. allerdings erst eintreten, wenn rechtlich oder wenigstens tatsächlich eine Verlängerung der Studiendauer stattgefunden hat. Jedenfalls ist es zu begrüßen, daß auch Preußen in dieser Hinsicht stärkere Anforderungen an die Ausbildung stellt, da sich hieraus ein eindringlicheres Studium auf diesen Gebieten ergeben wird.

Freilich ist damit nur ein erster Anfang gemacht. Für die Studienzeit ist zwar das Justizmonopol gebrochen. Es besteht aber noch für alle diejenigen Referendare, welche nicht als Regierungsreferendare angenommen werden. Die Vereinheitlichung des Vorbereitungsdienstes der Referendare dürfte für Preußen praktisch nicht in Frage kommen, weil die Verwaltung auf die bisherige ausgezeichnete Sondervorbildung ihrer Anwärter nicht verzichten wird. Es kommt also nur in Frage, den Dienst der Gerichtsreferendare zweckmäßig auszubauen, m. a. W.: eine sechsmonatliche Verwaltungsstation einzuführen. Das ist praktisch möglich. In Preußen waren am 13. August 1924: 4135 Gerichtsreferendare vorhanden. Bei Zugrundelegung einer dreijährigen Ausbildungszeit beträgt die Jahresquote 1378. Wenn die Dauer einer Verwaltungsstation mit sechs Monaten angenommen wird, so ergibt sich hieraus ein Bedarf von 650 Stellen. In Preußen sind hinreichend Landräte, staatliche Polizeibehörden und Kommunalverwaltungen vorhanden um diesen Bedarf zu decken. Außerdem dürfte wohl die Reichsfinanzverwaltung wie für die Regierungs- so auch für die Gerichtsreferendare erforderlichenfalls eine Reihe von Finanzämtern zu Ausbildungszwecken zugänglich machen. Die Ausbildung bei diesen Behörden hätte in derselben Weise zu erfolgen, wie sie in den außerpreußischen Ländern vor sich geht. Die Durchführung bedeutet keine wesentliche Belastung der Verwaltungsbehörden. Sie wäre jedenfalls nicht größer, als diejenige der Gerichte zugunsten der Verwaltung. Die Verwaltung hält nicht ohne Grund an der Gerichtsstation der Regierungsreferendare fest. Die Verwaltungsstation ist an den Anfang des Vorbereitungsdienstes zu legen, um die Einheitlichkeit der Justizausbildung nicht zu stören. Hierdurch würde wenigstens in gewissem Umfang eine publizistische und verwaltungsmäßige Durchbildung erreicht, die im Interesse der Verwaltung und der Allgemeinheit notwendig ist. Freilich wird sich die Justizverwaltung erheblich gegen eine solche Verkürzung der rein justizmäßigen Vorbildungszeit sträuben. Dieser Widerstand wäre verfehlt. Schon das wohlverstandene Eigeninteresse der Justizverwaltung erfordert eine öffentlichrechtliche Durchbildung, weil nur der auch publizistisch durchgebildete Richter oder Staatsanwalt über eine juristische Allgemeinbildung verfügt. Nur er ist zur richtigen Entscheidung solcher öffentlichrechtlichen Fragen befähigt, die von den ordentlichen Gerichten zu entscheiden sind. Tatsächlich übt die Justizverwaltung aber die Funktion aus, eine große Anzahl beamteter und nichtbeamteter Juristen vorzubilden, welche in den verschiedensten Berufen öffentliches Recht anwenden, wie z. B. Anwälte, Gemeindebeamte, Wirtschaftsjuristen und andere freie Berufe. Diese allgemeine Funktion mag für die Justizverwaltung unbequem sein. Sie kann sich ihr aber nicht entziehen und muß entsprechend diesen allgemeinen gesellschaftlichen Aufgaben, die ihr obliegen, die Vorbildung der ihr — zum erheblichen Teil nur vorübergehend — anvertrauten Referendare dementsprechend einrichten.

Diesen Aufgaben ist die preußische Justizverwaltung noch nicht gerecht geworden, da sie die Ausbildungsreform bisher auf das Studium beschränkt hat. Eine Neugestaltung des Gerichtsreferendariats ist bisher nicht in Aussicht genommen. Die beteiligten Ressorts sind also auf halbem Wege stehen geblieben. Die Einfügung von Verwaltungsstationen in die Ausbildungszeit der Gerichtsreferendare ist aber unbedingt erforderlich.

Für die Zeit nach bestandenem Staatsexamen ist die Wiederaufnahme von mannigfachen Ausbildungsmöglichkeiten, insbesondere der Kurse der Vereinigung für staatswissenschaftliche Fortbildung, als eine Fortführung alter Traditionen zu begrüßen. Darüber hinaus ist es nach Maßgabe der Besserung der öffentlichen Finanzen notwendig, daß allgemeine Fortbildungsmöglichkeiten für alle — nicht bloß für besonders qualifizierte — Richter geschaffen werden. Der unter dem Druck der Reparationslasten und der passiven Handelsbilanz voraussichtlich noch längere Zeit andauernde Wechsel der rechtlichen Vorschriften läßt solche steten Fortbildungsmöglichkeiten noch notwendiger erscheinen als das in ruhigeren Zeiten der Fall ist. In je höherem Grade diesen Anforderungen entsprochen wird, um so mehr steht zu erwarten, daß der Richter auf Grund eines sozialwissenschaftlich geschulten Rechtsbewußtseins zu einer die Wirklichkeit erfassenden Anschauung und damit zu einer den Anforderungen des öffentlichen Interesses adäquaten Rechtsprechung befähigt wird.

II.

Im Jahre 1910 konnte Thoma bei seiner Berichterstattung für den Juristentag feststellen, daß sich eine Stimme zugunsten des Justizstaats in der Frage der Verwaltungsgerichtsbarkeit nicht mehr erhebe. Jetzt hat sich der Herr Berichterstatter im entgegengesetzten Sinne ausgesprochen. Ich kann ihm darin nicht beitreten. Vielmehr scheint mir die Entwicklung, wie sie sich in einem großen Teil der Gesetzgebung vollzogen hat, begrüßenswert. Die Organisation der Verwaltungsgerichte ist in den letzten Jahren wiederholt Gegenstand der Erörterung gewesen. Die Frage ihrer Beibehaltung hat, jedenfalls was den Bestand der vorhandenen Gerichte angeht, nicht zur Diskussion gestanden. Vielmehr wurden bei großen neuen Materien neue Verwaltungsgerichte eingeführt. Das gilt insbesondere vom Steuer- und Versorgungsrecht. Diese Entwicklung ist zu begrüßen, weil sie die notwendige Voraussetzung für eine zwar dem Gesetz unterworfene, aber freie, d. i. von der Justiz unabhängige Verwaltung bildet. In je höherem Grade der verwaltende Staat nach eignem Recht lebt, um so mehr kann sich die ihm zugrunde liegende Kollektividee entfalten. Die geltende Rechtsordnung unterwirft ihn freilich in erheblichem Umfang dem Privatrecht. Soweit dies der Fall ist und der Emanzipationsprozeß der öffentlichen Verwaltung von der Geltung privatrechtlicher Normen sich noch nicht vollzogen hat, hat es dabei sein Bewenden. Für dasjenige Gebiet aber des Verwaltungslebens, für welches öffentliches Recht gilt, ist bei einer Zuständigkeit von Verwaltungsgerichten die größere Wahrscheinlichkeit sachkundiger Entscheidungen gegeben. Man könnte vielleicht den entgegengesetzten Standpunkt vertreten, wenn — dies ist ein von Lorenz v. Stein und Seydel gegen die Verwaltungsgerichte vorgebrachtes Argument — das Wesentliche der richterlichen Tätigkeit sich in der Unterordnung eines faktischen unter einen gesetzlichen Tatbestand erschöpfte. Das ist aber nicht der Fall. Wir haben vielmehr nach der Ueberwindung Montesquieuscher Gedankengänge eingesehen, daß die Fällung von Willensentscheidungen zum Wesen des Urteils gehört. Daher würde eine justizstaatliche Entwicklung der oberen oder unteren Instanzen die Ausschaltung der an der Rechtsprechung beteiligten Verwaltungsbeamten, somit eine wesentliche Verschlechterung bedeuten[1]).

Hinsichtlich der Zusammensetzung der Verwaltungsgerichte hat besonders Drews den Gedanken zur Erörterung gestellt, sie zu „echten" Gerichten auszubauen, d. h. zu solchen, deren sämtliche Mitglieder die Stellung der Richter der ordentlichen Gerichtsbarkeit haben. Diesem Postulat der Unabsetzbarkeit und Unversetzbarkeit hat die Gesetzgebung i. A. für die Mittel- und Unterinstanz nicht entsprochen. Vielmehr ist die bisherige Organisation der Verwaltungsgerichte bei-

---

[1]) Vgl. u. S. 85 ff.

behalten worden. Soweit neue derartige Organe eingerichtet wurden, besonders die Finanzgerichte, ist die Versetzbarkeit und Absetzbarkeit der Richter beibehalten worden (vgl. besonders § 15 A. O.). Hier handelt es sich um ein organisatorisches Grundproblem der Verwaltungsgerichtsbarkeit. Es bedarf keiner Erörterung, daß die Richter der ordentlichen Gerichtsbarkeit unabhängiger sind als solche Richter, die ihr Amt nur für die Dauer des Hauptamtes bekleiden. Allerdings ist zu beachten, daß jedenfalls bei größeren Gerichten der ordentlichen Gerichtsbarkeit für das Präsidium die Möglichkeit besteht, unbequeme Richter innerhalb des Gerichts tatsächlich zu versetzen, z. B. den mißliebigen Vorsitzenden oder Beisitzer einer Kammer in eine andere zu versetzen, an einem größeren Amtsgericht ihm eine Requisitionsabteilung zu geben und dgl. mehr. Aber das sind nur Ausnahmen, welche die grundsätzliche Ueberlegenheit der Verfassung der ordentlichen Gerichte in dieser Beziehung nicht berühren.

Eine Entwicklungstendenz, die Verfassung der Verwaltungsgerichte entsprechend derjenigen der ordentlichen Gerichte umzugestalten, läßt sich nicht feststellen. Die Abgabenordnung hat in dieser Beziehung, wie bereits bemerkt, keine Veränderung gebracht. Es scheint auch eine derartige Reform nicht geplant zu sein. Die preußische Verwaltungsreform will ebenfalls an dem bestehenden Zustande festhalten. Wäre es wünschenswert gewesen, daß im Gegensatz zu der bisherigen Entwicklung das Postulat „echter“ Gerichte von der Gesetzgebung auf dem Gebiet der Verwaltungsgerichtsbarkeit verwirklicht worden wäre? Diese Stagnation allerdings entspricht nicht den Wünschen des Publikums. Das allgemeine Rechtsbewußtsein lehnt es ab, die Verwaltungsgerichte als vollwertige Gerichte anzusehen, eben deswegen, weil ihnen eine vollkommene Unabhängigkeit fehlt. Das ist besonders in der Kritik der Finanzgerichte betont worden. Daher ist es bedauerlich, daß der Personalabbau auf das Reichswirtschaftsgericht erstreckt wurde. Diese Maßnahme war zwar rechtlich zulässig, aber angesichts der Exemtion der anderen Gerichte vom Personalabbau ein politisch nicht zu billigender Eingriff in die Unabhängigkeit der Rechtspflege. Ob aber die Forderung einer vollkommenen Gleichstellung der Verwaltungsgerichte mit den ordentlichen Gerichten wünschenswert sei, scheint mir zweifelhaft. Die Stärke der Willensbildung und die Anschauung der zu beurteilenden Wirklichkeit wird eine größere sein, wenn an der Urteilsfällung auch Personen beteiligt sind, welche nicht im Hauptberuf Richter sind. Hauptberufliche Richter neigen — jedenfalls im Durchschnitt — dazu, die Subsumptionstätigkeit im Verhältnis zur Willensbildung in den Vordergrund zu stellen. Es besteht eine gewisse Gefahr, daß durch die ausschließlich richterliche Tätigkeit das Anschauungsvermögen verkümmert. Das macht sich gerade in der Gegenwart bei solchen Lebensverhältnissen bemerkbar, die den Richtern aus eigner Anschauung weniger bekannt sind. Demgegenüber bildet die Zugehörigkeit eines aktiven Verwaltungsbeamten zum Gericht ein wohltätiges Korrektiv.

Ein solches ist ferner die Beteiligung von Laien an der Gerichtsbarkeit. Ich kann mich der Anschauung des Herrn Berichterstatters von der Wertlosigkeit dieser Zuziehung nicht anschließen. Die Erfahrung derjenigen deutschen Verwaltungsgerichte, an denen Laien beteiligt sind, sprechen gegen die Richtigkeit seiner Annahme, daß diese Beteiligung höchstens unerheblich sei. Vor allem beruht das — grade in der Gegenwart besonders bemerkenswerte — außerordentliche Vertrauen, welches die Rechtsprechung des Reichswirtschaftsgerichts genießt, zu einem guten Teil auf dieser Mitwirkung. Ueberall, wo Personen in der öffentlichen Verwaltung mitwirken, die nicht im Hauptberuf Beamte sind, hat die Gesellschaft die Möglichkeit, eine ausschließliche Motivation des Handelns der — Gerichts- oder Verwaltungs- — Bürokratie nach deren eigengesetzlichen Regeln im Sinne der allgemeinen Anschauungen zu beeinflussen. Dadurch können die nachteiligen Folgen, welche die kontinentale Entwicklung der Staatsverwaltung durch das Ueberwiegen eines berufsmäßigen Beamtentums genommen hat, zu einem guten Teil hintangehalten oder ausgeglichen werden. Auch die Erfahrungen, welche in dieser Hinsicht nach dem Urteil erfahrener Sachkenner auf dem Gebiete der deutschen Verwaltungsgerichtsbarkeit gemacht worden sind, sprechen hierfür. Das gilt insbesondere von den Finanzgerichten, in denen die Laienmitglieder — wie auch in den Ausschüssen der Finanzämter — durch ihre Kenntnis der Personen und der wirtschaftlichen Verhältnisse zu einer richtigen Beurteilung der steuerpflichtigen Tatbestände wesentlich beigetragen haben. Daher sehen die z. Zt. zur Erörterung gestellten Entwürfe der Steuerreform die Aufhebung der durch die zweite Steuernotverordnung eingeführten Beschränkung der Laienbeteiligung vor und bauen sie in dem neuen System der Bewertungsbehörden aus. Beide Vorschläge sind erfreulich. Es besteht aber auch in Kreisen der Wirtschaft Einstimmigkeit darüber, daß das Reichswirtschaftsgericht gerade deshalb gut funktioniert, weil sachverständige Mitglieder nicht als Sachverständige im Sinne des üblichen Beweisverfahrens, sondern als mitwirkende Mitglieder des Kollegiums tätig sind. Durch diesen Aufbau ist das Unerfreuliche des prozessualen Sachverständigenbeweises aufgehoben und besonders sachkundigen Personen eine Betätigung innerhalb des entscheidenden Kollegiums selbst gewährleistet. Die Erfahrungen hinsichtlich des Kartellgerichts sind die gleichen. Freilich bedarf die Möglichkeit ernstester Beachtung, daß die Laien zu Partei- oder Interessentenvertretern werden. Die Einflußnahme von Fraktionen, Parteien und wirtschaftlichen Verbänden auf die Auswahl der Beisitzer kann die Quelle sehr starker Gefahren werden. Dem muß und kann — auch innerhalb des parlamentarischen Systems — vorgebeugt werden. Auf Grund dieser Erfahrungen scheint mir auch die Beteiligung von Laien an der Zusammensetzung der obersten Gerichte nicht in dem Maße indiskutabel, wie dies allgemein angenommen wird.

Es gibt gewiß Fälle — und sie sind nicht einmal selten —, in denen ein „geschickter" Vorsitzender den Einfluß der Laien innerhalb eines Kollegiums auszuschalten weiß. Allgemein trifft dies aber nicht zu. Als Träger der gesellschaftlichen Anschauungen und als Sachkenner, vor allem aber als lebendige Organe des allgemeinen Rechtsbewußtseins dient die Beteiligung der Laien an der Rechtsprechung dem Einklang von Volksrecht und Juristenrecht. So führt sie der „Bürokratie" immer neue Ströme gesellschaftlichen Lebens zu. Sie hat somit die eminente Bedeutung, welche überhaupt das Institut der sog. „politischen Selbstverwaltung" für die Entfaltung des genossenschaftlichen Elements im Staat hat.

Aus diesen Gründen scheint mir ein Aufbau der Verwaltungsgerichte zweckmäßig, bei dem in Unter- und Mittelinstanz die drei in Frage kommenden Elemente: richterliche Unabhängigkeit, Verwaltung und „Laien" an der Zusammensetzung des Kollegiums berücksichtigt sind. Dieses Ziel würde dadurch erreicht werden, daß die Zusammensetzung der Verwaltungsgerichte im übrigen unberührt bleibt, aber der Vorsitzende — wie das z. B. beim preußischen Bezirksausschuß ja bereits mit gutem Erfolge verwirklicht ist — die Stellung eines Richters der ordentlichen Gerichtsbarkeit erhält.

III.

Die Entwicklung der Zuständigkeit der ordentlichen und der Verwaltungsgerichte auf dem Gebiet des öffentlichen Rechts während der letzten Jahre ist eine Teilerscheinung des Kampfes zwischen Verwaltung und Rechtsordnung, der sich in dieser Zeit mit besonderer Heftigkeit abgespielt hat. Es handelt sich hier um die alten Postulate: Gewährleistung der individuellen Freiheit, Durchführung des Postulats, „daß die Staatsgewalt um ihrer selbst willen eine unparteiische Handhabung ihrer eigenen Gesetze will" und möglichste Zweckmäßigkeit dieser Handhabung.

Die Entwicklungstendenz ist jedoch keine einheitliche. Nur für einige Materien ist ein Fortschritt zu verzeichnen, nämlich für das Versorgungs- und das Steuerrecht.

Auf dem ersteren Gebiet wurde ein im wesentlichen der Sozialversicherung angepaßtes Prozeßverfahren eingeführt. Auf steuerrechtlichem Gebiet hat die außerordentliche Vermehrung der Lasten als Korrelat einen vermehrten Rechtsschutz zur Folge gehabt. Er dient in erster Linie dem Grundsatz der Gleichmäßigkeit der Besteuerung im ganzen Reich. Nur unter der Voraussetzung eines solchen Rechtsschutzes war vor allem im Juli 1918 von der Reichstagsmehrheit die Bewilligung der für die Fortführung des Krieges erforderlichen Steuern gegen einen nicht unerheblichen Widerstand der Bundesstaaten zu erlangen. Mit dem 1. Oktober 1918 trat der Reichsfinanzhof ins Leben. Die weitere Entwicklung brachte die Abgabenordnung. Ihre für unsere Fragestellung wesentlichen Reformen sind die allgemeine Erweiterung des Rechtsschutzes gegenüber der steuerlichen Betätigung der Staatsgewalt, die prozessualen Besserungen für Erstattungs- und Vergütungsansprüche sowie der sonstige Ausbau der Rechtsbeschwerde. Diese Bestimmungen sind, wie das Gesetz im ganzen, ein Beweis dafür, daß der „Beruf einer Zeit zur Gesetzgebung“ eine Persönlichkeitsfrage ist. Einzelnes mag an der AO. verbesserungsbedürftig sein. Im Ganzen ist sie auch in ihren hier interessierenden prozessualen Teilen ein großer Wurf des von Mitgliedern des Reichsfinanzministeriums wirksam unterstützten Enno Becker. Sie stellt sich dar als die hervorragende Leistung eines Mannes, der theoretische Schulung und praktische Erfahrung auf den verschiedenen Gebieten der Verwaltung und Rechtsprechung mit tiefstem Rechtsbewußtsein und glücklichster gesetzestechnischer Begabung in sich vereinigt.

Freilich besteht die Steuergerichtsbarkeit in der Mittelinstanz erst seit dem 1. April 1922. Diese verhältnismäßig späte Einführung findet darin ihre Erklärung, daß zunächst die Verwaltungsbehörden unter Dach und Fach gebracht werden mußten.

Nur zwei wichtige Punkte genügen nicht: die Zusammensetzung der Finanzgerichte und ihre Unzuständigkeit für Rechtsmittel in Zoll- und Verbrauchsabgabensachen. Der erste Punkt ist bereits in anderem Zusammenhang behandelt. Besondere Gegengründe gegen die richterliche Stellung des Vorsitzenden, die aus den Schwierigkeiten der Uebergangszeit hergeleitet wurden, sind jetzt hinfällig. Es läßt sich aber ferner kein durchschlagender Grund dafür finden, warum nur die Besitz- und Verkehrssteuern der finanzgerichtlichen Rechtsprechung unterliegen. Ein Schutzbedürfnis der Steuerpflichtigen besteht nicht nur hier. Mithin war in diesen beiden Punkten die Entwicklung des Rechtsschutzes keine so weitgehende, wie es wünschenswert gewesen wäre. Im übrigen haben sich die prozeßrechtlichen Teile der AO. praktisch sehr bewährt.

Die eben geschilderten Neuerungen sind zu begrüßen. Aber im allgemeinen hat die Verwaltung in ihrem Kampf um eine möglichst große rechtsschutzfreie Sphäre erhebliche Erfolge davongetragen. Sie konnte dies nicht zuletzt deshalb, weil der Gesellschaft ein tiefer Rechtssinn fehlte und sie unfähig war, rechtsbildende Gedanken zu erzeugen. In England sind, um die prägnante Formulierung Diceys wiederzugeben, „individual rights .... the basis, not the result, of the law of the constitution“[1]). Diese Grundlage fehlt bei uns besonders stark. Allerdings hat in allen am Krieg beteiligten Ländern die Verwaltung infolge des Krieges außerordentliche Befugnisse erhalten. Vor allem erlangte sie hinsichtlich der Rechtssetzung tatsächlich eine fast monopolartige Stellung, welche in gewissem Sinne eine Rückkehr zum absoluten Staate bedeutete. Die Verwaltung hat aber in Deutschland die Einengung ihres freien Ermessens durch die Herrschaft des Gesetzes von jeher besonders schwer ertragen und sie mit allen ihr zur Verfügung stehenden Mitteln bekämpft. Daher hat sie auch in besonders weitem Umfang von ihren Kriegsvollmachten in der Richtung Gebrauch gemacht, die Nachprüfung ihrer Anordnungen durch ordentliche oder Verwaltungsgerichte nach Möglichkeit auszuschließen. Nur unter dem drängendem Ansturm der öffentlichen Meinung verstand sie sich zu einigen Konzessionen, insbesondere zum Schutzhaftgesetz und zur Einführung des Reichsschiedsgerichtes für Kriegsbedarf.

Diese gesteigerte Machtfülle der Verwaltung bestand auch nach dem Kriege weiter. Das parlamentarische System wurde in Deutschland während der allgemeinen Krise des westeuropäischen Parlamentarismus eingeführt. Schon hierdurch gelang es der Bürokratie, sich über dasjenige Maß hinaus, das sie bei der Einführung des parlamentarischen Systems notwendiger Weise hat, einen großen Einfluß zu sichern. Es kam hinzu, daß das Parlament, vor allem auf Grund der deutschen Parteiverhältnisse, nicht in der Lage war, der Verwaltung einen geschlossenen Willen entgegenzustellen.

Die schon durch diese Tatsachen über das Normalmaß gesteigerte Macht der Verwaltung wurde noch weiter verstärkt. Es setzte sich die Ansicht durch, die besondere Lage des Staates erfordere eine ausserordentliche Machtfülle der Ver-

---

[1]) Dicey, Law of the constitution (8. Aufl.) S. 203.

waltung. Diese Auffassung traf zu. Es sind zwar nicht unerhebliche Uebergriffe im Einzelnen nicht unterblieben. Aber auf Einzelheiten kommt es nicht. Nur die große Linie ist wesentlich: Ohne die der Verwaltung z. T. zugestandene, z. T. von ihr usurpierte Macht und die Art ihrer Ausübung wäre ein Zusammenbruch des Staates unvermeidbar gewesen. Das ist das Entscheidende. Die erfolgten Beschränkungen der gerichtlichen Zuständigkeit gehören zum erheblichen Teil in den großen Zusammenhang dieser Notmaßnahmen, durch welche die Verwaltung im Endergebnis die das Fundament unseres staatlichen Daseins aufs Aeusserste gefährdende Krise überwunden hat. Es ist nicht der zutreffende Gesichtspunkt, hier den „Untergang des Rechtsstaats" zu sehen. Es handelte sich um Bestehen oder Nichtbestehen des Staates. In solchen Zeiten muß die Verwirklichung des Rechtsgedankens vorübergehend in den Hintergrund treten. Uebergriffe sind bedauerlich, aber nicht vermeidbar. Das übersieht der Kritiker nur zu leicht, der sich nicht in die Situation des verantwortlichen Staatsmannes zu versetzen weiß.

Soweit die Beschränkungen der gerichtlichen und verwaltungsgerichtlichen Zuständigkeit in diesen Zusammenhang gehören, waren sie daher gerechtfertigt. Aber darüber hinaus sind vor allem im Verordnungswege eine große Reihe von Beschränkungen der persönlichen Freiheit eingeführt worden, so auf dem Gebiete der Wohnungszwangswirtschaft und des Ausfuhrhandels, ohne gleichzeitige Begründung einer gerichtlichen Zuständigkeit zur Nachprüfung der getroffenen Anordnungen. So vertrat der Reichskommissar für Einfuhr- und Ausfuhrbewilligungen den Standpunkt, daß die Erteilung einer Ein- oder Ausfuhrbewilligung Sache seines freien Ermessens sei. Die Erteilung oder Nichterteilung einer solchen Erlaubnis, die für die in Frage kommenden Unternehmungen oft eine wirtschaftliche Daseinsfrage war, hing also ausschließlich von dieser Verwaltungsbehörde ab. Es bestand nicht die Möglichkeit einer unmittelbaren gerichtlichen Nachprüfung, ob der grundsätzliche Standpunkt des Reichskommissars berechtigt war, und ob er im Einzelfall von seinem Ermessen einen rechtlich zulässigen Gebrauch gemacht hatte. Ebenso fehlte im Gegensatz zur allgemeinen Regelung die Möglichkeit einer verwaltungsgerichtlichen Nachprüfung, wenn die Erlaubnis zum Großhandel mit Lebens- und Futtermitteln, mit Kartoffeln, mit Vieh oder zum Kleinhandel mit Fleisch oder mit Gegenständen des täglichen Bedarfs verweigert wurde. In diesen und zahlreichen anderen Fällen — die krasse Regelung der wohnungsrechtlichen Verfahrensvorschriften ist besonders drückend empfunden worden — war also jeder Rechtsschutz der Untertanen ausgeschlossen. Diese Beschränkungen waren ungerechtfertigt. Es steht hier nicht zur Erörterung, ob die Verwaltung so tief eingreifender materiellrechtlicher Befugnisse bedurfte. Auch wenn man sie ihr zubilligt, so war deshalb die Entziehung eines Rechtsschutzes nicht notwendig, wie er im übrigen gegen gesetzwidrige Verwaltungsakte gegeben war und gegeben ist. Dem öffentlichen Interesse an einer schnellen Durchführung der getroffenen Regelung wäre dadurch Genüge geschehen, daß dem Rechtsmittel eine aufschiebende Wirkung nicht beigelegt wurde. Eine Hemmung der Initiative der Verwaltung wäre auf diese Weise nicht eingetreten. Drews hat zutreffend darauf hingewiesen, daß die Tatkraft der Polizei durch die Einführung der Verwaltungsgerichtsbarkeit nicht gelitten hat. Die beteiligten Staatsorgane haben allerdings immer wieder behauptet, die Einführung eines Rechtsschutzes sei sachlich nicht vertretbar. Das war eine Verschleierung des Tatbestandes. Sie sollte dazu dienen, in weniger orientierten Kreisen die Vorstellung zu erwecken, die Ausschließung des Rechtsschutzes werde durch die Notlage unbedingt erfordert.

Es bedarf daher keiner besonderen Darlegung, daß der Gedanke einer Generalklausel für eine gerichtliche Zuständigkeit in öffentlichrechtlichen Streitsachen seit der Revolution keine Fortschritte gemacht hat. Er spielt nur in den Drews'schen Plänen eine Rolle, aber bisher ohne Aussicht auf Verwirklichung. Nach dem gegenwärtigen Rechtszustand entbehren also eine große Zahl öffentlichrechtlicher Ansprüche des prozessualen Schutzes. Bei dieser Lage hat sich der 3. Zivilsenat des Reichsgerichts durch seine rechtsschöpferische „Erweiterung des Rechtsweges" ein wesentliches Verdienst erworben.[1]) Im Anschluß an eine von Otto Mayer in der 1. Auflage seines „Deutschen Verwaltungsrechts" vertretene, später jedoch von ihm aufgegebene Lehre hat er die Zuständigkeit der ordentlichen Gerichte über die durch das geschriebene Recht gezogenen Grenzen hinaus erheblich ausgedehnt. Im Wege eines Analogieschlusses hat er diese Zuständigkeit auch für solche Streitigkeiten angenommen, die nach der früheren Rechtsauffassung auf Grund des Satzes von der begrifflichen Privatrechtlichkeit vermögensrechtlicher Ansprüche privatrechtlich waren, nach dem veränderten Werturteil der Rechtsgemeinschaft heute aber zum öffentlichen Recht gehören. Diese Auffassung ist von den anderen Zivilsenaten übernommen. Nach dem durch diesen Gerichtsgebrauch ent-

---

[1]) Vgl. zum Folgenden meinen Erstattungsanspruch im Verwaltungs- und Finanzrecht S. 1 ff., bes. S. 61 ff.

wickelten Rechtssatz, den auch *Jonas* in seiner Neubearbeitung des *Steinschen* Kommentars zur Z.P.O. anerkennt, gehören also zur Zuständigkeit der ordentlichen Gerichte auch diese Streitigkeiten. Sie sind m. E. als „Zivilprozeßsachen kraft Ueberlieferung“ zu bezeichnen. Durch die reichsgerichtliche Rechtsprechung ist die Folge der Unzulässigkeit des Rechtswegs vermieden, die sich sonst aus der Neubildung öffentlichrechtlicher, bisher privatrechtlicher Institute ergeben würde. Der 3. Zivilsenat — ein wesentliches Verdienst gebührt seinem damaligen Präsidenten, dem ehemaligen preussischen Oberverwaltungsgerichtsrat *Meyn* — hat sich damit zum Organ einer in der gesellschaftlichen Anschauung lebendigen Meinung gemacht. Sie geht dahin, daß das *Festhalten* an der Zuständigkeit der ordentlichen Gerichte über die Verwaltung besser sei, als wenn dem individuellen Rechtskreis der Schutz durch ordentliche Gerichte entzogen würde für solche Rechtsverhältnisse, die bisher vor sie gehörten.

Diese Fortbildung der Gerichtsverfassung ist bei der gegebenen Rechtslage ein begrüßenswertes Hilfsmittel. In gewissem Umfang ermöglicht sie die ~~materiellrechtliche~~ *Emanzipation der Rechtsverhältnisse des Verwaltungslebens aus dem Privatrecht*, eine Entfaltung des öffentlichen Interesses in seine rechtlichen Folgen. Die Institute bleiben, ungeachtet ihres materiellrechtlichen Wandels, des Rechtsschutzes teilhaftig. Es ist aber nicht mehr erforderlich, sie aus rechtsschutzpolitischen Gründen materiellrechtlich im Gegensatz zum gegenwärtigen Werturteil der Rechtsgemeinschaft in das Prokrustesbett der Fiskuslehre zu pressen. Das bedeutet einen unleugbaren Fortschritt, der sich bereits in der neueren Rechtsprechung, vor allem des 3. Zivilsenats, ausgewirkt hat. Das Reichsgericht hat auch an dieser Stelle für die untätige Gesetzgebung vikariert und eine zweckmäßige Rechtsschöpfung vorgenommen. Aber diese Entwicklung genügt nicht.

Nur ein Teil der öffentlichrechtlichen Streitigkeiten unterliegt gerichtlicher Entscheidung. Es sind dies diejenigen, für die von Reichs- oder Landeswegen der Verwaltungsrechtsweg eröffnet ist, sowie die Zivilprozeßsachen „kraft Zuweisung“ oder „kraft Ueberlieferung“ [1]). Für die übrigen öffentlichrechtlichen Streitsachen fehlt der Rechtsschutz. Hier könnte nur die *Generalklausel* helfen, für deren Einführung der bisherigen Entwicklung eine Tendenz nicht zu entnehmen ist.

Es besteht aber ferner die Möglichkeit, daß die ordentlichen Gerichte, insbesondere das Reichsgericht, ihre Zuständig-

---

[1]) Vgl. *meinen* Erstattungsanspruch S. 68ff.

keit aus rechtsschutzpolitischen Gründen noch weiter erstrecken und mehr öffentlichrechtliche Streitigkeiten vor ihr Forum ziehen werden. Diese Möglichkeit ist neuerdings verstärkt, weil eine Reihe von Hoheitsverwaltungen auf das Reich übergegangen sind, ohne daß von Reichswegen hieraus prozeßrechtliche Folgen gezogen, insbesondere für Reichsbehörden der Kompetenzkonflikt eingeführt worden wäre. Nach der zutreffenden Rechtsprechung der Kompetenzkonfliktsgerichte der Länder sind Reichsbehörden zur Erhebung des landesrechtlichen Kompetenzkonflikts nicht befugt. Daher kann die Reichsverwaltung in solchen Streitigkeiten vor den ordentlichen Gerichten in Anspruch genommen und rechtskräftig verurteilt werden, die nach dem unzweifelhaften Sinn der Rechtsordnung nicht vor ordentliche Gerichte gehören. Die Lage wäre einfacher, wenn alle Prozesse zur oberstgerichtlichen Entscheidung gelangten. Aber nicht alle Wege führen nach Leipzig! Das gilt vor allem in fiskalischen Streitigkeiten, weil hier in einer ganz überwiegenden Anzahl von Fällen dem öffentlichen Verband wirtschaftlich erheblich unterlegene Gegner gegenüberstehen, auf welche die Voraussetzungen des Armenrechts nicht zutreffen und die das Risiko der Prozeßkosten im Rechtsmittelverfahren nicht zu tragen vermögen. Daher erwachsen sehr viele Urteile — und nicht immer zutreffende — unserer öffentlichrechtlich meist noch wenig geschulten Instanzgerichte in Rechtskraft. Es besteht also durchaus die Möglichkeit einer justizstaatlichen Rückbildung, wenn nur die ordentlichen Gerichte ihre Zuständigkeit in einem erweiterten Umfange annehmen.

Gegen eine derartige Entwicklung, welche bei der unseren Gerichten immanenten Tendenz zur Erweiterung ihrer Zuständigkeit durchaus nicht außerhalb des Bereichs der Möglichkeit liegt, und darüber hinaus allgemein zur sicheren Abgrenzung der gegenseitigen Zuständigkeiten ist das gegebene Mittel die Einführung eines Reichszuständigkeitsgerichts. Dieses wäre wohl beim Reichsgericht zu errichten und unter Vorsitz des Präsidenten eines Reichsgerichts in ähnlicher Weise zusammenzusetzen wie die entsprechenden Organe der Länder.

Ihm würde noch eine weitere Aufgabe zu übertragen sein. Auch bei Zurückführung der obersten Reichsgerichte auf die denkbar kleinste Zahl würde immerhin noch eine Mehrzahl von ihnen bestehen bleiben. Damit wäre die Möglichkeit verschiedener Entscheidungen über dieselbe Rechtsfrage gegeben. Das Reichszuständigkeitsgericht wäre also zweckmäßigerweise auch mit der Aufgabe zu betrauen, im Falle einer derartigen Meinungsverschiedenheit einzugreifen. Es bedürfte zu diesem Zweck der Begründung einer Sammlung von Entscheidungen, wie sie für das

Gebiet der freiwilligen Gerichtsbarkeit besteht. Will ein Reichsgericht oder — falls es zuständig sein sollte — ein oberstes Landesgericht von der in dieser Sammlung veröffentlichten Entscheidung eines der bezeichneten Gerichte abweichen, so hat es die Frage dem RZG. zur Entscheidung vorzulegen. Dessen Entscheidung wäre bindend. Ein derartiges Organ würde sich den allgemeinen Bestrebungen zur Sicherung der Rechtseinheit einordnen. Ob es freilich große praktische Bedeutung erlangen würde, bleibt abzuwarten. Hier ist *zunächst* alles Auslegungsfrage. Das gleiche Rechtsproblem kann bei verschiedenen gesetzlichen Bestimmungen vorhanden sein. Genügt eine solche *Identität der Rechtsfrage* für die Zuständigkeit des RZG. oder muß es sich um die Anwendung des gleichen Rechtssatzes handeln? Nur im ersteren Falle könnte das RZG. volle Wirksamkeit entfalten. Es wird Sache des zu erlassenden Gesetzes sein, in dieser Beziehung genügend bestimmte Vorschriften zu treffen.

In der Rechtsprechung der letzten Jahre haben ferner zwei Fragen eine besondere Rolle gespielt, diejenige der *Verfassungsmäßigkeit der Gesetze* und der *Rechtsgültigkeit von Verordnungen*. In der ersteren Frage hat der Herr Berichterstatter zutreffend hervorgehoben, daß eine solche Nachprüfung bisher nur durch das Urteil des Reichsversorgungsgerichts vom 24. Oktober 1924 stattgefunden hat. Das Reichsgericht scheint nach seiner neueren Rechtsprechung ihre Zulässigkeit bejahen zu wollen. Allerdings ist die Begründung dieses Standpunktes durch Bezugnahme auf ältere Entscheidungen nicht stichhaltig, weil in diesen nicht die Verfassungsmäßigkeit eines Gesetzes, sondern die Vereinbarkeit eines Landesgesetzes mit dem Reichsrecht oder die Rechtsgültigkeit einer Verordnung geprüft wurde. Eine derartige, inhaltlich nicht zutreffende Bezugnahme ist ja in der Rechtsprechung auch der neueren Zeit nicht selten. Sie wird als fiktives Hilfsmittel zur Wahrung einer in Wirklichkeit nicht vorhandenen Kontinuität der Rechtsprechung gelegentlich gern verwendet.

Hinsichtlich der Anzweiflung der Gültigkeit von Verordnungen erübrigt sich eine Darstellung des bekannten Streitstandes und der sich widersprechenden oberstgerichtlichen Entscheidungen. Es kommt von unserer Fragestellung aus nicht darauf an, diesen Entscheidungen im Einzelnen nachzugehen. Jedenfalls hat dieser Kampf zwischen richterlicher Gewalt und Verwaltung in vielen Punkten eine bedenkliche Rechtsunsicherheit zur Folge gehabt. Er wird allmählich viel an Schärfe verlieren. Immerhin scheint es im Interesse der Rechtssicherheit wünschenswert, wenn in derartigen Fällen die Entscheidungen von *einer* Instanz gefällt werden. Außerdem erfordern das öffentliche Interesse und das Individualinteresse der beteiligten Parteien gleichmäßig, daß diese Frage nicht durch einen langwierigen Instanzenzug hindurchgeschleppt, sondern, wenn sie entsteht, sofort zur Entscheidung gebracht wird.

Für beide zuletzt berührten Fragen dürfte der Staatsgerichtshof für das deutsche Reich die geeignete Instanz sein. Die Reformen, auf die es ankommt, sind also: Aufhebung aller Beschränkungen der gerichtlichen und verwaltungsgerichtlichen Zuständigkeit und Einführung einer Generalklausel für alle öffentlichrechtlichen Streitsachen, soweit es sich nicht um Ermessensfragen handelt.

IV.

So wesentlich die bisher erörterten Fragen sind: die entscheidende ist diejenige des Reichsverwaltungsgerichts. Vor dem Kriege bestand innerhalb der deutschen Juristenwelt Einstimmigkeit darüber, daß ein Reichsverwaltungsgericht im Interesse der Rechtseinheit und damit der Reichseinheit notwendig sei. Diese Forderung ist von der Verfassung im Prinzip gesetzgeberisch aufgenommen worden. Die Nationalversammlung stellte sich nicht auf den Standpunkt des Jahres 1848, welches in der Verwaltungsgerichtsbarkeit eine Exemtion des Staates von den ordentlichen Gerichten und damit ein Privileg gegenüber dem Untertanen sah. Sie erkannte vielmehr, daß die in der überwiegenden Mehrzahl der Einzelstaaten durchgeführte und für eine Reihe wichtiger Verwaltungszweige auch im Reiche verwirklichte besondere Gerichtsbarkeit für Fragen des öffentlichen Rechts eine bewährte Einrichtung sei und der allgemeinen Durchführung im ganzen Reiche bedürfe. Daher bestimmt Art. 107 RV., daß im Reich und in den Ländern zum Schutze der Einzelnen gegen Anordnungen und Verfügungen der Verwaltungsbehörden Verwaltungsgerichte bestehen müssen. Der Sinn dieses Rechtssatzes liegt zutage. Verwaltungsgericht bedeutet ein Doppeltes: zunächst Gerichtsbarkeit, d. i. Entscheidung über Streitfragen durch unabhängige, keiner Dienstgewalt unterworfene Organe. Es liegt darin aber noch ein anderes beschlossen: die Emanzipation dieser „Gerichte" von den ordentlichen. Mit anderen Worten: die Verneinung des Justizstaates. Im Art. 107 RV. siegte Gneist über Bähr. Hier überwand die Rechtsentwicklung, wie sie seit dem Badener Vorgang des Jahres 1862 sich in Deutschland allgemein durchgesetzt hatte, die Gedankengänge des individualistischen Liberalismus. Zugleich wurde, was bisher nur auf Grund kasuistischer Gesetzgebung durchgeführt war, für das Reich und für die Einzelstaaten zum verfassungsrechtlichen Grundsatz erhoben.

Damit hat auch Deutschland ein allgemeines Problem des Aufbaus des modernen Staates seiner Lösung näher geführt.

Schon für die Zeit vor dem Krieg hat Koellreutter nachgewiesen, daß sich eine entsprechende Entwicklung in England angebahnt hatte[1]). Das Gleiche gilt von den Vereinigten Staaten[2]). In beiden Ländern hat die durch den Krieg verursachte Vermehrung der öffentlichen Verwaltung eine weitere Einschränkung der common law courts hinsichtlich der Rechtsverhältnisse des Verwaltungslebens bewirkt[3]). Auch die Schweiz hat in dem 1914 angenommenen Art. 114 bis B. V. das gleiche Prinzip angenommen.

Diese Entwicklung bedeutet für die Gerichtsbarkeit nichts anderes als eine Folge aus der dem modernen Staat wesenseigentümlichen „Bürokratisierung von Staat und Recht". Erst diese Bürokratisierung „sieht im allgemeinen die endgültige Möglichkeit scharfer begrifflicher Scheidung einer „objektiven" Rechtsordnung von den durch sie garantierten „subjektiven" Rechten der Einzelnen und ebenso die Scheidung des „öffentlichen", die Beziehungen von Behörden zueinander und zu den Untertanen betreffenden Rechts von „Privatrecht", welches die Beziehungen der beherrschten Einzelnen untereinander regelt." [4]) Diese materiellrechtliche Scheidung bewirkt, wie die angedeutete Entwicklung in den Großstaaten zeigt, auch eine Sonderung der zur Ausübung der Gerichtsbarkeit berufenen Staatsorgane. Hierin drückt sich ein Mehrfaches aus:

Soweit eine gerichtliche Zuständigkeit gegenüber der Verwaltung nicht besteht — dies war und ist in erheblichem Umfange in Deutschland und in seinen Ländern der Fall — verlangt das moderne Rechtsbewußtsein die Einführung eines solchen Rechtsschutzes.

Für diesen erweisen sich in einem „bürokratischen" Staate besondere Organe außerhalb der Justizorganisation als notwendig.

Schließlich ist der eigene Wirkungskreis des Bundesstaates gegenüber demjenigen seiner Gliedstaaten durch den Krieg, durch die Ausdehnung des Völkerrechts und die Intensivierung der Weltwirtschaft wesentlich vergrößert. Daher gewinnt er gegenüber seinen früheren Entwicklungsstufen eine stark vermehrte Fülle öffentlichrechtlicher Befugnisse. Es erweist sich also zu seiner Vollendung als Staat und zur Durchführung des in seinen Gliedstaaten bereits verwirklichten Rechtsschutzes die Einrichtung einer reichseigenen Instanz notwendig.

Freilich ist die Durchführung des Art. 107 RV. nur in den Ländern erfolgt. Anders steht es im Reiche. Die Reichs-

---

[1]) Vgl. Koellreutter, Verwaltungsrecht und Verwaltungsrechtsprechung in England (Tüb. 1912).

[2]) Vgl. für beide Länder die — freilich nicht erschöpfenden — Ausführungen von Ghose, Comparative administrative law (1919) S. 617 ff.

[3]) Ein eingehender Nachweis dieser Entwicklung bleibt vorbehalten.

[4]) Max Weber, Wirtschaft u. Gesellschaft (1. Aufl.) S. 675.

regierung hat bisher drei Entwürfe vorgelegt, zwei Vorentwürfe aus den Jahren 1920 und 1921 und eine Reichsratsvorlage aus dem Jahre 1922. Weiter ist die Angelegenheit bisher nicht gediehen. Nur in sehr wenigen Einzelgesetzen hat die Verwaltung dem Rechtsschutzgedanken widerwillig Zugeständnisse gemacht. Das Gemeinsame der angeführten Entwürfe ist, daß sie ein besonderes RVG. vorsehen. Als sein Sitz war im Wege der föderalistischen Arithmetik zur Herstellung des „balance of power" gegenüber Berlin, Leipzig und München, schließlich Stuttgart in Aussicht genommen. Als Rechtsmittel war ursprünglich die Berufung, erst später die Rechtsbeschwerde geplant. In Rezeption süddeutscher Gesetzgebung — Referent und später Staatssekretär im federführenden Reichsministerium des Innern war der bayrische Freiherr von Welser — ist im Gegensatz zum preußischen Parteiprozeß das Anfechtungsverfahren gewählt worden. Die Generalklausel ist nicht durchgeführt, vielmehr beschränken sich die Entwürfe auf die enumerative Aufzählung eines immer mehr zusammenschmelzenden Katalogs einzelner Streitigkeiten. Auch beschränkte Generalklauseln, z. B. für die Grundrechte oder das Gewerberecht, fehlen. Die Uebernahme des Reichswirtschaftsgerichts war bisher nicht vorgesehen, hingegen diejenige des Bundesamts für das Heimatswesen.

Eine gesetzgeberische Verwirklichung haben diese Entwürfe nicht gefunden. Die Gründe hierfür dürften in doppelter Richtung zu suchen sein. Ueberwiegende Teile der Bürokratie im Reich und in den Ländern setzen der Einführung eines RVG. erheblichen Widerstand entgegen, weil sie von ihr eine Machteinbuße erwarten. Die Gesetzesunterworfenheit erscheint der Verwaltung eben auch noch heute als ein äußerst unerwünschter, nach Möglichkeit abzuwehrender Zustand. Daneben steht der Widerstand des Föderalismus, welcher für das öffentliche Recht mindestens die bisherige Unbeschränktheit der Landesverwaltung aufrecht zu erhalten bestrebt ist. Er sträubt sich gegen eine Rechtskontrolle durch eine Reichsinstanz, auch soweit die Ausführung von Reichsgesetzen in Frage steht. Rechtseinheit und Staatlichkeit der Länder scheinen ihm unvereinbar. Auch fürchtet die Landesbürokratie als solche eine Beeinträchtigung ihres Besitzstandes zugunsten der Reichsverwaltung. Schließlich sind die obersten Verwaltungsgerichte der Länder mit ihrer durch die Einführung eines RVG. notwendig verbundenen Mediatisierung und Verkleinerung nicht einverstanden. Sie machen gegen die Gesetzentwürfe des Reichs ihre politisch und rechtstechnisch begründeten Einwendungen geltend. Zu ihnen tritt der Herr Präsident des Reichsgerichts, dessen eindringlichen Warnungsruf wir soeben vernahmen. Die Widerstände sind also — mutandis mutatis — i. W. die gleichen, wie sie s. Zt.

gegen die Einführung des Reichs-Oberhandelsgerichts und des Reichsgerichts geltend gemacht wurden.

Diese Gegner finden, aus so verschiedenen Lagern sie kommen, einen willkommenen Bundesgenossen im Reichssparkommissar. Sie berufen sich mit ihm auf die gegenwärtige Finanzlage des Reichs und erklären die Errichtung eines selbständigen Gerichts als eine untragbare Ausgabe. Das ist ja eine Einwendung, die gern gegen unerwünschte Neuerungen erhoben wird. Daher gewinnt neuerdings der Gedanke Boden, Verwaltungssenate beim Reichsgericht zu errichten. Sie sollen auf Grund eng begrenzter Zuständigkeit über bestimmte öffentlichrechtliche Fragen entscheiden. Die Entwicklungstendenz geht also augenblicklich dahin, die Ausführung des Art. 107 RV. in so engen Grenzen zu halten, wie nur irgend möglich.

Diese Tendenz ist in höchstem Grade unerfreulich. Verfassungsrechtliche Bedenken gegen eine umfassende Zuständigkeit des RVG. bestehen nicht. Das Reich ist zur Einführung eines RVG. durch Art. 107 RV. verpflichtet. Aus dieser Befugnis ergibt sich „by reasonable implication“ der „implied power“ des Reichs, diesem Verwaltungsgericht auch solche Zuständigkeiten beizulegen, welche bisher noch nicht bestanden haben. Käme man doch sonst zu dem Ergebnis, daß Art. 107 RV. nur die Befugnis zur Zusammenfassung der bisher zersplitterten obersten Zuständigkeiten bedeute. Hätte es dazu des Aufwandes einer besonderen Verfassungsnorm bedurft? Man wird dieser Frage nicht näher nachzugehen haben. Keine Ausführung des Art. 107 RV. würde die Schaffung einer Instanz bedeuten, die bei Meinungsverschiedenheiten zwischen den obersten Gerichten des Reichs und der Länder über die Auslegung von Sätzen des öffentlichen Reichsrechts entscheidet. Eine solche Instanz kann zur Aufrechterhaltung der Rechtseinheit nützlich sein (vgl. o. S. 93). Sie ist aber kein Gericht. Das wäre um so weniger der Fall, wenn die Partei des Einzelprozesses keinen Einfluß auf ihre Anrufung haben sollte. Darin liegt kein „Schutz des Einzelnen gegen Verfügungen der Verwaltungsbehörden.“ Die Durchführung des Art. 107 ist der Ausführungsgesetzgebung nicht uneingeschränkt überlassen. Sie muß vielmehr eine sinngemäße sein. Das ist aber nur der Fall, wenn eine echte gerichtliche Instanz zum Schutz des Einzelnen geschaffen wird.

Die einzuführende reichsgerichtliche Instanz bedarf einer möglichst weitgehenden Zuständigkeit. Das zeigt die bisherige Entwicklung der Verwaltungsgerichtsbarkeit. Nur soweit Generalklauseln bestanden, haben die obersten deutschen Verwaltungsgerichte die ihnen zukommende rechtsschöpferische Funktion erfüllen können. So hat das preußische Oberverwaltungsgericht im wesentlichen nur für das Gebiet der Gemeindeabgaben und des Polizeirechts ein dem Bedürfnis der Verwaltung und der Untertanen gleichmäßig entsprechendes System von Verwaltungsrechtssätzen schaffen können. Die Grundrechte der amerikanischen und schweizerischen Verfassung sind eine rechtswirkliche Abgrenzung der Individualsphäre gegenüber dem Staat nur deshalb geworden, weil die Bundesgerichte dieser Staaten zu ihrer rechtsschöpferischen Entfaltung durch Generalklauseln befähigt waren. Darum ist auch für das RVG. eine Generalklausel erforderlich. Sie allein begründet die Möglichkeit, daß das Rechtsbewußtsein des Volkes sich auch durch dieses Gericht eine ihm entsprechende Ordnung schafft. Jede Beschränkung auf wenige Gebiete, etwa i. W. auf das Vereins- und Versammlungsrecht sowie die Religionsfreiheit, ist untragbar.

Die Begründung des Entwurfs von 1922 will zunächst keine Generalklausel einführen, sondern die systematische Gliederung in öffentliches und Privatrecht abwarten. Nach dem Ergebnis soll anno dazumal die Zuständigkeit des RVG. abgegrenzt werden. Diese Einstellung ist abzulehnen. Der Scheidungsprozeß in öffentliches und Privatrecht ist ein Vorgang, an dem auch die Gerichte hervorragend beteiligt sind. Wenn das RVG. überhaupt eine Bedeutung zur Verwirklichung des Rechtsstaates gewinnen soll, so muß es ihm überlassen bleiben, im Einklang mit den unserer Rechtsordnung zugrunde liegenden Gedanken ihre Ausgestaltung im einzelnen vorzunehmen. Die Einrichtung einer Gerichtsbarkeit hat zum Ziel, die Idee der Gerechtigkeit zu verwirklichen. Es ist aber ein kontradiktorischer Widerspruch, der hierzu berufenen Instanz die Möglichkeit ihrer Betätigung zu einem erheblichen Teil zu verschließen. Die Idee des Rechtsstaats erfordert, daß alle strittigen Rechtsfragen von einem Gericht entschieden werden. „Das Reich ist der deutsche Staat schlechthin." Also verlangt der Reichsgedanke, daß strittige Fragen des Reichsrechts und der landesrechtlichen Ausführungsgesetze zumindest in der letzten Instanz einer reichsgerichtlichen Zuständigkeit unterliegen. Mithin bedarf das RVG. einer Generalklausel, auf Grund deren es zuständig ist für alle öffentlich-rechtlichen Streitigkeiten, die auf Grund des Reichsrechts oder der zu seinem Vollzuge ergangenen landesrechtlichen Normen entstehen. Nur eine derartig weite Wirkungsmöglichkeit würde das RVG. in Stand setzen, seine Aufgabe als Wahrer des Rechtsgedankens und des Reichsgedankens vollkommen zu erfüllen. Jede Beschränkung seiner Zuständigkeit würde eine Verkümmerung seiner Funktionen notwendig in sich schließen.

Freilich ist die Wirksamkeit einer Generalklausel von zwei Voraussetzungen abhängig:

Zunächst bedarf es einer sachlich orientierten Personalpolitik. Die Stellung strenger Anforderungen an die Qualifikation der zu berufenden Personen genügt nicht. Vielmehr muß das Augenmerk auf zwei Punkte gerichtet werden: Föderalistische Arithmetik bei der Besetzung führt auf Abwege. Das zeigt jedes Blatt unserer Geschichte. Auch darf das RVG. wie jedes Gericht nicht benutzt werden zur Abschiebung von politisch oder ressortmäßig unbequemen oder zur Beförderung innerhalb der Verwaltung ungeeigneten Persönlichkeiten. Bei der erstmaligen Besetzung muß die mechanische Uebernahme in der Reichsinstanz „vorhandener" Personen vermieden werden. Gerade die erste Besetzung ist wegen der traditionsbegründenden Bedeutung der ersten Urteile eine besonders wichtige Angelegenheit.

Der Aufbau auf einem obersten Landesverwaltungsgericht dürfte schon aus politischen Gründen nicht in Frage kommen. Weiter aber bedarf das RVG. der Selbständigkeit. Die organisatorische Angliederung an das Reichsgericht, wie sie auch der Herr Präsident des Reichsgerichts wünscht, bedeutet notwendig ein natürliches Uebergewicht der „alten" Senate. Sie bilden durch feste Tradition und personale Verbundenheit eine in sich geschlossene Einheit. Das würde höchstwahrscheinlich einen überwiegenden Einfluß der nichtpublizistischen Elemente auf die Rechtsprechung der Verwaltungssenate zur Folge haben. Gerade um die Abschichtung des Einflusses geht es aber gegenwärtig. Ferner würde — bei Zugrundelegung der Generalklausel sofort, bei Einführung des Enumerativsystems allmählich — die Zahl der Verwaltungssenate bald wachsen. So ergäbe sich ein Gericht von außerordentlichem Umfang. Es würde nicht eine organische Einheit, sondern ein atomistisches Nebeneinander in sich selbständiger Senate oder Senatsgruppen entstehen. Schon jetzt zeigen diejenigen obersten Gerichte, welche in eine große Anzahl von Senaten eingeteilt sind, eine bedenkliche Neigung zur Verselbständigung der einzelnen Senate[1]). Eine derartige Entwicklung ist zu befürchten, wenn eine organisatorische Verbindung von „Verwaltungssenaten" mit einem bereits bestehenden größeren Gericht — vor allem dem RG. — erfolgen sollte. Schon jetzt zählt das Reichsgericht 7 Zivil- und 5 Strafsenate. Dazu kommen der Staatsgerichtshof für das deutsche Reich, der Staatsgerichtshof zum Schutz der Republik, der Reichsdisziplinarhof, das Reichsschiedsgericht, der Disziplinarhof für richterliche Militärjustizbeamte und das Wahlprüfungsgericht beim Reichstag.

---

1) Vgl. meinen Erstattungsanspruch S. 49.

Die bedeutsamste Aufgabe des Präsidenten eines obersten Gerichts besteht darin, auf eine möglichst einheitliche Rechtsprechung der einzelnen Senate hinzuwirken. Die Möglichkeit eines Erfolges muß mit der Zahl der Senate und mit der Differenzierung ihrer besonderen Gebiete schwinden. Die Rechtsprechung eines kleineren Gerichtshofes läßt sich leichter übersehen und in die allgemeinen Zusammenhänge einordnen. Eine Gefahr für die Rechtseinheit dürfte kaum zu befürchten sein, zumal wenn ein Reichszuständigkeitsgericht besteht. Die Erfahrungen seit der Errichtung des Reichsfinanzhofs sprechen jedenfalls für die Richtigkeit dieser Auffassung. Auch in der Schweiz steht die Loslösung der staatsrechtlichen Rechtsprechung vom Bundesgericht bevor.

Auf das RVG. sind die eben erwähnten Gerichte und das Bundesamt für das Heimatwesen zu überführen. Durch Aufhebung vor allem des Reichsdisziplinarhofs würde das Reichsgericht bei der gegenwärtigen Menge der Disziplinarsachen erheblich entlastet werden. Schließlich bedarf es der Einbeziehung des Reichswirtschaftsgerichts. Dieses würde überhaupt vielleicht einen geeigneten Kristallisationspunkt für die Zusammenziehung der bisher zerstreuten reichsgerichtlichen Zuständigkeiten auf öffentlichrechtlichem Gebiet bilden. Es ist noch klein und hat sich ein ungewöhnliches Vertrauen im Volke zu verschaffen gewußt. Derartige Imponderabilien sollten nie ungenützt bleiben, vor allem aber nicht das Vertrauen zu einem Gericht gerade in der Gegenwart. Auch die Eingliederung des Oberseeamts scheint erwägenswert. Die Gerichte der Sozialversicherung, welche wohl auch das Reichsversorgungsgericht in sich aufnehmen könnten, würden dagegen als selbständige Instanzen m. E. bestehen bleiben können. Als Sitz des RVG. kommt nur eine bequem erreichbare Stadt in Frage. Wählt man, wie das die Reichsratsvorlage vorsah, Stuttgart oder eine andere peripherisch gelegene Stadt, so entzieht man den Mitgliedern des RVG. die lebendige Fühlung mit den modernen Strömungen des politischen und Gesellschaftslebens, deren Fehlen schon für die Mitglieder des Reichsfinanzhofs von berufenen Sachkennern bitter beklagt wird. Man verstopft so die Kanäle, durch welche der Rechtsprechung frisches Blut unaufhörlich zuströmt. Washington, Paris und London haben sich als Sitz der obersten Gerichte durchaus bewährt. Sollte die Abneigung gegen Berlin heute kein unüberwindliches Hindernis mehr bilden, so würde sich damit die Einführung der Oberreichsanwaltschaft erübrigen. Diese Behörde ist bisher vorgesehen. Ihre Bedeutung dürfte aber kaum über diejenige des instruierten Anwalts in fiskalischen Prozessen hinauswachsen.

Das sind die unerläßlichen Forderungen, die im Interesse

der Vereinheitlichung des Rechtschutzes auf dem Gebiete des Reichsrechts gestellt werden müssen. Die laufenden Mehrausgaben eines selbständigen RVG. gegenüber den Verwaltungssenaten sind so unerheblich, daß sie gegenüber den sachlichen Vorteilen nicht zu Buch schlagen. Es sind auch die nicht unerheblichen Ersparnisse der Länder durch die Einschränkung ihrer obersten Landesverwaltungsgerichte zu berücksichtigen. Auch die einmaligen Ausgaben wären unerheblich, wenn das Gebäude des Reichswirtschaftsgerichts verwendet würde. Es kommen, soweit ich sehe, nur einmalige Mehrausgaben (bes. Bücherbeschaffung) in Frage. Die laufenden Ausgaben könnten durch Einsparung der Oberreichsanwaltschaft erheblich vermindert werden. Jedenfalls sind die in Frage kommenden Summen so geringfügig, daß sie bei dieser Lebensfrage des deutschen Staatswesens keine Rolle spielen. Gegenwärtig stehen der Einführung eines RVG. noch sehr starke aktive Widerstände und Beharrungsmomente entgegen. Der Reichstag hat sich gegenüber den Widerständen des Föderalismus und der Verwaltung schon bei der Errichtung des Reichsoberhandelsgerichts und des Reichsfinanzhofs als siegreicher Träger des Rechtsgedankens und der Reichsgerichtsbarkeit erwiesen. Hier bietet sich ihm wiederum eine große Aufgabe. Sollten aber die Widerstände sich z. Zt. noch als unüberwindlich erweisen, so wäre es m. E. falsch, jede andere Lösung abzulehnen, wenn und weil sie weniger bringt. Man müßte sich dann vorläufig mit dem Erreichbaren begnügen. Das wären die Verwaltungssenate. Ihnen müßte eine möglichst weitgehende Zuständigkeit auf dem Gebiet des öffentlichen Reichsrechts und der zu seiner Ausführung erlassenen Landesgesetze beigelegt werden. Die Generalklausel bleibt das Ziel. Mindestens sind neben enumerativen Einzelzuständigkeiten jedenfalls Generalklauseln für die Grundrechte und für das Gewerberecht notwendig. Ferner wäre unbedingt erforderlich, daß die Besetzung der Senate mit einer hinreichenden Zahl von Verwaltungsjuristen sichergestellt würde und es bedürfte einer Bestimmung, welche eine Majorisierung der Verwaltungssenate durch die Vereinigten Senate oder einen etwa zu schaffenden Großen Senat ausschließt. Eine derartige Einrichtung wäre weit von der Verwirklichung des Notwendigen entfernt. Aber sie wäre als Notlösung bei einer sachgemäßen Ausgestaltung im Einzelnen allenfalls annehmbar.

Ueberblicken wir rückschauend und zusammenfassend die Fülle der Probleme und ihrer Gestaltungen, so ergibt sich uns das Bild eines Staates, in welchem die Idee der Gerechtigkeit um die Herrschaft ringt mit einer starken, durch die Teilnahmlosigkeit der Allgemeinheit und das Fehlen einer einheitlichen politischen Willensbildung des Volkes übermächtigen Verwaltung. Wir sehen die Verwaltung im Kampf um eine ihre gemäße Gerichtsbarkeit und das Reich im Kampfe mit Gewalten, welche sich seiner letzten Vollendung zu einem mit allen Attributen einer vollen Staatsgewalt ausgestatteten Gemeinwesen entgegenstemmen. Der Wahlspruch in diesem Kampfe kann nur lauten:

Ein starkes Reich, ein starkes Recht!

2a. Leitsätze des Mitberichterstatters.

Wie der Herr Berichterstatter zu I 2 und 3, 10, 11, II und III.

Im übrigen:

A. Die Entwicklung seit der Revolution.

1. Die gründliche praktische und theoretische Durchbildung im öffentlichen Recht und in den Staatswissenschaften als erste Voraussetzung eines wirksamen Rechtsschutzes hat durch die Preußische Ausbildungsordnung vom 13. August 1923 eine wesentliche, wenn auch nicht hinreichende Förderung erfahren.

2. Der Ausbau der Verwaltungsgerichte zweiter Instanz und der Disziplinargerichte zu Gerichten, deren Vorsitzende die Stellung der Richter der ordentlichen Gerichtsbarkeit haben, ist nicht erfolgt.

3. Auf einzelnen Gebieten, besonders im Steuer- und Versorgungsrecht, ist durch die erfolgte Kodifikation des Prozeßrechts ein ausreichender Rechtsschutz der Untertanen geschaffen.

4. Die erfolgten Beschränkungen der gerichtlichen und verwaltungsgerichtlichen Zuständigkeit in öffentlich-rechtlichen Streitsachen waren zu einem erheblichen Teil durch die bestehende Staats- und Wirtschaftskrise gerechtfertigt.

Jedoch reicht die bei der Regelung neuer Materien erfolgte Begründung einzelner verwaltungsgerichtlicher und gerichtlicher Zuständigkeiten zur Befriedigung des Rechtsschutzbedürfnisses nicht aus.

Daher ist die durch das Urteil des III. ZS. des RG. vom 12. März 1918 (Entsch. des RG. in Zivils. Bd. 92 S. 310 ff.)

begründete „Erweiterung des Rechtswegs“ zwar ein allenfalls hinreichender Notbehelf. Sie ist aber, vor allem bei dem bisherigen Fehlen eines Reichszuständigkeitsgerichtes, als justizstaatliches Entwicklungsmoment sehr bedenklich.

5. Die Zuständigkeit von Gerichten zur präjudiziellen Entscheidung über die Gültigkeit von Rechtsverordnungen der obersten Staatsorgane hat sich in den letzten Jahren nicht als zweckmäßig erwiesen.

6. Art. 107 RV. bedeutet zwar grundsätzlich einen Fortschritt für die Entwicklung der Verwaltungsgerichtsbarkeit. Im Gegensatz zu den Ländern fehlt aber noch ein Ausführungsgesetz des Reiches. Die bisherigen Entwürfe eines Reichsverwaltungsgerichtsgesetzes entsprechen nicht den Anforderungen, die im Interesse der Rechtseinheit und Rechtssicherheit unerläßlich sind.

B. Die Ausgestaltung des Schutzes des öffentlichen Rechts durch Gerichte und Verwaltungsgerichte.

Es ist erforderlich:

1. Gründliche praktische und theoretische Vorbildung und Fortbildung aller zur Rechtsprechung über öffentlichrechtliche Fragen berufenen Personen im öffentlichen Recht und in den Verhältnissen des öffentlichen Lebens.

2. Gleichstellung der Vorsitzenden der Verwaltungsgerichte zweiter Instanz und der Disziplinargerichte mit den Richtern der ordentlichen Gerichtsbarkeit.

3. Beseitigung aller Beschränkungen der gerichtlichen und verwaltungsgerichtlichen Zuständigkeit und der Zulässigkeit von Rechtsmitteln bei der Entscheidung über öffentlichrechtliche Streitsachen.

4. Beschleunigte Errichtung eines selbständigen Reichsverwaltungsgerichts unter Einbeziehung des Reichswirtschaftsgerichts, des Bundesamts für das Heimatwesen, des Reichsdisziplinarhofs und des Staatsgerichtshofs zum Schutze der Republik in Verwaltungssachen.

5. Einzelforderungen zum RVG.:

a) Sitz in einer zentral gelegenen, bequem erreichbaren Stadt.

b) Zuständigkeit für alle öffentlichrechtlichen Streitsachen des Reichsrechts und der zu seiner Ausführung erlassenen landesrechtlichen Vorschriften, soweit nicht die Verwaltungsbehörden nach ihrem Ermessen verfügen können.

c) Zulässigkeit der Rechtsbeschwerde gegen Verfügungen der Verwaltungsbehörden nur:

1. soweit nicht ein anderes Verfahren reichsrechtlich angeordnet oder zugelassen ist,

2. *soweit es sich um Anordnungen oder Verfügungen von Landesbehörden handelt, nach Erschöpfung des landesrechtlichen Rechtszuges oder Beschwerdeweges,*
3. *wegen Verletzung des Gesetzes oder wegen wesentlicher Mängel des Verfahrens.*

d) *Möglichst weitgehende Anpassung der Vorschriften für das Verfahren vor dem RVG. an die AO.*

6. *Errichtung eines Reichszuständigkeitsgerichts (beim RG.) mit folgender Zuständigkeit:*

a) *Entscheidung von Kompetenzkonflikten zwischen Reichsbehörden und Gerichten.*

b) *Auslegung von Fragen des Reichsrechts und der zu seiner Ausführung ergangenen landesrechtlichen Vorschriften, wenn ein oberstes Reichsgericht oder ein oberstes Landesgericht von der veröffentlichten Entscheidung eines anderen der bezeichneten Gerichte abweichen will.*

7. *Uebertragung folgender Zuständigkeiten an den Staatsgerichtshof für das deutsche Reich:*

a) *Entscheidung über die Gültigkeit einer von einem unmittelbaren Reichsorgan erlassenen Rechtsverordnung, falls die Gültigkeit von einem Gericht in einem anhängigen Verfahren in Zweifel gezogen wird und die Entscheidung von der Gültigkeit der Verordnung abhängt.*

b) *Entscheidung über die Frage, ob ein Reichsgesetz mit der Verfassung vereinbar ist nach Maßgabe des Art. 13 Abs. 2 RV. und des RG. vom 8. April 1920 sowie unter der Voraussetzung zu 7a.*

---

3. Aussprache über die vorhergehenden Berichte.

Laun-Hamburg glaubt der Jellinekschen These, daß der Ausbau der ordentlichen Gerichtsbarkeit als Form des Rechtsschutzes in Verwaltungssachen einem Ausbau der Verwaltungsgerichtsbarkeit vorzuziehen sei, mit gewissen Vorbehalten zustimmen zu müssen. Allerdings ist er nicht der Meinung, daß sich die ordentlichen Richter bisher ebenso bewährt hätten wie die Verwaltungsrichter, ganz im Gegenteil. Der Ausbau der ordentlichen Gerichtsbarkeit bedeute einmal eine gefährliche Ausdehnung zivilrichterlichen Denkens auf das Gebiet und auf Kosten des freien Ermessens. Der Zivilrichter suche nach subjektiven Rechten und laufe dabei Gefahr, die öffentlichen Interessen nicht richtig einzuschätzen. Richterliche Entscheidungen in Angelegenheiten freien Ermessens zerstören aber die

Einheit der Verwaltung, da die Regierung die Verantwortung nicht tragen kann, so weit unabhängige und unverantwortliche richterliche Entscheidungen die ihr untergebenen Verwaltungsbehörden beeinflussen. Schließlich erschwere der Umfang des positiven Rechts dem ordentlichen Richter die Beherrschung des öffentlichen Rechts; daher sei eine sehr eingehende publizistische Schulung und Praxis für jene ordentlichen Richter notwendig, welche in den verwaltungsgerichtlichen Abteilungen, namentlich bei den oberen Gerichten verwendet werden, unerläßlich.

Abzulehnen sei jeder Versuch, das Verhältnis beider Formen von Rechtsschutzgewährung auf einen apriorischen Gegensatz von öffentlichem und privatem Recht zurückzuführen. Ein solcher bestehe nicht, sondern es handle sich lediglich um eine Kompetenzverteilung, die nach Zweckmäßigkeitserwägungen (Arbeitsteilung) zu erfolgen habe. Auch aus der Gewaltenteilungslehre sei bei deren dogmatisch-naturrechtlichem Charakter nichts zu entnehmen.

Praktisch-politische Gründe sprechen derzeit jedenfalls für einen Ausbau der verwaltungsrechtlichen Zuständigkeit des Reichsgerichts statt eines Reichsverwaltungsgerichts. Die von den Landesbehörden und Landesverwaltungsgerichten ausgehenden Widerstände seien so leichter zu überwinden. Zugleich genüge vorläufig eine Erweiterung des Reichsgerichts, schon deswegen, weil die Hauptmaterien doch bei den Landesinstanzen blieben.

Waldecker-Königsberg erachtet die von den Herren Referenten in den Vordergrund geschobene institutionelle Frage: Justiz- oder Verwaltungsgerichtsstaat? für nicht so wichtig als diejenige, wie eine wirklich unabhängige Rechtsprechung in Verwaltungssachen zu ermöglichen sei. Darauf komme es bei der Abhängigkeit der Regierung von den Parlamenten und allen möglichen im Verborgenen bleibenden Kräften in erster Linie an. Er verweist hierzu auf das Schicksal des Reichswirtschaftsgerichts. Dieses sei 1915 als Reichsschiedsgericht für Kriegsbedarf ins Leben getreten. Damals war zweifelhaft, ob eine Verwaltungsbehörde oder ein Gericht, und letzterenfalls ob ein Zivil- oder ein Verwaltungsgericht in Frage stehe. Sicher war nur, daß die richterliche Unabhängigkeit nicht gewährleistet war. Trotzdem setzte sich die Rechtsprechung des Reichsschiedsgerichts gegen alle Widerstände durch, selbst die damals allmächtigen militärischen Stellen, die ihm gar bald am liebsten wieder den Garaus gemacht hätten, mußten sich mit ihm abfinden. Hier wurde in jeder Hinsicht wirklich unabhängig Recht gesprochen. Besonders bewährten sich hierbei — jedenfalls bis zu dem Ausscheiden des Redners aus dem RWG. (1919) — die Beisitzer, die aktiv tätig waren, wodurch sich diese Laienmitwirkung sehr erheblich von dem unterschied, was Redner früher in seiner süddeutschen Praxis kennengelernt hatte (Zwischenruf Fleischmanns: es handelte sich aber hier auch um die bestausgewählten Laien aus ganz Deutschland!). Gerade darauf komme es eben an: nur die besten seien gerade gut genug für solche Tätigkeiten; eine Auswahl der Laienbeisitzer nur unter politischem Gesichtspunkt müsse katastrophal wirken, und von hier aus könne sich Redner auch allein die offenbar nach 1919 liegenden Anstände erklären, auf die Lassar in Hinblick auf die Beisitzer des RWG. angespielt habe. Als dann aus dem Reichsschiedsgericht allmählich das RWG. herausgewachsen war, zweifelsohne ein oberstes Verwaltungsgericht des Reichs mit garantierter richterlicher Unabhängigkeit, da erlebten wir das Umgekehrte wie seinerzeit: die dem RWG. abträglichen Kräfte, wo sie zu suchen sind, interessiert hier nicht, setzten es anläßlich der Schaffung der Kartellgerichtsbarkeit über einen der unauffälligen „Findet-keine-Anwendung"-Paragraphen zunächst durch, daß Reichswirtschaftsrichter angestellt werden konnten, die nicht die Befähigung zum höheren Justiz- oder Verwaltungsdienst besaßen. Und anläßlich des Beamtenabbaues wurde zwar ängstlich jedes kleine Amtsgericht geschont, nicht aber das RWG., das hier geradezu auf den Aussterbeetat gesetzt wurde, um in seinen Resten anscheinend als Verwaltungssenat dem Reichsgericht künftig angegliedert zu werden. Man beachte: dem RWG. war richterliche Unabhängigkeit garantiert und zahlreiche seiner Richter waren im Vertrauen hierauf aus dem Landesjustizdienst zum RWG. übergetreten, die jetzt sehen mochten, wo sie blieben! Mit Recht ist in der Presse darauf hingewiesen worden, daß hier die Unabhängigkeit der Rechtsprechung des RWG. gefährdet würde, weil sich der Richter in seiner Existenz bedroht erachte oder doch gefährdet erachten könne. — Ob bei einem künftigen Reichsverwaltungsgericht oder dem Reichsgericht bzw. diesem anzugliedernden Verwaltungssenaten die Unabhängigkeit besser gewährleistet sein werde, lasse sich heute kaum sagen. Sicher sei aber so viel, daß durch einen Auslegungsgerichtshof die Unabhängigkeit der Rechtsprechung nicht gefördert werde. Ein solcher sei auch gesetzespolitisch nicht zu empfehlen. Er erinnere zu sehr an die alte preußische Auslegungskommission und bedinge ein starres Rechtssystem. Wir brauchten aber ein elastisches Rechtssystem. Das bedinge dann eine freiere Stellung des Richters und vor allem das richterliche Prüfungsrecht. Vielleicht komme man von da aus auch dazu, nicht ein selbständiges Reichsverwaltungsgericht, sondern die Anlehnung an das Reichsgericht vorzuziehen.

Stier-Somlo-Köln weist auf die geschichtliche Bedingtheit des Problems hin. Zu Beginn des 19. Jahrhunderts war es schon Glaubenssatz des politischen Liberalismus, daß nicht Verwaltungsgerichte irgend welcher Art, sondern ausschließlich die ordentlichen Gerichte die gerechte Entscheidung, auch in Verwaltungssachen, verbürgen. Der Grund dafür habe in der Ueberzeugung von der Abhängigkeit der Verwaltungsbehörden, deren Mitglieder auch Recht sprechen sollten, von ihren Vorgesetzten gelegen. In Süddeutschland hat man eine Weile — unter dem Einfluß, der vom Rheinbunde her begreiflich war —, die französische Form der Verwaltungsgerichtsbarkeit empfohlen (Köstlin, Pfizer, von Weiler, Pöhlmann). Jedoch auch dort verlangte man bald grundsätzlich die Entscheidung der ordentlichen Gerichte über Verwaltungsrechtssachen. Nach der Verfassung des Deutschen Reichs v. 28. April 1849, die die verfassunggebende Nationalversammlung in Frankfurt a. M. beschlossen und verkündet hat, wird die dem Reiche zustehende Gerichtsbarkeit durch ein Reichsgericht ausgeübt, zu dessen Zuständigkeit u. a. gehörten: politische (und privatrechtliche) Streitigkeiten aller Art zwischen den einzelnen Staaten; Klagen deutscher Staatsbürger wegen Verletzung der durch die Reichsverfassung ihnen gewährte Rechte (Grundrechte! §§ 125f). **Die Verwaltungsrechtspflege hört auf**; über alle Rechtsverletzungen entscheiden die Gerichte (§ 181 Abs. 1), d. h. die ordentlichen Gerichte. Der Leitgedanke war: Die gesamte rechtsprechende Tätigkeit des Staates — also auch die Verwaltungsgerichtsbarkeit — erfolgt durch die ordentlichen Gerichte. Einheitlichkeit der Rechtsprechung war das Ziel, damit in Zusammenhang Einführung einer allgemeinen Rechtsklausel, sodaß jeder, der sich irgendwie beschwert fühlt, nur zum „Gericht" zu gehen braucht, wo ihm sein Recht gegeben wird. Es gibt keine Kompetenzkonflikte mehr. Die innere Einrichtung war so gedacht: Es werden neben den bürgerlich-rechtlichen Abteilungen öffentlich-rechtliche geschaffen vom Amtsgericht bis zum Reichsgericht hinauf. So gibt es dann beim RG. Zivil-, Straf- und Verwaltungssenate; letztere zerfallen wieder in Abteilungen, die durch die verschiedenartige Zuständigkeit in Verwaltungssachen bedingt sind, wie 1. Verwaltung der auswärtigen Angelegenheiten, 2. Militärverwaltung, 3. Kolonialverwaltung, 4. Handelsmarine, 5. Finanzverwaltung, 6. Post, 7. Eisenbahn, 8. Wasserstraßen, 9. Seezeichen usf. Die Einrichtung der Rechtsprechung des Plenums dient zur Einheitlichkeit der Rechtsprechung.

Die Zuständigkeit bedarf keiner einzelnen Aufzählung der Gebiete, da die allgemeine Rechtsschutzklausel eingeführt ist. In der Hauptsache sind es: Angelegenheiten der allgemeinen Landesverwaltung, Polizei- und Wirtschaftssachen.

Unterinstanzen sind die der heutigen ordentlichen Gerichte.

Das 1864 erschienene Werk „Der Rechtsstaat“ von dem berühmten späteren Reichsgerichtsrat Otto Bähr sieht im Staatsrecht einen Teil des Gesellschaftsrechts, von derselben Natur wie das Aktienrecht und das Recht der privatrechtlichen Genossenschaften. Ihrem Wesen nach sei der Gegenstand der wechselseitigen Rechte zwischen Herrscher und Untertanen von den Privatrechten nicht verschieden. Nur der Gegenstand der Berechtigungen sei ein anderer, als der im bürgerlichen Recht. Sobald über die öffentlichen Rechte Streit entsteht, sei darüber, wie über alle subjektiven Rechte, durch ordentliche Gerichte zu entscheiden. Auch noch spätere (Westerkamp, Stengel, Parey) haben in der Zeit von 1873—1887 beigestimmt, obwohl seit den 60 Jahren sich die Idee der Notwendigkeit der Verwaltungsgerichte schon infolge Mangels von verwaltungsrechtlichen Kenntnissen der ordentlichen Richter durchsetzte. Wie sich das Blatt gewandt hat, ist bekannt. Es genügt hier, an Namen wie Sarwey, Löning, Lorenz v. Stein, vor allem Rudolf v. Gneist zu erinnern.

Heute tritt jene liberalistische Idee von der alleinigen Sicherung der gerechten Entscheidung durch die ordentlichen Gerichte wieder auf, obwohl doch diese gerade genug angefochten und in ihrer Sachlichkeit verdächtigt werden. Man fürchtet nicht nur, wie früher, die Abhängigkeit der Verwaltungsrichter, sondern auch den Eintritt ungeeigneter Laienelemente politisch radikalster Art etwa in den Kreis-, Stadt-, Bezirksausschuß.

Vertreten wird 1. die weitere Ausgestaltung der Justizförmigkeit in der Verwaltungsrechtspflege; restlose Unabhängigkeit des Richterpersonals. 2. Sorgfältigere Siebung der neben den Berufsrichtern nicht wohl entbehrlichen Laienrichter, damit sachkundigere, nicht in Rechtssachen politisch eingestellte Personen in die Gerichte hereinkommen. 3. Allgemeine Rechtsklausel, damit Kompetenzstreitigkeiten ausgeschlossen werden und jeder, der in seinem Rechte verletzt zu sein behauptet, klagen kann. 4. Selbständige Verwaltungsgerichte oder Angliederung von Verwaltungsrechtsabteilungen an die ordentlichen Gerichte (Kammern, Senate) vom Land- bis hinauf zum Reichsgericht ist eine Frage sekundärer Bedeutung, wenn in diese Abteilungen nur erfahrene Verwaltungsbeamte und sonstige Verwaltungsrechtskenner kommen. Dann fällt das Bedenken der mangelnden Kenntnis der ordentlichen Richter im Verwaltungsrecht von selbst weg. In diesem Sinne ist gegen Angliederung von Verwaltungsrechtsenaten an das Reichsgericht nichts einzuwenden.

Koellreutter-Jena. Die Auseinandersetzung sei aufgebaut auf die Gegensätze von Justiz- und Verwaltungsrechtsstaat, ohne daß aber die Begriffe definiert seien. Das Problem des Justizstaates sei die Stellung des Richters zur Verfassung. Unter kurzem Hinweis auf England sei die wichtigste Frage, wie die Rechtsprechung organisatorisch in den ungeheueren Verwaltungsapparat des modernen Staates einzugliedern sei. Sich für Verwaltungsgerichte aussprechend sei in der Reichsverfassung von 1919 ein Fortschritt gegenüber 1848 zu sehn, wenn auch die wenig glückliche Fassung des Art. 107 nicht jeden Zweifel löst und die hier gegebene Kompetenz nicht allzu wichtig ist.

Die Funktion einer obersten Spitze liege in ihrer Bedeutung für die Rechtseinheit. Das könne auch in Verbindung mit dem Reichsgericht erreicht werden. Das eigentliche Problem der Verwaltungsgerichtsbarkeit liege bei den Ländern. Ueber die Lage in Thüringen wird näheres berichtet. Der Verfassungszustand des Landes, der einen Teil der Beamten stets der Gefahr der Versetzung in den einstweiligen Ruhestand aussetzte, sei labil. Die praktische Verwaltungsarbeit erscheine der Regierung in der Regel wichtiger als die Verwaltungsrechtspflege. Darin liege eine gewisse Gefahr.

Auf die Unabhängigkeit der Verwaltungsrichter sei im Gegensatz zu Lassar nicht der höchste Wert zu legen. In der unteren Instanz bestehen gegen die Verbindung mit der Verwaltung keine Bedenken, wohl aber sei sie in der obersten Instanz unentbehrlich; beim thür. OVG. sei sie nicht genügend gewährleistet. Die Mitwirkung der Laien habe sich bei der Politisierung in Thüringen ungünstig ausgewirkt.

In der Generalklausel sei bei Anerkennung ihrer Bedeutung das Allheilmittel nicht zu erblicken, da auch sie noch immer für Zweifelsfragen Raum lasse. — Zusammenfassend spricht K. sich aus für Beibehaltung der Verwaltungsgerichtsbarkeit in richtiger Zusammenfassung und Schaffung einer Spitze in Angliederung an das Reichsgericht.

Apelt-Leipzig ist überrascht, daß eine solche Ausgestaltung des Justizstaats gefordert und als Fortschritt angesehen wird. An der Verfeinerung des Rechts, besonders des öffentlichen Rechts, hätten doch die Verwaltungsgerichte kein geringes Verdienst. Bei ordentlichen Gerichten wäre dies nicht zu erreichen gewesen. Als Beispiel dafür wird darauf verwiesen, daß das Reichsgericht erst 1918 von der Gleichsetzung von vermögens- und privatrechtlichen Ansprüchen abgegangen sei, während die Verwaltungsrechtsprechung seit Jahrzehnten anders entschieden habe. Dazu komme die Bedeutung der Ermessensfragen; dieses feine Instrument dürfe nicht mehr eingeengt werden, als im Interesse des Rechtsstaats unbedingt erforderlich sei. — Mit Koellreutter sieht er den ausschlaggebenden Wert der Verwaltungsrichter nicht in der Unabhängigkeit, denn sie sei in der obersten bei weitem wichtigsten Instanz die Regel, während in den unteren Instanzen auch Verwaltungspraktiker gute Dienste leisten könnten.

Die Beteiligung der Laien sei nicht allzu wichtig. Bei der Verwaltung seien sie sehr wertvoll, bei der Rechtskontrolle entbehrlich. Es handele sich übrigens in der Regel nicht um eigentliche Laien, sondern um in der kommunalen und sonstigen Politik erfahrene Männer.

Was Aufbau und Zuständigkeit der Verwaltungsgerichte angeht, so habe sich, gerade im Hinblick auf die Verfeinerung und Rechtskontrolle die in Sachsen seit 1900 bestehende Generalklausel gut bewährt. Schließlich spricht er sich dahin aus, den Verwaltungsrechtsschutz nicht bloß auf den Schutz subjektiver Rechte zu beschränken, sondern die Klage auch bei rechtlich geschütztem Interesse, allerdings nicht als Popularklage zuzulassen.

Helfritz-Breslau bemerkt, indem er an die geschichtlichen Darlegungen von Stier-Somlo anknüpft, daß in Frankreich die Entwicklung umgekehrt lief wie in Deutschland. Es hat dort viele Mühe gekostet, um die Wende des 18. zum 19. Jahrh. die Verwaltung von der Bevormundung durch die Justiz zu befreien.

H. schließt sich im übrigen für Preußen in fast allem Apelt an. Das Ruder könne nicht aus theoretischen Gründen plötzlich umgelegt werden. Die Bezirks- und Kreisausschüsse hätten nach seinem vor der Revolution gemachten Erfahrungen ausgezeichnet gearbeitet. Die Sachkenntnis der Laien habe viel genutzt. Im übrigen liege das Schwergewicht beim Verwaltungsbeamten nicht sowohl auf der Vorbildung als auf der Erfahrung. Insbesondere müsse der Verwaltungsbeamte alle Imponderabilien berücksichtigen lernen. Eine Parteilichkeit des Verwaltungsbeamten in der Rolle des Richters sei nicht zu fürchten. Die verwaltungsgerichtliche Tätigkeit sei für den Landrat nebensächich und niemand werde ihm daraus politisch einen Strick drehen. Ebenso dränge sich niemand in den Bezirksausschuß und brauche daher um diese Stellung nicht zu kämpfen. Nach H.'s Erfahrungen wichen die Verwaltungsbeamten als Richter nie von der Objektivität ab. Im Gegensatz zu Jellinek erscheint es H. so nicht erforderlich, sie als Richter sicherzustellen.

Abweichend von Apelt hält H. eine Generalklausel für viel zu weitgehend. Im formlosen Verwaltungsverfahren wickeln sich etwa 90 v. H. aller Verwaltungsgeschäfte ab. Die Generalklausel werde daher, wenigstens in Preußen, zu einer unerträglichen Arbeitshäufung führen. Daß die Instanzenvereinigung von Verwaltungstätigkeit und Gerichtsbarkeit durchaus nicht immer wünschenswert sei, wird an einem Beispiel gezeigt. Im Ergebnis kommt H. zur Ablehnung des Justizstaates.

Bühler-Münster führt aus, er teile im ganzen mehr die Auffassung von Jellinek, sei also für Verbindung der Reichsverwaltungsgerichte mit dem Reichsgericht. Das dürfe man aber nicht als Einführung des Justizstaats bezeichnen, worunter doch vor allem Unterwerfung der unteren Verwaltungsbehörden unter die ordentlichen Gerichte unterer Instanz zu verstehen wäre; auch bedeute das keineswegs, daß auch der Reichsfinanzhof dem Reichsgericht anzugliedern wäre. Aber die Bedenken, die früher gegen Uebertragung der Rechtskontrolle über die Verwaltung an ein dem Reichsgericht auch nur angegliedertes Gericht gesprochen hätten, seien in der Tat nicht mehr anzuerkennen: daß in Ermangelung eines ausgebildeten öffentlichen Rechts zu leicht alles über den Leisten des Zivilrechts geschlagen würde und daß aus politischen Gründen eine solche Unterordnung der Verwaltung unter ein echtes Gericht nicht geduldet werden könne.

Die Mitwirkung von Laien in den unteren Instanzen müsse im Interesse der Stärkung des Vertrauens des Publikums beibehalten werden, auch wenn die Laien nicht viel nützen. Die Frage völliger Unabhängigkeit der Verwaltungsrichter sei gerade in Beziehung auf die Finanzgerichte praktisch nicht ganz unwichtig.

Für die Bestimmung der Zuständigkeit des künftigen Reichsverwaltungsgerichts müsse unbedingt die Generalklausel gegen jede Rechtsverletzung verlangt werden. Sie allein stelle einen großen Gedanken dar, der die Aufgabe des künftigen Gerichts auch der großen Masse der Rechtsuchenden klar mache. In den bis jetzt vorliegenden Entwürfen zum RVG. sei allerdings der große Zug ganz und gar zu vermissen. Der überragende Mann für die Herstellung eines Entwurfs in einer so schwierigen Sache sei offenbar noch nicht gefunden, diese Entwürfe würden vielmehr offenbar behandelt wie irgend welche andere Verwaltungsgesetzentwürfe. Da sei es wohl auch Aufgabe der Vereinigung, ihre Mitarbeit anzubieten und er beantrage dies[1]).

Lukas-Münster i. W. ist der Ansicht, daß, soweit nicht die Generalklausel, sondern das Gneist'sche System (im Sinne von Thoma, 30. DJT. 1 60) herrscht, eine Scheidung von

[1]) Diese Anregung führte zu dem Beschluß, eine besondere Kommission einzusetzen, die am 10. 3. gewählt wurde.

Zivil- und Verwaltungsgerichten nötig sei. Die Anhänger des Justizstaates müßten auch Anhänger der Generalklausel sein. Diese werde so zum springenden Punkt.

Perels - Hamburg hält die Generalklausel für fruchtbar. Sie sei auch für Preußen erträglich, vorausgesetzt, daß eine Nachprüfung von Ermessensfragen nicht erfolge.

Mit Lassar übereinstimmend wird eine Mitwirkung von Laien für wünschenswert gehalten, aber es komme darauf an und bedinge im einzelnen Unterschiede, ob die Rechts- oder auch die Tatfrage zu prüfen sei. Wichtig sei ferner, um welchem Zweig der Verwaltungsgerichtsbarkeit es sich handle. Von großer Bedeutung sei endlich die Art der Laienauswahl. Ein freies Ermessen der Verwaltungsbehörden erscheine hier wegen der Gefahr der Politisierung sehr bedenklich. In Hamburg würden die Laien ernannt auf gutachtlichen Vorschlag der Verwaltungsgerichte selbst. Ferner bestehe hier die Bestimmung, daß die Laien Mitglieder einer hamburgischen Verwaltungsbehörde sein oder gewesen sein müßten. Das habe sich sehr bewährt. Die Mitwirkung der Laien sei hier sachlich und förderlich, die Entscheidungen des OVG. würden meist einstimmig gefaßt. Auch abgesehen von der Laienmitwirkung sei die Hamburgische Verwaltungsgerichtsbarkeit nur formell justizstaatlich; insofern nämlich auch die rechtsgelehrten Richter kraft Gesetzes im Verwaltungsdienst erfahren sein müßten. Die Stärke des OVG. liege wohl gerade in seiner Zusammensetzung. Im Gegensatz zu Jellinek nämlich wird der Zivilrichter nicht für so geeignet gehalten, in Fragen des öffentlichen Rechts zu entscheiden, wie der in der Verwaltung erfahrenen Richter. Es komme im übrigen nicht darauf an, wo das Reichsverwaltungsgericht seinen Sitz habe, sondern wie es zusammengesetzt sei.

Rosenthal-Jena hat selbst am Aufbau der thüringischen Verwaltungsgerichtsbarkeit mitgearbeitet und schildert das Elend der Kleinstaaterei am Beispiel des früheren Thüringens nd die Schwierigkeiten des Aufbaus des Landes Thüringen. Die Mitglieder des OVG. hätten auch durch das Notgesetz von 1924 noch nicht volle richterliche Unabhängigkeit erhalten. Der Landtag beabsichtige aber diese, voraussichtlich bei Bestätigung des Notgesetzes zu sichern. Für nicht unbedingt erforderlich hält es R., solche Unabhängigkeit auch den Mitgliedern der unteren Instanzen zu sichern.

Eine Mitwirkung der Laien hält R. aus politischen Gründen für erforderlich, um dem in weiten Kreisen bestehenden Mißtrauen gegen die Gerichte zu begegnen. Im übrigen begründe es einen Unterschied, ob die oberste Instanz eine Revisions- oder Berufungsinstanz sei. Nur im letzeren Falle komme eine Mitwirkung von Laien in Frage.

Der Gegensatz von Justizstaat und Verwaltungsgerichtsstaat laufe heraus auf den Gegensatz des Rechtsstaates von Bähr und Gneist. Historisch sei der Justizstaat nicht eingeführt worden, da es 1806 zur Auflösung des Reiches kam. Irgend eine Notwendigkeit, den Justizstaat einzuführen, läge nicht vor. Dagegen sprechen nach R. die alten Gründe.

Eine Verbindung des Reichsverwaltungsgerichts mit dem Reichsgericht hält R. für unzweckmäßig. Die Menge der Entscheidungsbände würde dann unübersehbar werden. Für notwendig hält R. eine neue Grenzziehung zwischen Zivil- und Verwaltungsgerichtsbarkeit, nicht eine Abschaffung der letzteren.

Thoma-Heidelberg. Die Gesetzgebung tendiere zur Bildung immer neuer Sondergerichte. Zu erstreben seien Vereinfachung und Vereinheitlichung. Darüber scheine hier Einigkeit zu bestehen. Umstritten dagegen sei, ob das Ideal im Justizstaat oder Staat der besonderen Verwaltungsgerichtsbarkeit erblickt werden solle. Thoma hält nur letzteren Weg für gangbar. Bereits die Gerichte, etwa das Landgericht, seien nichts Einheitliches mehr, sondern zusammengesetzt aus verschiedenen Kammern und Senaten, die bloß äußerlich noch eine Ganzheit bildeten.

Die Generalklausel sei erforderlich, die Theorie habe die Aufgabe, auf den Ausbau des Rechtsstaates hinzuarbeiten. Jedem müsse der Weg zu einer unabhängigen Stelle offen sein.

Jeder Versuch, neben das Reichsversicherungsamt und den Reichsfinanzhof ein alle andern Zuständigkeiten umfassendes und mit der Generalklausel anrufbares Reichsverwaltungsgericht zu stellen, müsse Pfuschwerk bleiben, wenn das Reich sich nicht entschließe, auch den Unterbau der Landesverwaltungsgerichte einfach und einheitlich zu regeln, nach dem Vorbild des Gerichtsverfassungsgesetzes. Das gehe nur, wenn Preußen auf ein oberstes Landesverwaltungsgericht verzichte. Für wichtigste Materien lasse sich trotzdem Einheitlichkeit der Landesrechtsanwendung ermöglichen, nach Analogie der Konzentration der Landes-Strafrechts-Judikatur beim Kammergericht.

E. Kaufmann-Bonn: Hinter dem Problem des Rechtsschutzes auf dem Gebiete des öffentlichen Rechts, das allein im Thema genannt und in Referaten und Diskussion behandelt worden sei, stecke das allgemeinere Problem des Rechtsschutzes gegenüber der öffentlichen Verwaltung überhaupt und damit die Frage nach der Grenzziehung zwischen dem Staate, soweit er nach Privatrecht und soweit er nach öffentlichem Rechte tätig ist. Dadurch, daß dies Problem ausgeschaltet worden sei, sei ein etwas falsches Bild entstanden. Denn wir stünden in dieser Beziehung inmitten einer gewaltigen Strukturveränderung des Staates und der öffentlichem Verwaltung überhaupt. Alle Träger öffentlicher Verwaltungen bevorzugten, abgesehen von den klassischen Gebieten der obrigkeitsstaatlichen Verwaltung in Polizei und Finanz und von gewissen Spezialverwaltungen, gerade während des Krieges und nach dem Kriege die elastischen Formen des Privatrechts, namentlich des privaten Gesellschaftsrechts; und zwar nicht nur der Staat selbst, sondern auch die Kommunen, die ihre Betriebe in private Betriebsgesellschaften selbst dann umbildeten, wenn kein privates Kapital herangezogen wird. Die öffentliche Verwaltung habe hier also den entgegengesetzten Weg eingeschlagen als die Lehre von Otto Mayer vorausgesagt habe. Dazu komme, daß neben dem gewiß nicht zu verkennenden Bestreben, den Verwaltungsrechtsweg auszubauen und zu verfeinern, gerade auf den modernsten Gebieten des Kriegs- und Nachkriegsverwaltungsrechts immer wieder unter der Formel „der Rechtsweg ist ausgeschlossen“, und zwar nicht etwa zugunsten von Verwaltungsgerichten, sondern von Verwaltungsbehörden, große Verlustlisten des Rechtsstaatsgedankens zu konstatieren seien. Und dies vollziehe sich gerade auf den Gebieten, die zwar von der Wissenschaft des Verwaltungsrechts kaum beachtet werden, die aber sehr viel tiefere Eingriffe in Freiheit und Eigentum zum Gegenstande haben als Polizei und Finanz, Eingriffe in das persönliche und wirtschaftliche Leben, von denen Gedeih und Verderben des Einzelnen abhängen: Wohnungswirtschaft, Handelserlaubnisse, Ein- und Ausfuhrbewilligungen, Kreditgewährungen usw.

Alles dies zeige, daß der Staat heute eine gewaltige Strukturveränderung durchmache, die bisher mit keinem Worte erwähnt worden sei. Es sei vom Rechtsstaat gesprochen, als ob noch alle die sozialen, wirtschaftlichen und politischen Voraussetzungen vorhanden wären, auf denen der Rechtsstaat beruhe. Es dürfe aber nicht verkannt werden, daß der Rechtsstaat als solcher in gewaltiger Krise begriffen sei, wir dürften nicht über dessen Verfeinerungen sprechen, während der Boden schwanke, auf dem wir stehen; es stünden staatliche Machtbefugnisse in Frage, die sich vielleicht gar nicht in rechtsstaatliche Schemata und Sicherungen einfangen ließen.

Daß der Rechtsstaatsgedanke nicht allein in der Form des Justizstaats zu realisieren sei, dürfe sicher sein. Es handele sich nur um die Frage, wo und wie die Grenze zwischen der Zuständigkeit der ordentlichen Gerichte und der Verwaltungsgerichte zu ziehen sei. Auch diese Frage sei eigentlich nicht behandelt worden. Wenn es auch wohl den Anschein gehabt hätte, als beabsichtige man in der Form einer Generalklausel für die Verwaltungsgerichte die Otto Mayer'sche Hypertrophierung des öffentlichen Rechts gegenüber dem Privatrecht zum geltenden deutschen Rechte zu machen. Dem müsse er sich widersetzen, schon weil vielfach berechtigte Tendenzen heute für die öffentliche Verwaltung bestehen, die Formen des Privatrechts vorzuziehen. Vor allem aber, weil Deutschland eine eigenartige und selbständige, zwischen dem englischen und dem französischen Rechte stehende Lösung dieses Problems geschaffen habe, die aufzugeben wir keine Veranlassung hätten. Bei uns sei aber sehr viel mehr als in Frankreich von dem Gedanken des Privatrechts als gemeinem Recht, wenn man will, als common law bestehen geblieben, und darin liege auch eine durchaus berechtigte Verwirklichungsform des Rechtsstaatsgedankens. Soweit nicht wesentliche Interessen der öffentlichen Verwaltung dadurch gestärkt würden, sei daher die eigenartige deutsche Lösung unbedingt zu konservieren. Dies scheine im allgemeinen besonders nötig und möglich bei den Entschädigungsansprüchen gegen die Träger der öffentlichen Verwaltung. Der materiellrechtliche Grundsatz einer Entschädigung bedeute praktisch etwas anderes, wenn seine Durchführung den ordentlichen Gerichten, als wenn sie den Verwaltungsgerichten, oder gar Verwaltungsbehörden anvertraut sei. Daneben sei natürlich ein Ausbau der Verwaltungsgerichtsbarkeit möglich und notwendig, vor allem durch die Gewährung einer Generalklausel, welche die Seele der Verwaltungsgerichtsbarkeit sei. Nur wenn sie bestehe, könne diese fruchtbare und schöpferische Arbeit leisten. Auch das preußische Oberverwaltungsgericht habe vor allem im Polizeirecht und im Kommunalabgabenrecht, wo es eine Generalklausel hatte, großes geleistet. Daß gewisse Ausnahmen von der Generalklausel nötig seien für actes de gouvernement verstehe sich andererseits von selbst. Das Entscheidende für die Güte der Verwaltungsgerichtsbarkeit liege in der personellen Zusammensetzung, insbesondere der obersten Instanz und hier frage es sich, ob nicht der Gedanke der Selbstergänzung, etwa in der Form von Präsentationsrechten oder Vorschlagslisten zu erwägen sei.

Hensel-Bonn spricht sich im allgemeinen für Lassar aus. 1. Der Gedanke des einheitlichen Gerichts und der damit verbundenen Vorteile für die Rechtseinheit erscheint ihm wohl wünschenswert, aber praktisch schwer durchführbar. Zur Erleichterung der Plenarentscheidungen könnte der Reichsfinanzhof als Muster dienen, bei dem das Plenum nicht durch das Zusammentreten aller Mitglieder, sondern nur der Präsidenten und je eines Mitgliedes der Senate gebildet wird; durch diese Einrichtung sei der „horror pleni“ des Reichsgerichts erfolgreich überwunden worden. 2. Ersparnisgründe dürfen für die Ausgestaltung des obersten Verwaltungsgerichts nicht maßgebend sein; gegenüber den anderen Ausgaben des Reiches fallen die Mehrkosten kaum ins Gewicht. 3. Laienfrage. Wenn die nicht vorgebildeten Mitglieder der Verwaltungsgerichte wirklich Arbeit leisten, sind sie meist keine eigentlichen Laien mehr. Brauchbare Arbeit kann nur ein kleiner Kreis wirklicher Laien leisten, und diese sind durch anderweitige politische Tätigkeit so überlastet, daß ihre Heranziehung ohne Entschädigung kaum möglich ist. Einen Ausweg bietet vielleicht die stärkere Heranziehung der Mitglieder berufständischer Vertretungen, z. B. der Handelskammersyndici; diese scheinen vor allem dazu berufen, ohne besondere Vergütung in der ehrenamtlichen Verwaltung mitzuarbeiten. Zwar bedeutet ihre Heranziehung keine Verwirklichung des ursprünglichen Laiengedankens mehr, aber die beteiligten Kreise haben zu ihnen großes Vertrauen; und die Rechtfertigung der Laienbeteiligung liegt grade darin, daß die Laienvertreter vom Vertrauen der Bevölkerung getragen sind bei der Ausübung einer Kontrolle über die Exekutive.

Anschütz-Heidelberg sieht vor sich eine gewisse Kreisbewegung, in dem alte Gedanken wieder jung werden: die einst von Bähr vertretene, von Gneist, wie man bisher annahm, erschlagene Justizstaatstheorie tauche bei Jellinek wieder auf. Auch Anschütz glaubt ihm widersprechen und für die seit Gneist vertretenen Ideen eintreten zu müssen. Auch hinsichtlich der Einheitlichkeit des Rechts erscheint ihm eine Ueberwindung der Arbeitsteilung nicht möglich. Dazu kommt, daß ihm die gegen eine Erweiterung des Rechtswegs sprechenden Gründe weit zu überwiegen erscheinen. Gegen die Unterschätzung der Rechtskenntnis der Verwaltungsbeamten wendet sich Anschütz entschieden. Es handele sich um Lebensnotwendigkeiten der Verwaltung. Es stelle eine Verkennung des Rechtsstaatsgedankens dar, wenn man nur durch die Uebertragung der Verwaltungsgerichtsbarkeit an die Justiz die Verwaltung unter das Recht zu stellen glaube. Die in Art. 107 Reichsverfassung genannte Verwaltungsgerichtsbarkeit bedeutet *nicht* ordentliche Gerichtsbarkeit; die Bezeichnung Verwaltungsgerichtsbarkeit habe einen bestimmten historischen Sinn; der „Justizstaat" werde durch Art. 107 *abgelehnt*.

Anschütz wendet sich gegen These I 6: Es handele sich dabei nicht um eine preußische Eigentümlichkeit, vielmehr beruhe gerade das Wesen der echten Verwaltungsgerichtsbarkeit auf dem Einbau in den Verwaltungsorganismus.

Anschütz bekennt sich unter Bezugnahme auf sein Gutachten für den Deutschen Juristentag von 1910, als langjähriger Anhänger eines Reichsverwaltungsgerichts. Für den Aufbau sieht er folgende Möglichkeiten. 1. Selbständiges

Gericht. 2. Angliederung an das Reichsgericht; dies erscheint ihm als eine annehmbare und als die wahrscheinliche Lösung. 3. Umgestaltung des durch die Neuschaffung gefährdeten preußischen OVG in ein RVG.

Das Verhältnis zu den obersten Landesverwaltungsgerichten sei schwierig, da eine Mediatisierung derselben kaum möglich und eine Instanzenhäufung nicht wünschenswert sei. Der Rückblick auf das ehemalige Reichs-Oberhandelsgericht (1869—1879) sei lehrreich: der Unterbau sei intakt zu erhalten und nur bei Verletzung von Reichsrecht solle das letzte Rechtsmittel an eine Reichsinstanz gehen. Denn hier stehe nicht mehr der Schutz verletzter Individualinteressen, welcher durch Landesorgane genügend gewährt werde, sondern nur die Rücksicht auf die Vereinheitlichung der Rechtsanwendung in Frage.

Gegen ein Reichsverwaltungsgerichtsverfassungsgesetz bestehn starke Bedenken, besonders wegen des Unterbaus. Es sei politisch kaum durchzuführen wegen der Verschiedenheiten der unteren Organe, deren Gestaltung Sache der Länder sei.

Die Zuständigkeit des Reichsverwaltungsgerichts müsse auf der Grundlage der Generalklausel, aber ohne Popularklage gestaltet werden. Die Generalklausel erscheint bei beschränkter Zuständigkeit unbedenklich, aber es soll nicht jede Sache an das Reichsgericht gebracht werden können.

Dyroff-München sprach sich gegen den „Justizstaat" aus und erblickte darin eine Vergröberung unserer Rechtsschutzeinrichtungen, wie in der Preisgabe des in Jahrtausenden erarbeiteten Unterschiedes von öffentlichem und privatem Recht eine Vergröberung unserer Rechtsauffassung liege. Er wendet gegen den „Justizstaat" ferner ein, daß die Verfolgung von Ansprüchen vor den ordentlichen Gerichten sehr viel teurer sei als vor den Verwaltungsgerichten. Die Ausführungen des Referenten über Justizjuristen und Verwaltungsjuristen seien jedenfalls für Bayern nicht zutreffend. Kahr sei nicht regelwidrig in seine jetzige Stellung als Präsident des VGH. gelangt, vielmehr handle es sich um eine Beförderung aus seiner vorherigen Stellung als Regierungspräsident und er sei voll qualifiziert für jenen Posten. Diese Ernennung sei also keine Rückschrittserscheinung.

Die Ergänzung der Verwaltungsgerichte durch Selbstzuwahl habe in Bayern insoweit eine Verwirklichung gefunden, als hier ein Recht des VGH. zu gutachtlichem Vorschlag bestehe. Die vom Referenten bemängelte Beschränkung des bayerischen VGH. auf eine Ausnahmszuständigkeit in gewissen Angelegenheiten nach Art. 9a VGG. in der Fassung von 1924 sei auf Anregung Dyroffs eingeführt worden. Er könne darin keinen

Rückschritt erblicken. Sie habe ihr Vorbild im Gesetz über die freiwillige Gerichtsbarkeit und in der RVO.

Gegen eine Anlehnung des Reichsverwaltungsgerichts an das Reichsgericht habe er keine Bedenken, wenn die Zuständigkeit nicht zu weit gefaßt werde, denn sonst sei das Gericht monströs. Auch die Länder würden sich dann mit der Einrichtung leichter befreunden. Er spricht sich dagegen aus, daß bei jeder Verletzung von Reichsrecht das Reichsverwaltungsgericht solle angerufen werden können. Er schlägt vor, das Reichsverwaltungsgericht im allgemeinen nur in den Fällen für zuständig zu erklären, in denen bezüglich der Auslegung des Reichsrechts Verschiedenheiten zwischen den obersten Verwaltungsgerichten der Länder hervorgetreten seien. Zu Protokoll wird erklärt, dieser Vorschlag solle natürlich nicht ausschließen, daß in Angelegenheiten, in denen eine Zuständigkeit der Landesverwaltungsgerichte überhaupt nicht bestehe, unmittelbar Zuständigkeiten des Reichsverwaltungsgerichtes begründet würden.

Bezüglich des Unterbaues spricht D. sich mit Anschütz, Thoma widersprechend, gegen eine reichsrechtliche Regelung aus. Er ist der Ansicht, daß nach der Reichsverfassung nur soweit es sich um Ausführung der Reichsgesetze handle, der verwaltungsgerichtliche Unterbau von Reichs wegen geregelt werden könne.

Fleischmann-Halle beschränkt sich auf wenige Bemerkungen und glaubt die Unabhängigkeit der Verwaltungsrichter aus Art. 102 rechtfertigen zu können.

v. **Köhler**-Tübingen stimmt Apelt und Helfritz zu. Mit Laien habe er gute Erfahrungen gemacht und sieht in ihrer Mitwirkung eine moralische Unterstützung. Er habe diese Erfahrungen auch auf dem Gebiet der Sozialversicherung gemacht, ohne daß sich dabei die Bindung der Arbeitgeber bezw. der Arbeitnehmer unangenehm bemerkbar machte.

Ausführlich wurde die Gestaltung der Verwaltungsgerichte in Württemberg dargelegt. An die Landgerichte seien Verwaltungskammern anzugliedern. Damit sei aber nicht ein justizstaatlicher Gedanke durchgeführt. Dies sei nur dann der Fall, wenn ausschließlich zivilrechtlich gebildete Landrichter über öffentlichrechtliche Ansprüche zu entscheiden hätten. Er wendet gegen Jellinek ein, es gäbe nicht nur ein juristisches, sondern auch ein verwaltungsmäßiges Denken.

Zum Schluß wendet sich K. gegen die mangelhafte Vorbildung im öffentlichen Recht in Württemberg.

Schönborn-Kiel hält für wichtiger als die Frage, ob der Justizstaat oder der Staat der Verwaltungsgerichtsbarkeit zu verwirklichen sei, ein anderes Problem; die Frage nämlich, ob sich der Rechtsstaat überhaupt erhalten lasse, der durch das umsichgreifende Schiedsverfahren und andere Momente immer mehr ausgehölt werde, bedürfe zunächst der Beantwortung.

Jellinek-Kiel wendet sich in seinem Schlußwort gegen die mehrfach ausgesprochene Behauptung, er sei ein Gegner der Verwaltungsgerichte. In Wahrheit sei er doch mit keiner Silbe für die Abschaffung der altberühmten höchsten Verwaltungsgerichte der Länder, vor allem des preußischen und des sächsischen OVG. oder des bayerischen VGH., eingetreten. Was er über die Daseinsberechtigung des Justizstaates, übrigens im Anschluß an eine frühere Veröffentlichung im Verwaltungsarchiv Bd. 28 S. 467, gesagt habe und woran er trotz der anregenden Aussprache festhalte, lasse sich in drei Sätzen zusammenfassen: 1. Der Rechtsschutz durch ordentliche Gerichte ist besser als gar kein gerichtlicher Rechtsschutz. 2. Der Rechtsschutz durch ordentliche Gerichte ist besser als der Rechtsschutz durch mangelhaft organisierte Verwaltungsgerichte, insbesondere Schein-Verwaltungsgerichte. 3. Wenn die Kleinheit des Landes oder geldliche oder bundesstaatlich-politische Gründe die Einführung wohlorganisierter selbständiger Verwaltungsgerichte verbieten, und deshalb Anlehnung an die ordentlichen Gerichte gesucht wird, so wäre es angesichts der trefflichen, von den ordentlichen Gerichten auf dem Gebiete des öffentlichen Rechts geleisteten Arbeit eine Undankbarkeit gegenüber den ordentlichen Gerichten, dies unter allen Umständen als Rückschritt zu bezeichnen.

Um auf einige Punkte der Aussprache einzugehen, so befürchte Laun einen Einbruch der ordentlichen Gerichte in das Gebiet des freien Ermessens; von diesem Fehler hielten sich aber auch die Verwaltungsgerichte nicht immer frei, wie z. B. die Entscheidung des württ. VGH. v. 21. Februar 1923 beweise. Perels' Bemerkungen könnten in dem Fernerstehenden leicht den Eindruck erwecken, die hamburgische Verwaltungsgerichtsbarkeit in ihrer tatsächlichen Ausgestaltung entspreche im großen und ganzen dem althergebrachten Typ; demgegenüber müsse Redner auf den ja bald im Druck erscheinenden Bericht verweisen, der u. a. auch die genauen Personalien der hamburgischen Verwaltungsgerichte bringen werde. Ebenso hoffe er, daß sich Anschütz von seiner Meinung, RV. Art. 107 lehne den Justizstaat ab, durch die im gedruckten Bericht ausführlich zu belegende Entstehungsgeschichte und die sonstige Würdigung des Artikels werde abbringen lassen. Der Ausdruck „echtes“ Verwaltungsgericht, den Anschütz im Leitsatz I 6 beanstande, stamme in dieser Bedeutung von Drews, dem man in seiner Eigenschaft als höchstem preußischen

Verwaltungsrichter doch immerhin Sachverständigkeit auf dem Gebiete der Verwaltungsrechtspflege zutrauen dürfe. Dyroff sei entgegenzuhalten, daß sich die einleitende Gegenüberstellung von Justizjuristen und Verwaltungsjuristen gar nicht auf Bayern habe beziehen können, da dort die Fähigkeit zum höheren Verwaltungsdienst durch die gleiche Prüfung erworben werde wie die zum Richteramt. Wegen der Novelle zum bayerischen Verwaltungsgerichtsgesetz vom 7. März 1924 werde auf die im Druck erscheinenden Ausführungen unter I 4 verwiesen. Thomas Bemerkungen über Häufung der Sondergerichte hätten vor zwei Jahren volle Berechtigung gehabt; heute aber gelte hier die Parole „Abbau". Auch Schoenborns Aeußerung über die Unterhöhlung des Rechtsstaates hätte besser auf die Zeit vor zwei Jahren gepaßt; denn die Krise des Rechtsstaates sei heute, wie auch E. Kaufmann gegenüber bemerkt werden solle, nach Redners Ansicht überwunden.

Triepel-Berlin faßt das Ergebnis der Aussprache zusammen. Die Mehrheit ist für Verwaltungsgerichte im heutigen Sinne und gegen den reinen „Justizstaat". Fast alle Redner waren für die Generalklausel.

III. Zweiter Beratungsgegenstand:

Die neueste Entwicklung des Gemeindeverfassungsrechts in Deutschland.

1. Bericht von Professor **Dr. Fritz Stier-Somlo** in Köln.

I.

Weitschichtig, vielgestaltig und problemreich ist der Gegenstand unserer heutigen Beratungen. Die Gemeindeverfassungen sind in Deutschland durch Landesrecht geregelt — die Bestrebungen auch nur auf ein Reichsstädterecht versprechen auf lange Zeit keinen Erfolg — und so zerströmt die übergroße Quellenmasse in vielen Flüssen und Rinnsalen. In Preußen kommt die provinzielle Zersplitterung hinzu, (auch in Bayern gilt neben der rechtsrheinischen die pfälzische Gemeindeordnung) ohne daß man verkennen dürfte, wie stark in der zum Teil sehr verschiedenen Gestaltung der Gemeindeverfassungen die Eigenart und das Schicksal der Bevölkerung, Landschaft und Umwelt sich spiegeln. Wir denken nur an die östliche Städteordnung, die auf den Freiherrn v. Stein zurückgeht, und an die rheinische, die die Spuren der Fremdherrschaft trägt. Gleichzeitig aber tritt deutlich der Gegensatz der Bewertung von Einzelpersönlichkeit und Körperschaft hervor in der Bürgermeistereiverfassung einerseits, in der Magistratsverfassung andererseits.

Die Schwierigkeit einer überschauenden Betrachtung wird dadurch nicht gerade veringert, daß die Gemeindeverfassungsgesetze der deutschen Länder sehr verschiedenen Zeitepochen und Rechtsschichten angehören, so daß neben altbewährten aber im Sinne der stürmischen Gegenwart im einzelnen überholten und mit allerhand Reformflicken behangenen Gemeindeverfassungen ganz neue stehen, wie in Bayern, Sachsen, Baden, Braunschweig, Mecklenburg-Strelitz und deshalb die häufige Unvergleichbarkeit ihrer historisch-politischen Grundlagen und Voraussetzungen in die Augen springt. Auch trägt gewiß nicht zur Vereinfachung unserer heutigen Aufgabe bei, daß gerade im größten deutschen Lande, Preußen, Entwürfe des Gemeindeverfassungsrechts seit bald vier Jahren die Oeffentlichkeit und den Landtag beschäftigen, daß die Vorlagen der

Stadt- und Landgemeindeordnung im Herbst 1924 bereits die Ausschußverhandlungen durchliefen und zu endgültigen Fassungen, die nur noch von der Vollversammlung zu billigen waren, geführt haben. Die Aussicht einer baldigen Verabschiedung durch den jetzigen Landtag ist aber (auch nachdem sie formell wieder im Mai 1925 auf die Tagesordnung kamen) trotzdem gering.

All dem gegenüber wäre jene bekannte Querschnittmethode angebracht, die das sogenannte gemeine deutsche Staatsrecht anwendet, bei der freilich die Gefahr, daß wesentliche Besonderheiten der allgemeinen Betrachtung zum Opfer fallen, nicht ganz zu umgehen sein würde. Sie bezieht sich freilich hier nur auf gewisse gemeinsame Grundfragen. Es war weiterhin für unsere Tagung gewissermaßen regional zu teilen. Meine beiden Herren Mitberichterstatter wollen sich teils besonders der östlichen Gebiete Preußens einschließlich des Landgemeinderechts — wobei auch kommunalpolitische Erwägungen in Aussicht gestellt sind — teils Württembergs, Badens und Hessens Gemeindeverfassungen annehmen. Mir kam eine Art Einführung, die Herausarbeitung einiger grundsätzlicher Fragen und die Betonung der Rechtsverhältnisse im Westen Preußens auftragsgemäß zu. So bleiben auf den ersten Blick sichtbare Lücken. Aber auf das Gemeindeverfassungsrecht in Bayern und Sachsen sollen einige Schlaglichter fallen, so daß ein Ueberblick von Preußen abwärts bis Hessen sich vielleicht ermöglichen läßt. Nur auf das schon geltende Gemeindeverfassungsrecht wird eingegangen; die noch schwebenden Entwürfe können nur gelegentlich gestreift werden. Nicht zuletzt vertrauen für die Erreichung des Zieles einer gewissen Vollständigkeit die Vortragenden auf die Beteiligung der Herren Kollegen in der nachfolgenden Aussprache. Ich möchte Gewicht legen auf den Wunsch, daß auf unserer Staatsrechtlertagung nicht nur Monologe der Referenten gehalten werden, sondern gemeinsames Durchdenken und Durchsprechen der Gegenstände stattfindet, damit sich in gegenseitiger und möglichst ausnahmsloser Zusammenarbeit das erhoffte nützliche Ergebnis herausstellt.

II.

Unter der neuesten Entwicklung des Gemeindeverfassungsrechts verstehe ich natürlich diejenige seit der Staatsumwälzung vom November 1918. Freilich kann man zweifeln, ob man hier von E n t w i c k l u n g sprechen kann oder ob es sich nicht vielmehr um etwas gewaltsame Folgerungen aus einer durchaus nicht organischen Erscheinung, nämlich der Revolution, handelt. Doch mag das Wort Entwicklung stehen bleiben, weil erst viel späteren Geschlechtern im Rückblick möglich sein wird, die Zwangsläufigkeit zahlreicher neuester politischer Tendenzen und die psychologischen und soziologischen Unterströmungen durchgesetzter oder wenigstens erstrebter Reformen zu erkennen, so daß auch die Möglichkeit offen bleibt, den Entwicklungsdrang bereits in der Zeit vor der Revolution zu finden, wie z. B. hinsichtlich des jedenfalls in Preußen nicht befriedigenden Gemeindewahlrechts.

Es steht hier die Gemeindeverfassung — sie ganz, aber auch nur sie — als Gegenstand unserer heutigen Bemühung in Frage, also der organisatorische Aufbau der Stadt- und Landgemeinden mit ihren Einwohnern und Bürgern, Stadtverordneten und Magistraten. Von dem einen wird weniger, von dem anderen um so mehr zu sagen sein, besonders über die Bildung des Magistrats und die Stellung des Bürgermeisters, die der Stadt- und Gemeindeverordnetenversammlungen, der Bürgerschaftskollegien gegenüber früher. Aber die Hauptsache ist doch das Grundproblem der Selbstverwaltung, von dem aus allein oder hauptsächlich der Gesamtbau der Städte- und Landgemeindeverfassung begriffen und beurteilt werden kann. Indem es aber mit seinem Gegenstück, der Staatsaufsicht, in unlösbarem Zusammenhang steht, tritt die alte und immer wieder neue Frage des Verhältnisses von Staat und Gemeinde oder Staatsgewalt und Selbstverwaltung in den Vordergrund, eine Frage, die, wie ich schon hier betonen möchte, jedes Geschlecht für sich, seiner Eigenart und seiner geschichtlichen Lage entsprechend, wird lösen müssen, ohne daß ich damit erklären wollte, daß diese Lösung sich in allem von der einen oder anderen schon gefundenen Lösung wesentlich unterscheiden müßte. Nicht Neuerungssucht um jeden Preis ist das Ziel. Aber auch jene Lösung muß erkämpft und durchgesetzt werden.

Freilich: Es handelt sich keineswegs nur um ein juristisches Problem. Die rechtlichen Neuerungen und Neuerungsversuche sind ihrem äußerem Ursprung entsprechend von den Strömungen und Gedanken der Demokratie, des Parlamentarismus und auch des Sozialismus wesentlich beeinflußt. Die Einstellung der kommunalen Interessenverbände sowie der führenden Männer der kommunalen Verwaltung ist nicht nur von rechtlichen, sondern praktisch im Sinne von politischen Erwägungen der Machtverteilung zwischen Staat und Gemeinde und wirtschaftlichen wegen des Verhältnisses von Reichs-, Staats- und Kommunalfinanzen bestimmt; dabei mag auch zweifellos der vaterländische Gedanke einer Erhaltung und Blüte der deutschen Städte mitwirken und dies das Ziel des Wiedererwerbs kommunaler Machtpositionen sein. Eine Betrachtung, die nur die Rechtsvorschriften, wie sie waren, sind und vielleicht sein werden, ins Auge faßte, würde dem verwickelten Problem des Gemeindeverfassungsrechts nicht gerecht werden. Es bedarf auch eines wenigstens knappen Eingehens auf die ideellen Unterlagen und politischen Bedingtheiten jener Entwicklung seit der Staatsumwälzung und der Kennzeichnung des soziologischen Tatbestandes in dem Gegensatz der einerseits staatsautoritären andererseits kommunalfreiheitlichen Bestrebungen. Die rechtliche Seite ist nur eine der Gesamterscheinung; sie muß mit der politischen, wirtschaftlichen d. h. hier finanziellen und soziologischen zusammengeschaut werden.

Dies führt schon leicht über den Rahmen der uns gegönnten Zeitspanne hinaus. Um so mehr liegt Anlaß vor, den Begriff der Gemeindeverfassung hier im übrigen im engen Sinne zu nehmen. Somit waren auszuschließen die Fragen der Kommissionen, Deputationen und Ausschüsse, selbst grundsätzlich auch das Kommunalbeamten- und Kommunalabgabenrecht, die Rechtsgebiete des Haushalts und der Vermögensverwaltung, freilich nicht ohne auch all diese Angelegenheiten bei der grundsätzlichen Betrachtung und in der Aussprache nachher, zu streifen. Dagegen muß, mit Ausnahme des durch einen der Herren Mitberichterstatter anzuschneidenden Kommunalisierungsproblems, hier in meinem Vortrag verzichtet werden, einzugehen auf die öffentlichen Gemeindeanstalten, gewerblichen Unternehmungen, Kreditanstalten, auf Wege-, Straßen- und Baurecht, auf Armen- und Fürsorgewesen und auf die beiden großen Gebiete der Schule und Polizei. Es handelt sich bei diesen ja auch terminologisch überall um Gemeinde*verwaltung* und nicht Gemeinde*verfassung*. Aber es wäre leicht, in jedem Falle die Divergenz staatlicher und kommunaler Rechtsbeziehungen, die auf die Grundordnung des kommunalen Wesens zurückweisen, prinzipiell darzulegen, um dann aus den gewonnenen Prinzipien die Entscheidung für die Einzelfälle der Gemeindeverwaltung abzuleiten. Das würde aber heute zu weit führen. Nur gelegentlich der Erörterung des Selbstverwaltungsbegriffes können auch diese Dinge etwas berührt werden.

III.

Wollte man ohne jede Einsicht in historisch-politische Zusammenhänge sich nunmehr der Aufgabe zuwenden, festzustellen, welche Gesetze oder Verordnungen, also welche *Rechtsquellen* seit der Staatsumwälzung Aenderungen im Gemeindeverfassungsrecht herbeigeführt haben, so käme man nur zu formal äußerlichen Ergebnissen. Es leitet schon an dieser Stelle die Absicht der Beschaffung des Rechtsstoffes zu *außerrechtlichen* Tatsachen hin.

Zunächst haben infolge der harten Notwendigkeiten des Krieges Reich und Staat die Gemeinden in einer Weise in ihre Dienste gespannt, wie dies seit dem Anfang des 19. Jahrhunderts unerhört war. Für sehr viele Aufgaben der Kriegsführung sind sie zu ausführenden Organen bestellt worden und haben auch einen nicht geringen Teil der dadurch entstandenen finanziellen Lasten auf sich nehmen müssen. Bei der Beschaffung zahlreicher kriegsnotwendiger Mittel und Einrichtungen, bei der Volksernährung wie bei unmittelbaren Bedürfnissen des Heeres sind die Gemeinden herangezogen worden. Die große Not, die eine Zeitlang alle Deutschen, wenn auch leider nicht nachhaltig genug, zusammenfaßte, ließ den für die damalige Zeit ohnedies überflüssigen Erwägungen keinen Raum, ob damit die Grenzen der Selbstverwaltung verletzt würden. Man hatte andere Sorgen und Ziele, als die Schranken des staatlichen Aufsichtsrechts zu prüfen. Freilich hat man in Preußen einmal sehr bekenntnisfreudig Anlaß genommen, die Selbstverwaltung auf das stärkste zu betonen. Der berühmt gewordene Erlaß des preußischen Ministers des Innern v. Loebell v. 18. März 1916 an die Regierungs- und Oberpräsidenten, der von Anschütz (JW. 1916) seinerzeit in so meisterhafter Weise besprochen worden ist, enthält auch folgende Sätze:

> „Wenn Städte, Landgemeinden, Kreise und Provinzen, die in diesem Kriege im Dienste des Vaterlandes Vorbildliches geleistet haben, wenn sie sich der im Kriege hervorgetretenen Notwendigkeit zu gemeinschaftlichem Ausbau unserer Volkswirtschaft anpassen und zahlreiche neue Aufgaben auf dem Gebiete der Kriegswohlfahrtspflege übernehmen konnten, so danken sie das jener Kraftquelle, die vor einem Jahrhundert gleichfalls in schwerer Zeit durch die Preußische Städteordnung erschlossen und von da aus den anderen öffentlichen Körperschaften zugeführt worden ist — der Selbstverwaltung.
>
> Niemals hätte es diesen Körperschaften gelingen können, den gewaltigen Aufgaben des Krieges in solchem Maße gerecht zu werden, wenn ihnen nicht die Selbstverwaltung die Möglichkeit freier Entschließung und das stärkende Bewußtsein eigner Verantwortung gegeben hätte. Darum muß es die Aufgabe der Staatsregierung sein, in den Gemeinden und Gemeindeverbänden weiterhin das kostbare Gut der Selbstverwaltung zu wahren und nach Möglichkeit zu mehren. Wie sich Art und Umfang der Gemeindeaufsicht einer gesetzlichen Begriffsbestimmung entziehen, so kann es auch nicht meine Aufgabe sein, diese Aufsicht durch allgemeine Anordnungen zu regeln, vielmehr gilt es, den Geist dieser Auf-

sicht dem Geiste der Selbstverwaltung anzupassen. Ruht die Selbstverwaltung auf dem ethischen Boden der Selbstverantwortung, so muß die Aufsicht bei allen ihren Maßnahmen von der Achtung vor der Verantwortlichkeit der Gemeindeorgane ausgehen und auf ihre Stärkung abzielen."

Mit dem Verfall der deutschen Währung waren auch die kommunalen Finanzen in höchste Bedrängnis geraten; stärker als je war das Bewußtsein, daß nur das Reich wieder aufhelfen könnte und daß nur beim Zusammenstehen aller Kräfte in Staat und Gemeinde, in staatlicher Behördenorganisation und Selbstverwaltungskörpern der Bestand des deutschen Staatswesens gerettet und gesichert werden kann. In der schweren Kriegs- und der nicht minder schweren Nachkriegszeit der letzten sechs Jahre ging es um Sein oder Nichtsein. Da war, trotz mancher, nicht allzu greller Widersprüche gegen die Ueberspannung der Staatsgewalt, besonders in der Zeit sozialistischer und kommunistischer Bestrebungen und Versuche, für eine großzügige und grundsätzliche Auseinandersetzung zwischen Staatsidee und Selbstverwaltungsgedanke wenig Neigung. Das kam erst später und die Auflehnung gegen die Beschränkung der Selbstverwaltung wird immer schroffer und energischer.

Neben diesem geschichtlichen Tatbestand haben zwei Ideengruppen, einmal die der bürgerlichen und sozialistischen Demokratie, sodann die des staatspolitischen Unitarismus — beide wiederum in unverkennbarer Verknüpfung miteinander — eine bedeutende Einwirkung auf unseren Fragenkomplex gehabt.

Zunächst die Demokratie als Gesamterscheinung. Sie hat sich in England mit der Selbstverwaltung verbunden, obwohl es Selbstverwaltung dort seit Jahrhunderten gegeben hat, die nichts weniger als demokratisch war; das selfgovernment lag vielmehr in den Händen des kleinen Adels, des justice of peace und der quarter sessions. Erst seit 1832 kam das Bürgertum zu großer Macht und nimmt seither seinen Anteil in umfassender Weise wahr. In Frankreich dagegen hat die Demokratie zwar in der ersten Zeit nach der französischen Revolution der freien Selbstverwaltung Bahn zu brechen versucht, doch ist es bald zu einer wesentlichen Unterbindung der Selbstverwaltung durch das Präfektursystem gekommen. Der Versuchung muß ich leider widerstehen, dem Problem nachzugehen, in welch verschiedenen Formen die Demokratie bald selbstverwaltungsfreundlich, bald selbstverwaltungsgegnerisch oder mindestens in dieser Hinsicht indifferent war. Für Deutschland ist es aber nicht zweifelhaft, daß der schöpferische Gedanke des Freiherrn v. Stein demokratischer Natur war und stets ein gewisses Gegengewicht darstellte gegenüber aristokratisch-bürokratisch-zentralistischen Tendenzen und dieser Charakter der Selbstverwaltung ist in Deutschland auch durchaus gewahrt worden. Sie war das Betätigungsfeld des Bürgertums, Gegenstück autokratischer, durch parlamentarische Beschränkung nur wenig gehemmter Regierungstätigkeit und obrigkeitlicher Selbstherrlichkeit. Der demokratische Zug der Selbstverwaltung ist auch die Erklärung dafür, daß die Revolution von 1918 zwar die Staatsverfassungen umwarf, weil sie jenen aristokratisch-zentralistischen Charakter in der Monarchie aufwiesen, dagegen die Gemeindeverfassungsgesetze in ihrer Gesamtstruktur zunächst im wesentlichen unberührt geblieben sind; es war an ihnen außer dem Wahlrecht nicht viel zu „demokratisieren".

Die Demokratie der Nachkriegszeit, die bürgerliche wie erst recht die sozialistische, hatte aber einen durchaus unitarischen und zentralisierenden Zug, der sich dann auch in der Reichsverfassung niederschlug[1]). Jedenfalls ist die bittere Behauptung eines nahmhaften Vertreters der kommunalen Verwaltung begreiflich, die (heutige deutsche) Demokratie sei ein Feind der Selbstverwaltung, sie habe in den Parlamenten des Reiches und der Länder die politische Bedeutung der Selbstverwaltung für den Staat verkannt, ja es hätten das auch Regierung, Parlament und öffentliche Meinung in Deutschland getan[2]). Richtig ist freilich jener Ausspruch nur, wenn man an die neueste Demokratie denkt und auch nur innerhalb gewisser Begrenzungen.

Aber nicht nur die Demokratie als Gesamterscheinung, auch einzelne ihrer Grundgedanken und Forderungen haben auf die Entwicklung des Gemeindeverfassungsrechts Einfluß ausgeübt. Gehört es zu den demokratischen

---

[1]) Hier greift das deutsche Schicksalsproblem: Unitarismus oder Föderalismus ein. Vgl. die Berichte von Anschütz und Bilfinger über den deutschen Föderalismus in Vergangenheit, Gegenwart und Zukunft (Heft 1 der Veröffentlichungen der Vereinigung der Deutschen Staatsrechtslehrer S. 11—62) und die in gleicher Zeit erschienenen, von einander ganz unabhängigen Darlegungen von Triepel, Der Föderalismus und die Revision der Weimarer Reichsverfassung, Zeitschrift für Politik 1924 Bd. 14 S. 193—230 und Stier-Somlo, Wege der Erneuerung der Weimarer Reichsverfassung, Zeitschrift für die gesamte Staatswissenschaft 78. Jahrg., 1924, Heft 3/4 S. 496—585; ferner Wilhelm Mommsen, Unitarismus und Föderalismus in Deutschland, Zeitschrift für Politik 1925 Bd. 14 S. 412—424, neuerdings Friedrich Fick, Reichseinheit oder Föderalismus, 1925, Süddeutsche Verlagsaktiengesellschaft, Nürnberg (anscheinend nicht im Buchhandel) 32 Seiten.

[2]) Bürgermeister Dr. Külz, Dresden in den Verhandlungen des sechsten Städtetages vom 25. und 26. September 1924 in Hannover (Berlin 1924, S. 11).

Dogmen, daß die Wahlzeit der vom Volk berufenen Abgeordneten und sonstigen Vertreter möglichst kurz sein müsse, um den Willen des Volkes, d. h. der Wähler zur Geltung bringen zu können; ist aus demselben Grunde jedenfalls der lebenslängliche Beamte überhaupt der demokratischen Grundeinstellung zuwider, so war die kurzfristige Wiederwahl von Magistraten und Stadtverordneten als Tendenz gegeben. Zwangsläufig mußte auch das im Reich und in den Ländern eingeführte, immer radikaler gestaltete demokratische Wahlrecht für die Gemeide Geltung gewinnen.

Mit der Idee der Volkssouveränität hingen wieder zwei Erscheinungen zusammen. Liegt die Staatsgewalt beim Volk in seiner Gesamtheit, sei es im Reich, sei es im Land, so scheint es danach ausreichend, den Volkswillen durch diese, Reich und Land, d. h. ihre Organe zu bilden. Der Wille des Gemeindevolks wäre darin schon enthalten, weil die Angehörigen der örtlichen Körperschaft auch an jener staatlichen Volkssouveränität teilnehmen. Die politische Ideologie führt also hier beinahe unwidersprechlich zur Einschränkung, wenn nicht Ausschaltung des Willens der lokalen Körperschaften und örtlichen Gewalten in wichtigsten Angelegenheiten. Daß sich dies in der Praxis nicht so schroff auswirkt, liegt daran, daß die Bedeutung des geschichtlich Gewordenen und eine hier durchaus gesunde Beharrungstendenz in kommunalen Dingen als Hemmnisse auftraten.

Die zweite Erscheinung aber liegt in dem neuen deutschen Parlamentarismus, der jenen Volkswillen der Idee nach am schärfsten repräsentiert. Da wir in Deutschland die sogenannte gewaltenverbindende Demokratie haben, ist der Parlamentarismus an sich, — auf Grund der Reichs- und Landesverfassungen zu einem Parlamentsabsolutismus geneigt, — durchaus in der Lage und willens, die von ihm abhängigen und ihm gefügigen Staatsministerien im Sinne seiner Anschauungen und Bestrebungen zu beeinflussen. Ich darf hier alle jene bedenklichen Folgeerscheinungen, die bei uns zur Zeit aus der Verbindung von Exekutive und Legislative entstanden sind, als bekannt voraussetzen[1]). Wie der Parlamentarismus zentralistisch wirkt und die Volksinteressen, einschließlich der in den Gemeinden geltend zu machenden, durch seine Tätigkeit im wesentlichen ausreichend gewahrt findet, so ist die heute herrschende Regierungsbürokratie erst recht einer Zentralisierung zugeneigt. Wenn auch gewiß Zentralisation und

---

[1]) Vgl. Stier-Somlo, Die Lehre von der Gewaltenteilung und die neuen deutschen Verfassungen, Zeitschrift für die gesamte Staatswissenschaft Bd. 77 S. 1—51.

Selbstverwaltung nicht dasselbe sind, so kommt es doch bei der Stärkung der ministeriellen Machtambitionen praktisch im wesentlichen auf eine Beschränkung der Selbstverwaltung heraus. Beide, Parlament und Exekutive ergänzen und verstärken sich gegenseitig, nicht ohne sich nach außen hin durch unschädliche platonische Versicherungen zur Selbstverwaltung zu bekennen. Andererseits steht der Parlamentarismus mit der Idee der Volkssouveränität in einer an dieser Stelle keiner Erläuterung bedürftigen Verbindung. Die die kommunalen Instanzen am liebsten ganz ausschaltende Tendenz, die sich an die Idee von der Souveränität des gesamten Volkes anknüpft, der Parlamentarismus und die Exekutive in höchster und mittlerer Instanz stellen die der Selbstverwaltung nicht gerade günstigen Faktoren dar. Von besonderem Interesse scheint es mir zu sein, daß hinsichtlich der Wirkungen des Parlamentarismus auch außerhalb Deutschlands ähnliche Erscheinungen schon früher richtig beobachtet worden sind. Fleischmann hat in seinem Artikel „Selbstverwaltung" (Handwörterbuch des Staats- und Verwaltungsrechts, Bd. 3 S. 421 f.) festgestellt, daß die parlamentarische Monarchie (England, Italien, Rumänien, Griechenland u. a.) den Selbstverwaltungskörper vernachlässige, weil sie überhaupt kein Bollwerk gegen die Bürokratie brauche, die sie selbst vermöge der parlamentarischen Regierung lenke, während die meisten Demokratien der Gegenwart (damals, 1914!) nur eine sehr beschränkte Selbstverwaltung der Kommunalverbände hätten, die vielfach nach französisch-napoleonischem Muster aufgebaut sei, unter Einengung zugunsten der Zentralgewalt. Auf die welschen Kantone der Schweiz, vor allem aber Frankreich wurde besonders verwiesen.

IV.

Geht man nunmehr auf die Reichsverfassung ein, so trifft man zwar im Art. 127 auf den Satz: „Gemeinden und Gemeindeverbände haben das Recht der Selbstverwaltung innerhalb der Schranken der Gesetze." Aber die Wertlosigkeit dieser Gesetzesbestimmung für konkrete subjektive Rechte der Gemeinden ist heute allgemein anerkannt; denn Reich und Staat sind jederzeit in der Lage, jene vorbehaltenen Schranken zu ziehen, so daß von Selbstverwaltung in Wirklichkeit kaum etwas übrig zu bleiben braucht. Man mag (mit Giese) von dezentralisierter Staatsverwaltung, d. h. von der Wahrnehmung öffentlicher Funktionen durch die dem Staate eingegliederten kommunalen Selbstverwaltungskörper sprechen, also in Art. 127 die Anerkennung der Selbstverwaltung im juristischen Sinne finden. Oder mag man in Art. 127 RVerf. nur die Aufstellung eines rein formalen Grundsatzes sehn, daß die gemeindliche Selbstverwaltung nur durch Gesetz, nicht durch Verordnung ohne gesetzliche Grundlage, überhaupt nicht auf dem rein administrativen Wege geordnet und begrenzt werden kann. In beiden Fällen ist man darüber einig, daß dieser Artikel „der Gesetzgebung in der gegenständlichen Begrenzung der Selbstverwaltung wie in der Gestaltung des diese Selbstverwaltung beschränkenden Staatsaufsichtsrechts völlig freie Hand läßt und den Gemeinden und Gemeindeverbänden tatsächlich nichts gewährleistet, weder das bestehende Gemeinderecht abändert, noch der Gesetzgebung irgend etwas vorschreibt" (Anschütz). Wird auch nach der preußischen Verfassung Art. 70 den politischen Gemeinden und Gemeindeverbänden das Recht der Selbstverwaltung ihrer Angelegenheiten gewährleistet und hierbei nur die „gesetzlich geordnete Aufsicht des Staates" hervorgehoben, so zweifelt doch niemand daran, daß es sich hier der Sache nach lediglich um eine Wiederholung des Art. 127 RV. handelt. Man darf hinzufügen, daß dieser Satz für alle anderen Landesverfassungen, die einen Ausspruch über die Selbstverwaltung der Gemeinden enthalten, ebenfalls zutrifft.

Ist dies aber der Fall, so sehe ich in der gegenwärtigen verfassungsrechtlichen Ausprägung der Selbstverwaltung die Ablehnung des pouvoir municipal. Gleichviel, ob man Georg Jellinek beipflichtet, daß der Gedanke des selbständigen Wirkungskreises der Gemeinden zu den Ideen von 1789 gehöre, oder ob man anderen Schriftstellern folgt (Preuß, v. Gehe), daß diese Idee zum mindesten schon in den deutschen Städten zu ihrer Blütezeit vorhanden gewesen ist — der Gedanke des selbständigen Wirkungskreises der Gemeinden ist jedenfalls seit dem 18. Jahrhundert lediglich die Anwendung der naturrechtlichen Vorstellung, daß auch die Gemeinde, wie die Einzelperson, einen Bestand eigener und unantastbarer Rechte, ein Grundrecht hat, die der Staat nicht schafft, sondern nur anerkennt, die der Gemeinde angeboren sind[1]).

Aber selbst die französische Gesetzgebung hat ein Grundrecht, das die Gemeinde in derselben Weise, wie die Einzelnen ihre Grundrechte, hätte in Anspruch nehmen können, nicht anerkannt, eine öffentlichrechtliche Gemeindegewalt nicht geschaffen. Es war klar geworden, daß damit die Umwandlung Frankreichs aus einem Einheitsstaate in einen Staat auf föderalistisch-demokratischer Grundlage vollzogen worden wäre; davon wollte man begreiflicherweise absehen. Die Gemeinde wird also nicht Subjekt des öffentlichen Rechts; sie ist vom rechtlichen Standpunkt aus Verpflichtete der Funktionen, staatlicher Verwaltungsbezirk,

---

[1]) Jellinek, Allgemeine Staatslehre S. 277 ff.; Hatschek, Die Selbstverwaltungsidee in politischer und juristischer Bedeutung S. 70; v. Gehe, Selbstverwaltung und staatliches Aufsichtsrecht nach der sächsischen Gemeindeordnung v. 1. August 1923 in Fischers Zeitschr. Bd. 57 (1925) S. 11 ff.

der zur Lösung von Staatsaufgaben herangezogen wird[1]). Ich brauche hier nicht zu verfolgen, wie die französische Gesetzgebung die Departements und Distrikte durch Gesetz vom 28. Pluviôse VIII (2. Februar 1800) zu bloßen staatlichen Verwaltungsbezirken, die Gemeinden zu juristischen Personen des Privatrechts herabgedrückt hat; es ist nicht näher einzugehen darauf, daß deren Vertretungen nur beratende Stimmen haben sollten, und daß erst durch die Gesetze vom 10. August 1871 über das Departement und vom 5. April 1884 über die Gemeinde dieser Weg der Staatseingliederung der Gemeinden etwas verlassen wird[2]). Es bedarf nur der Feststellung, daß, so wenig die französische Gesetzgebung den pouvoir municipal verwirklicht hat, so wenig haben auch die deutschen Verfassungsurkunden des 19. Jahrhunderts, etwa die preußische vom 31. Januar 1850, durch Anerkennung eines Rechts auf Selbstverwaltung, das Grundrecht des pouvoir municipal aufgenommen; so wenig haben auch die heute geltende Reichsverfassung und die Landesverfassungen jener Idee Ausdruck gegeben.

Das scheint mir aber von denkbar größter Tragweite zu sein. Bei der Beurteilung der heutigen Klagen der Gemeinden über die rückläufige Bewegung in der Freiheit der Selbstverwaltung in Form von Gesetzen und Verwaltungsmaßnahmen muß immer die Wahrheit, mit einer vielleicht für manche schmerzhaften Objektivität, die Oberhand haben: Nach dem deutschen Rechte des 19. und 20. Jahrhunderts einschließlich der Verfassungsrechtsgesetze haben Gemeinden und Gemeindeverbände nur insoweit einen eigenen aus ihrem Wesenzweck sich ergebenden Wirkungskreis, als es die jeweilig geltende Staatsgesetzgebung bestimmt. Rechte, die in den Sternen hangen, unveräußerlich, stehen den Gemeinden nicht zu. Auch die Städteordnung des Freiherrn v. Stein vom 19. November 1808 verfolgt nur den Zweck, „den Städten eine selbständigere und bessere Verfassung zu geben, in der Bürgergemeinde einen festeren Vereinigungspunkt gesetzmäßig zu bilden, ihnen eine tätige Einwirkung auf die Verwaltung des Gemeinwesens beizulegen und durch diese Teilnahme den Gemeinsinn zu erregen und zu erhalten“. Es war, wie ich in diesem Kreise nicht näher auszuführen brauche, die „selbständigere“ Stellung der Gemeinden als geschichtlich notwendiger Gegensatz gedacht gegenüber der seit Friedrich Wilhelm I. immer mehr herab-

[1]) George Beaulieu in L'administration locale en France et en Angleterre S. 86, 87 und v. Gehe a. a. O. S. 14.

[2]) Gluth, Die Lehre von der Selbstverwaltung im Lichte formaler Begriffsbestimmung, 1887 S. 6; Blodig, Die Selbtverwaltung als Rechtsbegriff, 1894 S. 82; hiergegen teilweise v. Gehe, a. a. O. S. 15.

gesetzten Freiheit der Gemeinden, nicht aber als Uebertragung eines pouvoir municipal. Von einer zusammenhängenden rechtsgeschichtlichen Entwicklung im Sinne einer jahrhundertelangen, fortwirkenden, eigenwurzelhaften Selbstverwaltung kann für Preußen und das übrige Deutschland infolge dieser soeben angedeuteten staatspolitischen Ereignisse nicht gesprochen werden; die Schaffung des modernen deutschen Staates seit dem Großen Kurfürsten mit seiner grundsätzlichen Inanspruchnahme aller Hoheitsrechte lediglich für den Staat widerspricht auch dem Versuch, ein Grundrecht originärer Selbstverwaltung rechtsgeschichtlich zu begründen.

Die hier entwickelte Auffassung steht aber auch im Gegensatz zu der anderer, die (wie Schoen, Loening, Bornhak) den Gemeinden nicht nur ein selbständiges Daseinsrecht versagen und ihre gesamte Tätigkeit lediglich auf die Staatsübertragung zurückführen, sondern auch eigene Aufgaben der Kommunalverbände leugnen. Ich vertrete hier die Meinung, 1. daß die Selbstverwaltung der Gemeinden auch in Deutschland formal als Gegenstück der bürokratischen Zentralisation gewertet und durchgeführt wurde, 2. daß sowohl die an und für sich unrichtige Idee einer nur wirtschaftlichen Selbstverwaltung der Gemeinden gegenüber der obrigkeitlichen Staatsverwaltung als auch die Genossenschaftsidee im Sinne der Heranziehung von ehrenamtlichen Vertretern des Gemeindevolkes die Rechtsentwicklung entscheidend beeinflußt haben. Die Geltung dieser rechtspolitischen Elemente verband sich mit der Notwendigkeit und Zweckmäßigkeit einer Dezentralisation für den lokalen Lebenskreis. So wurde ein System geschaffen, in dem sich Raum fand für ein selbständiges Dasein der Gemeinden, mit eigenen Rechten, also auch mit einem eigenen rechtlich umhegten Lebenskreise insoweit und solange, als die Staatsgesetzgebung sie ihnen zugestand. Der gewährte kommunale Lebensraum wird schnell voll ausgefüllt und erweckt bei den Gemeinden und oft in der Theorie die Vorstellung eines von Alters her bestandenen Zustandes. Die Bedingtheit und Abhängigkeit der kommunalen Gewalten von der Staatsgewalt tritt Jahrzehnte lang nicht voll ins Bewußtsein; besonders war dies bei der glänzenden Entwicklung des kommunalen Wesens in der Zeit kurz vor dem Weltkriege der Fall.

Indem sich nun aus den deutschen neuen Verfassungen mit aller Klarheit entnehmen läßt, daß sie den pouvoir municipal ablehnen, heben sie die Rechtslage der kommunalen Selbstverwaltung wieder deutlich hervor, die sich dahin kennzeichnen läßt, daß die Gemeinden nur mit abgeleiteter, nicht mit ursprünglicher hoheitlicher Gewalt ausgestattet sind und hinsichtlich

Maß und Bedeutung ihrer Wirksamkeit von der Gesetzgebung des Staates abhängen.

Dazu kommt nun die unitarische Tendenz der RVerf. im allgemeinen und in ihren besonderen Erscheinungsformen. Zunächst gehe ich kurz auf die Ausdehnung der Gesetzgebungszuständigkeit des Reiches ein, die zu einer mindestens mittelbaren Beschränkung der kommunalen Tätigkeit führen mußte.

Wichtig ist, daß das Reich sich im Art. 10 RV. vorbehalten hat, im Wege der Gesetzgebung Grundsätze aufzustellen auch über das Recht der Beamten aller Körperschaften, demnach auch der Gemeinden und Gemeindeverbände; daß es im Art. 128 die Regelung der Grundlagen des Beamtenverhältnisses durch Reichsgesetz vorgesehen hat. Da nun aber eine entsprechende Gesetzgebung noch aussteht und sicherlich auf große Schwierigkeiten stoßend, noch lange ausstehen wird, kommt eine unerfreuliche Rechtsunsicherheit auch in das geltende kommunale Beamtenrecht. Diese wird sehr wesentlich erhöht durch das Besoldungssperrgesetz vom 21. Dezember 1920. Der Grundgedanke war an sich verständlich: die Reichsbesoldungsordnung sollte in vielen und wesentlichen Punkten den Landesbesoldungsordnungen angeglichen werden. Umgekehrt sollten dann aber die Besoldungsordnungen der Länder, Gemeinden und sonstigen öffentlichen Körperschaften durch gesetzlichen Zwang auf den Stand der neu gefaßten Reichsbesoldungsordnung gebracht werden[1]). Tatsächlich richtete sich aber die Regelung gegen die Selbständigkeit des kommunalen Beamtenwesens. Man hat zutreffend darauf hingewiesen, daß das Reich vielleicht früher, als es den Gemeinden Zuschüsse zur Beamtenbesoldung gab, ein gewisses Recht zu jenem Gesetze besitzen mochte, daß aber nach Wegfall jener Zuschüsse die Aufrechterhaltung dieses Gesetzes als ein „sinnwidriger, auf ein außerordentlich lebenswichtiges Gebiet der deutschen Städte absolut lähmend wirkender Eingriff in die Selbstverwaltung" anzusehn ist.

Ebenso wie das Beamtenrecht, so ist auch das Schulrecht durch die Reichsverfassung zum Gegenstand einer Gesetzgebung, hauptsächlich aber eines Versprechens auf weitere Regelung geworden. Artikel 146 verlangt ein Reichsschulgesetz, dessen Zustandekommen jedoch bei der Zusammensetzung des Reichstages wenig aussichtsreich erscheint. Hierdurch wieder ist auf dem Gebiete des Schulwesens die praktische Arbeit der Länder wesentlich gehemmt, die Abgrenzung der Zuständigkeit zwischen Ländern und Städten ins Unsichere gestellt und praktisch die Selbstverwaltung begrenzt. Ich muß es mir versagen, im einzelnen auf die Klagen der kommunalen Praktiker einzugehen,

---

[1]) Vgl. etwa Kühnemann-Sölch, Besoldungssperrgesetz, 1921 S. X.

die sich nicht nur auf das Volksschul-, sondern auch auf das höhere Schulwesen beziehen, das sich das Reich im Art. 10 RV. ebenfalls zu regeln vorbehalten hat. Arbeitsschule einerseits, scharfe Typisierung der Schulformen andererseits, d. h. Aufteilung der Bildungsgüter auf die einzelnen Schularten ist nun das sichtbare unerfreuliche Bild der Praxis[1]).

Nicht zuletzt hat die Reichsverfassung durch die Inanspruchnahme der Steuern (Art. 8, 11, 23, 84 RV.) und durch die nachfolgende Reichsfinanz- und Steuergesetzgebung nicht allein in die Finanzwirtschaft der Länder, sondern auch in die der Gemeinden auf das schärfste eingegriffen und diese in einem nicht vorauszusehenden Maße der Möglichkeit beraubt, auf dem Gebiete der Sozialpolitik, der Kulturpflege, ja vielfach auch auf dem der notwendigsten wirtschaftlichen Angelegenheiten das Erforderliche vorzukehren und durchzusetzen. Die früher lange Zeit unabhängige und selbständige Stellung der Gemeinden ist hierdurch auf das äußerste beengt. Es kann hier nicht meine Aufgabe sein, an der Hand des Gesetzes über den Finanzausgleich in seiner heutigen Fassung und die preußischen Ausführungsbestimmungen den immerhin doch ziemlich starken Wandel zugunsten der Gemeinden seit 1920 aufzuzeigen. Gleichviel ob die sich an die selbständige Steuerhoheit des Reiches anknüpfenden Klagen der kommunalen Interessenten in vollem Umfang oder auch nur teilweise berechtigt sind, so ist jedenfalls unbestreitbar, daß das Reich zum ersten Male durch die RVerf. und die nachfolgende Gesetzgebung eine unitarische Tendenz verwirklicht hat, die nicht nur die Länder, sondern auch die Gemeinden in eine Art von Botmäßigkeit brachte, die notwendig zur Verschärfung und Vervielfältigung des Aufsichtsrechts führen mußte.

Die Bedeutung des Art. 17 RVerf. darf ich hier nur streifen, da die Gemeindewahlen, für die die Grundsätze zur Volksvertretung gelten, uns noch beschäftigen werden. Dem Landesrecht blieb nicht nur vorbehalten, die Wahlberechtigung von der Dauer des Aufenthalts in der Gemeinde bis zu einem Jahr abhängig zu machen, sondern auch das Wahlrecht zum Gemeinde-vorstand neu zu regeln, da sich die RVerf. nur auf das aktive Wahlrecht zur Gemeindevertretung bezog. Wie die Länder hier vorgegangen sind, ist ja bekannt.

Das sogenannte gemeinsame Indigenat, Art. 110 Abs. 2 RVerf., ist nicht zu vergessen. Jeder Deutsche hat in jedem Lande des Reiches die gleichen Rechte und Pflichten wie die Angehörigen des Landes selbst. Das Wahlrecht, Stimm- und Aemter-

---

[1]) Hierzu und zum Folgenden vgl. die oben S. 128 Anm. 2 erwähnten Verhandlungen des sechsten Städtetages 1924.

bekleidungsrecht steht auch landesfremden Deutschen zu. Insoweit das Bürgerrecht in der Gemeinde nicht mehr von der Landesangehörigkeit abhängig gemacht ist, sondern Reichsangehörigkeit genügt, ergibt sich auch das kommunale Wahlrecht des landesfremden Deutschen. Die Bedeutung der Landesangehörigkeit ist übrigens auch hierdurch wesentlich herabgesetzt und verstärkt die mehrfach hervorgehobene unitarische Tendenz.

Die Beziehung zum Reichsrat kann nicht übergangen werden. Indem die Hälfte der preußischen Stimmen nach Maßgabe des Landesgesetzes vom 3. Juni 1921 (GS. S. 79) von den Provinzialverwaltungen gestellt wird, sind zwar zunächst nur diese, nicht die Gemeinden in Frage. Aber der Wahlkörper für die Provinzialbevollmächtigten zum Reichsrat ist für die Stadt Berlin der Magistrat und wählbar sind im übrigen, soweit die Provinzialausschüsse Wahlkörper sind, alle reichsdeutschen Männer und Frauen, die das 25. Lebensjahr vollendet und ihren Wohnsitz ein Jahr lang im Bezirke des Wahlkörpers haben. Diese Provinzialbevollmächtigten sind aber praktisch häufig entweder Stadtverordnete oder Mitglieder des Gemeindevorstandes; insofern würden diese auf dem Wege über den Reichsrat einen Einfluß auf Reichsangelegenheiten ausüben, der durchaus prinzipwidrig und zu beseitigen ist. Zu erklären ist diese Regelung nur durch die bisher unzulänglichen Versuche der Lösung der preußisch-deutschen Frage. Sie ist hier ebensowenig zu erörtern wie das Problem der Provinzialautonomie, deren schädliche Wirkungen für die notwendige Großmachtstellung Preußens und damit für das Reich nicht mehr verkannt werden dürften.

V.

In entsprechender Weise wie im Reich wirken sich in den Ländern, für die republikanische Verfassung, das allgemeine, gleiche und unmittelbare Wahlrecht nach den Grundsätzen der Verhältniswahl und das parlamentarische System vorgeschrieben sind (Art. 17 Abs. 1 RVerf.), diese drei verfassungsrechtlichen Einrichtungen aus. Auch hier sind die Volkssouveränität, die Demokratie, die Verbindung zwischen Legislative und Exekutive mit denselben Folgerungen zentralistischer Art festzustellen. Die Ablehnung der Anerkennung des pouvoir municipal in den Landesverfassungen entspricht durchaus derjenigen in der Reichsverfassung; die finanzielle Abhängigkeit der Länder vom Reich hat unmittelbare und mittelbare Folgen für die Gemeinden. So ergeben sich dieselben Einsichten in die Eigenart der treibenden Kräfte und in die Zwangsläufigkeit der Beschränkung der Selbstverwaltung, wie wir sie schon bei der

Reichsgesetzgebung und den für sie maßgebenden geschichtlich-politischen Strömungen beobachten konnten.

Bei näherem Eingehen auf das Gemeindeverfassungsrecht der Länder seit der Staatsumwälzung schalte ich hier eine Anzahl von preußischen Gesetzen aus, die sich als Folgen des Friedensvertrags darstellen. Sie sind an und für sich für die betroffenen Gebiete: Oberschlesien, Saarbecken, die Ostmark wichtig genug, können aber hier außer Betracht bleiben, weil sie die große Linie der Betrachtungen nicht unterbrechen sollen[1]).

In Preußen setzt die Entwicklung schon mit dem Aufruf der preußischen Regierung an das Volk vom 13. November 1918 (GS. S. 187) ein. Dort wird unter anderem versprochen: Beseitigung der Gutsbezirke; völlig gleiches Wahlrecht beider Geschlechter für alle Gemeindevertretungen in Stadt und Land; entsprechende Umgestaltung der Kreis- und Provinzialverwaltungskörper. Die folgenden gesetzgeberischen Eingriffe beziehen sich auf das Bürger- und Gemeinderecht der Frauen und ihre Bestellung zu Mitgliedern gemischter Verwaltungsdeputationen[2]) vor allem auf das Wahlrecht[3]). Es ergoß sich im Lande Preußen ein Strom von Gesetzen und Verordnungen über diesen Gegenstand, der mit der Verordnung über die anderweite Regelung des Gemeindewahlrechts vom 24. und 31. Januar 1919 (GS. S. 13, 15) begann und mit dem Gemeindewahlgesetz in der Fassung vom 12. Februar 1924 mit Ergänzungs- bezw. Abänderungsgesetzen v. 14. Juni und 24. Juli 1924 vorläufig endete[4]). Alle erlassenen

---

[1]) Vgl. Gesetze betr. die vorläufige Regelung der kommunalen Verhältnisse der Kreise Merzig und St. Wendel v. 20. Juni 1922 (GS. S. 156); über die Neuordnung der kommunalen Verfassung und Verwaltung der Ostmark v. 21. Juli 1922 (GS. S. 151); betr. die Regelung der Selbständigkeitsrechte der Provinz Oberschlesien v. 25. Juli 1922 (GS. S. 205); über eine vorläufige Regelung der Verwaltung in den zum oberschlesischen Abstimmungsgebiete gehörigen Kommunalverbänden v. 27. Juli 1922 (GS. S. 198).

[2]) G. über das Bürger- und Gemeinderecht der Frauen und die weitere Durchführung der Gemeindewahlen vom 15. Juli 1919 (GS. S. 113) und Anordnung der preußischen Regierung betr. die Bestellung weiblicher Personen zu Mitgliedern gemischter städtischer Verwaltungsdeputationen vom 23. Juli 1918 (GS. S. 183).

[3]) Zunächst wurde bestimmt, daß die Ergänzungs- und Ersatzwahlen zu den Gemeindevertretungen, Stadtverordnetenversammlungen, Kreistagen, Provinziallandtagen und Vertretungen der Zweckverbände bis zur bevorstehenden Regelung des kommunalen Wahlrechts nicht stattfinden; die Wahlzeit für diejenigen Vertreter, für die eine Ergänzungswahl nötig gewesen wäre, wurde bis zu der nach der neuen gesetzlichen Regelung erfolgten Wahl vereinbart; s. Anordnung der preußischen Regierung betr. Ergänzungs- und Ersatzwahlen zu den Gemeindevertretungen usw. vom 18. November 1918 (GS. S. 181).

[4]) Zwischen diesen im Text bezeichneten Gesetzen liegen zeitlich die folgenden: G. über die Wahl zu den Magistraten im Gebiete der

Gesetze lassen die Städte- und Gemeindeordnungen soweit in Kraft, als ihr Inhalt dem neuen Rechte nicht entgegensteht [1]). Die Anpassung des Gemeindewahlrechts an das radikale Wahlrecht zum Reichstag und dem Landtage ist restlos durchgeführt und damit auch jene viel beklagte Politisierung des kommunalen Wesens eingeführt worden. Nicht nur die Stadtverordneten jedoch, sondern auch die unbesoldeten Magistratsmitglieder sind nach den Grundsätzen der Verhältniswahl neu gewählt und beide nach parteipolitischen Gesichtspunkten, nicht aber mit Rücksicht auf die unter der alten Staatsform so hoch gehaltenen Sachkenntnis in ihre Aemter gekommen. Diese zum Teil beklagenswerte Entwicklung des kommunalen Gemeindeverfassungsrechts wird durch Aufzeigung der wichtigsten Neuerungen deutlicher gemacht.

1. Das Gemeindewahlgesetz kennt wieder ein Bürgerrecht (im Gegensatz zu den Verordnungen vom 24. u. 31. Januar 1919). Die wahlberechtigten Personen sind in eine Bürgerliste einzutragen. Damit sind die bisherigen Voraussetzungen des Bürgerrechts [2]) beseitigt: preußische Staatsangehörigkeit nach der östlichen, westfälischen, rheinischen Städteordnung und dem Frankfurter Gemeindeverfassungsgesetz, auch für das Gebiet der hannoverschen Städteordnung, obwohl dort die Staatsangehörigkeit nicht ausdrücklich als Bedingung gesetzt ist; männliches Geschlecht (schon wegen Art. 109 RVerf.; s. auch oben S. 137 Anm. 2); wirtschaftliche Selbständigkeit (eigener Hausstand); Nichtempfang von Armenunterstützung aus öffentlichen Mitteln; Zahlung der Gemeindeabgaben; Besitz eines Wohnhauses im Gemeindebezirk; natürlich blieb das Erfordernis der Einwohnereigenschaft und das des Besitzes der bürgerlichen Ehrenrechte. Die in die Bürgerliste Eingetragenen (§§ 2, 3 des Gemeindewahlgesetzes)

---

schleswig-holsteinschen Städteverordnung v. 10. April 1919 (GS. S. 83); G. betr. die vorläufige Regelung verschiedener Punkte des Gemeindeverfassungsrechts vom 18 Juli 1919 (GS. S. 118); G. vom 6. August 1920 zur Ergänzung des Art. 178 RV. (RGBl. S. 1566), dazu preußisches Landesgesetz betr. das Gemeindewahlrecht in Helgoland vom 11. Dezember 1920 (GS. S. 541); G. zur Aenderung der Verordnung vom 24. Januar 1919, vom 23. Oktober 1922 (GS. S. 310); G. über die vorläufige Regelung der Gemeindewahlen vom 9. April 1923 (GS. S. 83) mit Aenderungsgesetzen vom 5. Januar 1924 (GS. S. 20); zum Wahlgesetz vom 12. Februar 1924 (GS. S. 97) hat der Minister des Innern gemäß § 5 eine Wahlordnung für die Wahlen der Gemeindevertretung usw. erlassen (MBl. d. i. V. S. 153—172). Vgl. Neufassung des Gemeindewahlgesetzes durch Bek. vom 12. Februar 1924 (GS. S. 99). Eine Erläuterung des Abänderungsgesetzes vom 24. Juli 1924 (GS. S. 591) hat der Minister des Innern in der Verfügung v. 19. Juli 1924 (MBl. d. i. V. S. 781 ff.) gegeben.

[1]) § 10 der Verordnung v. 24. Januar 1919; § 25 Gesetz v. 18. Juli 1919, § 21 des Gemeindewahlgesetzes.

[2]) Vgl. hierüber Stier-Somlo, Städterecht S. 210—238 in seinem Handbuch des kommunalen Verfassungs- u. Verwaltungsrechts Bd. 1 (1919).

haben auch die Pflicht des Bürgers, insbesondere zur Uebernahme von Ehrenämtern mit den zulässigen Ablehnungsgründen [1]), mit der Teilnahme an den Gemeindelasten und der Unterordnung unter die Ortsobrigkeit; Recht und Pflicht unter dem Schutze der Verwaltungsgerichte [2]). Streitigkeiten über das Bürgerrecht werden nicht mehr nach dem Zuständigkeitsgesetze im Verwaltungsstreitverfahren entschieden, sondern nach § 9 des Gemeindewahlgesetzes nach einem Rekursverfahren vor der Beschlußbehörde. Das neue Bürgerrecht deckt sich mit dem aktiven Reichstagswahlrecht, nur daß es erst durch Wohnsitz von 6 Monaten im Gemeindewahlbezirk entsteht. Das passive Gemeindewahlrecht — erschöpfend in den §§ 2 u. 9 des erwähnten Gesetzes geregelt — hängt von der Vollendung des 25. Lebensjahres ab u. zw. für die Wahl zur Gemeindevertretung und zum Magistrat (§ 9 Abs. 2 daselbst), nicht für die Uebernahme von sonstigen Aemtern. Stadtverordnete können jetzt auch Mitglieder des Magistrats sein. Nicht mehr verboten ist die gleichzeitige Zugehörigkeit Verwandter oder verschwägerter Personen zu Magistrat und Stadtverordnetenversammlung, was die „Familienpolitik" stützen kann.

Für die Zusammensetzung der Stadtverordnetenversammlung ist ferner wesentlich a), daß das Wahlrecht nur für die Soldaten ruht. Von der Ausübung des Wahlrechts ist nunmehr nur ausgeschlossen, wer entmündigt ist oder unter vorläufiger Vormundschaft steht; wer infolge eines rechtskräftigen Urteils der bürgerlichen Ehrenrechte ermangelt; b) Forensen und juristische Personen haben kein Wahlrecht, womit der Einfluß großer wirtschaftlicher Unternehmungen und Besitzender ausgeschlossen werden sollte. c) Das Hausbesitzerprivileg ist beseitigt, d. h. ein bestimmter Prozentsatz der Gemeindevertretung muß nicht mehr aus Grundstückseigentümern, Nießbrauchern usw. bestehen. d) Von besonderer Bedeutung ist, daß (schon nach der Verordnung v. 24. Januar 1919 § 4) nicht mehr von der Wahl zur Gemeindevertretung bestimmte Beamtengruppen ausgeschlossen sind; soweit es Beamte derjenigen Behörden sind, durch die die Aufsicht des Staates über die Stadt geführt wird, ist diese Neuregelung vollkommen sinnwidrig, weil es dem elementarsten Grundsatze widerspricht, daß der Beaufsichtigende und der Beaufsichtigte voneinander verschieden sein müssen, und sodann deshalb, weil Staatsverwaltung und Kommunalverwaltung unnütz verquickt wird. Nicht ausgeschlossen aber sind ferner die Gemeindebeamten, Geistliche, Kirchendiener, Elementarlehrer,

---

[1]) StO. östl. u. westf. § 74 Abs. 1; rhein. § 79 Abs. 1; schlesw.-holst. § 9; hess.-nass. § 85 Abs. 1; frankf. § 17; hann. § 81 Abs. 1; hohenzoll. GemO. § 36; ZuständigkeitsG. § 10.

[2]) Stier-Somlo, a. a. O. S. 248—272.

Richter, Beamte der Staatsanwaltschaft, Polizeibeamte, Magistrats- bezw. Gemeindevorstandsmitglieder. Es ist nicht grundsätzlich abzulehnen, daß auch Personen dieser Art mit ihrer besonderen Berufserfahrung den Gemeindevertretungen angehören sollen. Man wird aber unmöglich verkennen können, daß große Gefahren in der Tatsache liegen, daß, wie Lohmeyer[1]) ausführt, heute in allen Stadtverordnetenversammlungen einen erheblichen Teil die Vertreter die städtische Beamtenschaft und die Lehrer darstellen. Es ist wahrhaft keine glückliche Lösung, daß vielfach in führenden Stellen der einzelnen Fraktionen der Stadtverordnetenversammlung städtische Beamten stehen, die als solche in ihrer ganzen Tätigkeit dem Magistrat untergeordnet, als Mitglieder der Stadtverordnetenversammlung aber an der Kontrolle der Erledigung der städtischen Geschäfte durch den Magistrat mitbeteiligt sind.

2. Die Stadtverordnetenversammlung wird nach dem neuen Recht nicht mehr wie früher im Laufe von 6 Jahren alljährlich durch ein Sechstel ergänzt, sondern im Ganzen neu gewählt und zwar alle vier Jahre — ein sichtbares Merkmal der Politisierung, obwohl die kommunalen Fragen ihrer Natur nach viel mehr, als die staatlichen in der Volksvertretung, rein sachlicher, überparteilicher Behandlung fähig und bedürftig sind. Die Zahl der Stadtverordneten ist zwar der satzungsmäßigen Ordnung überlassen, muß aber innerhalb 11 und 100 liegen; sie ist auch durch eine Beziehung auf die Einwohnerzahl beschränkt (§ 4 GemeindewahlG.) Das Wahlverfahren zur Stadtverordnetenversammlung ist, unter Aufhebung der früheren Vorschriften der Städteordnungen neu geregelt[2]). Listenaufstellung, Stimmenabgabe und Verteilung der Mandate auf die Stimmen entsprechen — da jetzt, gegen früher, die Wahl allgemein, geheim und nach dem Verhältniswahlsystem erfolgt — dem Reichswahlgesetz bezw. der Reichsstimmordnung, doch ist in den Gemeinden eine feste Zahl von Mandaten zu verteilen. Der Magistrat trifft die technischen Vorbereitungen der Wahl, seine Sache ist der Abschluß der Liste, die Bestimmung über Ort und Zeit der Wahl und die Bildung von Stimmbezirken. Letztere dürfen in der Regel — mit Ausnahmen in Eingemeindungsgesetzen — nicht so gebildet werden, daß einzelne Teile des Stadtgebiets für sich Stadtverordnete wählen[3]). Neben dem Magistrat sind vorgesehn ein Wahlausschuß und, falls mehr

---

[1]) Die Entwicklung des deutschen Gemeindeverfassungsrechts seit der Revolution, Deutsche Juristenzeitung 1925 S. 407.

[2]) Gemeindewahlgesetz §§ 5—8, Gemeindewahlordnung v. 13. Februar 1924 (MBl. i. V. S. 153, bestätigt unter dem 4. April 1924, Abänderungen MBl. i. V. S. 200, 230, 244).

[3]) Gemeindewahlgesetz § 5.

als ein Stimmbezirk im Gemeindegebiet gebildet wird, die Wahlvorstände. Bildet die Gemeinde einen einheitlichen Stimmbezirk, so ist der Wahlvorstand zugleich der Wahlausschuß. Der Wahlvorstand setzt sich aus dem Wahlvorsteher und vier bis sechs Beisitzern zusammen, der Wahlausschuß aus dem Vorsitzenden und zwei bis vier Beisitzern, deren Zahl durch Gemeindebeschluß festgesetzt wird. Vorsitzender ist in beiden Organen der Bürgermeister oder sein gesetzlicher Vertreter, doch wird bei Bildung mehrerer Stimmbezirke der Wahlvorsteher vom Magistrat ernannt und die Beisitzer von der Stadtverordnetenversammlung gewählt. Ein Gemeindebeschluß kann anordnen, daß der Wahlvorsteher selbst die Beisitzer bestimmt[1]). Der Wahlausschuß hat nur die Listen entgegenzunehmen, zu prüfen und bekanntzumachen; der Wahlvorstand hat nur die Stimmen seines Bezirks entgegenzunehmen und zu zählen. Sonst ist für Wahlhandlungen der Magistrat zuständig[2]), der in öffentlicher Sitzung das Wahlergebnis feststellt, wobei die Tätigkeit der Wahlvorstände an der Hand der Protokolle nachzuprüfen ist. Die zu verteilenden Sitze sind auf die Wahlvorschläge nach der Reihenfolge der Höchstzahlen zu verteilen, die sich durch Vollrechnung, Halbteilung, Drittelung, Viertelung usw. der auf die Wahlvorschläge entfallenden Stimmenzahlen ergeben. Ueber die Zuteilung des letzten Sitzes entscheidet bei gleichen Höchstzahlen das Los (Gemeindewahlgesetz § 6 Abs. 1 u. 2, Gemeindewahlordnung §§ 76ff.). Gegen die Gültigkeit der Wahl kann jeder Wahlberechtigte binnen zwei Wochen nach der Bekanntmachung des Wahlergebnisses in ortsüblicher Art durch den Magistrat bei dem Gemeindevorstand Einspruch erheben. Die neue Gemeindevertretung hat (in der ersten Sitzung) über die Einsprüche sowie über die Gültigkeit der Wahl von Amtswegen[3]) in folgender Weise zu beschließen: Wird die Wahl eines oder mehrerer Gewählten wegen Mangels der Wählbarkeit für ungültig erachtet, so ist nur die Wahl dieser Personen für ungültig zu erklären; wird für festgestellt erachtet, daß bei der Vorbereitung der Wahl oder bei der Wahlhandlung Unregelmäßigkeiten vorgekommen sind, die auf das Wahlergebnis von Einfluß gewesen sein können, so ist die ganze Wahl für ungültig zu erklären; wird die Feststellung des Wahlergebnisses

[1]) Der Bürgermeister kann nicht, wie nach den Städteordnungen, z. B. § 24 der östlichen, einen beliebigen, sondern nur seinen gesetzlichen Vertreter, also ein Magistratsmitglied bestellen. Dasselbe gilt für den Vorsitz im Wahlausschuß. Richtig Löwe, Die Aenderung der Stadtverfassung seit der Staatsumwälzung, Preuß. Verw.Bl. Bd. 45 (1924) S. 315ff.

[2]) Die Gemeindewahlordnung kennt eine besondere Wahlkommission, wie die schleswig-holst. StO. § 42 nicht. Eine solche ortsstatutarisch einzurichten wäre nicht zulässig. Löwe a. a. O.

[3]) Gemeindewahlordnung § 81 und bisher Zuständigkeitsgesetz § 10.

für unrichtig erachtet, so ist die Feststellung aufzuheben und eine neue Feststellung des Wahlergebnisses anzuordnen. Gegen den vom Magistrat zuzustellenden[1]) Beschluß der Gemeindevertretung steht dem, der den Einspruch erhoben hat, und dem, dessen Wahl für ungültig erklärt ist, die Klage im Verwaltungsstreitverfahren zu[2]). Der Magistrat muß die Gewählten über die Annahme der Wahl binnen einer Woche befragen. Schweigen gilt als Annahmeerklärung[3]).

Was die Frage angeht, wann die Stadtverordnetenversammlung als Gemeindevertretung tätig werden kann, so blieben die Stadtverordneten nach bisherigem Recht bis zur Einführung der neugewählten Stadtverordneten in Tätigkeit. Von mancher Seite[4]) wird die Fortgeltung dieser Regelung angenommen, ohne zu verkennen, daß eine völlige Erneuerung durch die Wahl eintritt, die neue Stadtverordnetenversammlung selbst die Prüfung ihrer Wahl vornimmt und sie nach Feststellung ihrer Wahl ohne weiteres in Tätigkeit tritt, es auch einer förmlichen Einführung nicht bedarf, da sie erst nach Prüfung der Wahl denkbar ist. Ich kann aber der Meinung nicht zustimmen, daß die neue Stadtverordnetenversammlung deshalb noch nicht bestehe, weil sie über die Wahl entscheidet. Sie entscheidet ja gerade als Gemeindevertretung, ist also rechtlich schon vorhanden. Das Ergebnis jener Auffassung ist demnach, daß erst nach Gültigkeitserklärung der Wahl, unbeschadet eines Verwaltungsstreitverfahrens, die neue Stadtverordnetenversammlung als Gemeindevertretung wirken kann und daß eine Einführung der Stadtverordneten erfolgen müsse. Dem widerspricht das Gemeindewahlgesetz § 6 Abs. 2, daß die neue Gemeindevertretung das Wahlprüfungs- und das entsprechende Beschlußrecht hat. Der Fall, daß die Stadtverordnetenversammlung ihre eigene Wahl — vollständig — für ungültig erachtet, ist so unwahrscheinlich, daß die theoretische Möglichkeit eines solchen Ereignisses nicht gegen meine Ansicht spricht. Würde jener Fall eintreten, so läge er nicht anders,

---

[1]) Gemeindewahlordnung § 82. Die Frist läuft vom Tage nach dem Beschluß der Stadtverordneten.

[2]) Gemeindewahlgesetz § 6 Abs. 4—8, wo weitere Einzelheiten geregelt sind. Der Ansicht von Löwe, a. a. O. S. 317, daß das Klagerecht des Magistrats nach § 11 ZuständigkeitsG. weiter besteht, ist beizupflichten, da es sich mit dem GemeindewahlG. § 2 vereinbaren läßt. Die Klage hat aufschiebende Wirkung außer in den Fällen, in denen die Wahl für gültig oder nur wegen Mangels der Wählbarkeit für ungültig erklärt worden ist. In letzterem Falle tritt der Ersatzmann nicht eher ein, als der Beschluß unanfechtbar geworden oder im Verwaltungsstreitverfahren rechtskräftig bestätigt ist. (GemeindewahlG. § 6 Abs. 5.) Bisher war die Rechtslage anders.

[3]) Gemeindewahlordnung § 78

[4]) Löwe a. a. O.

wie der der Auflösung der Stadtverordnetenversammlung[1]). Fällt eine der Voraussetzungen der Wählbarkeit während der Wahlzeit fort, so scheidet der Gemeindevertreter aus der Gemeindevertretung aus. Darüber, ob dieser Fall vorliegt, beschließt im Streitfalle die Gemeindevertretung. Gegen den Beschluß steht dem Gemeindevertreter binnen zwei Wochen die Klage im Verwaltungsstreitverfahren zu. Die Klage hat keine aufschiebende Wirkung, jedoch tritt der Ersatzmann nicht vor rechtskräftiger Entscheidung ein. Neben dieser Vorschrift über den Verlust des Bürgerrechts ist auch neu die folgende Regelung. Wenn ein Gemeindevertreter die Wahl ablehnt oder vor Ablauf der Wahl ausscheidet oder wenn die Wahl eines einzelnen Gemeindevertreters für ungültig erklärt ist, so tritt an seine Stelle der Bewerber, der in demselben Vorschlage hinter den Gewählten an erster Stelle berufen ist. Endlich ist auch neu, daß den Stadtverordneten eine Geldentschädigung gewährt werden kann[2]).

3. An der gesetzlichen Zusammensetzung des Magistrats ist nichts geändert worden. Wohl aber ist bezüglich der Wahl und der Amtsdauer neues Recht in Kraft getreten.

Gleichzeitig mit der Wahlzeit der jetzigen Gemeindevertretungen endigt die Wahlzeit der im Amte befindlichen, auch der auf Lebenszeit gewählten unbesoldeten Magistratsmitglieder (Beigeordneten), unbesoldeten Gemeindevorsteher sowie unbesoldeten Schöffen. So bestimmt das Gemeindewahlgesetz in § 9 Abs. 1 Satz 1, nach dem schon durch Gesetz vom 18. Juli 1919, bald nach der Neuwahl der Stadtverordnetenversammlungen, die Neuwahlen der unbesoldeten Magistratsmitglieder angeordnet worden war. Die Wahlzeit der Neugewählten endigt gleichzeitig mit der neuen Gemeindevertretung. Die Ausscheidenden bleiben aber (anders bei den Stadtverordneten!) bis zur Einführung der Neugewählten im Amte[3]). Das Verhältniswahlsystem spielt auch hier seine Rolle[4]). Wie bei der Stadtverordnetenwahl rückt

---

[1]) Der MinErl. v. 29. März 1924 (MBl. d. i. V. S. 364) hat denn auch bestimmt, daß die neue Gemeindevertretung schon vor Ablauf der Einspruchsfrist zusammentreten darf. Vgl. auch Karl Menne, Rechtliche Schwierigkeiten bei der Neubildung der Gemeindevertretungen, Preuß. VerwBl. Bd. 45 S. 357. Meine obige Auffassung stützt auch die Entsch. d. preuß. OVG. v. 21. Oktober 1924, PreußVerwBl. Bd. 46 S. 173, wonach die neu gewählte Gemeindevertretung nach Feststellung und öffentlicher Bekanntmachung des Wahlergebnisses durch den Gemeindevorstand beschlußfähig ist. Ist sie das aber, so muß sie schon Gemeindevertretung geworden sein.

[2]) Gemeindewahlgesetz §§ 7, 8; ZuständigkeitsG. § 10; VO. v. 24. Januar 1919 § 4.

[3]) Gemeindewahlgesetz § 9 Abs. 1 Satz 3; Sonderbestimmung nach § 7 des Gesetzes v. 14. Juni 1924 in der Fassung des Gesetzes v. 24. Juli 1924.

[4]) Nach Löwe, a. a. O. S. 318 gilt es allgemein, wenn mehrere Stellen zu besetzen sind, sowohl bei der Wahl der unbesoldeten wie der Beruf-

statt Nachwahl der nächste auf der Liste nach, sofern nicht die Unterzeichner des Wahlvorschlags die Reihenfolge ändern. Bei Erschöpfung der Liste bleibt eine Stadtverordnetenstelle unbesetzt, dagegen gilt bezüglich der unbesoldeten Magistratsmitglieder, daß wenn ein Bewerber auf dem Wahlvorschlage nicht mehr vorhanden ist, der Ersatzmann durch die Mehrheit der Unterzeichner des Wahlvorschlags und, soweit sie nicht mehr Gemeindevertreter sind, ihrer Ersatzmänner bestimmt wird[1]).

Gleichzeitig mit der Wahlzeit der Gemeindevertretungen endigt die Wahlzeit der Bürgermeistereiversammlungen in der Rheinprovinz und der Amtsversammlungen in der Provinz Westfalen. Die Gemeindevorsteher, Beigeordneten, Stellvertreter und Schöffen in Landgemeinden werden, soweit die Wahl durch die Gemeindevertretung (Gemeinderat, Gemeindeausschuß) geschieht, nur von den gewählten Gemeindeverordneten gewählt[2]). Dem entspricht die Regelung, daß die Bürgermeister und sonstigen Magistratsmitglieder in Städten mit Magistratsverfassung, soweit bisher die Wahl in anderer Weise als durch die Bürgerschaft oder Gemeindevertretung (Stadtverordnetenversammlung, bürgerschaftliches Kollegium) allein stattfindet, fortan nur von den gewählten Mitgliedern der Gemeindevertretung gewählt werden[3]).

Die Durchsetzung demokratischer Grundgedanken und die Anpassung an das Reichs- bezw. Landeswahlrecht ist offensichtlich. Die teilweise Unsicherheit der Rechtslage ist durch zahlreiche Uebergangszustände und durch die Einstellung auf die erwartete neue Städte- und Landgemeindeordnung bedingt. Vieles

---

stadträte. Ich verweise aber auf § 11 des Gemeindewahlgesetzes, der beginnt: „Die nach den Grundsätzen des Verhältniswahlrechts gewählten Mitglieder einer Gemeindevertretung oder die im § 9 genannten Personen" . . . also wird hier ein Unterschied bei den Magistratsmitgliedern gemacht. Im Gesetz v. 14. Juni 1924 § 4 Abs. 2 heißt es: „Wird nach den Grundsätzen der Verhältniswahl abgestimmt, so" usw. Also kann auch anders abgestimmt werden. Ist denn das Gesetz v. 18. Juli 1919 in dieser Beziehung noch maßgebend?

[1]) Gemeindewahlgesetz § 9 Abs. 1 Satz 4. Diese Regelung hat, wie Löwe a. a. O. feststellt, zur Folge, daß eine Stadtverordnetenfraktion sich tatsächlich für den Fall einer Neuwahl völlige Freiheit wahren kann, indem sie nur so viel Bewerber auf die Liste setzt, als sie sicher durchbringen kann, was sich in den meisten Fällen vorher genau berechnen läßt. Sie kann dann im gegebenen Fall jede ihr gerade geeignet erscheinende Persönlichkeit aus dem Kreise der wählbaren Bürger vorschlagen, die damit gewählt ist. Steht allerdings noch ein Ersatzmann auf der Liste, so ist die Fraktion an diesen ursprünglichen Vorschlag gebunden. Diese Feststellung der Sach- und Rechtslage ist gleichzeitig Kritik genug.

[2]) Gemeindewahlgesetz § 10, Gesetz v. 14. Juni 1924 § 1.

[3]) Gesetz vom 14. Juni 1924 § 3 in der Fassung des Gesetzes v. 24. Juli 1924.

ist im Stadium der Vorläufigkeit und des Tastens; vom Beharrungszustand ist man noch weit entfernt[1]).

VI.

Nicht nur die Rheinprovinz, sondern die Gesamtreform des preußischen Städterechts betrifft die berühmte Frage, ob die Bürgermeistereiverfassung in Zukunft eingeführt werden soll, wo sie noch nicht besteht, oder etwa einer Magistratsverfassung weichen soll, wo sie sich schon in Geltung befindet; oder, was dasselbe ist, ob statt der jetzt im Osten geltenden Magistratsverfassung die Bürgermeistereiverfassung dort eingeführt werden oder jene die hauptsächliche Verfassungsform sein soll.

Die unterscheidenden Merkmale zwischen Magistrats- und Bürgermeistereiverfassung sind, daß bei letzterer der Stadtvorstand eine Einzelperson ist, bei jener ein Kollegium; d. h. der Bürgermeister entscheidet allein, er bildet mit den Beigeordneten kein Magistratskollegium; sodann, daß dort Magistrat und Stadtverordnete gleichberechtigt neben einander stehen, ein Beschluß nur in Uebereinstimmung beider zustande kommen kann (Zweikörperschaftssystem), hier die Beschlußfassung ausschließlich bei der Stadtverordnetenversammlung liegt, der der Bürgermeister als geborener Vorsitzender mit vollem Stimmrecht angehört (Einkörperschaftssystem); die Beschlüsse der Stadtverordnetenversammlung bedürfen nicht der Zustimmung des Bürgermeisters. Die Vorbereitung und Ausführung der Beschlüsse ist bei der Magistratsverfassung allein Sache des Magistrats, bei der Bürgermeistereiverfassung des Bürgermeisters und der ihm unterstellten Beigeordneten. (In Preußen ist die Magistratsverfassung grundsätzlich eingeführt in den sieben östlichen Provinzen, Westfalen, Schleswig-Holstein, Hessen-Nassau. Jedoch kann nach der östlichen Städteordnung ausnahmsweise in Städten von nicht mehr als 2500 Einwohnern, nach der westfälischen und hessen-nassauischen Städteordnung ohne diese Begrenzung auf Antrag der Gemeindevertretung unter Genehmigung des Bezirksausschusses die Einrichtung getroffen werden, daß statt des Magistrats nur ein Bürgermeister, der den Vorsitz in der Stadtverordnetenversammlung mit Stimmrecht hat, und zwei oder drei Schöffen, die den Bürgermeister zu unterstützen und in Verhinderungsfällen zu vertreten haben, gewählt werden. In Schleswig-Holstein ist die Einrichtung der Gemeindeverfassung ohne kollegialen Gemeindevorstand für kleinere Städte ebenfalls vorgesehen. In der Rheinprovinz besteht grundsätzlich Bürger-

---

[1]) Vgl. Gemeindewahlgesetz §§ 12—19, Ges. v. 14. Juni/24. Juli 1924 § 7 Abs. 2 und 3.

meistereiverfassung. Jedoch kann in Städten auf zweimaligen Antrag der Gemeindevertretung mit Genehmigung des Bezirksausschusses der kollegialische Magistrat eingeführt werden. In Hohenzollern ist teils Bürgermeisterei-, teils Magistratsverfassung rechtens.)

Prüft man die einzelnen Unterscheidungsmerkmale näher, so tritt zunächst dasjenige der alleinigen Entscheidung des Bürgermeisters in der Bürgermeistereiverfassung, der kollegialen Entscheidung bei der Magistratsverfassung hervor. Es belehrt uns die Praxis, daß bei weitgehender Dezentralisation viele Sachen der laufenden Verwaltung gar nicht in Magistratssitzungen, sondern in Verwaltungsausschüssen mit weitreichenden Vollmachten und Zuständigkeiten erledigt werden. Je größer die Stadt, desto mehr erweist sich diese Dezentralisation als notwendig und nützlich, desto mehr engt sich das für kollegiale Entscheidungen des Magistrats freie Gebiet ein, desto größer wird dasjenige Gebiet, auf dem Bürgermeister, Dezernent und Verwaltungsausschuß entscheiden. Was sodann das zweite Merkmal, die ausschließliche Beschlußfassung der Stadtverordnetenversammlung bei der Bürgermeistereiverfassung, angeht, so ist dem Bürgermeister das Beanstandungsrecht gegeben, sowohl gemäß § 15 des Zuständigkeitsgesetzes, wenn nach seiner Ansicht die Beschlüsse die Befugnisse überschreiten oder die Gesetze verletzen, als auch nach Maßgabe der rheinischen Städteordnung § 53 Nr. 2, wenn die Beschlüsse zwar den Gesetzen, nicht aber dem Staatswohl oder den Gemeindeinteressen entsprechen. Was das dritte Merkmal, den Vorsitz des Bürgermeister in der Stadtverordnetenversammlung betrifft, so kann man sich seinetwegen auf die Begründung zu § 51 des Regierungsentwurfs von 1922 beschränken: „Diese Einrichtung ermöglicht ein besonders enges Zusammenarbeiten von Bürgermeister und Stadtverordneten und hat sich in der Praxis vorzüglich bewährt. Nur weil der Bürgermeister als Vorsitzender der Stadtverordnetenversammlung ihr erster Vertrauensmann ist, rechtfertigt sich auch die Uebertragung der ganzen Exekutive auf ihn allein. Diese Eigentümlichkeiten sind so sehr gegenseitig durcheinander bestimmt, daß die Beibehaltung der Bürgermeistereiverfassung nur möglich ist, wenn beide aufrecht erhalten werden".

Die Vorzüge und Nachteile der Bürgermeistereiverfassung sind unendlich oft hervorgehoben worden. In dem jüngsten Aufsatz eines führenden kommunalen Praktikers (Lohmeyer, in der Deutschen Juristenzeitung a. a. O.) über diesen Gegenstand heißt es: Die Schlagkraft bei der Bürgermeistereiverfassung ist eine viel stärkere als bei dem Zweikörpersystem der Magistratsverfassung; der Initiative des leitenden Bürgermeisters wird freier Spielraum gewährt, um eine schnellere und tatkräftigere

Durchführung aller Maßnahmen zu ermöglichen, als bei der Magistratsverfassung. Hierbei ist freilich vorausgesetzt, daß der Bürgermeister wirklich auch Initiative und Energie in hohem Maße besitzt. Die Anhänger der Magistratsverfassung berufen sich dagegen darauf, daß durch die Entscheidung in zwei Kollegien übereilte Beschlüsse der Stadtverordnetenversammlung, namentlich auf Drängen der Straße und zu Zwecken der Wahlagitation, durch das Hinzutreten des nicht öffentlich tagenden Magistrats verhindert werden können und größere Gründlichkeit bei Beratung in zwei Kollegien auch sorgfältigere Gewähr für die zweckmäßige Durchführung bietet[1]). Dem wird dann wieder entgegengehalten, daß damit ein schleppenderer Geschäftsgang verbunden ist als bei der Bürgermeistereiverfassung und die Initiative des leitenden Bürgermeisters durch die kollegiale Beratung im Magistrat, der nicht entscheiden kann, auf die Stimmenmehrheit im Magistrat angewiesen ist, eingeengt wird.

Man wird nicht verkennen können, daß der entscheidende Punkt nicht eigentlich die kollegiale Entscheidung bei der Magistrats-, und die Einzelentscheidung (die man, leicht mißverständlich, zuweilen als die bürokratische zu bezeichnen pflegt) in der Bürgermeistereiverfassung ist, sondern die Frage der Verantwortung. Bei jener verteilt sie sich und mag deshalb zuweilen weniger ernst genommen werden, wozu noch kommt, daß sie beim Ueberstimmtwerden überhaupt fehlen wird. Es ist ganz richtig, was hierüber Oehler (a. a. O.) sagt: Wird ein einstimmiger Beschluß getroffen, so trägt jedes einzelne Mitglied nur ein Bruchteil der Verantwortung, wird ein Mehrheitsbeschluß erlassen, so tragen zwar nur diejenigen die Verantwortung, welche mit der Mehrheit gestimmt haben, aber bei Behörden mit geheimer Beratung und Abstimmung wird gar nicht bekannt, wie gestimmt ist, ebensowenig aus welchen Gründen der einzelne seine Stimme so und nicht anders abgegeben hat: Die Verantwortung verteilt, verflüssigt und verflüchtigt sich hier, der einzelne lehnt seine Verantwortung ab, sucht seine Rückendeckung in der Abstimmung im Kollegium.

Zu beachten bleibt, daß sich die alleinige Verantwortung gewissermaßen auftragsweise auch dann noch auswirkt, wenn

[1]) Der Vorzug gründlicherer Durchberatung, der Anhörung von Bedenken und Widersprüchen, der Abwägung der verschiedenartigsten sich widerstreitenden Interessen in den Magistratssitzungen wird reichlich aufgewogen durch die damit verbundenen Nachteile. „Müssen die Sachen erst zur Magistratssitzung geschrieben, dort vorgebracht und zur Entscheidung gebracht werden, so bedeutet das vielfach eine Verzögerung, einen Aufschub der Entschließung, verhindert zuweilen ein schnelles Zugreifen, die Wahrnehmung einer schnell vorübergehenden günstigen Gelegenheit". Oehler, Die Eigenart der rheinischen Gemeindeverfassung. Westdeutsche Monatshefte, 1925 Heft 1 S. 30.

nicht der Bürgermeister allein, sondern der Beigeordnete als sein gesetzlicher Vertreter handelt und zwar auch dann, wenn dies ohne vorherige Verständigung mit dem Bürgermeister geschieht. Wenn auch der Beigeordnete ihm und der Stadtverordnetenversammlung Rechenschaft schuldet, so wird doch in der Regel Vorteil wie Nachteil, günstige oder ungünstige Verwaltungstätigkeit in erster Reihe dem Bürgermeister zugerechnet.

Man konnte die Vorzüge der geltenden Bürgermeistereiverfassung auch so zusammenfassen: Ermöglichung einer reibungslosen Arbeit, kein verzögernder Schriftverkehr, kein Zuständigkeitsehrgeiz, stramme Zusammenfassung der ganzen Verwaltung durch den Bürgermeister, der auch als Vorsitzender der Stadtverordnetenversammlung diese möglichst beeinflußt. Die Bürgermeistereiverfassung verbürgt auch, was ich besonders unterstreiche, die einheitliche Führung und den notwendigerweise starken Einfluß des Staates, den Ausgleich mit den Staatsinteressen, hauptsächlich durch die Vorsitzführung des Bürgermeisters in der Stadtverordnetenversammlung, durch die Tatsache seiner Wahl auf längere Zeit und durch seine Gewöhnung an die Erfordernisse von Recht, Gesetz und staatsbehördlicher Autorität. Immerhin ist die autokratische Stellung des Bürgermeisters bei dieser Verfassung doch etwas zu stark betont. Ich halte diese Verfassung für die beste, nur fragt sich, ob nicht eine stärkere Mitentscheidungsmöglichkeit durch die Beigeordneten eingeführt werden soll, wie wir es ähnlich in dem neuen bayrischen Städterecht vorfinden. Der maßgebende Einfluß des Bürgermeisters in der Stadtverordnetenversammlung darf nicht verschwinden. Deshalb ist es ganz abwegig, wenn im preußischen Landtag aus Anlaß der Reform des Städterechtes vorgeschlagen wurde, auch dem rheinischen Bürgermeister einen besonderen Stadtverordnetenvorsteher gegenüber zu stellen.

Von dem Gedanken der möglichsten Erhaltung bewährter Rechtszustände und von der Idee ausgehend, daß verschiedene Rechtsformen den verschiedenen Besonderheiten der deutschen Landschaften entsprechen, wäre aber auch durchaus nichts gegen die Beibehaltung der Magistratsverfassung dort, wo sie sich bewährt hat, einzuwenden. Gefährlich wäre es, wenn bei der Magistratsverfassung durch die Stadtverordnetenversammlung eine Verdrängung des Magistrats und seiner mitbeschließenden Stellung erfolgen würde, wie es auch bei der Bürgermeistereiverfassung heillos wäre, den Bürgermeister auszuschalten und der Stadtverordnetenversammlung die alleinige Entscheidung zu geben. Auf diese Weise würde das behördliche Band stark gelockert, der Konflikt im Rahmen der Städteverwaltung gewissermaßen organisiert werden und der Einfluß gerade der sachkundigen

Beamten beseitigt sein. Auch Lohmeyer sieht darin eine Gefahr, wenn der Bürgermeister und seine leitenden Mitarbeiter nur zu ausführenden Organen der allein maßgebenden Stadtverordnetenversammlung herabgemindert werden. Die Stellung des Bürgermeisters und seiner Stadträte würde dadurch nach seiner Meinung so verändert, daß Männer von Tatkraft und Initiative schwerlich im bisherigen Umfang für solche Stellen gewonnen werden könnten.

Für die Beibehaltung des bisherigen Rechtszustandes der beiden Arten von Gemeindeverfassungen dort, wo sie geschichtlich hergebracht sind und sich bewährt haben, spricht auch noch ein anderer sehr wichtiger Punkt. In beiden Systemen gilt die Trennung der Stadtverwaltung von der Stadtverordnetenversammlung, damit die Trennung der Exekutive von den Beschlüssen der Gemeindevertretung, die weitestgehende Dezentralisation aller Verwaltungsgeschäfte durch die Verwaltungsausschüsse und Dezernenten, der maßgebende Einfluß, der den Berufsbeamten, den sachlich vorgebildeten Beamten in der Verwaltung, auch in der Leitung der Verwaltung eingeräumt ist; die amtliche Unabhängigkeit dieser Beamten gegenüber der Bürgerschaftsvertretung liegt in der Wahl auf 12 Jahre mit Pensionsberechtigung. Der kollegialischen Verfassung nähert sich an, wenn der rheinische Bürgermeister Beigeordnetenkonferenzen abhält, mit den Fraktionsführern oder sonstigen einflußreichen Mitgliedern der Stadtverordnetenversammlung oder Ausschüsse verhandelt; umgekehrt nimmt der kollegiale Magistrat durch im wesentlichen entscheidende Beschlüsse der Verwaltungsausschüsse und der Dezernenten Züge der Bürgermeistereiverfassung in sich auf[1]).

VII.

Nur ein Wort über die Verfassung der Bürgermeistereien im Rheinland und der Aemter in Westfalen. Diese Gemeinde-

[1]) Oehler, a. a. O. S. 25, 28, 31 mit der grundsätzlichen Feststellung: „Die Einrichtungen der Stadtverfassung sind, wenn auch gewisse Grundlagen gesetzlich festgelegt sind, doch in vielen Einzelheiten elastisch genug, um den örtlichen und persönlichen Bedürfnissen und Anschauungen angepaßt zu werden. Sind die Ziele und Aufgaben der Gemeindeverwaltung gegeben, sind gute und zuverlässige Kräfte, Berufsbeamte und ehrenamtliche, für die Verwaltung gewonnen, dann lassen sich auch die Einrichtungen so treffen, daß diese Kräfte mit dem größten Wirkungsgrad der Stadtverwaltung dienstbar gemacht werden. Daher erklärt es sich hauptsächlich, daß beide Stadtverfassungen von denjenigen, die darin gearbeitet haben, als gut und zweckmäßig anerkannt werden und daß in den weitesten Kreisen Bedenken getragen werden, die Einrichtungen, die sich so zur Zufriedenheit bewährt haben, durch eine andere zu ersetzen, die man noch nicht aus eigener Anschauung kennt, und bei der man nicht weiß, ob damit die Verwaltung mit denselben Erfolgen und mit derselben Leichtigkeit geführt werden kann."

verbände haben eine durch die französische Gesetzgebung beeinflußte Struktur, die von der Gestaltung im Osten wesentlich abweicht. Der Landbürgermeister ist einmal Staatsbeamter und wird von dem Oberpräsidenten nach dessen freiem Ermessen, wenn auch meist nach Vorschlag, ernannt. Der Gemeindevorsteher in den einzelnen, zur Bürgermeisterei gehörigen Landgemeinden hat keinerlei Bedeutung und ist nur ausführendes Organ in untergeordneter Stellung. Die Landbürgermeistereiversammlung wiederum wird durch die besonders herausgehobene Stellung des Bürgermeisters vor gewissen radikalen Einseitigkeiten bewahrt. Aehnlich liegt es in Westfalen in bezug auf die Ernennung des Amtmanns und in bezug auf das Verhältnis zwischen ihm und der Amtsversammlung. Solche kommunalen Zwischenglieder wie die Landbürgermeisterei und das westfälische Amt — zwischen Landgemeinde und Kreis — bestehn noch in einigen Kirchspielgemeinden in drei Kreisen der Provinz Schleswig-Holstein. Die Landbürgermeisterei ist nur in jener erwähnten Verfassungsstruktur französischen Ursprungs, sonst ist sie durch die preußische Selbstverwaltung bestimmt worden.

Ich bin deshalb durchaus dagegen, daß diese wohl bewährten Verhältnisse, die gänzlich der Eigenart der Bevölkerung, nicht zuletzt auch der Industriebezirke angepaßt sind, wesentlich verändert werden. Mehrere Landgemeinden sind zu einer Landbürgermeisterei unter der Verwaltung durch einen sachlich vorgebildeten Berufsbeamten zusammengefaßt, Gemeindevertretung und Bürgermeistereiversammlung wirken mit als Willensorgane der einzelnen Gemeinde und der Bürgermeisterei. Diese drei Einrichtungen müssen beibehalten werden unter Besserung von Einzelheiten[1]). Man mag ja das Ernennungsrecht des Oberpräsidenten mit recht kritischem Auge betrachten. Man darf aber nicht vergessen, daß bei der freien Wahl der Landbürgermeister, sei es durch die Bürgermeistereiversammlung, sei es durch die Bevölkerung selbst, ein unwürdiges Ambulieren des Kandidaten bei Hinz und Kunz erforderlich sein würde. Die Zukunft wird die Notwendigkeit der Zusammenfassung von Landgemeinden in größere Kommunen wegen der Fülle der kommunalen eigenen — gesetzlichen und freiwilligen — sowie der Auftragsangelegenheiten bestätigen und nur in nicht bedeutenden Punkten die Verfassung der Landbürgermeisterei und des westfälischen Amts verbessern. —

---

[1]) Vgl. Oehler, Die Eigenart der rheinischen Gemeindeverfassung, Westdeutsche Monatshefte 1925, Heft 2 S. 191—204, wo auch die Reformpunkte mit Sachkenntnis behandelt werden.

VIII.

1. Für das Gemeindeverfassungsrecht in Bayern möchte ich hier nur auf einzelne wichtigste Wandlungen hinweisen. Die eine ist durch Wahlgesetz, Wahlordnung und eine ganze Reihe von hinzugekommenen Ausführungsbestimmungen gekennzeichnet. Eine zweite Wandlung betrifft das Gemeindebeamtenrecht, eine dritte die finanziellen Verhältnisse, die auf den Finanzausgleich und die Landesausführungsbestimmungen hinweisen. An dieser Stelle seien nur erwähnt die Gesetze über die Ermächtigung der Regierung zu gesetzgeberischen Maßnahmen vom 28. März und 24. Juni 1919 (GVBl. S. 112, 325), vor allem aber das Gesetz über die Selbstverwaltung vom 22. Mai 1919 (GVBl. S. 239) mit seiner Vollzugsanweisung vom 14. Juni (GVBl. S. 303) und einer darauf bezüglichen Bekanntmachung vom 22. August 1919 (MABl. S. 225, Staatsanz. 1919 Nr. 219). Die bayerische Gemeindeordnung für die Landesteile diesseits des Rheines vom 29. April 1869 und die pfälzische sind hierdurch in vielen Punkten geändert worden[1]). Als besonders charakteristisch hebe ich die schon angedeutete Neuerung hervor, die einen Uebergang von der Magistratsverfassung zur Bürgermeistereiverfassung, wenn auch mit Besonderheiten, darstellt. Die Verwaltung der Städte besorgt der Stadtrat, die der übrigen Gemeinden der Gemeinderat. Führte eine Gemeinde bisher schon die Bezeichnung Stadt, so heißt die Gemeindeverwaltung Stadtrat, außerdem Gemeinderat; die Märkte mit städtischer Verfassung haben Gemeinderäte. Der Stadtrat oder der Gemeinderat besteht aus dem ersten Bürgermeister, aus höchstens drei weiteren Bürgermeistern und aus Gemeinderäten, deren Zahl je nach der Zahl der Einwohner von 20 bis 50 aufsteigt. Von sämtlichen Bürgermeistern dürfen nicht mehr als die Hälfte, bei dreien höchstens zwei berufsmäßig sein. Sodann ist im Falle des Bedürfnisses einer oder es sind mehrere berufsmäßige Stadt- oder Gemeinderäte mit oder ohne fachmännische Vorbildung vorgesehen. Die Anstellung der berufsmäßigen Bürgermeister, der berufsmäßigen Stadt- oder Gemeinderäte geschieht durch Dienstvertrag auf höchstens zehn Jahre. Neuwahl ist möglich. Die berufsmäßigen Stadt- oder Gemeinderäte haben Sitz im Stadt- oder Gemeinderat, dagegen Stimmrecht nur in Gegenständen ihrer Geschäftsaufgabe. Die der Regierung unmittelbar unterstellten Städte sind verpflichtet, mindestens ein rechtskundiges berufsmäßiges Stadtratsmitglied

[1]) Aus dem Schrifttum, auf das sich nebst den Gesetzestexten die nachfolgende Uebersicht stützt, seien hervorgehoben: Braunwart-Stöhsel, Die neue bayer. Gemeindegesetzgebung, München, 1920; Helmreich-Rock, Bayer. Gemeindeordnung 4. Aufl. Ansbach 1922; Rösch, Bayerische Gemeindeordnung, Selbstverwaltungs- und Wahlgesetz 3. Aufl. München 1923.

anzustellen. Der Stadt- oder Gemeinderat ist jetzt das einzige Verwaltungsorgan der Gemeinde. Er hat auch alle Befugnisse, die bisher das Gemeindekollegium oder die Gemeindeversammlung hatte. Die Bestimmungen über das Gemeindekollegium sind aufgehoben, die Bestimmungen über den Magistrat sind sinngemäß auf den Stadtrat, die Bestimmungen über den Gemeindeausschuß auf den Gemeinderat anzuwenden. Wer als erster Bürgermeister vom Volke gewählt ist, gilt im Zweifel zunächst als nichtberufsmäßiger Bürgermeister. Die Anstellung als berufsmäßiger Bürgermeister ist möglich, wenn beim Gewählten die Voraussetzung des sechsmonatigen Aufenthalts fehlt. Sonst bestimmt sich nach den Beschlüssen des Stadt- oder Gemeinderats und nach den Vereinbarungen mit dem Gewählten, ob er als berufsmäßiger oder als ehrenamtlicher Bürgermeister zu betrachten ist. Im ersteren Fall muß ein Dienstvertrag abgeschlossen werden, der Bestimmungen zu enthalten hat über Zeitdauer, Gehalt, Ruhegehalt, Witwen- und Waisengeld, Anrechnung von Dienstjahren, von Nebenbezügen, über das Verbot der Uebernahme von Nebenbeschäftigungen, von Urlaub. Der freiwillige Rücktritt vom Amte soll nur unter Verzicht auf alle Ansprüche aus dem Dienstvertrage möglich sein, ebenso die Nichtannahme der Wiederwahl. Ueber die Ansprüche aus dem Dienstvertrag entscheiden die ordentlichen Gerichte. Die Anzahl der weiteren Bürgermeister, der Stadt- oder Gemeinderäte, der berufsmäßigen Stadt- oder Gemeinderäte bestimmt der Stadt- oder Gemeinderat. Es kann jede Gemeinde, auch die kleinste, zwei oder drei weitere Bürgermeister wählen, einen weiteren Bürgermeister muß jede Gemeinde haben. Dies gilt insbesondere für die Gemeinden, welche bisher die rechtsrheinische Städteverfassung hatten. Die ersten Bürgermeister vertreten zunächst die weiteren Bürgermeister nach ihrer Reihenfolge, also der erste Bürgermeister wird durch den zweiten, der zweite durch den dritten vertreten usw.; danach die nicht berufsmäßigen Stadt- oder Gemeinderäte nach der Reihenfolge ihres Lebensalters. Die berufsmäßigen sind, weil sie auch nicht das volle Stimmrecht besitzen, von der Vertretung des Bürgermeisters überhaupt ausgeschlossen. Man wird die längere Auswirkung dieser Einrichtung des Einkörperschaftssystems mit ihrer Zurückdrängung der Bürgermeister abwarten müssen.

2. Bei der überragenden Bedeutung der Stadt- und Gemeinderäte ist die Wahl ihrer Mitglieder von besonderem Interesse. Es werden gewählt 1. die ersten Bürgermeister überall mit absoluter Stimmenmehrheit von sämtlichen Wahlberechtigten (durch das Volk); 2. die weiteren Bürgermeister, wenn mehr Vertreter der gleichen Art, berufsmäßige oder ehrenamtliche auf einmal zu wählen sind, nach den Grundsätzen des Verhält-

niswahlrechts, sonst mit absoluter Stimmenmehrheit von den Stadt- oder Gemeinderäten, die das volle Wahlrecht besitzen. In diesem Sinne gehören zu den Stadt- oder Gemeinderäten auch die sämtlichen Bürgermeister, aber nicht die berufsmäßigen Stadt- oder Gemeinderäte. Hier entscheidet entweder die absolute Mehrheit der abgegebenen Stimmen, wenn nur für eine einzelne Stelle gewählt wird, sonst sind die Grundsätze des Verhältniswahlrechts maßgebend. Dabei sind berufsmäßige und nicht berufsmäßige Stellen je in gesonderten Wahlgängen zu besetzen; 3. die berufsmäßigen Stadt- und Gemeinderäte werden in derselben Weise, d. h. wenn mehrere auf einmal zu wählen sind, nach den Grundsätzen des Verhältniswahlrechts, sonst mit absoluter Stimmenmehrheit von den Stadt- und Gemeinderäten gewählt; 4. die übrigen Stadt- und Gemeinderäte nach den Grundsätzen des Verhältniswahlrechts von sämtlichen Wahlberechtigten (durch das Volk). Wird bei der Wahl des ersten Bürgermeisters (Ziff. 1) durch das Volk die absolute Stimmenmehrheit nicht erreicht, so trifft der Stadt- oder Gemeinderat unter den, nötigenfalls durch das Los zu bestimmenden, fünf Bewerbern mit der höchsten Stimmenzahl, und, wenn weniger als fünf Bewerber aufgetreten sind, unter diesen die Auswahl mit absoluter Stimmenmehrheit. Wird diese auch hierbei nicht erreicht, so tritt Stichwahl ein, ebenso dann, wenn im Falle der Ziffer 2 und 3 die absolute Mehrheit nicht erreicht wird; d. h. es wird nur noch zwischen den Bewerbern mit den höchsten Stimmenzahlen gewählt, sodaß Stimmen, die auf andere Namen fallen, ungültig sind. Haben mehrere Personen gleich viele Stimmen erhalten, sodaß bei ihrer Berücksichtigung die Zahl 2 überschritten würde, so entscheidet das Los, wer von ihnen in die Stichwahl zu bringen ist.

3. Im übrigen sind alle Beschränkungen der Wählbarkeit von Staats- und Gemeindebeamten und Beamten der öffentlichen Körperschaften beseitigt. In erfreulichem Gegensatz zum preußischen Rechte dürfen im Stadtrat, im Gemeinderat, im Ortsausschuß, in den Sonderausschüssen Eltern und Kinder, ferner Geschwister nicht zugleich Mitglieder sein. Eheleute schließen sich allerdings in Verwaltungskörpern nicht aus. In allen Fällen der bezeichneten Kollision wegen Verwandtschaft ist die spätere Wahl ungültig. Bei gleichzeitiger Wahl schließen die Bürgermeister in ihrer Reihenfolge einander aus, die Bürgermeister schließen die Stadt- und Gemeinderäte aus, die Stadt- und Gemeinderäte schließen einander nach der Reihenfolge auf dem Wahlvorschlag, auf verschiedenen Wahlvorschlägen nach dem Lebensalter aus. Das berufsmäßige Mitglied schließt das nicht berufsmäßige aus. Unter mehreren berufsmäßigen entscheidet das Los. Das Ergebnis der Wahl ist der Aufsichts-

behörde anzuzeigen. Bei Gemeinden und Ortschaften sind die Wahlverhandlungen der Aufsichtsbehörde zur Prüfung vorzulegen. Die Gewählten bedürfen keiner Bestätigung. Die Verpflichtung und Einweisung der ersten Bürgermeister wird von der Aufsichtsbehörde angeordnet. Sie werden nach der Verordnung vom 3. Mai 1920 (GVBl. S. 191) vereidigt. Diese Verpflichtung besorgt die Aufsichtsbehörde entweder unmittelbar oder durch Beauftragte. Die übrigen Gewählten werden nicht verpflichtet.

Alle Gewählten versehen ihren Dienst ehrenamtlich. Die ehrenamtlichen Bürgermeister haben für die Dauer ihrer Amtsführung einen angemessenen Funktionsbezug zu beanspruchen. Die übrigen Gewählten haben Anspruch auf angemessene Aufwandsentschädigung, Angestellte und Lohnarbeiter außerdem auch auf Ersatz für entgangenen Verdienst. Gegen die Festsetzung oder Unterlassung der Festsetzung des angemessenen Funktionsbezugs, der Aufwandsentschädigung, des Ersatzes für entgangenen Verdienst kann die Beschwerde zur Aufsichtsbehörde ergriffen werden. Der Funktionsbezug der ehrenamtlichen Bürgermeister kann für versorgungsfähig erklärt werden.

Den Beamten und Arbeitern des Staates, der Gemeinden und sonstiger öffentlicher Körperschaften muß die zur Ausübung eines Wahlamtes der Gemeinde erforderliche Dienstbefreiung gewährt werden. Bei den Angestellten und Arbeitern ist die Uebernahme eines solchen Amtes kein Kündigungsgrund. Die Wahlzeit dauert für alle Vertretungen fünf Jahre.

4. Am 11. November 1924 wurde ein neues Gemeindewahlgesetz (GVBl. S. 211 ff.) und unter dem gleichen Tag eine neue Gemeindewahlordnung (GVBl. S. 213 ff.) erlassen[1]). Das System der gebundenen Listen, auf das auch das bayerische Gemeindewahlgesetz vom 15. April 1919 (GVBl. S. 171) aufgebaut war, hat sich nicht bewährt. Der Gemeindewähler will auch bei der Auswahl der Personen der Vertreter ein Wort mitsprechen. Nicht die gebundene Liste, sondern das Wahlverfahren mit möglichster Freiheit der Stimmgebung durch die Wähler selbst erscheint als das richtige Wahlverfahren. Doch hat die Wahltechnik bisher noch kein „freies" Wahlverfahren hervorgebracht, das für Wahlen größeren Umfangs auch technisch so befriedigend wäre wie die gebundene Liste. Der Oberbürgermeister Dr. Luppe in Nürnberg hat ein Verfahren ausgedacht, das auf folgenden Gedanken beruht. Wenn mehr als die Hälfte der Wähler einer Liste an dieser keine oder keine

---

[1]) Hierzu ist eine kleine Erläuterung des Ministerialrats H. v. Jan (München 1925, J. Schweitzers Verlag) erschienen, die auch die Vollzugsbekanntmachung enthält. Die obige Darstellung beruht hierauf und auf desselben Verfassers Artikel „Zu den Wahlen vom 7. Dezember", Bayerische Staatszeitung vom 20. November 1924 Nr. 270.

erheblichen Aenderungen vorgenommen hat, kann angenommen werden, daß die Mehrheit die Liste in der vorgeschlagenen Form und Reihenfolge gewählt wissen will. Dieser Wille der Mehrheit soll maßgebend sein. Denn der Minderheit darf nicht das Recht eingeräumt werden, Abänderungen gegen den Willen der Mehrheit durchzusetzen. Durch den Willen der Mehrheit der Wähler wird dann sozusagen die freie Liste zur gebundenen. Der bayerische Regierungsentwurf hat diesen Gedanken durch die Bestimmung zu verwirklichen gesucht, daß, wenn mehr als die Hälfte der Stimmzettel für einen Wahlvorschlag unverändert abgegeben worden ist, für die Auswahl innerhalb des Wahlvorschlags die Reihenfolge der Bewerber im Wahlvorschlag maßgebend sein soll und daß nur, wenn weniger als die Hälfte der Wähler den Wahlvorschlag unverändert gelassen hat, die Reihenfolge der Stimmenzahlen der einzelnen Bewerber innerhalb des Wahlvorschlags für ihre Wahl entscheidet. Das Wahlgesetz vom 6. November 1924 hat im großen und ganzen den Regierungsvorschlag angenommen und die freie Liste grundsätzlich eingeführt. Nur für die Großstädte (München, Nürnberg, Fürth, Augsburg, Ludwigshafen) gilt weiter die gebundene Liste. Hierdurch wird für diese Städte das Feststellungsverfahren erheblich vereinfacht, während andererseits die Bedenken, die gegen die gebundene Liste bei Gemeindewahlen sprechen, für Großstädte eher als für kleine und mittlere Gemeinden zurückgestellt werden können. In diesen Städten ist auch die Listenverbindung zugelassen, wodurch mehrere Gruppen sich zwecks gemeinsamer Ausnützung ihrer Reststimmen, im übrigen bei voller Aufrechterhaltung ihrer Selbständigkeit, im Wahlkampf vereinigen können. Im übrigen Lande wird nach freien Listen gewählt. Das „Panachieren“ wird nicht zugelassen. (panache = Farbstreifen, also gefleckte, gestreifte Stimmzettel, durch die die Streichung der dem Wähler nicht genehmen Bewerber aus der von der Leitung der Partei oder Interessentengruppe vorgeschlagenen Bewerberliste, die Einsetzung von anderen Bewerbern, die wenigstens in anderen Wahlvorschlägen enthalten sind, erfolgt.) Das Gesetz kennt also statt der freien Liste nur die „freie Parteiliste“. Der Wähler muß sich hiernach innerhalb des Wahlvorschlags, den er wählen will, halten. Er kann keinen Bewerber aus einem anderen Wahlvorschlag herübernehmen, noch weniger einen Bewerber wählen, der überhaupt nicht in einem Wahlvorschlag aufgestellt ist. Unter den auf einem Wahlvorschlag stehenden Bewerbern kann er streichen und nach Belieben Stimmen häufen, indem er einem Bewerber eine, anderen zwei oder drei Stimmen gibt, sofern nur der Stimmzettel im ganzen nicht mehr Stimmen enthält, als zulässig sind (d. h. in Gemeinden bis zu 10000 Einwohnern höchstens zweimal, sonst zweieinhalbmal soviele, als Vertreter zu wählen sind). Wer also in anderer Weise häufen will, als die Parteileitung auf dem von ihr ausgegebenen Stimmzettel vorschlägt, kann dies tun, muß aber hierbei beachten, daß er auf alle Fälle die für den einzelnen Stimmzettel zulässige Höchststimmenzahl nicht überschreitet. Auch der Uebergang zur Bindung an die Wahlvorschläge bei der Zustimmung von mehr als der Hälfte der Wähler eines Wahlvorschlags ist vom Landtag angenommen und dabei festgestellt worden, daß ein Stimmzettel nur dann als verändert gilt, wenn ein Bewerber daraus gestrichen ist oder ein Bewerber darauf erscheint, der dem Wahlvorschlag nicht angehört. Abweichungen von dem offiziellen Parteizettel bei der Häufung lassen also einen Stimmzettel noch nicht als verändert erscheinen. v. Jan nimmt an, daß in vielen Fällen, wo die Wahlvorschläge entsprechend vorbereitet sind und die Wähler einigermaßen Disziplin üben, diese Gesetzesbestimmung über die gebundene Reihenfolge der Bewerber angewendet werden wird, wodurch die technischen Nachteile der grundsätzlich bestehenbleibenden freien Liste ausgeglichen werden. Für den Fall gemeinsamer Wahlvorschläge mehrerer Gruppen besteht die Möglichkeit, die den verschiedenen Gruppen angehörenden Bewerber zu einem sogenannten „Untervorschlag“ zusammenzufassen mit der Wirkung, daß beim Ausscheiden eines Stadt- oder Gemeinderates dann als Ersatzmann der nächste Bewerber aus dem gleichen Untervorschlag einrückt. Für die Wahl selbst und die Bestimmung der Gewählten ist diese Erklärung indes ohne Bedeutung. Die Wirkung erstreckt sich nur auf die Ersatzmännerfrage. Das Gesetz sieht auch Fälle vor, in denen nicht Verhältniswahl, sondern die alte Mehrheitswahl stattfindet und zwar selbstverständlich dann, wenn überhaupt keine Wahlvorschläge eingereicht werden, aber auch dann, wenn nur ein Wahlvorschlag vorliegt. Auch in diesem Falle ist eine verhältnismäßige Verteilung der Sitze schon begrifflich ausgeschlossen. Gemeinden, deren Verhältnisse so gelagert sind, daß die Verhältniswahl nicht notwendig ist, können daher dadurch, daß von der Einreichung von Wahlvorschlägen abgesehen wird, bewirken, daß das alte Wahlverfahren bleibt, wonach einfach die Personen gewählt sind, auf die die meisten Stimmen entfallen [1]). Die Neuordnung hat sich namentlich in den Landgemeinden nicht bewährt. Lediglich die größeren, besonders die kreisunmittleren Städte haben sich mit dem Verhältniswahlverfahren abgefunden; dagegen ist aus den Berichten der Bezirksämter, die ebenso wie die Regierungen

[1]) Im Jahre 1919 hat im rechtsrheinischen Bayern in rund 30 v. Hundert, in der Pfalz in rund 14 v. Hundert der Gemeinden Mehrheitswahl stattgefunden.

dem Staatsministerium des Innern über ihre Erfahrungen mit dem Wahlrecht zu berichten hatten, die übereinstimmende Meldung zu entnehmen gewesen, daß auf dem platten Lande mangels Einreichung von Wahlvorschlägen nach den Grundsätzen der Mehrheitswahl gewählt wurde. Damit hat der gesunde Sinn der Landbevölkerung der Zwangspolitisierung des Gemeindelebens durch Art. 17 Abs. 2 der Reichsverfassung mit Erfolg widerstrebt.

5. Was Selbstverwaltung und Staatsaufsicht im einzelnen angeht, so wird in Art. 12 des Gesetzes über die Selbstverwaltung vom 22. Mai 1919 (GVBl. S. 236) ausdrücklich erklärt: Die Gemeinden (auch die Bezirke, die Kreise) sind Körperschaften des öffentlichen Rechts mit dem Rechte der Selbstverwaltung nach Maßgabe der Gesetze. Sie können Rechte erwerben und Verbindlichkeiten eingehen. Als ihre Aufgabe ist daselbst bezeichnet die Pflege des geistigen, sittlichen und wirtschaftlichen Wohles der Einwohner und deren Erziehung zur Gemeinschaft des ganzen Volkes. Diese Bestimmung soll nur die Berechtigung der Gemeinden, Bezirke und Kreise aussprechen, ihre Tätigkeit auf diese Gebiete zu erstrecken. Eine Handhabe für die Staatsaufsicht soll sie nicht bieten. (Vollzugsanweisung v. 14. Juni 1919, GVBl. S. 303, § 12 Abs. 2.) Die Obliegenheiten der Gemeinden, Bezirke und Kreise läßt das Gesetz unberührt. Es gelten für die Gemeinden insbesondere Art. 38 (29) der beiden Gemeindeordnungen weiter. Zu den Obliegenheiten aller Gemeinden gehört hiernach insbesondere die Herstellung und Unterhaltung der nötigen Gemeindegebäude, Begräbnisplätze, Feuerlöschanstalten und Löschgeräte, die Sorge für die Unterhaltung und Reinlichkeit der Ortsstraßen, öffentlichen Brunnen, Wasserleitungen und Abzugskanäle, die Herstellung und Unterhaltung der Flur- und Markungsgrenzen, der Gemeindewege, Brücken und Stege und der zur Verhütung von Unglücksfällen an solchen nötigen Sicherheitsvorrichtungen, die Aufstellung des zur Handhabung der Ortspolizei, soweit sie den Gemeinden zusteht, erforderlichen Ortspolizei- und Feldschutzpersonals, die Herstellung und Unterhaltung der nötigen Fähren, Wegweiser, Orts- und Markungstafeln, sowie die Anschaffung der Gesetz- und Amtsblätter.

Daneben ist die Staatsaufsicht besonders eingehend sowohl nach der organisatorischen wie nach der inhaltlichen Seite geregelt. Sie wird unter der obersten Leitung des Staatsministeriums des Innern über die unmittelbaren Städte von der Regierung, Kammer des Innern, über alle übrigen Gemeinden vom Bezirksamte ausgeübt. Die Aufsichtsbehörde kann gesetzwidrige Beschlüsse aufheben und die Erfüllung der gesetzlichen oder übernommenen Verpflichtungen erzwingen. Wird die Verpflichtung bestritten, so hat die Aufsichtsbehörde Beschluß zu fassen. Gegen die Beschlüsse der Bezirksämter ist Beschwerde zur Regierung, gegen die Beschlüsse der Regierung Beschwerde zum Verwaltungsgerichtshof zulässig. Wird auch die endgültig festgestellte Verpflichtung nicht erfüllt, so hat die Aufsichtsbehörde das Recht des Zwangsvollzuges unter Einsetzung der Kosten in den Voranschlag. Das Recht der Kenntnisnahme von der Tätigkeit der Gemeindebehörde, insbesondere das Recht der Amts- und Kassenvisitation ist ein selbstverständlicher Teil der Staatsaufsicht und nicht mehr ausdrücklich im Gesetz erwähnt. Die Leistungsfähigkeit der Gemeinde hinsichtlich der aufzulegenden Verpflichtung ist eine selbstverständliche Voraussetzung des staatsaufsichtlichen Einschreitens. Sie ist auch für die Folge sorgsam zu prüfen und im etwa ergehenden Beschlusse festzustellen. Für die Schuldaufnahme und für Anlehen, ferner bei Ausleihung von Geldern, Veräußerung oder wesentlicher Veränderung von Gebäuden oder sonstigen unbeweglichen oder beweglichen Gegenständen von künstlerischem oder geschichtlichem Werte ist die Genehmigung der Aufsichtsbehörde vorgesehen. Die für die Anleihewirtschaft erlassenen sonstigen allgemeinen Weisungen gelten weiter, soweit sie sich mit dem Gesetz über die Selbstverwaltung vertragen. Insbesondere wird für die Gemeinden noch die Ministerialentscheidung vom 11. Oktober 1907 (MBl. S. 482) ausdrücklich aufrecht erhalten.

In einem besonderen Falle war eine Einschränkung der gemeindlichen Selbstverwaltung in Zuwachssteuer-Zuschlagangelegenheiten dringlich geboten (MBl. vom 19. Juni 1923, GVBl. S. 230f.). In vielen Fällen war zur Verhütung der Gefährdung des wirtschaftlichen Fortkommens des Zahlungspflichtigen oder zur Vermeidung unbilliger Härten eine Verringerung oder sogar ein Nachlaß dieser Steuer unbedingt geboten. Trotz wiederholter ministerieller Anregungen machten aber fast alle Gemeinden von der ihnen für solche Fälle erteilten Ermächtigung zur Niederschlagung, meist aus Gegnerschaft gegen Besitz, Kapital und Wirtschaftsgesellschaften keinen Gebrauch. Sie wurden daher — ohne dem Pflichtigen einen Rechtsanspruch auf Ermäßigung usw. einzuräumen — der Staatsaufsichtsbehörde gegenüber auf Antrag des Steuersubjekts hierzu für verpflichtet erklärt. Im Weigerungsfall kann die Regierung, Kammer des Innern, mit Ausschluß des Verwaltungsrechtswegs, also im Bürowege, diese Verpflichtung der Gemeinde zur Abminderung oder zu gänzlichem Nachlaß aussprechen. Auch ein Zeichen der Zeit!

Nimmt man alles in allem, so fällt in die Augen die starke Durchbrechung der bisherigen beiden Gemeindeordnungen im Sinne der Demokratisierung des reichstagsähnlichen Wahlrechtes, die starke Verminderung der Bedeutung der leitenden Bürgermeister, im übrigen aber eine im wesentlichen nicht sehr veränderte Beziehung zur Selbstverwaltung und Staatsaufsicht. Weitere Erfahrungen bleiben abzuwarten.

IX.

Im Freistaat Sachsen ist, wie auch anderwärts, zunächst mit der Revolution die Veränderung des Gemeindewahlrechts erschienen. Durch Verordnungen, bezw. Gesetze vom 28. November 1918, 17. Juni und 5. Juli 1919 (GVBl. S. 4, 5, 109, 145) mit AusfVO. v. 12. Juli 1906 (GVBl. 149) ging auch hier die schon überall angestrebte Entwicklung ihren Gang[1]). Mit dem Jahre 1920 begann der Drang nach Neugestaltung der Gemeindeverfassung in der Form von Denkschriften und Gesetzentwürfen in die Oeffentlichkeit zu treten. Das Ergebnis ist das Gesetz vom 1. August 1923 (GBl. S. 373ff.), das sich besonders durch eine Neuerung charakterisiert. Während sonst alle deutschen Gemeindeverfassungen, auch z. B. die badische vom 5. Oktober 1921 und die braunschweigische Städte- bezw. Landgemeindeordnung vom 15. November 1924 die Einteilung in Stadt- und Landgemeinden beibehält, hat das sächsische Gesetz die Einteilung fallen gelassen. Die Absicht war, der Entwicklung der Handels- und Industrieverhältnisse in Sachsen seit den letzten fünfzig Jahren durch neue Organisation gerecht zu werden. Andrerseits ist der Einheitsrahmen weit und elastisch gestaltet, um in ihm sowohl für die Großstadt wie für eine kleine Landgemeinde Aufnahme zu gewähren. Nicht unbeachtet bleiben kann aber der Einwand, daß die Regelung so allgemein gehalten ist, daß die Hauptsache der Ortsgesetzgebung überlassen bleibt und damit die politischen Kämpfe zum Schaden der Gemeinde in die einzelnen Gemeindeverwaltungen getragen werden, denen hieraus unübersehbare Schwierigkeiten erwachsen. (v. Gehe, a. a. O. S. 31f.).

Das Recht der Selbstverwaltung wird den Gemeinden als Körperschaften des öffentlichen Rechts ausdrücklich zugesichert und der Versuch einer genaueren Begrenzung der Selbstverwaltungsangelegenheiten unternommen. „Eigene Geschäfte" sind teils die den Gemeinden gesetzlich obliegenden, teils die innerhalb der gesetzlichen Grenzen freiwillig übernommenen eigenen Angelegenheiten, die sie verwalten. Im Rahmen der Verwaltung dieser eigenen Angelegenheiten haben die Gemeinden das Recht und die Pflicht, alle Maßnahmen zu treffen, die die wirtschaftliche und geistige Entwicklung des Einzelnen und die Wohlfahrt

---

[1]) Vgl. Streit, Gemeindeordnung für den Freistaat Sachsen 1. Band (1923) S. 11ff. Bd. 2 (1923) bringt eine eingehend erläuterte Ausgabe der Gemeindeordnung v. 1. August 1923.

der Gesamtheit ihrer Mitglieder zu fördern geeignet erscheinen. Allgemein haben die Gemeinden bei der Verwaltung der eigenen Geschäfte dafür zu sorgen, daß ihre geldwirtschaftlichen Verhältnisse in Ordnung gehalten werden und das allgemeine Wohl, insbesondere die Belange des Reiches, des Landes und anderer Selbstverwaltungskörper die gebührende Berücksichtigung finden. Es wird aber auch noch eine Aufzählung der eigenen Geschäfte versucht. Zu diesen gehören, soweit nicht Gesetze etwas anderes bestimmen, die Zweige der Gemeindeverwaltung, deren Aufgabe es ist, die öffentlichen Belange der örtlichen Gemeinschaft zu befriedigen, insbesondere die Armen-, Wohlfahrts- und Gesundheitspflege, das Veterinärwesen, die örtliche Verwaltung der öffentlichen Wege, der Märkte, des Gewerbe-, Wohnungs- und Bauwesens, des Feuerschutzes, sowie die Fürsorge für die Sittlichkeit. Sehr charakteristisch ist, daß die Gemeinden „in diesem Umfang“ auch das Recht zur Ausübung polizeilicher Gewalt (Gemeindepolizei) besitzen, dem Staate die Wahrnehmung der über den Bereich der Gemeinde hinausgehenden polizeilichen Belange vorbehalten bleibt. Von mancher Seite wird gerade die ungenügende Abgrenzung der Ortspolizei in Bezug auf den eigenen und den übertragenen Wirkungskreis gerügt. Die Gemeinden sind verpflichtet, die ihnen auf Grund von Gesetzen zur Ausführung übertragenen Angelegenheiten des Reiches, des Landes oder anderer öffentlichrechtlicher Stellen (übertragene Geschäfte) nach den Weisungen der zuständigen Behörden zu verwalten. Einen nicht geringen Schutz bedeutet die Bestimmung, daß den Aufwand, der einer Gemeinde durch Zuweisung neuer übertragener Aufgaben erwächst, der Staat zu tragen hat, soweit ihn nicht das Reich übernimmt.

Die Staatsaufsicht scheint mir im Verhältnis zu anderen Ländern eingeengt. Sie ist darauf zu beschränken, daß die Selbstverwaltungskörper das Reichs- und Landesrecht beachten und ihre Aufgaben nicht schuldhaft vernachlässigen. Rein wirtschaftliche Belange des Reichs- oder Landesfiskus dürfen im Wege der Aufsicht nicht wahrgenommen werden. Inhaltlich kann die Staatsbehörde jederzeit über die Verwaltung und die Vermögensverhältnisse der Selbstverwaltungskörper Auskunft und Nachweisungen verlangen und an Ort und Stelle die nötigen Erörterungen anstellen. Sie kann in allen Angelegenheiten zur Beseitigung wahrgenommener Mängel mit den Selbstverwaltungskörpern verhandeln und das Erforderliche vereinbaren. Die e i g e n e n Geschäfte der Selbstverwaltungskörper sind in eigenartiger Weise geschützt. Nur die Beschlußbehörde darf Anweisungen erteilen. Die Staatsbehörde hat die Entschließungen der Beschlußbehörde vorzubereiten und auszuführen. Sie kann bei Gefahr im Verzug vorläufige Anordnungen treffen. Anweisungen der Beschlußbehörden sind nur zulässig wegen Nichtbeachtung des Reichs- oder Landesrechts und schuldhafter Vernachlässigung der Aufgaben der Selbstverwaltungskörper.

Gegen Entschließungen der Beschlußbehörden, die einem Selbstverwaltungskörper Anweisungen erteilen oder eine gegen einen Selbstverwaltungskörper gerichtete Aufsichtsbeschwerde teilweise zurückweisen, kann binnen vierzehn Tagen die Entscheidung der Gemeindekammer angerufen werden. Das ist eine ganz neue Einrichtung, die aus einem vom Staatsministerium des Innern zu ernennenden Vorsitzenden und zehn Beisitzern besteht, die vom Landtage aus dem Kreise der Gemeinderäte und Gemeindeverordneten gewählt werden. Für den Vorsitzenden sowie für jeden Beisitzer sind zwei Stellvertreter zu bestellen. Die Stellvertreter sind bei außerordentlichem Ausscheiden oder bei dauernder und tunlichst auch bei vorübergehender Verhinderung des von ihnen Vertretenen einzuberufen. Die Amtszeit der Beisitzer und ihrer Stellvertreter beträgt drei Jahre. Das Charakteristische ist im übrigen neben der Neuschaffung der Gemeindekammer die Beseitigung des Bestätigungsrechts der Aufsichtsbehörde und ein Einspruchsrecht.

In den übertragenen Geschäften sind die zuständigen Behörden auch befugt, zur Aufrechterhaltung einer einheitlichen Verwaltung und zur Sicherung eines geordneten Geschäftsganges den Selbstverwaltungskörpern Anweisungen im Aufsichtsweg zu erteilen; nötigenfalls können die für die Geschäfte verantwortlichen Personen durch Zwangsstrafen zur ordnungsmäßigen Erledigung angehalten werden. Gegen eine solche Maßnahme kann der Betroffene Anfechtungsklage beim Oberverwaltungsgericht einlegen. Nimmt ein Selbstverwaltungskörper ein Geschäft, für das Anweisungen oder besondere Maßnahmen (im Polizeiwesen) getroffen worden sind, als eigenes Geschäft in Anspruch, so kann er gegen die Anweisung oder Maßnahme ebenfalls Anfechtungsklage beim Oberverwaltungsgericht erheben.

Die Gemeindeverwaltung ist gedacht als ein Zusammenwirken von Gemeindeverordneten, Gemeinderat, Gemeindeausschüssen sowie Beamten, Angestellten und Arbeitern. Nur von den beiden ersteren soll hier nunmehr die Rede sein. Die Gemeindebürger äußern ihren Willen in eigenen Gemeindeangelegenheiten durch die Gemeindeverordneten. Letztere werden in allgemeiner und geheimer Wahl nach den Grundsätzen der Verhältniswahl mit gebundenen Listen gewählt. Wahlberechtigt ist jeder Deutsche ohne Unterschied des Geschlechts, der am Wahltag das zwanzigste Lebensjahr vollendet hat und in der Gemeinde wohnt. Jeder Wähler hat eine Stimme. Ausgeschlossen vom Wahlrecht ist: wer entmündigt ist oder unter vorläufiger Vormundschaft oder wegen geistigen Gebrechens unter Pflegschaft steht; wer rechtskräftig durch Richterspruch die bürgerlichen Ehrenrechte verloren hat; wer unter Polizeiaufsicht steht. Die Ausübung des Wahlrechts ruht für die Soldaten während der Dauer der Zugehörigkeit zur Wehrmacht. Behindert in der Ausübung des Wahlrechtes sind Personen, die wegen Geisteskrankheit oder Geistesschwäche in einer Heil- oder Pfleganstalt untergebracht sind, ferner Straf- und Untersuchungsgefangene sowie Personen, die wegen gerichtlicher oder polizeilicher Anordnung in Verwahrung gehalten werden. Wählen kann nur, wer in die Wählerliste eingetragen ist. Wählbar ist jeder Wahlberechtigte, der in der Gemeinde wohnt und seit mindestens einem Jahre reichsangehörig ist. Beschränkungen der Verwandtschaft, der Beamteneigenschaft usw. bestehen auch hier n i c h t. Beamte, Geistliche und Lehrer bedürfen übrigens, soweit nicht durch Reichsrecht etwas anderes bestimmt ist, zur Bewerbung und zur Annahme einer auf sie gefallenen Wahl nicht der Genehmigung ihrer Vorgesetzten. — Beachtenswert bleibt die Bestimmung, daß, wenn durch einen Beratungsgegenstand i n d e r V e r s a m m l u n g der Gemeindeverordneten die besonderen persönlichen Belange einzelner Gemeindeverordneter oder ihrer Ehegatten oder eines Verwandten oder Verschwägerten bis zum dritten Grade oder die Belange privatrechtlicher Unternehmungen, deren Vorstands- oder Aufsichtsratsmitglieder Gemeindeverordnete sind, berührt werden, sich diese der Teilnahme an der Beschlußfassung und — wenn nicht im gegebenen Falle ausdrücklich das Gegenteil beschlossen wird — auch der Beratung zu enthalten und den Sitzungsraum zu verlassen haben. Bei der Beurteilung der Beschlußfähigkeit der Versammlung sind diese Mitglieder mitzuzählen. Gemeindeverordnete, bei denen Belange der gedachten Art in Frage kommen, sind verpflichtet, dies vor Beginn der Beratung mitzuteilen. Die Zahl der Gemeindeverordneten muß ungerade sein und wird durch die Gemeindeverfassung bestimmt. Sie hat mindestens sieben und höchstens fünfundsiebzig zu betragen. Mitglieder des Gemeinderats dürfen, abweichend vom preußischen Recht, nicht gleichzeitig Gemeindeverordnete sein. In Gemeinden mit höchstens 100 Gemeindebürgern kann bestimmt werden, daß die vom Bürgermeister zu berufende Versammlung aller Gemeindebürger die der Gemeindeverordneten bildet. Allgemeine und geheime Wahl nach den Grundsätzen der Verhältniswahl mit gebundenen Listen versteht sich von selbst. Eine Art Zurückberufung (Recall) ist vorgesehen: Wenn mindestens ein Drittel der in der Wählerliste der letzten Gemeindeverordnetenwahl eingetragenen Gemeindebürger es schriftlich beantragt, ist den Gemeindebürgern Gelegenheit zu geben, darüber abzustimmen, ob die Gemeindeverordneten sich einer Neuwahl zu unterziehen haben. Der Nachweis des Wahlrechtsverlustes kann auch nach der Abstimmung bis zur Anberaumung der Neuwahl geführt werden. Bejaht mehr als die Hälfte der eingetragenen Gemeindebürger die Frage der Neuwahl, so hat der Gemeinderat diese alsbald anzuberaumen.

Was die rechtliche Stellung der Gemeinde verordneten angeht, so ist ihr Amt ein Ehrenamt. Zur Entschädigung für den Aufwand, der ihnen durch die Teilnahme an Sitzungen der Gemeindeverordneten und Ausschüsse oder an sonstigen Amtsverrichtungen innerhalb des Gemeindebezirkes erwächst, kann ein Tagegeld oder eine Pauschabfindung gewährt werden, wenn solche Sitzungen oder Amtsverrichtungen außerhalb des Gemeindebezirks stattfinden, Tagegelder oder Reisekosten. In der — hier nicht erschöpfend erfolgenden — Aufzählung ihrer rechtlichen Befugnisse zeigt sich die überragende Stellung der Gemeindeverordnetenversammlung. a) Sie beschließt über alle Gemeindeangelegenheiten, die nicht durch Gesetz oder Ortsgesetz anderen Stellen übertragen sind, also bedarf es nicht eines entsprechenden Beschlusses des Gemeinderats. b) Die Gemeindeverordneten wählen die Mitglieder des Gemeinderats und alljährlich aus ihrer Mitte einen Vorsteher und einen oder mehrere Stellvertreter und bestellen die erforderlichen Schriftführer. Zum Vorsteher kann auch der Bürgermeister oder einer der dem Gemeinderate angehörenden Stellvertreter des Bürgermeisters gewählt werden. In diesem Falle hat er kein Stimmrecht. Er kann die Wahl zum Vorsteher ablehnen. Haben die Gemeindeverordneten keinen besonderen Vorsteher, so wird die Wahl der Gemeinderatsmitglieder durch den Bürgermeister oder dessen Stellvertreter anberaumt und geleitet. c) Die Gemeindeverordneten wählen die Personen, die von der Gemeinde für die Ehrenämter der Gemeinde-, Bezirks-, Landes- und Reichsverwaltung oder in andere öffentlichrechtliche Verwaltungen zu wählen sind, soweit nicht gesetzlich etwas anderes bestimmt ist. d) Die Gemeindeverordneten überwachen den Gemeinderat; sie können zur Untersuchung einzelner Geschäfte Untersuchungsausschüsse bestellen; e) sie fassen Beschluß über die vom Gemeinderat eingebrachten Ortsgesetzentwürfe. Lehnt der Gemeinderat ab, zum Zwecke einer von den Gemeindeverordneten angeregten Regelung einen Entwurf aufzustellen, so können die Gemeindeverordneten ihm einen solchen überweisen. Er hat ihn zu prüfen und innerhalb vier Wochen unverändert oder abgeändert den Gemeindeverordneten zur Entschließung vorzulegen. f) Die Gemeindeverordneten stellen die vom Gemeinderat aufgestellten Haushaltspläne fest; g) sie fassen, soweit nicht ein Ortsgesetz etwas anderes bestimmt, die erforderlichen Beschlüsse auf die Vorschläge des Gemeinderats wegen Erwerbung oder Veräußerung von Grundstücken und grundstücksgleichen Rechten, wegen sonstiger Veränderungen von Teilen des Vermögensstammes, wegen des Verzichts auf Nutzungsrechte, der Aufnahme von Schulden, Bürgschaften und der Veränderung des Gemeindebezirks. h) Die Gemeindeverordneten können über die Bewirtschaftung der Grundstücke oder Anstalten der Gemeinde und über die Ausnutzung von grundstücksgleichen Rechten allgemeine Anordnungen erlassen, über die Einleitung von Rechtsstreitigkeiten, die Einlassung auf Klagen und den Abschluß von Vergleichen entscheiden. i) Sie prüfen die Gemeinderechnungen und beschließen über die Entlastung des Gemeinderats, k) sie beschließen über Erlasse mit Ausnahme von Strafgeldern und Kosten und über die erforderlichen Ausnahmebewilligungen; l) sie vertreten die Gemeinde gegenüber dem Gemeinderat; sie fassen über die von letzterem vorgeschlagenen Gemeindepolizeiverordnungen sowie Polizeiverordnungen, die straßen- und verkehrspolizeiliche Angelegenheiten betreffen, Entschließung.

Demgegenüber tritt die Stellung des Gemeinderats erheblich zurück. Er ist grundsätzlich ausführendes Organ der Gemeindeverordneten. In der Regel bildet der Bürgermeister den Gemeinderat. Er wird erstmalig auf sechs Jahre gewählt, Wiederwahl ist zulässig. Eine besondere Berufsvorbildung ist nicht erforderlich. Wählbar ist jeder Deutsche ohne Unterschied des Geschlechts, der am Wahltage das 25. Lebensjahr vollendet hat, seit mindestens einem Jahre reichsangehörig ist und in der Gemeinde wohnt. Durch Ortsgesetz kann bestimmt werden, daß die Stelle des Bürgermeisters berufsmäßig verwaltet werden muß, oder daß sie einem Bewerber als eine berufsmäßige übertragen werden kann. Auch ein auswärts Wohnender kann gewählt werden. Es ist ein unverkennbares Einkammersystem!

Was die Gemeindebeamten, Angestellte usw. betrifft, so müssen in der Regel mindestens je ein berufsmäßiger Beamter zur Besorgung des schriftlichen Dienstes und des Kassen- und Rechnungswesens vorhanden sein. In kleinen Gemeinden mit einfachen Verhältnissen können durch die Gemeindeverfassung die Geschäfte dieser Beamten ganz oder teilweise dem Bürgermeister übertragen werden. Ist in einer Gemeinde, der die Geschäfte der unteren Staatsverwaltungsbehörde voll überwiesen sind, kein Gemeinderatsmitglied zum Richteramt oder höheren Verwaltungsdienst befähigt, so hat die Gemeinde in ihrer Verwaltung mindestens einen Beamten anzustellen, der diese Befähigung besitzt. Diese Beamten sind bei Erledigung der übertragenen Geschäfte heranzuziehen. Mehrere Gemeinden können gemeinsam solche Beamten anstellen. Alle im Haushaltsplan vorgesehenen Gemeindebeamtenstellen gelten als berufsmäßig, soweit nicht durch Ortsgesetz etwas anderes bestimmt ist. Die Berufsmäßigkeit kann auch dem Inhaber einer nichtberufsmäßigen Stelle für seine Person durch Beschluß der Gemeindeverordneten zugesprochen werden. Charakteristisch ist, daß die Lebenslänglichkeit nicht gewährleistet ist; auf berufsmäßige Gemeindebeamte finden bezüglich der Kündbarkeit ihrer Stellung die für die Staatsbeamten jeweilig geltenden Vorschriften Anwendung. Die Stellen, für die eine einvierteljährliche Aufkündigung vorbehalten wird, sind in der Gemeindeverfassung zu bezeichnen. Zur Zeit gelten noch §§ 4, 5, 9 und 19 des Zivilstaatsdienergesetzes vom 7. März 1835 (GVBl. S. 169). Den berufsmäßigen Gemeindebeamten und ihren Hinterbliebenen ist aus der Gemeindekasse Ruhegeld, Wartegeld oder Unterstützung nach den für die Staatsbeamten jeweilig geltenden Bestimmungen zu gewähren.

Besonders eingehende und beachtenswerte Regelung erfuhr das Recht der Eingemeindung und die Schaffung von Bezirks- und Zweckverbänden. Die noch bestehenden selbständigen Gutsbezirke haben sich bis zum 31. Dezember 1924 mit benachbarten Gemeinden zu vereinigen.

Nicht zuletzt sei noch auf die sehr eingehende Regelung in Bezug auf Ortsgesetze hingewiesen. Durch diese kann jede Gemeinde ihre Verfassung näher regeln. Auf diese Art ist dann, wie schon hervorgehoben, der Einheitsrahmen der Gemeindeordnung sehr weit gefaßt und gibt die Möglichkeit zu einer außerordentlich vielgestaltigen Regelung im einzelnen. Auch diese dient nicht, wie so manche der aufgezeigten Neuerungen, dazu, das geltende sächsische Gemeindeverfassungsrecht als besonders geglückt oder gar nachahmenswert zu halten. Die Reformbedürftigkeit wird überall, wo man rein sachlichen Erwägungen Gehör schenkt, zugegeben[1]).

X.

Die jüngste Städteordnung ist die braunschweigische vom 15. November 1924 (GuVS. S. 271). Des Eigenartigen

[1]) Am 29. Mai 1925 hat der Sächsische Landtag ein die bisherige Gemeindeverfassung vielfach änderndes neues Gesetz angenommen, dessen Behandlung über den Rahmen dieses Vortrages weit hinausgehen würde. Die Aenderungen betreffen hauptsächlich die Stärkung der Gemeindeverwaltung, die Ergänzung der Staatsaufsicht, die Zusammensetzung der gemischten Ausschüsse, sowie das Verhältnis der Gemeinden zum Bezirksverbande. Vgl. Entw. zur Aenderung der Gemeindeordnung v. 16. März 1925; Landtagsberichte Nrn. 1327, 1331, 1352; Verhandlungen des sächs. Landtags v. 24. März 1925 usw., sowie Landtagsbeilage zur Sächsischen Staatszeitung 1925 Nrn. 237—243.

bietet auch sie manches. Offenbar steht sie auf den Schultern ihrer Vorgänger. Die bayerische, jedenfalls die sächsische Gemeindeordnung hat ihre Schöpfer offensichtlich beeinflußt.

Wir begegnen auch hier der Unterscheidung der Selbstverwaltungs- und der Auftragsangelegenheiten. Jene werden als diejenigen bezeichnet, die die Städte als öffentlichrechtliche Körperschaften unter eigener Verantwortung verwalten als ihnen gesetzlich obliegende oder freiwillig übernommene Aufgaben (§ 2). Sie werden ferner an anderer Stelle bezeichnet als „alle Aufgaben, die sich aus dem Zusammenleben in örtlicher städtischer Gemeinschaft ergeben, soweit das Gesetz sie nicht einer anderen Stelle übertragen hat." In solchen Selbstverwaltungsangelegenheiten beschließen die Städte frei und sind grundsätzlich keiner Anweisung der Aufsichtsbehörde unterworfen (§ 111). Die Auftragsangelegenheiten werden als diejenigen gekennzeichnet, die die Städte verwalten als ihnen gesetzlich auftragsweise vom Staate zur Ausführung nach Anweisung übertragene (§ 2); ebenfalls wiederholt definiert als „Aufgaben des Staates, die durch Gesetz den Städten zur Ausführung nach Anweisung übertragen sind" (§ 148 Abs. 1). Zur Erteilung von Anweisungen ist lediglich die zuständige Staatsbehörde befugt. Die beauftragte Stelle muß den Anweisungen entsprechen. Die anweisende Stelle ist für den Inhalt der Anweisung verantwortlich. Zu den Auftragsangelegenheiten gehören insbesondere die Verwaltung der Stadtpolizei und die Wahrnehmung der örtlichen Geschäfte der allgemeinen Landesverwaltung, sofern nicht besondere Behörden dafür bestellt sind (Abs. 2 und 3 daselbst).

Neben der Städteordnung ist auch eine Landgemeindeordnung mit demselben Datum ergangen. Es kann hier nicht auf sie eingegangen werden. Nur sei hervorgehoben, daß das Staatsministerium Städte auf ihren Antrag nach Anhören der gesetzlichen Vertretung des beteiligten Gemeindeverbandes zu Landgemeinden und in gleicher Weise Landgemeinden zu Städten erklären kann. Dies soll in der Regel geschehen, wenn eine Landgemeinde überwiegend städtischen Charakter und mehr als 50000 Einwohner hat (§ 3).

Gemeindeangehörige sind die Reichsangehörigen, die im Stadtgebiet ihren Wohnsitz haben. Ihre Gesamtheit ist Träger der öffentlichrechtlichen Gewalt der Stadt. Die Gemeindeangehörigen äußern ihren Willen unmittelbar durch Abstimmung (Gemeindeentscheid, der in ausführlicher Weise geregelt ist §§ 20 Nr. 1, 23—29) und durch Wahl der Stadtverordneten, ferner mittelbar durch die verfassungsmäßig bestellten Organe der Stadt, das sind die Stadtverordnetenversammlung und der Rat der Stadt. Jene werden nach dem Wahlgesetz vom 19. März 1921 (GuVS. Nr. 20 S. 61) auf drei Jahre gewählt. Jeder nach diesem Wahlgesetz wahlberechtigte Gemeindeangehörige ist zum Stadtverordneten wählbar. Die Zahl der Stadtverordneten beträgt bis zu 5000 Einwohnern neun, darüber hinaus fünfzehn, in der Stadt Braunschweig fünfunddreißig, sie kann durch Ortsgesetz anders, jedoch nicht unter neun bestimmt werden und muß ungerade sein (§§ 30—32). Die Stadtverordnetenversammlung wird von ihrem Vorsitzenden, nach Neuwahl erstmalig vom Vorsitzenden des Rats spätestens zwei Wochen nach Ablauf des Tages der Feststellung des Wahlergebnisses einberufen. Der Stadtverordnetenvorsitzende ist daher selbständiges Organ in dieser Gemeindeverfassung.

Die Zuständigkeitsregelung der Stadtverordnetenversammlung ist außerordentlich zerstreut. Vorangestellt sei der allgemeine Satz, daß sie über alle städtischen Selbstverwaltungsangelegenheiten allein entscheidet, soweit sie dem Rate nicht ausschließlich überwiesen sind, oder soweit das Gesetz nichts anderes bestimmt. Sodann ist wichtig die Aufgabe der Stadtverordnetenversammlung, die städtische Verwaltung zu überwachen und ihre Befugnis, sich von der Ausführung ihrer Beschlüsse und von der Verwendung der Gemeindeeinnahmen zu überzeugen. Ihr steht, soweit das Gesetz nichts anderes bestimmt, keine ausführende Gewalt zu. Aber ihre Beschlüsse über die Durchführung der Geschäftsordnung, die Geltendmachung von Ansprüchen der Stadt gegen den Rat oder einzelne seiner Mitglieder und über die Bestellung eines besonderen Vertreters hat der Vorsitzende der Stadtverordnetenversammlung auszuführen. Neben diesen grundsätzlichen Befugnissen (§§ 134 bis 139) sind dann einzelne besonders aufgeführt. Die Stadtverordnetenversammlung kann die zu beratenden Gegenstände durch Ausschüsse begutachten lassen, die aus ihrer Mitte zu wählen sind; sie kann zur Durchführung ihrer Aufgaben von anderen Einwohnern Auskunft und Gutachten einholen (§ 49). Sie kann die Verwaltung der gewerblichen Betriebe in einer von den sonstigen Vorschriften der Städteordnung abweichenden Weise beweglicher gestalten (§ 115); sie kann Ortsgesetze beschließen, die allerdings der Genehmigung des Ministers des Innern bedürfen (§§ 119, 120). Durch solches Ortsgesetz kann einem Ausschuß für bestimmte Angelegenheiten sogar die Ausübung der Rechte der Stadtverordnetenversammlung übertragen werden (§ 50).

Was den Rat der Stadt angeht, so besteht er aus einem Vorsitzenden und mindestens zwei weiteren Mitgliedern. Der Vorsitzende des Rates führt die Amtsbezeichnung „Bürgermeister“, in der Stadt Braunschweig die Amtsbezeichnung „Oberbürgermeister“; die übrigen Ratsmitglieder führen die Amtsbezeichnung „Stadtrat“. Nirgends ist eine besondere berufliche Vorbildung vorgesehen. Erforderlich ist nur Vollendung des 25. Lebensjahres und Wählbarkeit zum Stadtverordneten. Ehegatten und Personen, die im zweiten Grade oder näher verwandt oder verschwägert sind, dürfen nicht gleichzeitig Mitglieder des Rates sein. Auch können Stadtverordnete, in Abweichung auch hier vom preußischen Rechte, nicht gleichzeitig Mitglieder des Rates sein. Wird ein Stadtverordneter in den Rat gewählt, so scheidet er aus der Stadtverordnetenversammlung aus. Wenn er vom Amte eines Ratsmitglieds zurücktritt, wird er wieder Mitglied der Stadtverordnetenversammlung. Der Vorsitzende des Rates ist stets als besoldeter Beamter anzustellen. Ein Stadtrat ist sein ständiger Vertreter. Die Zahl der besoldeten und unbesoldeten Ratsmitglieder ist durch Ortsgesetz festzusetzen, die Zahl der unbesoldeten Ratsmitglieder muß größer sein als die der besoldeten. Der Vorsitzende des Rates und die übrigen besoldeten Ratsmitglieder werden von der Stadtverordnetenversammlung auf sechs Jahre gewählt, Ortsgesetz kann die Dauer der Wahlzeit allgemein oder für den Einzelfall anders regeln, es kann auch Wahl oder Wiederwahl auf Lebenszeit des Gewählten bestimmen. Der Vorsitzende des Rates leitet und beaufsichtigt den gesamten Geschäftsgang und verteilt die Geschäfte unter die Mitglieder des Rates nach Anhören der beteiligten Stadträte. Die durch die Geschäftsverteilung bestimmten Ratsmitglieder haben die Beschlüsse des Rates vorzubereiten und auszuführen und die laufenden Geschäfte zu führen. Der Vorsitzende hat Beschlüsse des Rates, die das bestehende Recht verletzen, zu beanstanden. Was die Zuständigkeit (den Geschäftskreis) des Rates in S e l b s t v e r w a l t u n g s angelegenheiten betrifft, so führt er innerhalb der von der Stadtverordnetenversammlung bereitgestellten Mittel und unter Beobachtung der von ihr aufgestellten Grundsätze die gesamte Verwaltung der Stadt. Er hat die Vorlagen der Stadtverordnetenversammlung zu unterbreiten und ihre Beschlüsse auszuführen, soweit nicht die Ausführung Sache der Stadtverordnetenversammlung selbst ist oder andere Bestimmungen entgegenstehen. Man erkennt hier eine außerordentliche Verwickeltheit in der Regelung des Verhältnisses der beiden städtischen Organe; es wird die reine Scheidung, die sonst besteht, daß die Stadtverordnetenversammlung beschließt, der Magistrat aber ausführt, hier in eigenartiger Weise vermischt. Im Einzelnen hat der Rat insbesondere folgende Aufgaben: die Verwaltung der Anstalten, Einrichtungen und Betriebe und des gesamten Vermögens der Stadt; Führung des Haushalts nach dem von der Stadtverordnetenversammlung festgestellten Haushaltsplan und Sorge für die Aufstellung der Jahresrechnung; Verteilung der städtischen Abgaben und der persönlichen Leistungen der Einwohner nach den Gesetzen und den Beschlüssen der Stadtverordnetenversammlung auf die Verpflichteten und grundsätzliche Sorge für ihre Beitreibung; Vertretung der Stadt nach außen usw.

Sind die gegenseitigen Beziehungen von Stadtverordnetenversammlung und Rat keineswegs in einer jeden Zweifel unbedingt ausschließenden Weise von einander gesondert, so bedarf es der Hervorhebung einiger Punkte, bei denen eine Art von Verzahnung ihrer Aufgaben stattfindet. Dem Rate der Stadt ist von allen Sitzungen der Stadtverordnetenversammlung und ihrer Ausschüsse unter Angabe der Gegenstände der Beratung Mitteilung zu machen. Der Rat kann an den Sitzungen teilnehmen oder sich durch einzelne Mitglieder vertreten lassen, er muß auf Verlangen der Stadtverordneten an den Stadtverordnetenversammlungen oder Ausschußsitzungen teilnehmen oder Beauftragte entsenden. Die Ratsmitglieder und die zugezogenen Beauftragten müssen auf Verlangen jederzeit das Wort erhalten. Alle Beschlüsse der Stadtverordnetenversammlung und ihrer Ausschüsse müssen dem Rate mitgeteilt werden und zwar auch solche, deren Ausführung ihm nicht durch Gesetz übertragen ist. Der Rat macht die Ortsgesetze, die die Stadtverordnetenversammlung beschlossen hat, unter Bezugnahme auf die Genehmigung der hierfür zuständigen Stellen in ortsüblicher Weise bekannt. Der Rat **hat** auch Beschlüsse der Stadtverordneten, die das bestehende Recht verletzen, zu beanstanden und er **soll** solche Beschlüsse, die nach seiner Ansicht wichtigen Interessen der Stadt zuwiderlaufen, beanstanden.

Nur der Rat verwaltet dagegen die **Auftrags**angelegenheiten, soweit nicht gesetzlich eine andere Stelle bestimmt ist. Er handelt hierbei unabhängig von der Stadtverordnetenversammlung (vgl. oben S. 168). Ist der Rat oder die sonst bestimmte städtische Stelle der Meinung, daß die Anweisung deshalb unberechtigt ist, weil sie nicht eine Auftrags-, sondern eine Selbstverwaltungsangelegenheit betrifft, so haben sie ihre Bedenken unverzüglich der anweisenden Stelle mitzuteilen. Hält diese trotzdem ihre Anweisung aufrecht, so steht der angewiesenen Stelle binnen zweier Wochen nach Ablauf des Tages des Empfangs der Entscheidung in der Regel Klage beim Verwaltungsgerichtshof zu. Soweit Vermögen, Einnahmen oder Einrichtungen der Stadt für die Ausführung von Auftragsangelegenheiten bereitzustellen sind, **bildet die Beschlußfassung hierüber eine Selbstverwaltungsangelegenheit.** Genau ist auch bestimmt, daß zum Vermögen der Städte alle Werte gehören, die nicht zum Verbrauche oder zur Deckung laufender Ausgaben und Bedürfnisse bestimmt sind (Wirtschaftsmittel). Weniger erfreulich ist die Bestimmung, daß die Stadt, soweit die Gesetze nichts anderes bestimmen, den durch die übertragenen Geschäfte erwachsenden Aufwand zu tragen haben; also gerade umgekehrt wie nach der sächsischen Gemeindeordnung.

Dagegen erinnert an sie die Einrichtung der Gemeindekammer. Sie, deren Zusammensetzung und Verfahren der Regelung durch ein besonderes Gesetz überlassen ist, hat insbesondere Aufgaben auf dem Gebiete der Eingemeindung.

Mit besonderer Sorgfalt hat die Städteordnung Aufgaben und rechtliche Stellung der verschiedenen Ausschüsse, insbesondere der Verwaltungsausschüsse, die neben den beschließenden Ausschüssen eingerichtet sind, geregelt (§§ 78—81, 50). Von letzteren war schon die Rede; jene können sowohl zur dauernden Verwaltung oder Beaufsichtigung einzelner Verwaltungszweige, als auch zur Erledigung bestimmter Angelegenheiten und Aufträge eingesetzt werden.

Die Staatsaufsicht ist dadurch begrenzt, daß sie nur die in der Städteordnung vorgesehenen Befugnisse erhält, so daß diese erschöpfend geregelt sind. Freilich, „soweit gesetzlich nichts anderes bestimmt ist“. Immerhin ist auch hier wie bei der sächsischen Gemeindeordnung eine Einengung der Staatsaufsicht als Tendenz festzustellen.

Eigenartig ist die Ordnung der Stadtpolizei. Die Stadtpolizeibehörde übt innerhalb des Stadtgebiets die Polizeigewalt aus, die Stadt trägt die Kosten; der Vorsitzende des Rats, bei seiner Behinderung die Stellvertreter, ist Leiter der Stadtpolizeibehörde, die wiederum der Aufsicht der Landespolizeibehörde untersteht. Bei dieser Anerkennung des gemeindlichen Charakters der Stadtpolizei überrascht es nicht, daß die Stadtverordnetenversammlung mit Genehmigung der Aufsichtsbehörde die Leitung der Stadtpolizeibehörde einem Stadtrat oder einem anderen Beamten der Stadt widerruflich übertragen und mit Genehmigung der Aufsichtsbehörde einen besonderen Polizeibeamten auf bestimmte Zeitdauer oder auf Lebenszeit als Leiter der Stadtpolizeibehörde anstellen kann. Ja noch mehr! Das Staatsministerium kann der Stadtpolizeibehörde auch die Verwaltung der Landespolizei innerhalb des Stadtgebiets ganz oder teilweise gegen angemessene Vergütung widerruflich übertragen. Der Erlaß der Polizeiverordnungen und das Rechtsmittel gegen Polizeiverfügungen (Beschwerde) sind ebenfalls in der Städteordnung geregelt. Dem Rat ist auch ein eigenartiges Ordnungsstrafrecht zur Aufrechterhaltung der Ordnung, auch bei Terminen und Verhandlungen, zur Ausführung von Anordnungen und zur Erzwingung von Vorladungen gegeben.

Alles in allem: ein wohldurchdachtes, die Lehren anderer neuer Städteordnungen benutzendes Gesetz, mit ernstestem Willen wenn auch nicht restlosem Erfolg bei der Abgrenzung von Selbstverwaltungs- und Auftragsangelegenheiten; einer Art von Magistratsverfassung, wie sie besonders durch den selbständigen Stadtverordnetenvorsitzenden einerseits und den Rat der Stadt andererseits gekennzeichnet ist und doch wiederum ein Uebergewicht der Stadtverordnetenversammlung in grundsätzlicher Beziehung, nicht ohne eine etwas grundsatzwidrig durchgeführte Verbindung der Funktionen beider Organe der Stadt. In den Fragen des Stadtvermögens, der schärferen Herausarbeitung der Staatsaufsicht, der besonderen Regelung der ehrenamtlich tätigen Personen (abgesehen von der Stadtverordnetenversammlung) kommen, außer den letzterwähnten, besondere Eigenarten in diese jüngste aller deutschen Städteverfassungen.

Nicht unerwähnt gelassen sollen zwei Einrichtungen bleiben. Bekanntlich ist der sog. Anschlußzwang an städtische Gas-, Wasser- u. Elektrizitätswerke in Preußen nicht besonderer gesetzlicher Regelung teilhaftig geworden. Die braunschw. Städteordnung sieht vor, daß die Städte, wenn es die öffentliche Ordnung und Sicherheit oder die öffentliche Gesundheitspflege erfordern, durch Ortsgesetz für ihre gemeinnützigen Einrichtungen vorschreiben können, daß unter den im Ortsgesetze zu bestimmenden Voraussetzungen die Gemeindeangehörigen und sonstige natürliche Personen, die im Stadtgebiet ihren Wohnsitz haben oder sich dort aufhalten, sich dieser Einrichtungen bedienen müssen.

Das letzte betrifft die Kommunalisierung, d. h. die auf Grund gesetzlicher Ermächtigung erfolgende Ueberführung privatwirtschaftlicher gewerblicher Unternehmen in die Gemeinwirtschaft. Hierzu und zu ausschließlichen Gewerbeberechtigungen, d. h. zur Untersagung der Errichtung oder Fortführung privatwirtschaftlicher Unternehmungen zum Zwecke des ausschließlichen Betriebes eines Wirtschaftszweiges durch die Stadt werden die Städte als befugt erachtet und es wird nur bestimmt, sie müssen den Betrieb so führen, daß das öffentliche Bedürfnis befriedigt wird. Ich halte die Kommunalisierung rechtlich zulässig, soweit sie lokale Selbstverwaltungsangelegenheit bleibt, dagegen die Vorschrift über ausschließliche Gewerbeberechtigungen für ungültig, da sie sowohl den §§ 1, 7 der Gewerbeordnung als auch Art. 151 ff. RVerf. widerspricht.

XI.

Sucht man sich den Kernpunkt der kommunalen Selbstverwaltung nach der jüngsten Entwicklung zu vergegenwärtigen, so kommt man auf die grundsätzliche Frage der Selbstverwaltungs- und der Auftragsangelegenheiten zurück. Gibt es doch dreierlei Arten von Verwaltungsangelegenheiten:

1. solche, die ausschließlich in die Zuständigkeit der kommunalen Selbstverwaltungsorgane als „eigene“, gesetzlich um-

hegte der Gemeinden gehören und nur von ihnen erledigt werden dürfen; die sog. reinen Selbstverwaltungsangelegenheiten;

2. solche ausschließlich staatliche Angelegenheiten, die lediglich in die Zuständigkeit der Staatsverwaltung gehören und nur von staatlichen Verwaltungsstellen bezw. Verwaltungsbeamten erledigt werden. In Preußen hat sich aber schon seit langem — weil das Gebiet der Kommune meist einerseits Gemeindeverwaltungsbezirk, andererseits Staatsverwaltungsbezirk ist — gesetzlich herausgebildet eine

3. Art von Verwaltungsangelegenheiten. Bei diesen handelt es sich um solche Verwaltungsgeschäfte, die ihrer rechtlichen Natur nach rein staatlich waren und geblieben sind, die aber nicht von rein staatlichen Verwaltungsstellen bezw. rein staatlichen Verwaltungsbeamten erledigt werden, sondern infolge gesetzlicher Regelung den kommunalen Selbstverwaltungsorganen zur Besorgung und zwar meist in obligatorischer Weise übertragen werden. Das Kennzeichnende liegt also darin, daß die Eigenschaft dieser Angelegenheiten als dauernd staatlicher — also niemals kommunaler — sich verbindet mit der Rechtstatsache, daß diese an und für sich staatlichen Angelegenheiten kommunalen Selbstverwaltungsorganen in dieser ihrer Eigenschaft übertragen werden. Diese Angelegenheiten sind es, die man mit einem heute geläufigen Namen die Auftragsangelegenheiten nennt. Vor allem gehört grundsätzlich hierher die Polizei mit ihren einzelnen Zweigen (Ordnungs- und Sicherheitspolizei, Gewerbepolizei). Dagegen ist das Gebiet der Kommunalsteuern Selbstverwaltungsangelegenheit. Lediglich die Mitwirkung der Gemeinden in Reichs- oder Staatssteuersachen ist eine Auftragsangelegenheit. Von den Schulangelegenheiten sind die sogenannten äußeren ebenfalls Selbstverwaltungsangelegenheiten d. h. diejenigen, die die Errichtung der Schulen, Schaffung der Vorbereitungen für die Lehr- und Lerntätigkeit, Schulunterhaltung, Vermögensverwaltung betreffen. Höchstens könnten die inneren Schulangelegenheiten als Auftragsangelegenheiten angesehen werden — es handelt sich hier um den Unterrichtsbetrieb: Lehrplan, Lehrziele, Lehrmittel, Methode, Schulzucht, Schulaufsicht. Es wird von vielen Seiten der Standpunkt vertreten, daß die inneren Schulangelegenheiten ebenfalls Selbstverwaltungsangelegenheiten sind. Zu beachten ist aber Art. 144 Abs. 1 der RVerf.: „Das gesamte Schulwesen steht unter der Aufsicht des Staates; er kann die Gemeinden daran beteiligen." Diese Beteiligung erfolgt an der Unterrichts- und Schulverwaltung in dem soeben dargelegten Sinne zurzeit nach Maßgabe des Landesrechts.

Die Armensachen sind, wenigstens nach dem bisherigen Recht, das sich auf den Unterstützungswohnsitz in der Gemeinde aufbaut, mehr Selbstverwaltungs- als Auftragsangelegenheit. Die Verordnung über die Fürsorgepflicht vom 12. Februar 1924 hat an der grundsätzlichen Eigenschaft dieser Angelegenheiten nichts geändert.

Straßen- und Wegepolizei sind zwar — als Polizeisachen — zweifellos Auftragsangelegenheiten. Im übrigen aber, d. h. soweit sie nicht Polizeisachen sind, ist Straßen- und Wegebau Selbstverwaltungsangelegenheit. Ebenso ist das Gesundheitswesen an sich Selbstverwaltungsangelegenheit und nur soweit das Gebiet der Gesundheitspolizei reicht, Auftragsangelegenheit. Es kann z. B. daher zwar die Polizeibehörde eine Gemeinde, in der nicht genug Privatkrankenhäuser sich befinden, zwingen, ein Krankenhaus zu errichten; aber die Errichtung und der Betrieb des Krankenhauses sind wieder reine Selbstverwaltungsangelegenheiten. Dasselbe gilt von der Errichtung von Lungenheilstätten und Genesungsheimen durch die Gemeinden.

Dagegen sind wieder Auftragsangelegenheiten: die politischen Wahlangelegenheiten, die Ausübung der Justizhoheit durch die Gewerbe- und Kaufmannsgerichte, die Verwaltungs- und gerichtliche Tätigkeit des Stadtausschusses, die Aufstellung der Urlisten für die Auswahl der Schöffen und Geschworenen, die Vorbereitung und Leitung der Reichs- und Landtagswahlen, Aufgaben auf Grund der Gewerbeordnung. Auch an die während des Krieges überwiesenen Aufgaben der Nahrungsmittelversorgung mag hier erinnert werden. Allgemein gesprochen liegen die staatlichen Aufgaben, die die Gemeinden im Staatsauftrage zu erfüllen haben, überhaupt auf dem Gebiete der inneren Verwaltung, der Finanz- und Vermögensverwaltung, z. T. auch der Justizverwaltung und der Justiz.

Die Staatsaufsicht ist im Grunde genommen nichts weiter als das Gegenstück und der Ergänzungsbegriff der Selbstverwaltung. Daß neuere Städteordnungen diese beiden Begriffe fester umgrenzen wollten, habe ich bereits gezeigt. Zum Problem muß man von dem hier eingenommenen Standpunkt aus die Stellung einnehmen, daß die Gemeindeangelegenheiten grundsätzlich zum Wirkungskreise des Staates gehören, aber entweder den Gemeinden zur eigenen Betätigung überlassen, oder, wie soeben dargestellt, übertragen werden. Der Inhalt des kommunalen Aufsichtsrechts ist in Preußen durch eine allgemeine Vorschrift im geltenden Städterecht nicht angegeben. Wenn § 139c der preußischen Städteordnung von 1831 die Aufsichtsbehörde berechtigt wie verpflichtet, „dafür zu sorgen, daß die Verwaltung fortwährend in dem vorgeschriebenen Gange bleibt und angezeigte Störungen beseitigt werden", so führt dies ebensowenig zu vollständiger Klärung des Begriffs der Staatsaufsicht wie andere Vorschriften des preußischen Rechts und § 7 des Zuständigkeitsgesetzes, der nur formal die Aufsichtsinstanzen bezeichnet. Nach der Rechtslehre, Rechtsprechung und Verwaltungsübung sind die Aufgaben der Aufsichtsbehörden aber negativ und positiv zu bestimmen. Der Staat hat darüber zu wachen, daß die Verwaltung der Gemeinden nach den Gesetzen und Verordnungen sowie den Satzungen erfolgt und die Ueberschreitung der Zuständigkeit der Gemeinden verhütet wird. Positiv ist der Staat verpflichtet, die Verwirklichung der kommunalen Zwecke zu überwachen und hierauf nötigenfalls hinzuwirken. Die Praxis mehr als eines Jahrhunderts hat gezeigt, daß man mit diesen Formeln wenigstens in Preußen nicht auskam und daß die Spannung zwischen Gemeindefreiheit und Staatsautorität, Selbstverwaltung und Staatsaufsicht immer wieder hervortrat, sich bald stärker, bald schwächer erwies und zu Reibungen zwischen den Verwaltungsbehörden des Landes und den Gemeinden führte, die im höchsten Grade zu beklagen sind. Es ist kein Zweifel, daß der demokratisch-republikanisch-parlamentarische Staat aus den von mir oben dargelegten Gründen jene Spannung keineswegs vermindert, sondern verstärkt hat. Wollen wir aber nicht die Erkenntnisse benutzen, die uns eine Beschäftigung mit der Entwicklung der Selbstverwaltung geradezu aufdrängt? Tun wir dies, dann kann es uns nicht verborgen bleiben, daß zwar der Selbstverwaltungsbegriff mehr oder minder unverändert bleiben kann, daß aber, wie ich schon angedeutet habe, Maß und Art der Selbstverwaltung je nach den innen- und außenpolitischen Zuständen, den Verfassungseinrichtungen und nach der staats- und gesellschaftsphilosophischen Auffassung der jeweiligen Zeitepoche über das Verhältnis des Staates zu genossenschaftlichen Bildungen außerordentlich wechselt. Um nur einige Beispiele hierfür anzuführen: die starke finanzielle Bindung und drückende Schuldenlast des Reiches gegenüber den früheren Kriegsgegnern zwingt zu einer äußersten Anspannung aller Kräfte und zu einer Zentralisation des Steuerwesens, die auch den Ländern unmittelbar und mittelbar stark fühlbar werden muß. Es ist doch aber gänzlich unmöglich, hieran etwas Wesentliches zu ändern, solange die außenpolitische Lage dieselbe bleibt. Liegt also hierin eine Beschränkung der Selbstverwaltung, so muß sie von höheren Gesichtspunkten aus getragen und gerechtfertigt werden. Jene erwähnte Grundansicht aber über das Verhältnis von Staat und Kommunen ist auch weltanschauungsmäßig begründet und wirkt sich selbst bei denjenigen aus, die sich dieser Sachlage nicht klar bewußt sind. „In Zeiten stark liberaler Strömungen, häufig als Gegensätze zu einem bekämpften System der Ueberspannung der Staatskräfte entstanden, kommt man zur weitestgehenden Selbstverwaltung; „die Zügel der Staatsaufsicht werden auf dem Boden geschleift." Dann gibt es wieder andere Zeiten, in denen das Maß der Selbstverwaltung zugunsten des Gemeinschafts- und sozialen Gedankens zurückgedrängt wird. Wir befinden uns zweifellos in einer solchen Lage und auch die Bedeutung des Sozialismus, der sich hier mit deutschrechtlichen Genossenschaftsideen seltsam verbindet, wird nicht zu verkennen sein.

Ebensowenig beruht es auf rein subjektiven Absichten und politischen Tendenzen und wird deshalb auch nicht durch entgegengesetzte geändert werden können, daß Reich und Staat einen großen Teil ihrer Lebensbetätigung und Verwaltung auf Kommunen und Kommunalverbände übertragen. Die Zahl der Auftragsangelegenheiten ist schon ganz enorm, wird aber wachsen und muß es tun, solange nicht das Reich seinen eigenen Verwaltungsorganismus auf dem Gebiete der inneren Verwaltung hat und die Länder wie die Gemeinden bis dahin hier eintreten müssen. Daß damit eine starke bürokratische Bindung und Abhängigkeit der kommunalen Organe von den staatlichen Zentralinstanzen sich einstellen muß, ergibt sich von selbst. Besonders hart empfinden dies die Städte, soweit es sich um Angelegenheiten handelt, die zuerst der freiwilligen Initiative der Städte und ihrer weit ausschauenden Fürsorge entsprungen, nachher aber auf die Reichszuständigkeit übernommen worden sind, wie Arbeitsnachweis, Erwerbslosenfürsorge, Fürsorgewesen, Jugendwohlfahrt. Die Gemeinde wird hier aus ihrer initiativreichen und beschließenden Stellung zu einer bloßen Ausführungsbehörde herabgedrückt.

XII.

Alle diese Erwägungen scheinen mir auch die neuerdings stark hervorgetretene Tendenz, ein Reichsstädterecht zu schaffen, nicht eben zu unterstützen. Denn die unitarische Tendenz, die sich den Gemeinden bereits so sehr nachteilig erwiesen hat, würde sich stärken, infolge dessen die Abhängigkeit der Gemeinden vom Reiche vermehren. Denkt man sich aber das Reichsstädterecht nur als ein Rahmengesetz, dann würde ein ähnlicher Vorwurf wie der gegenüber dem neuen sächsischen Gemeindegesetz erhobene gerechtfertigt sein, daß die Hauptsache dann doch der Landes- oder Ortsgesetzgebung überlassen bliebe. Auf diese Weise kämen wir zu einer noch größeren Zersplitterung des kommunalen Rechtes als wir sie schon heute festzustellen haben. Insbesondere sind die Oberbürgermeister Blüher-Dresden und Dr. Luppe-Nürnberg in den Verhandlungen des Deutschen Städtetags vom 25. und 26. September 1924 in Hannover (Tagungsbericht a. a. O. S. 78ff., 94ff.) für ein Reichsstädterecht eingetreten. Freilich taten sie das in einer Weise, die mit Einschränkungen und Vorbehalten reichlich versehen war. Sie wollten keine vollständige Städteordnung für das Reich erlassen, sondern nur ein Reichsrahmengesetz, in dem nur gewisse Grundlagen festzulegen wären, auf denen die Länder ihre Städteordnungen aufbauen sollen. So frei war von ihnen innerhalb dieses Rahmengesetzes die Gestaltung der Städteordnung gedacht, daß sie die Möglichkeit sowohl der Magistratsverfassung wie der Bürgermeistereiverfassung, als auch schließlich der sogenannten süddeutschen Stadtratsverfassung vorsahen. In der Oeffentlichkeit und in dem in dieser Beziehung freilich kärglichen Schrifttum hat man sich mit Recht dieser Idee verschlossen. Nicht als ob es an und für sich unerwünscht wäre, die Städteverfassung für ganz Deutschland später einmal auf einheitliche Grundlagen durch Reichsgesetz zu stellen. Aber allzu sehr verkennt man, will man dieses Ziel in absehbarer Zeit erreichen, die unendlichen Schwierigkeiten und die sicherlich nicht geringen Besonderheiten, welche die Landesgesetzgebungen aufweisen. Meine heutigen Darlegungen, die meiner Herren Mitberichterstatter und sicherlich auch die Aussprache über diese werden die nicht zu überbietende Mannigfaltigkeit der Gemeindeverfassungen in Deutschland klar vor Augen stellen. Sie sind aber, wie schon eingangs betont, nicht Zufall und Willkür, auch nicht unbegründeter Partikularismus, sondern die Folgen historischer Entwicklung und Schicksal wie Eigenart der verschiedenen deutschen Landesteile. Irgend ein Grund, diese Besonderheiten, falls sie geschichtlich erwachsen und auch sonst berechtigt sind, zu beseitigen, liegt nicht vor. Im Gegenteil, ein solches gesetzgeberisches Vorgehn würde zu großen Verwirrungen und Verstimmungen führen. Es gibt nur den einen Weg der Vereinheitlichung, zu dem sich allmählich die Voraussetzungen bilden: Es muß sich in allen deutschen Ländern durch ihre Gesetze und ihre Verwaltung, durch Rechtsgewohnheit, Verwaltungspraxis und Rechtsprechung in Bezug auf die wichtigsten Grundfragen nach und nach — und das kann vielleicht Jahrzehnte dauern — eine Uebereinstimmung hinsichtlich der wichtigsten Grundlagen herausbilden, so in Bezug auf Selbstverwaltungs- und Auftragsangelegenheiten, rechtliche Stellung und Befugnisse der kommunalen Organe usw. Dann wird sich die Vereinheitlichung als reife Frucht der Entwicklung selbst einstellen.

Noch ein anderes sehr wesentliches Bedenken besteht gegen eine gewillkürte statt einer in dem eben bezeichneten Sinne natürlich sich mit der Zeit herausstellenden Vereinheitlichung des Reichsstädterechts. Es ist politischer Natur. Alle auf schärfsten Unitarismus abzielenden Rechtseinrichtungen im Reiche haben mit Zwangsläufigkeit Gegenströmungen hervorgerufen. Es ist wahrlich nicht erwünscht, noch weitere politische Unstimmigkeiten zwischen Reich und Ländern in den deutschen Verfassungsstaat hineinzutragen. Durch weitere Verfolgung des Gedankens des Reichsstädterechts würden sich die Kämpfe um die verschiedenen hier behandelten Systeme besonders verschärfen und diejenigen Landesteile, die kennzeichnende Besonderheiten aufzuweisen haben, in hervorragendem Maße an diesem Streit beteiligt sein, so vor allem die Rheinlande. Würde aber das Reichsstädterecht den Rahmen so weit spannen, daß alle vorhandenen Besonderheiten oder wenigstens die wichtigsten beibehalten werden könnten, so wäre der Sinn des Kampfes um eine baldige Vereinheitlichung nicht einzusehen.

XIII.

Ich komme zum Schlusse. Nicht eine erschöpfende Darlegung städterechtlicher Einzelheiten, deren unendliche Reihe jeder Erörterungsmöglichkeit auf einer Tagung wie der unsrigen spotten würde, sondern eine überschauende Betrachtung war Gebot und Pflicht. Wie viel oder wie wenig Ueberzeugungskraft auch die Beweisgründe in der einen oder anderen Frage für unbefangene Hörer haben mögen, eins steht mir unbedingt fest: Wir müssen erst aus der Erkenntnis der inneren Zusammenhänge der Entwicklung seit der Revolution von 1918 rechtspolitische Folgerungen ableiten. Haben sich einmal geschichtlich-politische Strömungen geltend gemacht, sind verfassungsrechtliche Gestaltungen von größter Bedeutung vor sich gegangen, so bedarf es der Einsicht, daß alle ihre Auswirkungen auf die Gemeindeverfassung und Selbstverwaltung zwangsläufig waren. Wie begreiflich daher auch Klagen und Beschwerden über die Einengung der Selbstverwaltung seit der Revolution im einzelnen sein mögen, so steht uns doch als Männern der Wissenschaft die Erklärung und geistige Erfassung dieser soziologischen Tatsachen zunächst an erster Stelle. Wenn sich im Reich und Land auf absehbare Zeit die geschilderten historisch-politischen Strömungen und verfassungsrechtlichen Gestaltungen usw. nicht ändern, so wird auch der Ansturm gegenüber dem sich mehrenden Staatseinfluß in bezug auf die Gemeinden vergeblich sein. Erst wenn alle jene Einzelmomente, die zu einer unitarischen und die Selbstverwaltung einengenden Richtung geführt haben, sich mindestens teilweise wandeln, dann erst kann eine freiere Entwicklung der Selbstverwaltung anheben. Ihre Einschränkung ist, wir sahen es, nicht subjektive Willkür gewesen, sondern notwendige Folge der nur geistig erfaßbaren Ereignisse.

Suchen wir aber nach Formeln, die für rechtspolitische Forderungen einigermaßen brauchbar sein sollen, so können wir, meine ich, zu den folgenden Sätzen greifen: Gebt dem Staate was des Staates ist! Er muß gerade in der jetzigen Zeit politischer, gesellschaftlicher und religiöser Gährung, in unseren Tagen wirtschaftlicher und ethischer Not seine starke Autorität wieder aufrichten und bewahren. Er kann unter keinen Umständen eine Gemeindepolitik dulden, die zentrifugal und bestrebt wäre, sich, auf Kosten von Staat und Reich, zu selbständigen und unabhängigen politischen Gebilden mit unbeschränkter wirtschaftlicher Macht auszugestalten. Die wirklichen gegebenen politischen Notwendigkeiten — Staatsnotwendigkeiten im ureigentlichsten Sinne des Wortes —, nicht aber irgendwelche subjektiv ausschweifende Vorstellungen von einem pouvoir municipal dürfen hier maßgend sein. Gebt dem Staate was des Staates ist — aber auch den Gemeinden darf ihre den lokalen Lebensaufgaben gemäße, der deutschrechtlichen Genossenschaftsidee entsprechende Freiheit in Recht und Rechtsanwendung nicht geschmälert werden. Zwei Probleme gilt es hier zu lösen: Es muß trotz aller Schwierigkeit rechtlicher Formulierung eine möglichst genaue Begrenzung der Staatsaufsicht und der Selbstverwaltung, der obrigkeitlichen Mitverwaltung besonders hinsichtlich der Auftragsangelegenheiten versucht werden. Alle Formulierungen, die die Gemeindeverfassungen besonders auch der letzten Zeit gewählt haben, müssen zum Gegenstande einer sorgfältigen Untersuchung unter Berücksichtigung der Staatsnotwendigkeiten gemacht werden. Das ist das eine. Das andere aber ist, daß den Gemeinden für ihre Selbstverwaltungsangelegenheiten und zur Durchführung der Auftragsangelegenheiten eine ausreichende finanzielle Sicherstellung zu gewähren ist. Wie, nach tragischen Versuchen, eine einseitige sozialistisch-kommunistische Weltanschauung in Deutschland zur dauernden politischen Geltung zu bringen sich als erfolglos erwies, so sind auch einseitige Rückschläge in ein bürokratisch-autokratisches oder halbabsolutistisches Staatsleben unerwünscht. Ein Ausgleich aller Extreme ist zu erstreben. Auch auf dem von uns hier erörterten Gebiete wird nur in einem Gleichgewicht der sozial-gemeinschaftmäßigen und der individual-freiheitlichen Tendenzen das Wohl des deutschen Volkes und Staates ausgewogen werden. Sie müssen uns höher stehen als jeder Prinzipienstreit um Selbstverwaltung und Staatsaufsicht.

1a. Leitsätze des ersten Berichterstatters.

1. *Die treibenden Kräfte der Entwicklung der Gemeindeverfassungen sind nicht, oder jedenfalls nicht ausschließlich, in der rechtlichen Ausprägung durch Gesetze und Verordnungen zu finden. Sie bilden vielmehr nur den Niederschlag der historisch-politischen Strömungen, der Gedanken und Richtungen der Demokratie und teilweise des Sozialismus. Sie sind Folgen des Verfassungsgrundsatzes der Volkssouveränität und der Verbindung von Parlamentsabsolutismus und zentraler Staatsregierung.*
2. *Die unitarische Tendenz der Reichsverfassung im allgemeinen und ihre besonderen Erscheinungsformen: die Ausdehnung der Gesetzgebungszuständigkeiten des Reiches, die Anpassung des Gemeindewahlrechts an das radikale Wahlrecht zum Reichstag, die Folgen des sogenannten gemeinsamen Indigenats und die Ablehnung des pouvoir municipal haben den Umfang des Lebenskreises und die Bedeutung der Wirksamkeit der Gemeinden unmittelbar und mittelbar eingeschränkt. (Art. 8, 10, 11, 17, 83, 84, 110, 127 RV).*
3. *Für die Länder drängen sich, soweit dort entsprechende Einrichtungen, Grundsätze und Strömungen wie im Reich vorhanden sind — und das ist in weitgehendem Maße der Fall — dieselben Einsichten in die Eigenart der treibenden Kräfte auf wie im Reich.*
4. *Die zwischen Staatsautorität und Gemeindefreiheit, Selbstverwaltung und Staatsaufsicht bestehende Spannung tritt in den Ländern in weit schärferer Form als im Reiche hervor. Ueberlieferung und Rechtslage lassen dies leicht begreiflich, wenn auch nicht wünschenswert erscheinen. Geschichtlicher Einsicht sollte nicht weiter verborgen bleiben, daß, wenn auch nicht der Selbstverwaltungsbegriff, so doch Maß und Art der Selbstverwaltung relativ sind. Außen- und innenpolitische Gesamtlage, Verfassungseinrichtungen, herrschende staats- und gesellschaftsphilosophische Auffassung vom Verhältnis des Staates zu genossenschaftlichen Bildungen (und ähnliches mehr) sind hier wesentlich bestimmend und sollten von schematischen Vergleichen mit früher bewährten Rechts- und Verwaltungsformen und von entsprechenden Forderungen abhalten.*
5. *Die Uebernahme vielfach zuerst in den Gemeinden ausgebildeter Einrichtungen auf Reich oder Staat entzieht jenen nicht nur wichtige Inhalte ihrer Lebensbetätigung, sondern führt zu einem sich immer mehr ausdehnenden*

Uebertragungssystem (Auftragsangelegenheiten), das notwendigerweise zu stark bürokratischen Bindungen und zur Abhängigkeit der kommunalen Organe von den staatlichen Zentralinstanzen führen muß (z. B. Arbeitsnachweis, Fürsorgewesen, Erwerbslosenfürsorge und Arbeitslosenversicherung, Jugendwohlfahrt).

6. *Die Gesetzgebung der Länder spiegelt die finanzielle und wirtschaftliche Abhängigkeit und teilweise Ohnmacht der Gemeinden, die Durchführung der demokratischen Grundsätze in der Organisation der städtischen Verwaltung, im Wahlrecht, in der Zulassung der Frauen, im Gemeindebeamtenrecht wieder (insbesondere Preußen, Bayern, Sachsen, Württemberg, Baden, Hessen, Braunschweig).*
7. *Ein Reichsstädterecht würde die unitarische Tendenz stärken, die Abhängigkeit der Gemeinden vom Reich vermehren oder aber, nur als Rahmengesetz gedacht, die Vielfältigkeit stärken statt schwächen.*
8. *Erst die Erkenntnis der inneren Zusammenhänge der Entwicklung seit der Revolution von 1918 kann zu rechtspolitischen Forderungen führen. Insoweit sich die geschilderten geschichtlich-politischen Bedingungen, verfassungsrechtlichen Gestaltungen usw. nicht ändern — und daß sie sich ändern sollen, wird hier grundsätzlich nicht verlangt und nicht erwartet — werden sich die zwangsläufigen Auswirkungen auf die Gemeindeverfassung und Selbstverwaltung begreiflicherweise nicht ausschalten lassen. Im Reich und im Lande wird auf absehbare Zeit mehr an Staatseinfluß gegenüber den Gemeinden verbleiben als es bis zur Revolution der Fall war. Wird dem Staate gegeben, was des Staates ist — immer als Folgerung aus den gegebenen und fortwirkenden Ursachen gedacht — so wird doch, bei aller großen Schwierigkeit rechtlicher Formulierung, eine möglichst genaue Begrenzung der Staatsaufsicht und der obrigkeitlichen Mitverwaltung zu versuchen sein. Den Gemeinden wird eine ihren lokalen Lebensaufgaben gemäße, der deutschrechtlichen Genossenschaftsidee entsprechende Freiheit in Recht und Rechtsanwendung zu geben und die hierfür wie zur Durchführung der Auftragsangelegenheiten ausreichende finanzielle Sicherstellung zu gewähren sein.*

Die Entwicklung des Gemeindeverfassungsrechts seit der Revolution in Württemberg, Baden und Hessen.

2. Bericht von Staatsminister a. D. Professor **Dr. Ludwig von Köhler** in Tübingen.

Die politischen Umwälzungen der Jahre 1918/19 haben auch in Württemberg, Baden und Hessen eine Revision des Verfassungsrechts der Gemeinden zur Folge gehabt. Während sie in Württemberg und Hessen formell nur zur Erlassung von Abänderungs- und Ergänzungsgesetzen zu den bestehenden Gemeindeordnungen geführt hat, hat sie in Baden eine Neukodifikation des Gemeindeverfassungs- und Verwaltungsrechts in einer neuen „Badischen Gemeindeordnung" gebracht. Ich stelle bei der Berichterstattung, die sich auf das für die Beurteilung der Entwicklung Notwendige erstrecken und beschränken soll, Württemberg voran, Baden an den Schluß.

I.

In Württemberg hatte die Gemeinde-Ordnung vom 28. Juli 1906, Reg.-Bl. S. 323, die Verhandlungen und Kämpfe zum Abschluß gebracht, die Jahre lang um die Reform der Gemeindeverfassung geführt worden waren. Die Gemeindeordnung stellt eine zusammenfassende Kodifikation des Gemeinde-Verfassungs- und Verwaltungsrechts dar und hatte, unter Beseitigung veralteter Formen, der Gemeindeverfassung eine im Großen und Ganzen moderne Gestaltung gegeben. Die durch die drei ersten organischen Edikte vom 31. Dezember 1818, die Gemeindeverfassung, die Oberamtverfassung und die Verwaltung der Stiftungen betreffend (Reg.-Bl. 1919 S. 17) sowie das Verwaltungsedikt für die Gemeinden, Oberämter und Stiftungen vom 1. März 1822 (Reg.-Bl. S. 131) festgelegte, verfassungsmäßig[1]) geschützte, im Wandel der Zeiten befestigte und erweiterte Selbstverwaltung der Gemeinden war weiter ausgebaut, und es war den Gemeinden ein zwar bestimmt umgrenztes, aber doch

---

[1]) Vgl. insbesondere §§ 65—69 der Verfassungs-Urkunde für das Königreich Württemberg vom 25. September 1819.

allgemeines örtliches Gesetzgebungsrecht in dem Recht zur Erlassung von Gemeindesatzungen eingeräumt worden, das bisher, von einzelnen Sonderregelungen abgesehen, nur in gewissen Anfängen (vgl. Art. 61 des Gemeindeangehörigkeitsgesetzes vom 16. Juni 1885, Reg.-Bl. S. 257) vorhanden gewesen war. Die Befugnisse der staatlichen Aufsichtsbehörden waren eingeschränkt und genauer umgrenzt, und es war den Gemeinden gegen Eingriffe dieser Behörden in das Selbstverwaltungsrecht ein größerer verwaltungsgerichtlicher Schutz als bisher gewährt worden (Art. 8, Abs. 1 vgl. mit Art. 195, Abs. 2). Zur Mitwirkung bei der staatlichen Aufsichtsführung war in dem Bezirksrat ein Organ herangezogen, das zugleich Organ der kommunalen Selbstverwaltung und bei dem das Laienelement vertreten ist. Die Selbständigkeit der größeren Stadtgemeinden war erweitert und so auf die Verschiedenheit der größeren und der kleinen Gemeinden mehr als früher Rücksicht genommen. Sodann ist auch eine nicht nur verwaltungsrechtlich, sondern auch kulturgeschichtlich interessante Einrichtung endgültig beseitigt worden (Art. 259), die auf einem Gesetz vom 24. Juni 1855 (Reg.-Bl. S. 43) beruhende besondere Staatsaufsicht über verwahrloste Gemeinden, kraft deren in Gemeinden, „welche sich in sittlichem und ökonomischem Zerfall befinden“, zum Zweck der Herbeiführung eines besseren Zustandes zugleich mit einer finanziellen Unterstützung aus Staatsmitteln eine weitgehende Uebernahme der Verwaltung durch den Staat, also eine teilweise Suspension der Selbstverwaltung wegen Unfähigkeit des Selbstverwaltungskörpers zu ihrer Ausübung, stattfinden konnte. Endlich — und das war das allgemeinpolitisch Wichtigste — war die Lebenslänglichkeit der Ortsvorsteher aufgehoben und deren Amtsdauer auf zehn Jahre bei Möglichkeit der Wiederwahl befristet worden (Art. 55). Neben die Einführung der periodischen Wahl der Ortsvorsteher war diejenige der Verhältniswahl für die Wahl der unbesoldeten Mitglieder des Gemeinderats und der Mitglieder des Bürgerausschußes in den großen und mittleren Städten getreten.

Die von der Regierung gewollte durchgreifende Vereinfachung der Organisation der Gemeindeverwaltung, die Abschaffung des Bürgerausschusses in den kleineren Gemeinden auf der einen Seite und die Einführung der Magistratsverfassung in den größeren Städten auf der andern Seite, gelangte allerdings nicht zur Einführung. Die diesbezüglichen Vorschläge der Regierung wurden in der Abgeordnetenkammer abgelehnt. Das Institut des Bürgerausschusses wurde sogar noch weiter ausgebildet, indem ihm ein allgemeines Initiativrecht, d. h. das Recht verliehen wurde, in allen Gemeindeangelegenheiten dem Gemeinderat Vorschläge zu machen, über die dieser dann Beschluß zu fassen verpflichtet war (Art. 50, Abs. 4).

Neben der Gemeindeordnung vom 28. Juli 1906 war als weiteres Grundgesetz für die Gemeindeverwaltung das Gesetz, betreffend die Gemeindeangehörigkeit vom 16. Juni 1885 (Reg.-Bl. S. 257) im wesentlichen unverändert bestehen geblieben. Es war das Gesetz, das die aus dem persönlichen Gemeindeverband sich ergebenden Rechte und Pflichten regelte — konservativ, ja in gewissem Sinne reaktionär gerichtet. Die Reichsgesetze über den Erwerb und Verlust der Bundes- und Staatsangehörigkeit, über die Freizügigkeit, über den Unterstützungswohnsitz und die Gewerbeordnung hatten das Gemeindebürgerrecht wesentlicher Teile seiner früheren Bedeutung entkleidet. Dennoch hatte das württembergische Gemeindeangehörigkeitsgesetz den Uebergang von der alten Bürgergemeinde zur reinen Einwohnergemeinde nicht vollzogen, vielmehr mit Rücksicht auf die Bedeutung der in zahlreichen Gemeinden des Landes bestehenden, an das sogenannte Aktivbürgerrecht geknüpften Gemeindenutzungen am Gemeindebürgerrecht festgehalten. Ja, es hatte wieder einen Schritt rückwärts getan, indem es das Gemeindewahlrecht wieder von dem Besitz des Bürgerrechts abhängig machte, während die Verwaltungsnovelle vom 6. Juli 1849 (Reg.-Bl. S. 277), die bis dahin gegolten hatte, für die Wahl des Gemeinderats wie für die des Bürgerausschusses das Wahlrecht sämtlicher volljähriger steuerzahlender Ortseinwohner eingeführt hatte (Art. 1—3 daselbst).

Nach der Gemeindeordnung und dem Gemeindeangehörigkeitsgesetz kennzeichnet sich die württ. Gemeindeverfassung zu Beginn des Weltkrieges in großen Zügen wie folgt: Die städtische und ländliche Gemeindeverfassung sind in ihrem Aufbau grundsätzlich gleich gestaltet, wenn auch in den Einzelheiten den Verhältnissen der großen Städte durch Sondervorschriften Rechnung getragen ist. Die Vertretung der Gemeinde und die Verwaltung ihrer Angelegenheiten kommt in allen Gemeinden des Landes dem Gemeinderat als dem Gemeindevorstand zu. Er ist der eigentliche maßgebende Träger des Gemeindewillens. Er besteht aus dem Ortsvorsteher und einer Anzahl weiterer Mitglieder. Der Ortsvorsteher ist Vorsitzender des Gemeinderats und als solcher Leitender des Gemeindevorstands. Zugleich hat er die Leitung der Gemeindeverwaltung im engeren Sinne und endlich ist er ausführendes Organ der allgemeinen Staatsverwaltung (Art. 9, 10, 63 Gde.O.). Neben den Gemeinderat und ihm gegenüber tritt der Bürgerausschuß als Bürgerschaftsvertretung. Er hat die Verwaltung der Gemeindeangelegenheiten durch den Gemeinderat zu überwachen, in bestimmtem Umfang ein Mitverwaltungsrecht und auf den Gebieten der Zuständigkeit des Gemeinderats ein allgemeines Initiativrecht. (Art. 9 Abs. 2, Art. 49, 50 Gde.O.). Beide Kollegien werden ebenso wie der Ortsvorsteher von der Bürgerschaft in unmittelbarer Wahl gewählt (Art. 11 ff., 45, 55 ff. Gde.O.). Die württ. Gemeindeverfassung nach der Gemeindeordnung von 1906 kommt also der Magistratsverfassung insofern nahe als die Gemeindeverwaltung einem Kollegium, dem Gemeinderat, übertragen ist und neben demselben eine besondere Vertretung der Gemeindebürger, der Bürgerausschuß, besteht, dem auch das Recht zur Initiative zusteht. Der Unterschied liegt aber darin, daß die Gemeinderatsmitglieder gleichfalls auf verhältnismäßig kurze Amtsdauer unmittelbar von der Bürgerschaft gewählt werden, also auch ihrerseits eine Vertretung der Gemeindebürger darstellen.[1]) Eine Ausnahme machen hiervon wieder die besoldeten Gemeinderäte, die in großen und mittleren Städten, d. h. Städten mit mehr als 10000 Einwohnern, bestellt werden können und welche nicht von den Gemeindebürgern, sondern durch Gemeinderat und Bürgerausschuß gewählt werden (Art. 87 f. Gde.O.). Aktiv und passiv wahlberechtigt sind nur Gemeinde bürger (Art. 11 Abs. 1 GdeO., Art. 1, 12 ff. Gde.-Angeh.-Ges.). Verhältniswahl besteht nur für die großen und mittleren Städte (Art. 11 ff., 73 ff. Gde.O.). An das Bürgerrecht ist auch grundsätzlich das Recht zum Genuß der in der Gemeinde bestehenden öffentlichrechtlichen persönlichen Gemeindenutzungen geknüpft (Art. 1 Abs. 1 Ziff. 2, Art. 22 Gde.-Angeh.-Ges.). Die Gemeinden haben das Recht der Selbstverwaltung und in bestimmten, genau festgesetztem Umfang das Recht der Selbstgesetzgebung (Art. 8 Gde.O.). Die Rechtsverhältnisse der Beamten und Unterbeamten der Gemeinden sind in Anlehnung an die Bestimmungen des für die Staatsbeamten geltenden württembergischen Beamtengesetzes unter entsprechender Berücksichtigung der besonderen Verhältnisse der Gemeinden geregelt (Art. 98 ff. Gde.O.). Die Festsetzung der den Gemeindebeamten zu reichenden Gehalte ist Sache der selbständigen Bestimmung der Gemeinden. Nur für die Bemessung der den Ortsvorstehern in kleineren Städten und Landgemeinden, d. h. den Gemeinden mit nicht mehr als 10000 Einwohnern, zu gewährenden Gehalte kann im Verordnungsweg ein Rahmen vorgeschrieben werden (Art. 105, Abs. 1 u. 2 Gde.O.). Bei der Aufsicht des Staates über die Gemeindeselbstverwaltung (IX. Abschnitt der Gde.O., Art. 185 ff.) geht die württembergische Gesetzgebung davon aus, daß die Regel die Selbstverwaltung bildet und daß die Vorschriften über die staatliche Aufsichtsführung den Charakter von Ausnahmebestimmungen haben mit dem Zweck, die

[1]) Vergl. auch Begründung zum Entwurf einer Gemeindeordnung, Verh. der württ. Kammer der Abgeordneten 1902, Beil. 193 S. 82.

öffentlichen Interessen der Allgemeinheit gegenüber der Gemeindeverwaltung wahrzunehmen[1]). Im allgemeinen beschränkt sich daher die staatliche Aufsicht darauf, daß die gesetzlich den Gemeinden zustehenden Befugnisse nicht überschritten, die gesetzlich den Gemeinden obliegenden öffentlichen Verbindlichkeiten erfüllt und die gesetzlichen Vorschriften über die Geschäftsführung bei der Verwaltung der Gemeindeangelegenheiten, insbesondere des Gemeinde- und Stiftungsvermögens beobachtet werden. Die Mittel, deren sich die höhere Behörde bei Ausübung der Aufsicht bedient, sind die auch in anderen Gemeindeverfassungen üblichen, informatorischer, präventiver, repressiver Art unter Zulassung auch eines entsprechenden Verwaltungszwangsverfahrens. Die Fälle, in denen die Beschlüsse des Gemeinderats der Genehmigung der Regierung bedürfen, sind gesetzlich bestimmt. Sie liegen vornehmlich auf vermögensrechtlichem Gebiet. Sie betreffen vor allem die Veräußerung von Grundeigentum von einem bestimmten Wertbetrag an, Schuldaufnahmen, Uebernahme neuer bleibender Verbindlichkeiten, Verteilung von Vermögensteilen der Gemeinde und sollen die Sicherheit für eine gesunde ökonomische Verwaltung der Gemeinden verstärken. Das Genehmigungsrecht ist in den gesetzlich vorgeschriebenen Fällen unbeschränkt, die Genehmigung kann also auch aus Zweckmäßigkeitsgründen versagt werden. Für die Aufsicht über die örtliche Polizeiverwaltung gelten wesentlich weitergehende Vorschriften. Hinsichtlich der Aufsicht der Staatsbehörden über die Bewirtschaftung der Gemeindewaldungen verbleibt es bei der besonderen gesetzlichen Regelung (Art. 186 bis 197 Gde.O.).

Das durch die Gemeindeordnung vom 28. Juli 1906 geschaffene Werk hat sich im ganzen in der praktischen Handhabung bewährt, mochten auch in Einzelheiten Wünsche nach Abänderung der Gemeindeverfassung schon vor dem Kriege laut geworden sein.

Der Weltkrieg hatte einschneidende Veränderungen naturgemäß auch im Gemeindeleben und in der Gemeindeverwaltung gebracht und ließ sie in mehrfacher Hinsicht in Beziehung auf diejenigen tatsächlichen und rechtlichen Verhältnisse hervortreten, welche für die Gestaltung der Gemeindeverfassung von Bedeutung sind. Es waren in erster Linie wirtschaftliche Momente, die hier treibend wirkten. Die Kriegswirtschaft in ihren verschiedenen Zweigen, vor allem die Maßnahmen zur Sicherung der Ernährung und der Versorgung mit den sonstigen Lebensbedürfnissen hatten den Gemeinden um-

[1]) Vergl. auch Michel, die Gemeindeordnung und die Bezirksordnung für das Königreich Württemberg nebst den hierzu ergangenen Vollzugsbestimmungen. Stuttgart 1909 Anm. 1 zu Art. 186 GdeO.

fassende neue Aufgaben zugewiesen, deren Erfüllung in die Lebensverhältnisse der Gemeindegenossen tief eingriff und den Gemeinden und ihren Organen zugleich ein in dieser Art früher nicht gekanntes Maß von selbständiger Verantwortung auferlegte. Aehnlich lag es auf dem Gebiet der Kriegsfürsorge und der sonstigen Wohlfahrtspflege. Es ging nicht an, das zu ignorieren. Ein Lockern der Zügel der Staatsaufsicht ergab sich daraus als eine Selbstverständlichkeit, der um so mehr Rechnung getragen werden mußte, als die Forderung nach freierer Betätigung der Selbstverwaltung der Gemeinden in dem Vergleich mit dem immer mehr zunehmenden Einfluß kriegswirtschaftlicher Organisationen neue Nahrung fand. Dazu kam mit fortschreitendem Kriege die Erkenntnis, daß selbst bei einem siegreichen oder doch nicht unglücklichen Ausgang des Krieges wenigstens zunächst mit einer erheblichen Schwächung der Betätigungsmöglichkeit wiederaufbauender staatlicher Verwaltung zu rechnen sei. Um so mehr mußten die „Grundlagen des Staatsvereines“ [1]) in sich gefestigt und aktionsfähig gemacht bezw. erhalten werden.

Neben den Grundsatz „gesunder fortschrittlicher Entwicklung“ wurde nach den Worten des Ministers des Innern in seiner Programmrede von 1918 der „Grundsatz möglichster Vereinfachung“ [2]) gestellt. Mit in den Vordergrund hatte sich hier die Frage der Zusammenlegung kleinerer Gemeinden zu leistungsfähigeren Gemeinwesen geschoben. Württemberg hat zahlreiche Zwerggemeinden, deren Leistungsfähigkeit gering ist, während der Verwaltungsapparat in ihnen ein umständlicher und kostspieliger ist. Die Regierung hatte ihre Zusammenlegung zu einfachen oder, wenn es nicht anders ginge, zu zusammengesetzten Gemeinden auf ihr Programm geschrieben [3]).

Eine Erscheinung allerdings, die im Lauf des Krieges zutage getreten war, konnte sich — und zwar aus allgemein politischen Gründen — gesetzgeberisch nicht oder nur vorübergehend und beschränkt auswirken. Die Sorge, nicht wieder gewählt zu werden, hat manchen Ortsvorsteher abgehalten, mit der nötigen Energie, Strenge und Unparteilichkeit auf die Durchführung der kriegswirtschaftlichen Vorschriften, namentlich derjenigen über die Lebensmittelversorgung zu dringen. Die Abhängigkeit des Gemeindeleiters von der Wählerschaft hat hier zweifellos bedenkliche Folgen gezeitigt und drängte

---

[1]) Verfassungsurkunde für das Königreich Württemberg vom 25. September 1819 § 62.

[2]) 226. Sitzung der Württ. zweiten Kammer vom 16. Mai 1918, Prot. Bd. 101 von 1918, S. 5605.

[3]) Verhandlungen der Württ. zweiten Kammer a. a. O. S. 5606.

die Frage auf, ob die Abschaffung der Lebenslänglichkeit der Ortsvorsteher wirklich zum Vorteil der Allgemeinheit gewesen ist. Allein ein Zurückkehren zu der Lebenslänglichkeit der Ortsvorsteher, die durch Einzelfälle schwer diskreditiert, in den Gemeindeverfassungskämpfen schließlich von allen politischen Parteien verworfen worden war, wäre, vollends in der damaligen Zeit, ein Ding der Unmöglichkeit gewesen.

Die Kriegswirtschaft und ihre Begleitumstände hatten noch in anderer Richtung auf die Verhältnisse der Gemeinden eingewirkt. Die Umstellung der Industrie auf Kriegsarbeit, die Konzentration der Betriebe, die Verteilung des vorhandenen Arbeiterkontingents hatten neben anderen Umständen eine Verschiebung der Bevölkerung, den Zuzug neuer Einwohner, zum Teil in beträchtlichem Umfang, namentlich in die industriellen Gemeinden gebracht. Das ließ die möglichst baldige Inangriffnahme einer Revision des Gemeindeangehörigkeitsgesetzes von 1885 und die Erwägung geboten erscheinen, „ob nicht in den für die Erwerbung des Bürgerrechts . . . erforderlichen Voraussetzungen Erleichterungen geschaffen werden könnten“ [1]).

In sozialer Hinsicht war die Zweckmäßigkeit einer erhöhten Mitarbeit der Frauen, gerade auch in Gemeindeangelegenheiten, während des Krieges augenfällig geworden. In Betracht kam vor allem die Armenpflege, die soziale Fürsorge und die Bevölkerungspolitik, Kinderschutz, Jugendfürsorge, Wohnungswesen, Krankenfürsorge und ähnliches [1]). Bei Regierung und Parlament war übereinstimmende Geneigtheit vorhanden, „den Einfluß, der nach den Erfahrungen der Kriegszeit den Frauen im Interesse der Allgemeinheit gewährt werden könne und solle“ zu erweitern. Aber man wollte nicht hinausgehen über die weitere Heranziehung von entsprechend vorgebildeten Frauen als sachverständige Beiräte zu den Ausschüssen der Gemeindevertretungen, sowie als Mitglieder zu den für einzelne Zweige der Gemeindeverwaltung zu bildenden besonderen Kommissionen, „insoweit in ihnen spezifische Frauenangelegenheiten berührende Maßnahmen beraten werden,“ und man lehnte die nur von der Sozialdemokratie unterstützte Forderung auf Einführung des kommunalen Wahlrechts der Frauen ab [2]).

So hatte sich während des Krieges eine Reform der württ. Gemeindeverfassung vorbereitet, deren Einzelheiten naturgemäß

---

[1]) Staatsminister des Innern Dr. von Köhler in der 226. Sitzung der Württ. zweiten Kammer vom 16. Mai 1918, Prot. Bd. 101, Jahrgang 1918, S. 5605.

[2]) Vgl. insbesondere Bericht des Staatsrechtlichen Ausschusses über 16 Eingaben von württembergischen Frauen-Vereinen, betreffend die Mitwirkung der Frau im öffentlichen Leben. Verhandlungen der Württ. zweiten Kammer 1913/18, Beil. Bd. 118, Beil. 468 S. 358ff.

noch nicht fest umschrieben waren, deren Tendenz sich aber deutlich erkennen ließ: weitere Abschwächung des Grundsatzes der Bürgergemeinde, Förderung der Leistungsfähigkeit der Gemeinden auch durch organisatorische Maßnahmen, fortschrittliche Entwicklung und Vereinfachung der Gemeindeverfassung, namentlich auch in Hinsicht auf das staatliche Aufsichtsrecht. Die Frage der organschaftlichen Beteiligung der Frau am gemeindebürgerlichen Leben war in der Hauptsache in negativer Richtung beantwortet worden.

Mit der Revolution hat die zunächst herrschende Diktatur des Proletariats auch in der Gemeindeverwaltung sich durchzusetzen und die Verfassung der Gemeinden durch eine je nach den Verhältnissen mehr oder minder wirksame und weitgehende Nebenregierung der Arbeiter-, Bauern- und Soldatenräte in ihrem Kern, dem Selbstverwaltungsrecht, zu treffen versucht. Diese Nebenregierung und die Maßnahmen, die von der schon wenige Tage nach der Revolution durch bürgerliche Mitglieder verstärkten provisorischen Regierung ergriffen wurden, um ihr eine nachhaltig schädigende Wirkung zu nehmen, sind, so interessant sie in rechts- und kulturgeschichtlicher Hinsicht sein mögen, für die Entwicklung des württembergischen Gemeindeverfassungsrechts belanglos geblieben.

Positiv neu gestaltend hatte die Revolution zuerst in Beziehung auf das Frauenwahlrecht gewirkt. Das königliche Manifest vom 9. November 1918, gegengezeichnet von den Ministern des am 9. November ernannten parlamentarischen Eintagsministeriums, ordnete die Einberufung einer konstituierenden Landesversammlung an, die durch allgemeine, gleiche, direkte, geheime Wahl der württ. Staatsangehörigen über 24 Jahren, beiderlei Geschlechts, gebildet werden sollte. Die Forderung der Sozialdemokratie hinsichtlich der Erweiterung der politischen Rechte der Frauen war also noch von dem Monarchen in dem wichtigsten Punkt erfüllt worden. Daraus mußten in jedem Fall für das Gemeindeverfassungsrecht die entsprechenden Folgerungen um so mehr gezogen werden, als jene oben erwähnten von der sozialdemokratischen Partei unterstützten Eingaben der Frauenverbände gerade die Einführung des kommunalen Wahlrechts der Frauen gefordert hatten.

Inzwischen hatte der Aufruf des Rats der Volksbeauftragten vom 12. November 1918 (RGBl. S. 1303) die künftige Vornahme aller Wahlen zu öffentlichen Körperschaften, d. h. der Vertretungen der Staaten und Gemeinden,[1] nach dem gleichen, ge-

[1] Bekanntmachung, betr. Wahlen zu öffentlichen Körperschaften, vom 29. Januar 1919, RGBl. S. 123.

heimen, direkten, allgemeinen Wahlrecht auf Grund des proportionalen Wahlsystems für alle mindestens 20 Jahre alten männlichen und weiblichen Personen angeordnet. Die württembergische provisorische Regierung war in der Lage, schon unter dem 28. Januar 1919 den Entwurf eines Gesetzes, betreffend das Gemeindewahlrecht und die Gemeindevertretung vorzulegen, das zunächst als ein Notgesetz für die Uebergangszeit bis zur Erlassung einer neuen Gemeindeordnung gedacht war (Begr.). Es wurde von der Landesversammlung am 8. März 1919 mit großer Mehrheit angenommen und unter dem 15. März 1919 verkündet[1]).

Wie schon der Titel besagt, beschränkt es sich nicht darauf, die bisherigen Grundlagen für das Gemeindewahlrecht und das Gemeindewahlverfahren mit den Forderungen des Aufrufs der Volksbeauftragten in Einklang zu bringen, sondern es geht darüber hinaus. Es greift, wie wir sehen werden, noch in einem weiteren Punkt in das Gemeindeverfassungsrecht ein.

Was das Gemeindewahlrecht betrifft, so erfaßt die Neuregelung das Wahlrecht und die Wählbarkeit. Anlangend zunächst das (aktive) Gemeindewahlrecht werden formalrechtlich die vom Stimm- und Wahlrecht handelnden Vorschriften der Art. 12 bis 14 des Gemeindeangehörigkeitsgesetzes vom 16. Juni 1885 durch Art. 1 des neuen Gesetzes ersetzt. Weitere mit der Neuregelung in Widersprch stehende Vorschriften des Gemeindeangehörigkeitsgesetzes (Art. 1 Abs. 1 Ziff. 1 und Abs. 2) sowie der Gemeindeordnung (Art. 11 Abs. 1) werden aufgehoben. Materiellrechtlich befaßt sich das Gesetz vor allem mit dem Wahlalter und den staatsrechtlichen und sonstigen verwaltungsrechtlichen Voraussetzungen für die Wahlfähigkeit und die Wählbarkeit. Das aktive Wahlrecht, d. h. nach dem an die alte Fassung sich anschließenden Art. 1 „das Recht der Teilnahme an den Wahlen zu den Gemeindeämtern und das Stimmrecht in sonstigen Gemeindeangelegenheiten“ steht nunmehr „allen württembergischen Staatsbürgern ohne Unterschied des Geschlechts zu, welche das 20. Lebensjahr vollendet und im Gemeinde- oder Teilgemeindebezirk ihren Wohnsitz haben“. (Ziff. 1 Satz 1.) Als Gemeindeämter, die durch direkte Wahl der Gemeindeeinwohner besetzt werden, kommen in Betracht die Stellen der Mitglieder des Gemeinderats, das Ortsvorsteheramt sowie das Amt des Anwalts in Teilgemeinden mit mindestens 10 wahlberechtigten Gemeindeeinwohnern. Ein Stimmrecht in sonstigen Gemeindeangelegenheiten kommt nur in kleinen Teilgemeinden, in denen die Verwaltung der örtlichen Angelegenheiten der Teilgemeindeversammlung als

[1]) Veröffentlichung im Reg.Bl. auf S. 25 ff.

der Gesamtheit der stimmberechtigten Gemeindeeinwohner zusteht, vor (Art. 175 Abs. 3, Art. 173 Abs. 3 GdeO.). Ziffer 2 regelt die Tatbestände, welche zum Ruhen des Wahlrechts führen: Das Wahl- oder Stimmrecht ruht für den an sich Wahlberechtigten in den üblichen Fällen (Nichtbesitz der bürgerlichen Ehrenrechte, Entmündigung, Stellung unter vorläufige Vormundschaft oder wegen geistiger Gebrechen unter Pflegschaft). Und endlich ist in Ziffer 3 die Wählbarkeit für den Gemeinderat allen danach wahlberechtigten Personen eingeräumt, welche das 25. Lebensjahr vollendet haben. Bezüglich der übrigen Gemeindeämter verbleibt es bei den bisherigen Vorschriften.

Das Gesetz ist hiernach dem Grundsatz der Einwohnergemeinde in dem wichtigsten Punkte entgegengekommen: das Wahlrecht ist nicht mehr Ausfluß des Gemeinds b ü r g e r rechts als eines Rechts, das nur einem engeren Kreis der Gemeindeangehörigen zusteht, sondern ist an den Wohnsitz geknüpft. Und dabei ist grundsätzlich davon auszugehen, daß eine Person in dem Gemeindebezirk dann ihren Wohnsitz hat, wenn sie dort ihren Aufenthalt hat und beabsichtigt, diesen Aufenthalt dauernd beizubehalten[1]). Von Festsetzung einer Wartezeit für die Ausübung des Wahl- oder Stimmrechts ist abgesehen. Dagegen ist an der Forderung der württembergischen Staatsangehörigkeit als Voraussetzung festgehalten. Ausgehend von der richtigen Erwägung, daß die Verwaltung einer Gemeinde als die Verwaltung von öffentlichen Angelegenheiten vorwiegend lokaler Bedeutung nur von denjenigen richtig beurteilt werden kann, die in einer entsprechenden Interessenverbindung zur Gemeinde stehen, war zunächst eine Fassung angenommen worden, welche die Ausübung des Wahl- oder Stimmrechts an die Voraussetzung einer mindestens einjährigen Wohnsitzdauer knüpfte, anderseits aber sich mit dem Nachweis der Reichsangehörigkeit begnügte. Mit Rücksicht auf die Kriegsteilnehmer, welche die Forderung einjährigen Wohnsitzes vielfach nicht hätten erfüllen können, sollte diese Bestimmung erst für die Zeit nach dem 1. April 1920 wirksam werden. — Man sieht deutlich das Vorwalten zweier Tendenzen, der konservativen in dem Ersatzschaffen für die mit der Aufgabe des Bürgerrechts als Wahlrechtsvoraussetzung weggefallene wünschenswerte Kautel und der radikalen, die den durch die Revolution mit ihren Folgen verstärkten Reichsbürgergedanken auch im Gemeindeverfassungsrecht zur Geltung bringen wollte.

---

[1]) Vergl. Michel, Die Gemeindewahlen in Württemberg nach den Bestimmungen der Gemeindeordnung in der Fassung des Gesetzes vom 15. März 1919, betr. das Gemeindewahlrecht und die Gemeindevertretung, zweite ergänzte Auflage, 1919, S. 3.

In der dritten Lesung wurde der Regierungsentwurf in diesem Punkte wiederhergestellt. Man wollte keine Bindung für die Zukunft festlegen, um so weniger, als die baldige Vorlage einer neuen Gemeindeordnung in Aussicht gestellt worden war. Der von radikal-sozialistischer Seite gestellte Antrag, statt der württembergischen Staatsangehörigkeit allgemein, also ohne irgend welche Wartezeit, die Reichsangehörigkeit genügen zu lassen, fand keine Mehrheit. Er war auch von dem sozialdemokratischen Minister des Innern bekämpft worden[1]). So war denn das Aequivalent für die im Gemeindebürgerrecht liegende Verbindung mit der Gemeinde durch die Kombination „Württembergische Staatsangehörigkeit und Wohnsitz" geschaffen worden.

Die Gewährung des Wahlrechts an die Frauen war nach dem Vorausgegangenen eine von keiner Seite angefochtene Selbstverständlichkeit. Die Herabsetzung des Wahlalters von bisherigen 25 Jahren (Art. 12 Abs. 1 GAGes.) auf 20 Jahre stellte eine Konzession an die Sozialdemokratie und an die Vorgänge in anderen Wahlgesetzen und anderen Bundesstaaten dar, auf die sich die Mehrheit in zweiter Lesung der Ausschußberatung einigte, nachdem die erste Lesung die Festsetzung des Wahlalters auf das vollendete 21. Lebensjahr ergeben hatte[2]).

Die Verminderung der Fälle, in denen das Wahlrecht ruht, Ausscheidung des Falls der Konkurseröffnung, des Bezugs öffentlicher Armenunterstützung und der Steuerrückständigkeit (Art. 14 Ziff. 4—6 GAGes.) aus ihnen, entspricht neuzeitlichen Forderungen, die längst vor der Revolution erhoben worden waren und deren Verwirklichung auch eine unter anderen Umständen vorgenommene Revision des Gemeindeverfassungsrechts hätte bringen müssen.

Die Neuregelung der Wählbarkeit bezieht sich zunächst lediglich auf die Wahl in den Gemeinderat, die früher (Art. 1 Abs. 2 GAGes.) an den Besitz des Gemeindebürgerrechts geknüpft war. Die Wählbarkeit zu dem Amt des Ortsvorstehers ist nicht geändert worden. Sie war schon bisher nicht Ausfluß des Gemeindebürgerrechts (Art. 57 Gde.O.) und im übrigen wurde bei ihr kein Anlaß zur Aenderung gefunden. Die Regelung der Wählbarkeit zum Gemeinderat bleibt nach dem neuen Gesetz wie bisher (Art. 12 GAGes.) im engen Zusammenhang mit derjenigen des aktiven Wahlrechts. Sie ist entsprechend erfolgt: Alle Wahlberechtigten sind mit einer

---

[1]) Verhandlungen der Verfassunggebenden württembergischen Landesversammlung, 10. Sitzung vom 5. März 1919. Prot. Bd. 1 von 1919 S. 225, 226.

[2]) Verhandlungen der Verfassunggebenden württ. Landesversammlung, 10. Sitzung vom 5. März 1919, Prot. Bd. 1 von 1919, S. 222.

gleich zu erwähnenden Einschränkung auch wählbar. Gewisse Schranken, die nach der Gemeindeordnung (Art. 26 Abs. 4 und Art. 100 Abs. 2 Satz 3) für die Gemeindebeamten und -Unterbeamten in Beziehung auf die Wählbarkeit bestanden und die in dem dienstlichen Abhängigkeitsverhältnis der Gemeindebeamten einerseits, dem Ueberwachungsrecht der Gemeindevertreter andererseits ihre Begründung gefunden hatten, wurden als nicht mehr zeitgemäß und dem Grundsatz der politischen Gleichberechtigung aller Staatsbürger widersprechend beseitigt. Die Neuregelung brachte also Loslösung auch der Wählbarkeit vom Gemeindebürgerrecht und Anknüpfung an den Besitz der württ. Staatsangehörigkeit und den Wohnsitz in der Gemeinde, Einräumung der Wählbarkeit auch an die Frauen. Dagegen wurde aus der Herabsetzung des Wahlalters die Folgerung für die Wählbarkeit nicht gezogen. Ein Antrag, das Wählbarkeitsalter ebenfalls auf 20 Jahre herabzusetzen, wurde abgelehnt.[1]) An dem bisherigen Erfordernis der Vollendung des 25. Lebensjahres war also festgehalten. Zur Vermeidung von Unstimmigkeiten wurde als Ergänzung zu den Bestimmungen über Wahlrecht und Wählbarkeit bestimmt, daß alle Vorschriften der Gemeindeordnung, des Gemeindeangehörigkeitsgesetzes und anderer Gesetze, die das Recht zur Teilnahme an der Wahl zu einem Amt, die Wählbarkeit und die Verpflichtung zur Annahme eines Amts von dem Besitz des Gemeindebürgerrechts abhängig machen — besonders Bezug genommen wurde in den Verhandlungen auf die Mitglieder des Ortsschulrats[2]), — als durch die entsprechend anzuwendenden Bestimmungen des Art. 1 abgeändert gelten (Art. 2 Abs. 2).

Die durch das Gesetz vom 15. März 1919 bewirkte Aenderung des Wahlverfahrens besteht unter formeller Aenderung einer Anzahl Artikel der Gemeindeordnung in der grundsätzlichen Erstreckung des Verhältniswahlverfahrens auf die Gemeinderatswahlen in allen Gemeinden mit mehr als 500 Einwohnern (Art. 5 Abs. 2) und in der gesetzlichen Festlegung der Sonntagswahl und zwar für die Gemeinderatswahl wie für die Ortsvorsteherwahl (Art. 9). Beide Aenderungen sind durch die Revolution unter unmittelbarem Einfluß des Aufrufs der Volksbeauftragten veranlaßt. Und bei der weitgehenden Verallgemeinerung des Grundsatzes der Verhältniswahl ist, wenn dies auch nicht ausdrücklich mit diesen Worten ausgesprochen wurde, der uns in dieser Zeit fast schlagwortartig immer wieder begegnende Gedanke maßgebend gewesen, den Volkswillen in reiner und unverfälschter Gestalt auch im

---

[1]) A. a. O. 10. Sitzung S. 226.
[2]) A. a. O. 10. Sitzung S. 228.

Gemeindeverfassungsleben zum Ausdruck zu bringen. Aber die Festsetzung der Verhältniswahl als einzig zugelassenes Wahlverfahren ist doch wiederum nichts völlig Neues in der württ. Gemeindeverfassung, sondern knüpft an eine Regelung an, die wenigstens für die großen und mittleren Städte, d. h. die Gemeinden mit mehr als 10000 Einwohnern, bereits durch die Gemeindeordnung von 1906 (Art. 73ff.) eingeführt worden war. Freilich ist die dort erfolgte Regelung nicht unverändert übernommen worden. Die letztere hatte trotz und innerhalb des Proportionalwahlverfahrens dem einzelnen Wähler völlige Freiheit unter den Kandidaten gelassen. Nicht nur das „Panachieren", sondern auch die Wahl von „Wilden" war ihm gestattet. Beides wurde durch das neue Gesetz für die großen Städte ausgeschlossen, also die „gebundene Liste" an die Stelle der „freien Liste" gesetzt (Art. 5 Abs. 2 Buchst. A), während für die Gemeinden mit mehr als 500 bis zu 50000 Einwohnern zwar auch die Wahl von „Wilden" ausgeschlossen, die Zulässigkeit des „Panachierens" aber beibehalten wurde (Art. 5 Abs. 2 Buchst. B). Die Möglichkeit der beschränkten Stimmenhäufung (des Kumulierens) war für alle Gemeinden, in denen nach dem Verhältniswahlverfahren gewählt wurde, vorgesehen, wie sie auch schon bisher bei dem Verhältniswahlverfahren in den großen und mittleren Städten gegeben war. Auch hier wiederum Anknüpfung an Bestehendes unter Nutzbarmachung der gemachten Erfahrungen und unter Durchtränkung mit dem Geist der neuen Zeit. Die Regelung so, wie sie durch das Gesetz erfolgt ist, ist erst nach lebhaften Auseinandersetzungen in Ausschuß und Plenum der Landesversammlung zustande gekommen. Sie geben ein anschauliches Bild des Kampfes des Alten mit dem Neuen auf diesem wichtigen Gebiet des Gemeindeverfassungslebens. Die leitenden Gesichtspunkte für die in der schließlichen Regelung getroffene Aenderung der bisherigen Vorschriften lassen sich in folgendem zusammenfassen[1]): Die Zulassung der Aufstellung von Wilden könne die Durchführung des Grundsatzes der Verhältniswahl insofern störend beeinflussen als die Ersatzmöglichkeit eines etwa gewählten aber aus irgendeinem Grunde im Laufe der Wahlperiode aus dem Kollegium wieder ausscheidenden Wilden nicht gegeben sei, während der auf der Parteiwahlliste Gewählte bei seinem Ausscheiden selbsttätig durch den ihm auf den Wahlvorschlag folgenden ersetzt werde. Das Panachieren habe in denjenigen Städten, in welchen die Verhältniswahl schon bisher bestand, zu Mißständen, auch zu Intriguen innerhalb

[1]) Vgl. Verhandlungen der verfassunggebenden württ. Landesversammlung 11. Sitzung, Prot. Bd. 1 von 1919, S. 244ff.

der eigenen Partei geführt. In Stuttgart sei es „für alle Parteien zweifellos eine Quelle des Zwistes, der Unzuverlässigkeit und von Streitigkeiten gewesen“ [1]). Das Mischen bedeute „eine politische Unehrlichkeit“ und führe zu „politischer Korruption, Mandatsjägerei und Unehrlichkeit unter den Wählern selber“ [2]). Deshalb sei es in den großen Städten, wo auch bei den Gemeindewahlen politische Gesichtspunkte mehr oder weniger hereinspielen, auszuschließen. Das sei um so eher möglich, als in den großen Städten „der Kreis derer, die sich auf eine Liste zu vereinigen in der Lage sind, in der Regel so groß sein wird, daß er auch für sich allein einen besonderen Wahlvorschlag einreichen kann“. Bei den anderen Gemeinden dagegen sei „dieser Kreis nicht so groß und deshalb besteht dort .... ein Bedürfnis dafür, daß man nötigenfalls im Wege des Panachierens diejenigen Leute auf das Rathaus bringt, die dazu nach der Meinung des betreffenden Wählers und der Wählerin besonders geeignet sind“ [3]). Die Stimmenhäufung solle dem Wähler eine gewisse Freiheit innerhalb der gebundenen Liste lassen, ihm gestatten, den Mann seines besonderen Vertrauens zu bevorzugen. Bei den kleinen und kleinsten Gemeinden stoße die Durchführung der Verhältniswahl auf praktische Schwierigkeiten. Die notwendige Zahl von Unterzeichnern für die Wahlvorschläge werde oft nicht vorhanden sein. Vielfach werde überhaupt nur ein Wahlvorschlag eingereicht werden. Dann komme es im Grunde auf das alte Wahlsystem heraus. In zusammengesetzten Gemeinden mit einer Mehrzahl von Teilgemeinden, bei denen die Gemeinderatsstellen zugleich auf die Angehörigen der einzelnen Teilgemeinden verteilt werden müssen, werde die Schwierigkeit der praktischen Durchführung noch erhöht.

Die Erneuerung des Gemeinderatskollegiums hat bei einer Wahldauer von sechs Jahren jetzt je nach drei Jahren zur Hälfte statt wie bisher je nach zwei Jahren zu einem Drittel zu erfolgen — eine Aenderung, erst von dem Landtagsausschuß und zwar auf einstimmigen Beschluß [4]) eingefügt, die wiederum, weil die Stetigkeit der gemeindlichen Entwicklung unterstützend eines gewissen konservativen Charakters nicht entbehrt, im Uebrigen aber ohne grundsätzliche Bedeutung ist.

Die in dem Gesetz vom 15. März 1919 über das Gemeindewahlrecht und das Gemeindewahlverfahren getroffene Regelung konnte nicht durchaus aufrecht erhalten werden, nachdem die Reichsverfassung in Art. 110 Abs. 2 die völlige Gleichstellung

[1]) Abg. Hauser a. a. O. S. 247.
[2]) Abg. Vorhölzer a. a. O. S. 248.
[3]) Abg. Scheef a. a. O. 13. Sitzung S. 281/82.
[4]) Berichterstatter v. Mühlberger a. a. O. 11. Sitzung S. 240.

der landesfremden Reichsangehörigen mit den Angehörigen des Aufenthaltlandes ausgesprochen und in Art. 17 Richtlinien aufgestellt hatte, mit denen die württ. Regelung nicht durchweg im Einklang stand. Nach Art. 17 Abs. 2 Satz 1 gelten die Grundsätze für die Wahlen zur Volksvertretung auch für die Gemeindewahlen. Und der zwingenden Vorschrift von Art. 17 Abs. 1 Satz 2 und Art. 110 Abs. 2, daß wahlberechtigt und wählbar alle reichsdeutschen Männer und Frauen sind, war nach dem württ. Wahlgesetz für die Gemeindevertretung nicht entsprochen, die Forderung der Verhältniswahl nicht restlos für die Vertretungen aller Gemeinden erfüllt. Die Frage, deren Stellung möglich gewesen wäre, ob nämlich die Vorschrift in Art. 17 Abs. 2 Satz 1 der RV. auf die Wahlen der württ. Gemeideräte überhaupt Anwendung zu finden habe, ist von Regierung und Volksvertretung nicht ausdrücklich gestellt und erörtert, sondern ohne weiteres bejaht worden. Nach der eigentümlichen Struktur der württ. Gemeindeverfassung, nach der der Gemeinderat nicht nur den Gemeindevorstand bildet, sondern jetzt auch — darauf komme ich noch — die Gemeindevertretung, das Gemeindeparlament darstellt, ist dem beizutreten. Das Gesetz vom 20. Oktober 1922 über Aenderung des Gemeindewahlrechts (Reg.Bl. S. 431) zieht die sich ergebenden Folgerungen: Die Bindung des Gemeindewahlrechts und der Wählbarkeit an den Besitz der württ. Staatsangehörigkeit wird aufgehoben. Allen Deutschen steht jetzt das Wahlrecht und die Wählbarkeit zu. Aber nunmehr kehrt man unter Ausnutzung des Vorbehalts in Art. 17 Abs. 2 Satz 2 RV. zu dem schon 1919 erörterten Gedanken, allerdings in abgeschwächter Form zurück und stellt in bewußter Uebereinstimmung[1]) mit dem badischen Gesetz vom 5. Oktober 1921 als weitere Voraussetzung des aktiven und passiven Gemeindewahlrechts das „Wohnen im Gemeinde- oder Teilgemeindebezirk seit sechs Monaten“ auf (Art. 1, I Ziff. 1 Satz 1). Dabei ist unter „wohnen“ zu verstehen, daß die betreffenden daselbst ihren nicht bloß vorübergehenden Aufenthalt haben (§ 2 Abs. 1 der Vollzugsverfügung des Ministeriums des Innern vom 30. Oktober 1922, Reg.Bl. S. 443, in Uebereinstimmung mit der Begründung zum Gesetzentwurf). Der Ausschuß hatte sich für die Bemessung der Aufenthaltsfrist auf ein Jahr entschieden, der schließliche Beschluß des Landtags bedeutete ein Zugeständnis an die Sozialdemokratie, die eine solche Frist überhaupt nicht wollte, weil zu befürchten sei, daß dadurch „gerade die Arbeiterschaft um ihr Gemeindewahlrecht käme“[2]). Die Betonung des

---

[1]) Vgl. die Begründung zu dem Ges.-Entw.

[2]) Verhandlungen des württ. Landtags 1920/22, Prot. Bd. 5, S. 3964.

Moments der Interessenverbindung, des Zusammenhangs zwischen Wähler und Gemeinde kehrt auch in der, ebenfalls einen Vorgang in der badischen Gemeindeordnung findenden Bestimmung wieder, daß derjenige, welcher infolge Wegzugs das Wahlrecht verloren hat, jedoch vor Ablauf von zwei Jahren in die Gemeinde zurückkehrt, mit der Rückkehr das Wahlrecht (das aktive wie das passive) wieder erlangt (Art. 1, I Ziff. 1 Satz 2 verb. mit Ziff. 4). Die Beschränkung der Verhältniswahl auf die Gemeinden mit mehr als 500 Einwohnern entfällt (Art. 1 II und III), das Ministerium des Innern hat aber die Möglichkeit, insbesondere bezüglich der Durchführung der Verhältniswahl in Teilgemeinden, von den Vorschriften der Gemeindeordnung abweichende Bestimmungen zu erlassen (Art. 1, IV). Auch ist — wiederum im Interesse der kleinen Gemeinden — zur Vermeidung von Einseitigkeiten außer in den großen Städten dann, wenn nur ein gültiger Wahlvorschlag eingekommen ist, die Wahl von „Wilden" zugelassen (Art. 1, IV). Von den sonstigen Bestimmungen des Gesetzes, das u. a. auch die Tatbestände für die rechtliche und tatsächliche Einschränkung des Wahlrechts in Anlehnung an das Landtagswahlgesetz vom 15. Mai 1920 (Reg.Bl. S. 243) neu ordnet, sind als für die Entwicklung des Gemeindeverfassungsrechts von Interesse hervorzuheben das Ruhen des Wahlrechts für die Soldaten während der Dauer ihrer Zugehörigkeit zur Wehrmacht und die Zulassung der Samstagswahl statt der Sonntagswahl durch Gemeinderatsbeschluß und unter der in Berücksichtigung der Interressen der Arbeiterschaft festgesetzten Bedingung der Ausdehnung der Wahlzeit bis 8 Uhr abends.

Bei diesen Bestimmungen über das Gemeindewahlrecht ist es bis jetzt geblieben.

Nicht minder einschneidend war der Eingriff in die Gemeindeverfassung, der durch das Gesetz vom 15. März 1919 in der Abschaffung des Bürger-Ausschusses bewirkt wurde. Und doch war auch er nur das Ergebnis einer Entwicklung, die sich im Lauf der Zeit, namentlich der letzten Jahre vor der Revolution, vorbereitet hatte. Noch bei der Etatsberatung im Jahre 1918 war durch Beschlüsse beider Kammern die Regierung ersucht worden, „in Erwägung darüber einzutreten, ob nicht den Gemeinden, insbesondere den größeren Gemeinden, das Recht eingeräumt werden könne, das Einkollegial-System einzuführen" [1]). Der Minister des Innern hatte

[1]) Dritte Zusammenstellung von Beschlüssen der zweiten Kammer zu dem Entwurf des Staatshaltsplans für das Rechnungsjahr 1918, Ziff. 3 zu Kap. 20 Tit 1 — Verhandlungen der württembergischen zweiten Kammer 1917/18, Beil.-Bd. 118, Beil. 480 und Anlage zu Beil. 608 der Verhandlungen der Ersten Kammer 1913/18 Beil. Bd. 29.

Erwägungen über die Frage zugesagt[1]). Wie schon erwähnt, war in dem Entwurf zur Gemeindeordnung von 1906 von der Regierung selbst die Beiseitigung des Bürgerausschusses in bestimmtem Umfang gefordert worden. Damals war der Landtag der konservativere Teil gewesen. Die Revolution hat das Tempo beschleunigt. Wie in der Staatsverfassung, so ist man auch in der Gemeindeverfassung über das „Zweikammersystem“ hinweggeschritten. Die tieferen inneren Gründe lagen in der Entwicklung, welche die Einrichtung genommen hatte. Der Bürgerausschuß, dessen erste Anfänge in den von der Bürgerschaft zu wählenden Gemeindedeputierten der absoluten Zeit zu suchen sind, welche die Gemeinde gegenüber dem aus Gericht und Rat zusammengesetzten, die Verwaltung ausübenden Magistrat zu vertreten hatten, war ursprünglich gedacht als ein Gegengewicht gegen die damals im Grundsatz[2]) noch lebenslänglich bestellten Mitglieder des Gemeinderats. Als eine alle Jahre hälftig durch geheime Wahl zu erneuernde Vertretung der Bürgerschaft bildete sie gegenüber der durch den Gemeinderat repräsentierten stabilen Gemeindeverwaltung das bewegliche Element, durch das die in der Gemeinde jeweils herrschenden Anschauungen und Auffassungen über die Besorgung der Gemeindeangelegenheiten zum entsprechenden Ausdruck gelangen konnten. Seine Zustimmung war zu einer Reihe wichtiger Beschlüsse des Gemeinderats erforderlich, wenn diese in Vollzug gesetzt werden wollten. Der Bürgerausschuß war also ein Kontrollorgan. Er sollte, wie der Berichterstatter in der verfassunggebenden württembergischen Landesversammlung zutreffend sich ausdrückte „etwa eingesessenen Gewohnheiten des Gemeindekollegiums, einer Familienherrschaft oder sonstigen Herrschaft des Gemeinderats gegenüber eine ausgleichende Tätigkeit“ ausüben[3]). Ueber diese Funktion war der Bürgerausschuß, der — namentlich parteipolitisch — wohl auch als Vorschule für das Amt eines Gemeinderats angesehen wurde[4]), längst hinausgewachsen. Nicht nur, daß die Zahl der Fälle, in denen seine Zustimmung zur Vollziehbarkeit der Gemeinde

---

[1]) Verhandlungen der zweiten Kammer 1913/18, 249. Sitzung vom 17. Juli 1918, Prot. Bd. 102 von 1918 S. 6126.

[2]) Sie mußten sich nach Verfluß von zwei Jahren seit ihrer ersten Wahl einer wiederholten Wahl unterziehen und waren dann im Fall der Wiederwahl auf Lebenszeit bestellt.

[3]) Verhandlungen des württembergischen Landtags 1919/20, Prot. Bd. 1 S. 150. Vgl. auch die Begründung zu dem Entwurf einer Gemeindeordnung. Verhandlungen der Kammer der Abgeordneten 1902. Beil. 193, S. 78.

[4]) Adolf Scheef, Mitglied der Landesversammlung, Die neue Verfassung der Württembergischen Gemeinden. Sonderabdruck aus dem „Reutlinger Generalanzeiger“ S. 6.

ratsbeschlüsse erforderlich war, beträchtlich vermehrt worden war, — durch das in Art. 50 Abs. 4 der Gemeindeordnung neu eingeführte Initiativrecht war er in wesentlichen Beziehungen dem Gemeinderat gleichgestellt. Dazu kam, daß in der Praxis der Bürgerausschuß in den seiner Zustimmung bedürfenden Fällen schon von Anfang an zu allen Beratungen in den Kommissionen herangezogen zu werden pflegte[1]), die Kontrolle also zu einer regelrechten Mitarbeit geworden war und die durch die Gemeindeordnung für gewisse Fälle vorgeschriebene Durchzählung der Stimmen innerhalb beider Kollegien etwaigen auf das Einheitskollegium gerichteten Tendenzen Vorschub leistete. Auf der anderen Seite wurden die Gemeinderatsmitglieder seit der Verwaltungsnovelle vom 6. Juni 1849 (Reg. Bl. S. 277) nicht mehr auf Lebenszeit, sondern auf sechs Jahre gewählt. Zwei Kollegien aber, von demselben Wahlkörper, auf dieselbe Zeit gewählt mit weitgehend denselben Aufgaben nebeneinander bestehen zu lassen, war in der Tat nicht begründet. So war es erklärlich, daß die verfassunggebende Landesversammlung im Jahre 1919, die im Begriff stand, für die Landesvertretung endgültig die erste Kammer zu beseitigen, ohne weiteres dazu überging, in der Gemeindeverwaltung den Bürgerausschuß abzuschaffen und diejenigen Befugnisse, die bisher dem Gemeinderat und Bürgerausschuß und den beiden Kollegien zusammen zugewiesen waren, unter formeller Aufhebung der entgegenstehenden gesetzlichen Bestimmungen dem Gemeinderat übertrug (Art. 3). Eine Vertretung der Bürgerschaft oder Einwohnerschaft gegenüber der Gemeindeverwaltung gibt es jetzt nicht mehr, die von dem „Gemeindevolk" gewählte Gemeindeverwaltung ist eben diese Vertretung oder umgekehrt das Gemeindevolk ist es, das durch die von ihm unmittelbar gewählte Vertretung zusammen mit dem gleichfalls unmittelbar von ihr gewählten Ortsvorsteher die Gemeinde verwaltet, — eine Konstruktion durchaus demokratisch gedacht, den Zeitverhältnissen und Zeitanschauungen, dem Drang nach Vereinfachung der Verwaltung und dem württembergischen Empfinden entsprechend. Gleichzeitig — das erschien als Ausgleich und im Interesse einer möglichst weitgehenden Vertretung der verschiedenen Berufsstände wünschenswert und auch für die Durchführung der Verhältniswahl zweckmäßig — wurde die Zahl der Mitglieder des Gemeinderats erhöht (Art. 4 des Gesetzes vom 15. März 1919). Im übrigen blieb es bei der bisherigen Gemeindeverfassung, auch für die großen Städte.

[1]) Abg. Dr. v. Mühlberger, Verh. der verfassunggebenden württembergischen Landesversammlung, 7. Sitzung. Prot. Bd. 1 von 1919. S. 150/151.

An der rechtlichen Stellung des Ortsvorstehers und der Verteilung der Zuständigkeiten zwischen ihm und dem Gemeinderat insbesondere ist nichts geändert. Damit stellt die württembergische Gemeindeverfassung einen Typus dar, der sich in die alten Systeme nicht eingliedern läßt. Er wird mit Recht als „Gemeinderatsverfassung" bezeichnet.

Auf entgegengesetzter Bahn als die bisher besprochenen Aenderungen scheint zunächst eine nicht unwesentlich in das Verfassungsrecht der Gemeinden eingreifende Maßnahme sich zu bewegen, die noch vor der letzten Gemeindeordnungsnovelle eingeleitet und durch das Polizeiverwaltungsgesetz vom 16. Dezember 1921 (Reg.Bl. von 1922, S. 15) zum Abschluß gebracht worden ist[1]). Nach der Gemeindeordnung vom 28. Juli 1906 hat die Gemeinde die Verwaltung der Ortspolizei. Ob im Rahmen des eigenen oder des übertragenen Wirkungskreises ist streitig. Die geschichtliche Entwicklung läßt die erstere Ansicht als die richtige erscheinen. Die Gründe für eine neue gesetzliche Regelung lagen nun nach der Begründung des Gesetzentwurfs einmal in den Nachwirkungen des Krieges, der gesteigerten Kriminalität, dauernden Zunahme schwerster Verbrechen gegen Person und Eigentum und der stets drohenden Gefahr von Aufruhr und Putschen, welche die bestehenden Vollzugsorgane der Polizei als ungenügend erscheinen ließen, und sodann in der Notwendigkeit einer organischen Eingliederung der staatlichen Ordnungspolizei. Sie führten zu einer Verstaatlichung der Ortspolizei unter Uebertragung ihrer Verwaltung an neue selbständige lokale Fachbehörden, an staatliche Polizeiverwaltungsstellen (Polizeiämter), freilich unter Beschränkung auf bestimmte Zweige der Ortspolizei und auf bestimmte Klassen von Gemeinden, für die ein Bedürfnis nach Verstaatlichung anzuerkennen ist. Soweit die Ortspolizei nicht durch Gesetz oder Verordnung verstaatlicht wird, verbleibt sie der Gemeinde. An dem grundsätzlichen Recht der Gemeinde auf die Verwaltung der Ortspolizei wollte nichts geändert werden. Der Plan einer Verstaatlichung der Polizei, auch in beschränktem Umfang, ist vor dem Kriege beim württ. Landtag stets auf Widerstand gestoßen. Die in dem Gegenüberstehen von Obrigkeit und Untertan begründet gewesenen Hemmungen ließen ihn nicht durchdringen. Mit dem Aufkommen des neuen Staatsgedankens blieb für sie kein Raum mehr.

In den besprochenen drei Gesetzen hatte sich die Reform der württ. Gemeindeverfassung vorläufig erschöpft. Aber sie sollten nur eine Abschlagszahlung bilden auf eine fast bei jeder

[1]) Vgl. darüber im einzelnen Ludwig von Köhler, Die Polizeireform in Württemberg, Archiv des öffentlichen Rechts Bd. XLII, Heft 2 S. 206.

Beratung des Staatshaushaltsplans in nahe Aussicht gestellte durchgreifende Revision der Gemeindeordnung. Inzwischen hat neuerdings das württ. Staatsministerium auf Grund des württ. Ermächtigungsgesetzes vom 24. Dezember 1923 (Reg.Bl. S. 525) unter dem 29. März 1924 (Reg.Bl. S. 192) im Verordnungswege eine Anzahl von Aenderungen der Gemeindeordnung vorgenommen, die der Vereinfachung der Verwaltung mit dem Ziel der Ersparung von Ausgaben dienten. In der Hauptsache sich auf Vereinfachungen in der Geschäftsführung beziehend, greifen einzelne der Aenderungen doch auch in das Gemeindeverfassungsrecht ein. Die Fälle der vorbehaltenen Mitwirkung der Staatsaufsichtsbehörde durch Genehmigung der Beschlüsse des Gemeinderats sind eingeschränkt. Vor allem aber hat die Verordnung versucht, das bereits erwähnte Problem der Erhöhung der Leistungsfähigkeit der Gemeinden durch organisatorische Maßnahmen wenigstens einer vorläufigen Lösung entgegenzuführen. Während die Vereinigung zweier oder mehrerer benachbarter Gemeinden zu einer Gemeinde gegen den Willen der beteiligten Gemeinden bisher (vgl. Art. 3 und 5 Gde.O.) nur im Wege des Gesetzes erfolgen konnte, kann sie jetzt aus Gründen des Gemeindewohls, insbesondere zur Schaffung leistungsfähiger oder zur Beseitigung leistungsunfähiger Gemeinden im Wege der Verordnung angeordnet werden (Art. 3 a Abs. 1 Gde.O. in der Fassung der VO. vom 29. März 1924). Und die Verordnung geht noch einen Schritt weiter, indem sie denselben Grundsatz auch auf die Vereinigung von Gemeindeverbänden oder deren Angliederung an Bezirksverbände oder deren Umwandlung zu solchen Anwendung finden läßt (Art. 3 a Abs. 2 a. a. O.). Sodann können jetzt zum Zweck der Vereinfachung und Verbilligung der Verwaltung von den Vorschriften der Gemeindeordnung über die Sondergebilde der zusammengesetzten Gemeinden und ihre Verfassung (VII. Abschnitt) abweichende Bestimmungen im Verordnungswege getroffen worden.

II.

In Hessen hat die Verfassung vom 12. Dezember 1919 (Reg.Bl. S. 439) nach dem Vorbild der badischen Verfassung (§ 20 Abs. 3) die Gewährleistung der Gemeinden in ihrem dermaligen Bestand unter ihre Bestimmungen aufgenommen und damit die Bedeutung der Gemeinden für das ganze Staatsleben zum Ausdruck gebracht (Art. 62). Zugleich hat sie das bestehende Recht insofern abgeändert als sie die Bildung einer neuen Gemeinde erschwert hat. Sie kann jetzt nur noch auf dem Wege des Gesetzes geschehen, während sie bisher mit Genehmigung der Staatsregierung erfolgen konnte (Art 62 der hessischen Verfassung vgl. mit Art. 9 der Städteordnung und der Landgemeindeordnung). Im übrigen ist die Revision der hessischen Gemeindeverfassung im wesentlichen enthalten in den Gesetzen vom 15. April 1919, die Abänderung der Landgemeindeordnung vom 8. Juli 1911 betreffend und die Abänderung der Städteordnung vom 8. Juli 1911 betreffend. (Reg.Bl. S. 150 und S. 137). Einige wenige Aenderungen und Ergänzungen haben diese Gesetze gefunden durch solche vom 23. Mai 1919, die Amtszeit der Bürgermeister und besoldeten Beigeordneten der Städte betreffend (Reg.Bl. S. 258), vom 22. Juli 1919, die Ergänzung der Gesetze, die Abänderung der Landgemeindeordnung, die Abänderung der Städteordnung und die Abänderung der Kreis- und Provinzialordnung betreffend (Reg.Bl. S. 300) und vom 18. Oktober 1921 über die Ergänzung des Artikels 181 des Gesetzes, die Landgemeindeordnung betreffend, vom 8. Juli 1911 (Reg.Bl. S. 215). Dazu tritt dann noch das Gesetz über die Ortspolizei vom 14. Juli 1921 (Reg.Bl. S. 191).

Die Gesetze vom 15. April 1919 stellen formell im wesentlichen eine Aenderung und Ergänzung einer Anzahl von Artikeln der genannten Gemeindeverfassungsgesetze vom 8. Juli 1911 (Reg.Bl. S. 445 und 367) dar. Materiell beschränkt sie sich auf eine Neuordnung des kommunalen Wahlrechts und eine Anzahl zum Teil einschneidender Neuerungen, „die den Zweck verfolgen, dem Volkswillen einen stärkeren und unmittelbareren Einfluß auf die Verwaltung in Stadt- und Landgemeinden unter Aufhebung der aus früheren Zeiten noch überkommenen Privilegien einzelner Volksteile zu sichern“ (Begr.[1]). Damit ist die Revision eine ausgedehntere geworden als in Württemberg. Aber auch in Hessen ist auf eine weitere Umgestaltung der bestehenden kommunalen Gesetzgebung vorerst verzichtet. Sie hätte einer sehr eingehenden und langwierigen Vorbereitung bedurft, „die eine Lösung der dringenderen Aufgabe, das kommunale Wahlrecht auf eine freiheitliche Grundlage im Einklang mit den Aenderungen des Wahlrechts im Reiche und den Einzelstaaten zu stellen, auf nicht absehbare Zeit hinausgezögert hätte“. (Begr. S. 35). Es bleibt also vorerst auch bei der formell getrennten Behandlung einer Stadtverfassung und einer Gemeindeverfassung in zwei besonderen Gesetzen.

Was zunächst die Wahlrechtsreform betrifft, so bietet sie in ihrem Ergebnis gegenüber der Entwicklung in

[1]) Verhandlungen der Volkskammer der Republik Hessen im Jahre 1919. Erster Landtag 1919—1921. Drucksachen I Nr. 64.

Württemberg im Ganzen genommen wenig grundsätzlich Neues. Das ist natürlich, da es die gleichen von innen wie von außen treibenden Kräfte sind, die sie hervorrufen. Der Wunsch nach einer Aenderung des alten Wahlsystems hatte nach der Begründung zu den Revisionsgesetzen (Drucks. Nr. 64 S. 33) sich schon vor der Novemberrevolution geltend gemacht. In seiner Durchführung ist Hessen radikaler als Württemberg. Wir begegnen auch bei der hessischen Revision der Gemeindeverfassung der Herabsetzung des Wahlalters auf das vollendete 20. Lebensjahr (vom bisherigen 25.), der Einführung des aktiven und passiven Frauenwahlrechts, der Festsetzung der Sonntagswahl und der allgemeinen Durchführung der Verhältniswahl nach dem System der gebundenen Listen, an Stelle der bisherigen reinen Mehrheitswahl, für die Wahlen zum Gemeinderat und zur Stadtverordnetenversammlung (Ziff. 4, 6, 9, 13, 19 der neuen Gesetze vgl. mit Art. 38, 40, 43, 47 der Städteordnung und der Landgemeindeordnung.) Aber während Württemberg das Alter für die Wählbarkeit zum Gemeinderat auf das vollendete 25. Lebensjahr festsetzt. begnügen sich die neuen hessischen Gemeindegesetze mit dem Volljährigkeitsalter (Ziff. 6 der Gesetze vom 15. April 1919 vgl. mit Art. 40 der Städteordnung und der Landgemeindeordnung). Und während die neue württ. Gesetzgebung den Frauen die Wählbarkeit nur für den Gemeinderat einräumt, es im übrigen aber bei den bestehenden Vorschriften beläßt und danach die Wahl von Frauen zum Ortsvorsteheramt in Württemberg ausgeschlossen ist, bringen die hessischen Gesetze den Frauen auch die Wählbarkeit zum Bürgermeister- und zum Beigeordnetenamt sowie zum Amt des Gemeinderechners und bewilligen ihnen damit auf diesem Gebiet die gleichen Rechte, die den Männern zustehen. (Ziff. 35, 44, 51 des Ges. vom 15. April 1919 vgl. mit Art. 70, 88, 155 der Landgemeindeordnung, Ziff. 35 des Ges. vom 15. April 1919 vgl. mit Art. 70 der Städteordnung). An das Ortsbürgerrecht war die Wahlberechtigung und die Wählbarkeit schon bisher nicht mehr geknüpft (vgl. Art. 38, 40 der Städteordnung und der Landgemeindeordnung), der Uebergang zur Einwohnergemeinde in dieser Beziehung also schon früher erfolgt als in Württemberg. Jetzt wird in Hessen wiederum ein Schritt vorausgetan. Mit der Beseitigung derjenigen Bestimmungen, welche das Gemeindewahlrecht an die Gemeindesteuerpflicht knüpften und seine Ausübung unter bestimmten, den Anschauungen einer früheren Zeit angehörenden Voraussetzungen, wie Bezug von Armenunterstützung und Vorliegen von Steuerrückständen hemmten, wird zugleich das Erfordernis einer Wohndauer von bisherigen drei Jahren auf eine solche von drei Monaten herabgesetzt

(Ziff. 4, 5 der Gesetze vom 15. April 1919 vgl. mit Art. 38, 39 der Städteordnung und der Landgemeindeordnung). Die Wählbarkeit ist auf eine dementsprechend breitere Grundlage gestellt. Besonders hervorzuheben ist folgendes: Das Erfordernis des Besitzes der hessischen Staatsangehörigkeit ist auch für die Wählbarkeit zum Bürgermeister in den Landgemeinden oder zum unbesoldeten Beigeordneten, für die es bisher noch bestand, beseitigt. Der Besitz einer deutschen Staatsangehörigkeit genügt. (Ziff. 35, 44 des neuen Gesetzes vgl. mit Art. 70, 88 der Landgemeindeordnung, Ziff 35 des neuen Gesetzes vgl. mit Art. 70 der Städteordnung). Beseitigt ist das bisherige Vorrecht der Höchstbesteuerten, wonach sie mindestens die Hälfte der Mitglieder der Gemeindevertretung zu stellen hatten, sowie das Sitz- und Stimmrecht des höchstbesteuerten Grundbesitzers in den Landgemeinden (Ziff. 2 der Gesetze vom 15. April 1919 vgl. mit Art. 36 der Städteordnung und der Landgemeindeordnung, Ziff. 54 des neuen Gesetzes vgl. mit Art. 216 der Landgemeindeordnung und Gesetz vom 3. Mai 1858, die Bildung der Ortsvorstände betreffend). Die Beschränkungen, denen Staatsbeamte, Richter, Geistliche, Volksschullehrer und die Gemeindebeamten hinsichtlich der Wählbarkeit oder der Mitgliedschaft in der Stadtverordnetenversammlung bezw. im Gemeinderat unterworfen waren, sind gefallen. (Ziff. 6, 8 der neuen Gesetze vgl. mit Art. 40, 42 der Städteordnung und der Landgemeindeordnung). Das System der gebundenen Listen bei der Verhältniswahl ist insofern noch strenger durchgeführt als in Württemberg, als das Kumulieren nicht zugelassen ist.

Die Amtsdauer der Mitglieder der Stadtverordnetenversammlung und des Gemeinderats ist erheblich verkürzt worden, von neun auf drei Jahre. Alle drei Jahre findet eine Erneuerung des ganzen Kollegiums statt, während bisher alle drei Jahre nur eine Teilerneuerung von je einem Drittel der Mitglieder erfolgte (Ziff. 9, 10 der neuen Gesetze vgl. mit Art. 43, 44 der Städteordnung und der Landgemeindeordnung). Durch die Verkürzung der Wahlperiode soll in nicht zu langen Zeiträumen der Wählerschaft Gelegenheit gegeben werden, „ein politisches Werturteil über die Tätigkeit der gewählten Vertreter der Gemeinden abzugeben, durch ihre Wiederwahl oder die Neuwahl anderer Gemeindevertreter, denen sie an Stelle der früheren ihr Vertrauen zuwenden will“ (Begr.). Die Gefahr einer Störung der Stetigkeit der gemeindlichen Entwicklung durch die häufigere Gesamterneuerung der gemeindlichen Vertretung wird nicht befürchtet. Gerade in der Verhältniswahl wird vielmehr eine Gewähr gegen allzustarke Schwankungen in der Zusammensetzung der gemeindlichen Vertretungen erblickt (Bgr.). Ebenso ist die Amtsdauer des Bürgermeisters, soweit er im Ehrenamt tätig ist, und der Beigeordneten in den Landgemeinden von neun auf sechs Jahre herabgesetzt (Ziff. 39 des neuen Gesetzes vgl. mit Art. 75 der Landgemeindeordnung). Für die besoldeten Bürgermeister bleibt die Amtsdauer von neun Jahren. Die Einwohnergrenze, von der ab in den Landgemeinden nach Ortssatzung an Stelle eines ehrenamtlichen Bürgermeisters ein besoldeter (Berufs-) Bürgermeister gewählt werden kann, ist von 3000 auf 2000 Einwohner herabgesetzt. Und während der besoldete Bürgermeister auch in den Landgemeinden bisher durch den Gemeinderat gewählt wurde, wird er jetzt wie der unbesoldete unmittelbar von den zur Gemeinderatswahl stimmbererechtigten Angehörigen der Gemeinde gewählt (Ziff. 44 des neuen Gesetzes vgl. mit Art. 88 der Landgemeindeordnung). Auch hier wiederum das Bestreben, nach möglichster Beteiligung des „Gemeindevolks". In den Städten hat man das seitherige System der indirekten Wahl von Bürgermeister und Beigeordneten beibehalten, um zu vermeiden, daß diese Stellen lediglich nach parteipolitischen Gesichtspunkten besetzt würden und um ein ersprießliches Zusammenarbeiten mit der Stadtverordnetenversammlung zu fördern [1]).

Im übrigen bleibt für die Stadtgemeinden der Städteordnung wie für die Landgemeinden der Landgemeindeordnung die bisherige, in den Einzelheiten mehrfach voneinander abweichende aber grundsätzlich einander gleiche und der württ. Gemeindeorganisation in ihrer jetzigen Gestalt ähnliche, jedoch der Bürgermeistereiverfassung sich mehr nähernde Gemeindeorganisation in ihrem Wesen unberührt. Für die Stadtverordnetenversammlung in den Stadtgemeinden, den Gemeinderat in den Landgemeinden wird die Grundlage insofern erbreitert, als die Zahl der Mitglieder des Kollegiums erhöht wird (Ziff. 1 der Gesetze vom 15. April 1919 vgl. mit Art. 35 der Städteordnung und der Landgemeindeordnung). Soweit in hessischen Städten die Magistratsverfassung eingeführt werden will (Art. 202 der Städteordnung), werden für sie die besprochenen Aenderungen insoweit wirksam, als es sich um Aenderung von Vorschriften handelt, die nach der Städteordnung auf die Städte mit Magistratsverfassung entsprechende Anwendung finden (Ziff. 46 des neuen Gesetzes vgl. mit Art. 210 der Städteordnung).

Dem Zweck, dem Volkswillen einen stärkeren und unmittelbareren Einfluß auf die Verwaltung zu sichern, dient auch die — übrigens schon durch eine Verordnung vom 16. Dezember 1918 (RegBl. S. 283) eingeführte — allgemeine Festlegung der

[1]) Min. d. Innern Dr. Fulda in der Sitzung vom 9. April 1919, Verhdlgen. der Volkskammer der Republik Hessen im Jahre 1919, Erster Landtag, Prot. Bd. 1, S. 328.

Oeffentlichkeit der Sitzungen des Gemeinderats im Gesetz und die Bestimmung, daß diese Sitzungen i. d. R. auf solche Stunden anzuberaumen sind, daß die werktätigen Gemeinderatsmitglieder daran teilnehmen können und die werktätigen Gemeindemitglieder die Möglichkeit haben, ihnen als Zuhörer beizuwohnen (Ziff. 47 des neuen Gesetzes vgl. mit Art. 111 der Landgemeindeordnung). Und in derselben Absicht hat die Reform auch die Staatsaufsicht in den Kreis der von ihr berührten Gegenstände gezogen. Die bisherige Bestätigung des Bürgermeisters und der Beigeordneten durch das Ministerium des Innern bezw. den Kreisdirektor (Art. 78 der Landgemeindeordnung, Art. 77 der Städteordnung) entfällt, vorbehaltlich der sachlich im wesentlichen unverändert gebliebenen besonderen Bestimmungen der Landgemeindeordnung für den Fall des Betriebs einer Gast- oder Schankwirtschaft durch den Gewählten. Es bleibt lediglich ein eng begrenztes nachträgliches Beanstandungsrecht des Kreisdirektors (Ziff. 39 des neuen Gesetzes vgl. mit Art. 77 der Städteordnung, Ziff. 42 des neuen Gesetzes vgl. mit Art. 78 der Landgemeindeordnung).

Das hessische Gesetz über die Ortspolizei vom 14. Juli 1921 enthält die grundsätzliche Uebernahme der Ortspolizei auf den Staat für Gemeinden mit mehr als 10000 Einwohnern und solche Gemeinden, in denen bei Inkrafttreten des Gesetzes eine organisierte Schutzmannschaft bestand, sowie die Ermächtigung zur Verstaatlichung auch in kleineren Gemeinden, wo besondere Verhältnisse dies notwendig erscheinen lassen. Veranlaßt wurde das Gesetz nach der Begründung zum Entwurf[1]) durch Umstände, die auf dem finanziellen Gebiet liegen. Um den nach § 55 des Landessteuergesetzes vom 30. März 1920 (RGBl. S. 402) vorgeschriebenen Lastenausgleich unter den Gemeinden und Gemeindeverbänden durchzuführen, hatte das hessische Ausführungsgesetz vom 7. August 1920 (Reg.Bl. S. 237) Art. 14 Ziff. 3 bestimmt, daß der Ausgleich auf dem Gebiet der Polizeilasten nach näherer Maßgabe eines noch zu erlassenden Gesetzes durch Uebernahme des örtlichen Polizeidienstes in die staatliche Verwaltung zu erfolgen habe. Die Bedeutung der neuen Regelung für die Entwicklung des Gemeindeverfassungsrechts ist im Vergleich zu Württemberg hier insofern eine geringere als schon die hessische Städteordnung (Art. 129 a bis 129 c) und ebenso die Landgemeindeordnung (Art. 128 a, 128 b) eine Uebertragung der sonst von dem Bürgermeister als Teil der ihm obliegenden örtlichen Geschäfte der allgemeinen Staatsverwaltung zu besorgenden Handhabung der Ortspolizei

---

[1]) Drucks. Nr. 699 des I. Landtags des Volksstaates Hessen 1919/21.

an einen besonderen staatlichen Beamten vorsah. Der Stadtverordnetenversammlung steht eine Mitwirkung in Sachen der Ortspolizei mit Ausnahme der Notwendigkeit ihrer Anhörung beim Erlaß von Ortspolizeiverordnungen nach wie vor nicht zu (Art. 3 des Ortspolizeigesetzes vergl. mit Art. 129 b der Städteordnung).

III.

Die letzte umfassende Reform des badischen Gemeinderechts vor dem Kriege war durch die Gesetzgebung des Jahres 1910 erfolgt. Durch Bekanntmachung des Großherzogl. Ministeriums des Innern vom 18. Oktober 1910 (Ges. und VOBl. S. 597 ff., 652 ff.) war die Gemeindeordnung und die Städteordnung neu herausgegeben worden. Sie bildeten zusammen mit dem Bürgerrechtsgesetz vom 31. Dezember 1831 (Reg.Bl. 1832 S. 117)[1]) die rechtliche Grundlage der Gemeindeverfassung in Baden vor dem Kriege. Die Städteordnung erstreckte sich kraft Gesetzes auf sieben Städte; andere Städte mit mehr als 3000 Einwohnern konnten sich ihr freiwillig unterstellen; für die übrigen war die Gemeindeordnung maßgebend. Materiell war eine immerhin weitgehende Gleichheit der Grundlagen der Verfassungen hergestellt. Die Lösung der politischen Rechte von dem besonderen Ortsbürgerrecht, die Ersetzung der alten Ortsbürgergemeinde durch die Einwohnergemeinde in dieser Beziehung war nahezu vollständig durchgeführt. Als unmittelbare Gemeindeorgane führt das Gesetz den Gemeindevorstand und die Gemeindevertretung auf. Gemeindevorstand ist der Gemeinderat, dem grundsätzlich die Führung der gesamten Gemeindeverwaltung und die Vertretung der Gemeinde nach außen obliegt, in den Städten der Städteordnung Stadtrat genannt. Sein Vorsitzender ist der Bürgermeister, in den Städten der Städteordnung der Oberbürgermeister, dem für seine Person allein eine Reihe von Zuständigkeiten zugewiesen sind. Die Gemeindevertretung im Sinne einer Repräsentation der Gemeindeeinwohnerschaft bildet in den Gemeinden mit mindestens 500 Einwohnern der Bürgerausschuß, an dessen Stelle in den kleineren Gemeinden die aus den Ortsbürgern und den wahlberechtigten Einwohnern gebildete Gemeindeversammlung tritt. Die Wahl der nicht dem Gemeinderat (Stadtrat) angehörenden Mitglieder des Bürgerausschusses erfolgte in geheimer Wahl nach einem eigenartigen durch die Höhe der direkten Gemeindesteuerleistung bestimmten Dreiklassensystem und, wie die Wahl der Gemeinderäte, in allen Gemeinden mit mindestens

---

[1]) Genauer: Gesetz, die Rechte der Gemeindebürger und die Erwerbung des Bürgerrechts betreffend.

2000 Einwohnern nach den Grundsätzen der Verhältniswahl mit gebundenen Listen. Von dem alten württ. Bürgerausschuß unterscheidet sich das badische Kollegium gleichen Namens dadurch, daß es neben einer Anzahl von den wahlberechtigten Gemeindeeinwohnern unmittelbar gewählten Personen die Mitglieder des Gemeinderats (Stadtrats) mitumfaßt, also tatsächlich eine Ergänzung des letzteren darstellt. Seine Zuständigkeiten sind teils größer, teils geringer als die des ehemaligen württ. Bürgerausschusses, größer insofern, als ihm ein Wahlrecht zukommt, der badische Bürgerausschuß nämlich in den Gemeinden mit mindestens 4000 Einwohnern und in den Städteordnungsstädten die Mitglieder des Gemeinderats (Stadtrats) wählt, kleiner insofern sein Kontrollrecht wie sein Initiativrecht enger umgrenzt ist.

Schon im Jahre 1912 wurde seitens der Sozialdemokratischen Partei über den trotz der Reform von 1910 noch gebliebenen plutokratischen Charakter des Gemeindewahlrechts geklagt und bei Eröffnung des Landtags 1913 wurde ein Antrag eingebracht, die Regierung zu ersuchen, dem Landtag einen Gesetzentwurf vorzulegen, durch welchen die Klassenwahl beseitigt und durch die allgemeine, gleiche, geheime und direkte Wahl unter Anwendung des Proporzes ersetzt würde. Dieser Antrag fand jedoch keine genügende Unterstützung. Die Regierung erklärte, daß sie die Gemeindegesetzgebung auf absehbare Zeit als abgeschlossen betrachte[1]). Während des Krieges — im Sommer 1917 — wurde bei Beratung des Staatshaushaltsetats durch den Berichterstatter die Neuregelung der Gemeindeverfassung in Anregung gebracht: die Fragen der Abschaffung der Klassenwahl, der Einführung des Frauenstimmrechts und der Einschränkung der Staatsaufsicht standen im Vordergrund. Die Bestrebungen, die Regierung zur Vorlage eines Gesetzentwurfs über die Abänderung der Gemeinde- und Städteordnung zu veranlassen, setzten sich im Spätjahr 1917 fort. Einigkeit bestand bei den verschiedenen Antragstellern darin, daß die durch den Krieg geschaffenen Verhältnisse und die gleichmäßige Inanspruchnahme des Volkes für die schwersten Lasten die alsbaldige Beseitigung des Klassenwahlrechts verlangten. Auch der Minister des Innern gab am 9. Januar 1918 in der Zweiten Kammer die Erklärung ab, daß die Regierung an der Klassenwahl nicht unbedingt festhalte. In der Frage des Frauenstimmrechts war eine Uebereinstimmung nicht zustande gekommen, wenngleich der Widerstand gegen dessen Einführung sich angesichts der außerordent-

[1]) Begr. zu dem Entw. einer badischen Gemeindeordnung, Landtags-Drucks. Nr. 88, Beil. zur Niederschrift über die 27. öff. Sitzung vom 25. März 1920, S. 37.

lichen Inanspruchnahme und der Leistungen der Frauen während des Krieges in früher den Männern vorbehaltenen Berufen gemildert hatte. Die zweite Kammer des Landtags beschloß schließlich, die Regierung zu ersuchen, dem nächsten Landtag einen Gesetzentwurf, betreffend Abänderung der Gemeinde- und Städteordnung vorzulegen, wobei eine Anzahl von der Kammer beschlossener Richtlinien Beachtung finden sollten, vor allem: die Aufhebung der Klassenwahl und die Einführung des gleichen Wahlrechts für alle Wahlberechtigten, die Aufnahme besonderer Bestimmungen für die großen Städte in die Städteordnung und ebenso solcher für die mittleren Städte in die Gemeindeordnung, Einschränkung der Staatsaufsicht, Stärkung der Stellung des Bürgerausschusses durch Zuteilung weiterer Beratungsgegenstände, Entlastung von Unwesentlichem und Ausscheiden des Stadtrats aus dem Bürgerausschuß der Städteordnungsstädte. Die Erste Kammer stimmte weitgehend zu[1]).

Die Staatsumwälzung machte eine Reform des Gemeinderechts, insbesondere die Abschaffung des Klassenwahlrechts noch dringender. Gemeinde- und Städteordnung von 1910 erfuhren schon kurz nach der Revolution durch verschiedene Bestimmungen, insbesondere das Gesetz vom 13. März 1919 (Ges. und VOBlatt S. 203) eine Aenderung zahlreicher Einzelvorschriften. Wie in Württemberg und Hessen hat dieses Abänderungsgesetz vor allem in Anpassung an die staatsrechtliche Neugestaltung und im Anschluß an die Wahlen zur badischen und zur deutschen verfassunggebenden Nationalversammlung das aktive und passive Gemeindewahlrecht auf breitere und zwar freieste Grundlage gestellt, den Frauen dieses Recht gewährt und die Verhältniswahl verallgemeinert. Die Gewährung einer Vergütung an die Mitglieder der Gemeinde- und Stadträte „sollte auch den Angehörigen der auf den täglichen Ertrag ihrer Arbeit angewiesenen Volksschichten die Uebernahme dieser Aemter ermöglichen“ (Begr. a. a. O. S. 42). Mit Wirkung vom 1. April 1922 ist dann die Badische Gemeindeordnung vom 5. Oktober 1921 (Ges. u. VOBl. 1921 S. 347, 1922 S. 183) in Kraft getreten. Sie hat inzwischen wiederum und zwar durch das Gesetz vom 30. Juni 1922 (Ges. u. VOBl. S. 483) und die Badische Kreisordnung vom 19. Juni 1923 (Ges. u. VOBl. S. 249) Abänderungen in Einzelpunkten erfahren. Sie hat die formelle Verschiedenheit der Gesetzesgrundlage beseitigt und ein einheitliches Gesetz an Stelle einer Gemeindeordnung und einer besonderen Städteordnung gesetzt.

Die badische Gemeindordnung vom 5. Oktober 1921 gilt für alle Gemeinden des Landes, wenngleich sie nicht in

---

[1]) Vgl. Begr. a. a. O. S. 39/41.

jeder Beziehung gleich behandelt werden, sondern ihre Größe entsprechend berücksichtigt wird. Dieser Umstand machte eine Gliederung der Gemeinden notwendig. Nach ihrer Einwohnerzahl werden sie in „Kleine Gemeinden", „Mittlere Gemeinden", „Große Gemeinden" und „Städte" im Sinne der Badischen Gemeindeordnung eingeteilt. (§ 3). Dabei geht aber die Gemeideordnung davon aus, „daß die Aufgabe und Stellung aller Gemeinden im modernen Staat grundsätzlich die gleiche ist und Unterschiede in der gesetzlichen Regelung ihrer Verhältnisse deshalb nur einzutreten haben, soweit hierfür besondere Gründe vorliegen" (Begr. a. a. O. S. 45).

Nach Form und Inhalt als ein Gemeindeverfassungs- und verwaltungsgrundgesetz angelegt, enthält die badische Gemeindeordnung neben den grundlegenden allgemeinen Bestimmungen, die sich mit der Rechtsstellung und den Aufgaben der Gemeinden im allgemeinen und dem dinglichen Gemeindeverband befassen (§§ 1—10), die gesetzlichen Vorschriften über die Angehörigen der Gemeinde, ihre Rechte und Pflichten, über die Vertretung und Verwaltung der Gemeinden, die Rechtsverhältnisse der Gemeindebeamten und Gemeindebediensteten, über Dienststrafrecht und Zwangsmaßnahmen und den Gemeindehaushalt. Endlich befaßt sie sich mit dem „Bürgergenuß", den Bürgernutzungen wie sie im württ. Recht lauten, und den Gemeinden, welche aus mehreren Orten zusammengesetzt sind. Gesetzestechnisch (in Aufbau und Formulierung) in neuem und modernem Gewande erscheinend schließt sich die badische Gemeindeordnung in dieser Hinsicht mehrfach an andere Gemeindeordnungen an, so auch an die württembergische vom 28. Juli 1906, deren Einfluß auch in materieller Hinsicht bisweilen zutage tritt. Trotzdem wahrt sie durchaus die Eigenart und hält an dem spezifisch Badischen fest, ohne doch den Charakter ihrer Zeit zu verleugnen. Die programmatische Betonung des Gemeinschaftsgedankens im Eingangsparagraphen (§ 1 Abs. 3) bei der Bestimmung der allgemeinen Aufgaben der Gemeinde: „— Aufgabe der Gemeinde ist die Pflege des geistigen, sittlichen, körperlichen und wirtschaftlichen Wohles der Einwohner und deren Erziehung zur Gemeinschaft des Volkes —" entspricht dem Geist der Reichsverfassung und klingt an Wendungen in ihr an. Und ebenso ist es der Geist der Reichsverfassung, der sich in der Betonung und Verbriefung des Selbstverwaltungs- und Selbstbestimmungsrechts innerhalb der Schranken der Gesetze in der badischen Gemeindeordnung wiederfindet (§§ 6—10). Uebrigens hatte die schon vorher erlassene badische Verfassung (§ 20) das Recht der Selbstverwaltung und Selbstbestimmung unter einem über die Reichsverfassung hinausgehenden besonderen Schutz der Verfassung gestellt durch die Bestimmung, daß eine Beschränkung in diesen Rechten oder eine Auferlegung von Pflichten über die derzeit bestehenden Gesetze hinaus nur unter Einhaltung der für Verfassungsänderungen gegebenen Vorschriften beschlossen werden kann. Die Gemeindeordnung nimmt dabei die im badischen Recht schon bisher anerkannte Unterscheidung zwischen dem „eigenen Wirkungskreis" und dem „übertragenen Wirkungskreis" auf (vgl. § 1 Ziff. 3 und § 6 Ziff. 1 sowie § 8) und führt sie im Gegensatz zur württ. Gemeindeordnung, welche die Scheidung mehr oder minder ablehnt ohne doch zu einer klaren Gestaltung zu kommen, im ganzen folgerichtig durch. Der eigene Wirkungskreis wird in jenen schon erwähnten Eingangsworten in § 1 Abs. 2 im allgemeinen umschrieben und in § 6 Abs. 1 wird das Recht und die Pflicht der Gemeinde „ihre" Angelegenheiten selbst zu verwalten, festgestellt, während § 1 Abs. 3 der Gemeinde „als Glied der Staatsverwaltung" die Aufgabe zuweist, „nach näherer Bestimmung der Reichs- und Landesgesetze und der auf Grund dieser Gesetze erlassenen Verordnungen bei der allgemeinen Staatsverwaltung mitzuwirken". Abweichend von dem bisherigen Rechtszustand rechnet die Gemeindeordnung zum eigenen Wirkungskreis der Gemeinde die Handhabung der Ortspolizei, die ihr bisher von der Staatsbehörde nur übertragen war, d. h. „derjenigen Zweige polizeilicher Tätigkeit, deren Aufgabe es ist, die Gemeininteressen der örtlichen Gemeinschaft zu befriedigen" (§ 7). Die Regelung ist grundsätzlich bemerkenswert. Sie erstrebt eine systematische Lösung und geht davon aus, daß „im modernen Staat, in dem alle Hoheitsgewalt nur vom Volk" ausgeht, „die Ortspolizei als ein aus dem Wesen der örtlichen Gemeinschaft entspringendes Recht zu betrachten" ist[1]). Aber in der vorliegenden Beziehung durchbricht die badische Gemeindeordnung ähnlich der Regelung in der württ. Gemeindeordnung, jedoch weitergehend als diese, aus staatspolitischen Gründen die sonst geltenden Grundsätze über die Verwaltung innerhalb des eigenen Wirkungskreises und das Verhältnis der Staatsverwaltungsbehörden zu ihnen. Bei der Verwaltung der Polizei sind die Gemeinden nicht nur an die durch Gesetz oder Verordnung erlassenen Vorschriften, sondern auch an die ihnen von der Staatsverwaltungsbehörde erteilten Weisungen gebunden[2]). Die Grenzen zwischen Staatsaufsicht und Dienstgewalt der Staatsbehörden sind also hier

---

[1]) Bericht des Ausschusses für Rechtspflege und Verwaltung über den Gesetzentwurf einer badischen Gemeindeordnung, Landtagsdrucks. Nr. 95, Beil. zur Niederschrift über die 50. Sitzung vom 26. Juli 1921 S. 29).

[2]) Vgl. übrigens auch § 3 des badischen Polizeigesetzes vom 31. Januar 1923, Ges. u. VOBlatt S. 29.

verwischt. Dazu tritt der auch in Baden gesetzlich vorgesehene, hier in tatsächlicher Beziehung keine grundsätzliche Neuerung bedeutende Vorbehalt einer Verstaatlichung einzelner Zweige der Ortspolizei. Die nähere Regelung ist in einem besonderen Polizeigesetz (Gesetz vom 31. Januar 1923 über die Polizeiverwaltung, das Polizeistrafgesetzbuch und das Polizeistrafverfahren, [Ges. u. VOBlatt S. 29]) erfolgt.

Das Recht der Selbstgesetzgebung durch Erlassung örtlicher Satzungen, das den Gemeinden in § 6 Abs. 2, 3 eingeräumt ist, ist klarer umgrenzt, auf eine breitere Grundlage gestellt und freier gestaltet als bisher[1]). Besonders hervorzuheben ist der Umfang des Selbstgesetzgebungsrechts der Gemeinden: Die Gemeinden sind zur Erlassung von Gemeindesatzungen auch über solche Angelegenheiten der Gemeinde sowie über solche Rechte und Pflichten ihrer Angehörigen gesetzlich ermächtigt, hinsichtlich deren das Gesetz Verschiedenheiten gestattet oder keine ausdrücklichen Bestimmungen enthält. (§ 6 Abs. 2 Buchst. b). Den Verhältnissen der größeren Gemeinden ist hier namentlich insofern Rechnung getragen als die dem Staate eingeräumte notwendige vorbeugende Mitwirkung in den Städten und den mittleren Stadtgemeinden nicht in einem Genehmigungsrecht, wie in den übrigen Gemeinden (§ 65 Abs. 4), sondern nur in einem Beanstandungsrecht besteht.

Der in der Nachkriegszeit noch mehr als früher zutage tretenden Erscheinung, daß den erhöhten Anforderungen an die Gemeinden auf wirtschaftlichem Gebiet bei einzelnen Aufgaben in ersprießlicher Weise nur im Wege gemeinsamer Erfüllung genügt werden kann, ist durch die allgemeine und im Gesetz näher geregelte Zulassung der Bildung von Zweckverbänden durch die Gemeinden Rechnung getragen. Bisher war sie für die Gemeinden nur in einzelnen gesetzlich bestimmten Fällen möglich gewesen[2]). Die Kriegs- und Nachkriegszeit hatte ihre Notwendigkeit dringend dargetan und insbesondere in der Bildung der Kommunalverbände für die Zwecke der Kriegswirtschaft, namentlich der Ernährung, ein Vorbild geschaffen. Die Bildung von Zweckverbänden hängt von der Entschließung der beteiligten Gemeinden ab, eine zwangsweise Bildung ist nicht vorgesehen.

An dem Aufsichtsrecht des Staates den Gemeinden gegenüber ist festgehalten. Es ist, von der besonderen Regelung bei der Polizei abgesehen, unter Ausschluß einer allgemeinen

---

[1]) Vgl. insbesondere § 13 der Städteordnung.

[2]) E. Gündert, badische Gemeindeordnung vom 5. Oktober 1921, 3. Aufl. 1924, Anm. 2 zu § 5, S. 61.

nach freiem Ermessen auszuübenden Aufsicht fest umgrenzt und seinem Inhalt nach bestimmt. Die Wahrung der Selbstverwaltung auf der einen, der Ausschluß einer Gefährdung des Staatszwecks auf der anderen Seite wollen in gegenseitige Beziehungen gesetzt werden, die dem Verhältnis zu einander entsprechen. Demgemäß ist in § 9 als oberster Grundsatz aufgestellt, daß die Gemeinden der Aufsicht des Staates nur nach Maßgabe der Gesetze unterstehen. Die Staatsaufsicht im engeren Sinne beschränkt sich — in Uebereinstimmung mit Art. 186 Abs. 1 der württ. Gemeindeordnung — auf eine Ueberwachung darüber, daß die öffentlich rechtlichen Verpflichtungen von der Gemeinde erfüllt, die ihr gesetzten Schranken eingehalten und die Bestimmungen über das Verfahren beachtet werden. Als Hilfsmittel zur wirksamen Ausübung des Aufsichtsrechts sind der Staatsaufsichtsbehörde die üblichen Befugnisse in der Gewährung eines Unterrichtungsrechts, eines Besichtigungsrechts, eines Aufschlußrechts gegeben. Die gesetzliche Regelung des Einschreitens der Staatsaufsichtsbehörde im gegebenen Fall, das wenn erforderlich bis zur Zwangsetatisierung (Zwangseinschreibung) gehen kann und des der Gemeinde gewährten Rechtsschutzes bietet keine Besonderheiten. Dem Selbstverwaltungsrecht der größeren Gemeinden, insbesondere der Städte, sind durch entsprechende Einschränkung der einzelnen Aufsichtsbefugnisse weitere Grenzen gesetzt als den übrigen Gemeinden. Die Fälle, in denen eine Mitwirkung der Staatsaufsichtsbehörde bei der Willensbildung der Gemeinde vorbehalten ist, m. a. W. Gemeindebeschlüsse zu ihrer Wirksamkeit der Genehmigung der Staatsaufsichtsbehörde bedürfen, sind nach der Größe der Gemeinden abgestuft. Ihre Auswahl ist frei von Engherzigkeit und von Tendenzen einer der modernen Auffassung widersprechenden Bevormundung. Sie erscheint als eine Maßnahme, die in gesundem Sinn vorbeugend wirkt ohne doch die Betätigung der Gemeindeverwaltung und die freie Entfaltung der in ihr wirksamen Kräfte in ungeeigneter Weise zu hemmen. In den Städten und den mittleren Stadtgemeinden beschränkt sich das Genehmigungserfordernis abgesehen von den Fällen der Aenderung der Art der Gemeinde und der Veränderung des Gemeindebezirks auf die außergewöhnlichen Belastungen und Verpflichtungen der Gemeinde, wie sie durch außerordentliche Holzhiebe und Waldausstockungen und durch Aufnahme von Anlehen, Uebernahme von Bürgschaften oder Abschluß von Garantieverträgen in bestimmter Höhe bewirkt werden (§ 65 Abs. 4). Eine Bestätigung der Bürgermeister oder der besoldeten Gemeinderäte durch die Regierung findet wie bisher nicht statt. Darüber ob die Staatsaufsicht nicht noch weiter einzuschränken, insbesondere jede Nachprüfung der Beschlüsse der Gemeindeverwaltung lediglich auf ihre Zweckmäßigkeit abzulehnen wäre, mögen die Ansichten auseinandergehen. Ich meinerseits würde es für verfehlt halten, über diese Frage aus der Theorie heraus allgemeine, irgendwie schematisch wirkende Grundsätze aufzustellen und der Berücksichtigung der besonderen Verhältnisse des einzelnen Landes, wie sie nur aus genauer Kenntnis derselben erfolgen kann, eine ausschlaggebende Bedeutung beimessen.

Für die rechtliche Gestaltung des dinglichen Gemeindeverbands sind aus der durch die Staatsumwälzung mit ihren Folgen gegebenen Rechtslage die Konsequenzen gezogen: Die Ausdehnung des Gemeindeverbands auf alle Teile des Staatsgebiets, in Württemberg schon 1849[1]) vollzogen, ist zwingend durchgeführt: „Jeder Teil des Landes muß einem Gemeindebezirk angehören" (§ 2). Gemeindefreie Landesteile und Sonderstellungen von deren Inhabern soll es nicht mehr geben. Die im Eigentum des Grundadels und des Domänenärars stehenden bisherigen „abgesonderten Gemarkungen" sollen bis 1. Januar 1925 mit benachbarten Gemeinden vereinigt werden, wofern nicht etwa die Bildung einer neuen Gemeinde im Gesetzgebungsweg erfolgt (§ 105). Die letztere Bestimmung hält sich wiederum in Uebereinstimmung mit der badischen Verfassung (§ 20 Abs. 3), welche die Gemeinden als ein anerkanntes notwendiges Glied der Staatsorganisation in ihrem dermaligen Bestand gewährleistet, entsprechend dem bisherigen Recht[2]) die Bildung einer neuen Gemeinde ebenso wie die Auflösung einer Gemeinde der Gesetzgebung vorbehält (vgl. auch § 4 Abs. 2 der badischen Gemeindeordnung). An der Notwendigkeit eines die Gebietsänderung bewirkenden staatlichen Hoheitsakts für die Eingemeindung wird in jedem Falle festgehalten aber der Selbstbestimmung der Gemeinden wird über das bisherige Recht hinausgehend im Gesetz eine Einräumung gemacht, welche der bisherigen tatsächlichen Gestaltung der Vorgänge entgegenkommt und zugleich eine Vereinfachung gegen früher enthält. Bei Vereinigung zweier oder mehrerer Gemeinden zu einer Gemeinde, ebenso bei Abtretung eines Teils eines Gemeindebezirks sollen nach § 4 der badischen Gemeindeordnung für die Regel übereinstimmende Beschlüsse der Gemeinden vorliegen, zu denen dann „die in das freie pflichtmäßige Ermessen gestellte Genehmigung des Ministeriums des Innern mit ihrem konstitutiven (rechtserzeugenden) Charakter

[1]) Gesetz, betreffend die Ausdehnung des Amts- und Gemeindeverbands auf sämtliche Teile des Staatsgebiets, vom 18. Juni 1849, Reg.Bl. S. 207.

[2]) § 4 der Gemeindeordnung und der Städteordnung.

in jedem Fall hinzutreten muß[1].“ Nur dann, wenn eine Einigung der Gemeinden nicht zustande kommt, kann unter der Voraussetzung, daß Gründe des öffentlichen Interesses dies erfordern, die Aenderung auch gegen den Willen der Gemeinden erfolgen, aber nur durch Gesetz.

Was die Ordnung des persönlichen Gemeindeverbands betrifft, so beruht sie auf dem Grundsatz der Einwohnergemeinde. Die auf der Gemarkung der Gemeinde Wohnenden, die als „Gemeindeangehörige“ bezeichnet werden, sind bei Erfüllung der Voraussetzungen zur Benutzung der öffentlichen Einrichtungen und Anstalten der Gemeinde berechtigt und zur Teilnahme an den öffentlichen Lasten verpflichtet (§ 11). Gleichwohl besteht die Bürgergemeinde als engerer Kreis und das Bürgerrecht mit dem Bürgergenuß fort, aber nunmehr restlos entkleidet der gemeindepolitischen Vorrechte. Die wirtschaftliche Bedeutung des Bürgerrechts ist also geblieben, wenn auch beschnitten worden. Der Gesetzgeber konnte sich nicht dazu entschließen, den Bürgergenuß sofort vollständig aufzuheben mit Rücksicht auf seine volkswirtschaftliche und soziale Bedeutung. Jedoch hat er eine Neubegründung oder eine Erweiterung des Bürgergenusses ausgeschlossen, seine mißbräuchliche und unwirtschaftliche Verwendung zu verhindern und seine Einschränkung wie den allmählichen Abbau durch gesetzliche Vorschriften und in einer Form, welche die öffentlichen Interessen mit den berechtigten Ansprüchen der Aktivbürger in billiger Weise in Einklang bringen will, zu erleichtern versucht (§§ 85—94).

Das aktive Gemeindewahlrecht ist auf die bekannte breite Basis gestellt. Staatsangehörigkeit in einem deutschen Lande, Vollendung des 20. Lebensjahrs, Wohnen (oder wie die badische Gemeindeordnung sich ausdrückt, „Wohnort haben“) im Gemeindebezirk seit sechs Monaten vor dem Wahltag (§ 12). Uebrigens werden nur die Gemeindeverordneten, von denen gleich noch zu reden sein wird, in allen Gemeinden unmittelbar von den Wahlberechtigten gewählt, die Bürgermeister und die besoldeten Gemeinderäte nur in Gemeinden mit höchstens 2000 Einwohnern, die ehrenamtlich tätigen Gemeinderäte nur in den kleinen und mittleren Gemeinden, während in den anderen Gemeinden Bürgermeister und besoldete Gemeinderäte durch die Mitglieder des Bürgerausschusses, die ehrenamtlich tätigen Gemeinderäte durch die Gemeindeverordneten gewählt werden (§§ 21, 32). Die Wählbarkeit zu den Gemeindeämtern, die im übrigen allen Wahlberechtigten eingeräumt ist, deren Wahlrecht nicht ruht, ist weiterhin von der Vollendung

[1]) Gündert a. a. O. Anm. 1b zu § 4, S. 60. Siehe daselbst auch Näheres wegen des früheren Rechtszustands.

des. 25. Lebensjahrs abhängig gemacht. Für die Wählbarkeit als Bürgermeister oder besoldeter Gemeinderat gilt die Besonderheit, daß das Erfordernis des mindestens sechsmonatigen Wohnens in der Gemeinde für sie nicht gilt, andererseits aber Besitz oder Erwerb der badischen Staatsangehörigkeit verlangt wird (§ 15). Den Frauen ist Wahlrecht und Wählbarkeit im gleichen Umfang und unter den gleichen Voraussetzungen eingeräumt wie den Männern. Sie können also auch das Amt eines Bürgermeisters oder besoldeten Gemeinderats bekleiden. Bei der im Gesetz (§ 16) erfolgten Regelung der gemeindebürgerlichen Pflicht zur Uebernahme gemeindlicher unbesoldeter Ehrenämter, vor allem also des Amts eines Gemeinderats und eines Gemeindeverordneten, ist den besonderen Verhältnissen der Frau insofern Rechnung getragen, als Frauen, welche Kinder erziehen oder einen größeren Haushalt zu führen haben, zur Ablehnung eines solchen Amts berechtigt sind.

Was die Form der Gemeindewahlen betrifft, so erfolgt die Wahl der ehrenamtlich tätigen Mitglieder der Gemeindekollegien, d. h. der Gemeinderäte und der Gemeindeverordneten sowie der Mitglieder des Gemeindeverordnetenvorstands und des unten zu erörternden gemischten beschließenden Ausschusses nach den Grundsätzen der Verhältniswahl und dem System der gebundenen Wahlvorschlagslisten (§§ 32, 36, 38, 61 Abs. 1. § 68 Abs. 1). Die Wahl der Bürgermeister und der besoldeten Gemeinderäte erfolgt nach dem Grundsatz der einfachen Stimmenmehrheit (§ 21 Abs. 3). Der beherrschende Grundsatz der Parteimäßigkeit der Wahl, die Absicht, „den parteipolitischen Grundsätzen und Zielen sowie dem Stärkeverhältnis der Parteien in ununterbrochener Folge ausschlaggebenden Einfluß einzuräumen“ [1]), erhält seine äußerste Konsequenz in der gesetzlichen Vorschrift, daß, wer aus der Partei oder Wählergruppe, auf deren Vorschlag er gewählt wurde, ausscheidet, das ihm übertragene Amt verliert (§ 17). Dem wiederholt ausgesprochenen Grundsatz, daß die Gewählten an Aufträge nicht gebunden sind und nur das Wohl der Gemeinde und der Einwohnerschaft nach Maßgabe ihrer freien Ueberzeugung bei ihrer Tätigkeit bestimmend sein lassen dürfen (§ 51 Abs. 4, § 55 Abs. 1) soll dadurch nicht zu nahe getreten werden.

Der organisatorische Aufbau der badischen Gemeinden nach der Gemeindeordnung vom 5. Oktober 1921 knüpft an das historisch gewordene an und der Gesetzgeber hat bei dem Festhalten hieran auch die Nachteile nicht gescheut, die daraus hervorgehen könnten. Die Einführung der Magistratsverfassung sowohl wie die Annahme der Bürger-

---

[1]) Gündert a. a. O. Anm. 1 zu § 17, Seite 107/108.

meistereiverfassung hat er abgelehnt. Von ersterer befürchtete er eine Verschärfung des Gegensatzes zwischen Gemeindeverwaltung und Gemeindevertretung, von letzterer eine nicht erwünschte Stärkung des Einflusses des beamteten Elements. Auch dazu konnte er sich nicht entschließen, den größeren Städten etwa die Wahl der Gemeindeverfassung zuzugestehen, da eine solche Möglichkeit erfahrungsgemäß zwar die Grundlage erbitterterter Kämpfe zu werden, erhebliche praktische Bedeutung aber nicht zu gewinnen pflege[1]). Immerhin hat der Gesetzgeber die Mängel der alten badischen Gemeindeverfassung, die sich nicht zum wenigsten aus der Größe und Umständlichkeit des Apparats ergaben, durch Einführung einer Reihe von zweckmäßigen Vereinfachungen abzuschwächen versucht. Das Charakteristische der badischen Gemeindeverfassung liegt in dem althergebrachten eigenartigen Verhältnis der beiden sich in die Gewalten teilenden Körperschaften zu einander, des Gemeinderats und des Bürgerausschusses. Die Vertretung der Gemeinde und die Verwaltung ihrer Angelegenheiten kommt dem Gemeinderat zu (§ 18 Abs. 1). Eine Ausnahme macht die Verwaltung der Ortspolizei, die namens der Gemeinde von dem Bürgermeister verwaltet wird. Das Polizeipersonal ist ihm und nicht dem Gemeinderat unterstellt. Zu polizeilichem Aufwand für die Gemeindekasse, der nicht im Voranschlag vorgesehen ist, bedarf er jedoch, von dringenden Fällen abgesehen, der Zustimmung des Gemeinderats (§ 43). Dieser besteht aus dem auf neun Jahre gewählten Bürgermeister als Vorsitzendem, den etwaigen auf die Dauer von vier Jahren gewählten stellvertretenden Bürgermeistern und besoldeten Gemeinderäten sowie aus ebenfalls auf vier Jahre gewählten 6 bis 24 ehrenamtlich tätigen Gemeinderäten (§§ 19, 21, 31). In den Städten führen die Gemeinderäte die Amtsbezeichnung Stadträte (§ 107). Die Stellung des Bürgermeisters, der die gesamte Gemeindeverwaltung leitet, und da, wo stellvertr. Bürgermeister bestellt sind, die Amtsbezeichnung „Oberbürgermeister" führt, ist nicht wesentlich geändert und jedenfalls eher verstärkt als herabgemindert. Neben den Gemeinderat tritt nun in den kleinen Gemeinden die aus den Wahlberechtigten sich bildende Gemeindeversammlung (§ 69), in mittleren und großen Gemeinden sowie in den Städten ein Bürgerausschuß, der sich historisch eben aus der Gemeindeversammlung entwickelt hat. Und dieser Bürgerausschuß setzt sich aus dem Gemeinderat und den ebenfalls auf vier Jahre aber durchaus von den wahlberechtigten Gemeindeeinwohnern gewählten ehrenamtlichen Gemeindeverordneten zusammen, welche

[1]) Vgl. Begr. a. a. O. S. 54.

die Vertreter der gesamten Einwohnerschaft sind. In den Städten führen sie die Amtsbezeichnung „Stadtverordnete" (§§ 18 Abs. 2, 35, 36, 39, 40, 55 Abs. 1, 107). Ihre Zahl ist gesetzlich genau festgelegt und beträgt in den kleinsten Gemeinden 24, in den Gemeinden mit über 20 000 Einwohnern 84. Ihre Zahl ist also recht groß. Der Bürgerausschuß unter dem gesetzlich vorgeschriebenen Vorsitz des Bürgermeisters, ist wie bisher tatsächlich eine Erweiterung des Gemeinderats, rechtlich eine Zusammenfassung von zwei rechtlich verschieden gearteten Gruppen zu einer einheitlichen Körperschaft, in der aber die Mitglieder der Gruppen ihre verschieden gestaltete rechtliche Stellung behalten. Der Bürgerausschuß ist berufen, „bestimmten Beschlüssen des Gemeinderats von besonderer Tragweite" (§ 65 Abs. 3) „die Sanktionierung[1])" als Vertreter der Gesamteinwohnerschaft zu erteilen. Die Mitglieder des Gemeinderats, die also in dieser Körperschaft über einen Gegenstand Beschluß gefaßt haben, nehmen an der Abstimmung des Bürgerausschusses über ihren eigenen Beschluß teil, stimmen also über denselben Gegenstand nochmals ab, ohne durch die voraufgegangene Abstimmung im Gemeinderat ihrerseits rechtlich gebunden zu sein. Der Bürgerausschuß darf die Zustimmung nicht an Bedingungen knüpfen, welche die Zuständigkeit des Gemeinderats beschränken. Sonst gilt sie als verweigert. Durch die Zustimmung des Bürgerausschusses zu einem Beschluß des Gemeinderats entsteht ein Gemeindebeschluß (§ 65 Abs. 1), dessen Vollzug von den Gemeindeverordneten als der Repräsentation der Einwohnerschaft kontrolliert aber vom Bürgerausschuß nicht verlangt werden kann (§§ 63, 66). Ein Recht der Gemeindeverordneten zur Kontrolle auch solcher Beschlüsse, bei denen der Bürgerausschuß nicht mitgewirkt hat, steht den Gemeindeverordneten nicht zu. Ein Anfragerecht und Initiativrecht ist ihnen in bestimmtem Umfang gegeben (§ 64). Im ganzen ergibt sich eine beschränkte Zuständigkeit des unmittelbar von dem Gemeindevolk gewählten Körpers. Hier hat nun die neue Gemeindeordnung insofern eingesetzt, als sie die Zuständigkeit des Bürgerausschusses fakultativ erweitert hat durch die Bestimmung, daß Gemeinderat und Bürgermeister aus freier Entschließung jeden Beschluß des Gemeinderats der Zustimmung des Bürgerausschusses unterstellen können und u. U. auch die Staatsaufsichtsbehörde anordnen kann, daß ein Beschluß des Gemeinderats dem Bürgerausschuß zur Beschlußfassung vorgelegt wird (§ 65 Abs. 2). Auf der anderen Seite hat man versucht, durch die der Gemeindesatzung vorbehaltenen Bildung eines „gemischten beschließenden Ausschusses," die Gemeinde-

---

[1]) Gündert a. a. O. S. 113 Ziff. 3a.

verwaltung beweglicher zu machen. Dieser Ausschuß, dem doppelt soviel Gemeindeverordnete angehören müssen als ehrenamtliche Mitglieder des Gemeinderats, vereinigt für bestimmte Arten von Geschäften oder für solche Geschäfte, deren Dringlichkeit die Anhörung des Bürgerausschusses nicht gestattet, die Zuständigkeit des Gemeinderats und des Bürgerausschusses, bringt also in dieser Beschränkung das „Einkammersystem" zur Geltung (§ 68). Der Gesetzgeber hat sodann für notwendig erachtet, nach dem Vorgang des bayerischen Rechts und des Städterechts amerikanischer Staaten[1]), auch Vorschriften über eine vorzeitige Auflösung des Bürgerausschusses und damit auch des Gemeinderats vor Ablauf der vierjährigen Amtszeit zu treffen. Sie kann auf dem Weg der Volksabstimmung erfolgen, die wiederum entweder durch Volksbegehren oder durch eine Anordnung des Ministeriums des Innern herbeigeführt werden kann (§ 77). Zur Erreichung des aus dem Aufbau der badischen Gemeindeverfassung heraus folgerichtigen Ziels, die fortdauernde Uebereinstimmung der Tätigkeit der Vertreter der Gesamteinwohnerschaft in der Gemeindeverwaltung mit dem Willen und den Anschauungen der Mehrheit der Gesamteinwohnerschaft selbst sicher zu stellen, ist ein umständlicher Weg gewählt. Aber mit Recht ist davon ausgegangen, daß eben nur aus schwerwiegenden Gründen zur Auflösung jener Vertretung geschritten werden soll. Die Ausnutzung der Einrichtung zu Parteiintriguen muß vermieden werden. Fragen ließe sich allerdings, ob ein Bedürfnis für die Auflösung des Bürgerausschusses überhaupt bejaht werden soll, während man in der badischen Verfassung ein solches beim Landtag nicht für gegeben erachtet hat. Von der Gemeindeversammlung in den kleinen Gemeinden abgesehen ist der eben besprochene der einzige Fall einer unmittelbaren Beteiligung der Gemeindeangehörigen an der Willensbildung der Gemeinde.

Bedeutsam und für die Entwicklung des Gemeindeverfassungsrechts wichtige Neuerungen hat die badische Gemeindeordnung auf dem Gebiet des Gemeindebeamtenrechts gebracht (Abschnitt IV). Sie lassen sich in Anlehnung an die Begründung des Regierungsentwurfs (a. a. O. S. 101) in folgendem zusammenfassen:

a) Scharfe Umschreibung des Begriffs der „Gemeindebeamten" und der „Gemeindeangestellten und Gemeindearbeiter" (in der Begründung als „Gemeindebedienstete" bezeichnet).
b) Grundsätzliche Anerkennung eines Anspruchs der Gemeindebeamten auf eine angemessene Besoldung und der

---

[1]) Begr. a. a. O. S. 57.

hauptberuflich beschäftigten auf Ruhegehalt und Hinterbliebenenversorgung. Als Ergänzung der Gemeindeordnung ist in diesem Zusammenhang das Fürsorgegesetz für Gemeinde- und Körperschaftsbeamte in der Fassung vom 26. Juli 1921 (Ges. u. VOBlatt S. 175) zu nennen, auf das im übrigen hier nicht nicht näher eingegangen werden kann.

c) Anerkennung des Anspruchs der hauptberuflich beschäftigten Beamten auf unwiderrufliche Anstellung mit Eintritt der Ruhegehaltsberechtigung, spätestens aber nach zehnjähriger Dienstzeit, und Schutz der widerruflich angestellten Beamten gegen Härten bei der Entlassung durch entsprechende Regelung der Kündigung.

d) Anspruch auf Anhörung der Beamtenvertretungen bei Regelung der Verhältnisse der Beamten.

e) Vorschriften über die Beilegung von Streitigkeiten zwischen der Gemeindeverwaltung und ihren Gemeindebeamten aus dem Dienstverhältnis — unbeschadet der Zulässigkeit des Rechtswegs vor den ordentlichen Gerichten in den dafür vorgesehenen Fällen — durch Schlichtungsausschüsse, die in beiden Instanzen aus Vertretern der Gemeinden und der Gemeindebeamten als Beisitzer und einem Vorsitzenden bestehen.

Im übrigen ist die Stellung der Gemeindebeamten durch die im Gesetz erfolgte Regelung derjenigen der Staatsbeamten angenähert und damit die ganze „Stellung des Berufsbeamtentums der Gemeinde erheblich gefestigt worden“[1]), — eine Notwendigkeit bei der Ausdehnung und freieren Gestaltung der Selbstverwaltung, deren Erkenntnis durch den Gesetzgeber hier besonders hervorgehoben werden mag.

IV.

Wenn wir in Vorstehendem einen Ueberblick gegeben haben über die Entwicklung des Gemeindeverfassungsrechts in Württemberg, Baden und Hessen seit der Revolution, unter Hervorhebung dessen, was uns für diese Entwicklung wesentlich und charakteristisch erscheint, so läßt sich als Ergebnis der Untersuchung das Nachfolgende feststellen. Dabei darf rückblickend bemerkt werden, daß von einer Berücksichtigung der durch die Personalabbauverordnung und einen Teil der neueren Finanzgesetze des Reichs und der Länder sei es unmittelbar oder mittelbar in das Selbstverwaltungsrecht der Gemeinden bewirkten Eingriffe aus naheliegenden Gründen abgesehen wurde. Nicht berücksichtigt sind sodann auch die durch gewisse Neu-

---

[1]) Gündert a. a. O. Anm. 18 zu § 71, S. 277.

regelungen in der Organisation der Staatsverwaltungen herbeigeführten Verschiebungen und Veränderungen in der Zuständigkeit zur Ausübung der Staatsaufsicht, welche insbesondere in der Ausschaltung von Zwischengliedern zwischen der Landeszentralinstanz und der Gemeindebehörde oder in der veränderten Art der Zusammensetzung der Staatsaufsichtsorgane zum Ausdruck gelangen. Wenn sie auch mittelbar die Gemeindeverfassung selbst berühren, insofern sie zum Teil eine Stärkung der Selbstverwaltung bedeuten, so betreffen sie doch zunächst und vorwiegend die Stellung der Gemeinde im Gesamtorganismus der Staatsverwaltung.

In allen drei Ländern hat das Gemeindeverfassungsrecht seit der Revolution einschneidende Aenderungen erfahren, die mit der durch Krieg und Revolution herbeigeführten Umgestaltung der politischen, wirtschaftlichen und sozialen Verhältnisse in unmittelbarem Zusammenhang stehen. Aber diese Aenderungen sind doch nicht grundstürzender Art. Sie knüpfen vielmehr an die gegebene Form der Gemeindeverfassung an und beschränken sich darauf, möglichst innerhalb derselben einerseits aus den Erfahrungen und Gestaltungen während der Kriegszeit die Folgerungen zu ziehen und andererseits die Gedanken zum Ausdruck zu bringen, die sich teils aus dem zur Herrschaft gelangten demokratischen Prinzip und den Vorschriften der Reichsverfassung ohne weiteres ergaben, teils Programmpunkte der Partei bildeten, die mit der Revolution weitgehend ausschlaggebend geworden war. Die breite Basis für das Wahlrecht und die Wählbarkeit, die Zulassung der Frauen zu beiden, die Verallgemeinerung der Verhältniswahl, die Beseitigung von Vorrechten einer vergangenen Zeit auch abgesehen vom Wahlrecht gehören hierher. In vielem ein radikales Vorgehen. Und doch lassen sich konservative Züge nicht verkennen, die in einem Festhalten an der Eigenart, an der Bodenständigkeit der Gemeindeverfassung, unbekümmert um Theorien und Systeme, und in der Einstellung zur wirtschaftlichen Seite des Bürgerrechts, ja, auch in der Beibehaltung der indirekten Bürgermeisterwahl in Baden und Hessen ihren Ausdruck finden. Das Selbstverwaltungsrecht der Gemeinden als solches in seiner anerkannten Gestaltung ist nicht angetastet. Wo wie in Baden eine umfassende Neuordnung des Gemeindeverfassungsrechts stattgefunden hat, hat sie zu einer Festigung und freieren Regelung unter Berücksichtigung auch der Bedürfnisse der größeren Städte geführt. Die Verstaatlichung der Ortspolizei, grundsätzlich neu nur für Württemberg, fällt nicht aus dem Rahmen heraus, insofern sie, letzten Endes durch äußere Umstände veranlaßt, durch Rücksichten auf das Wohl des Staatsganzen geboten war. Ihnen gegenüber hat die Rücksicht auf den Selbstverwaltungskörper zurückzutreten. Dem Bedürfnis nach Vereinfachung der Verwaltung, wesentlich mit hervorgerufen durch die ungünstige Gestaltung der finanziellen Leistungsfähigkeit der Gemeinden, wird im organisatorischen Aufbau (vgl. vor allem den Uebergang zum Einkollegialsystem in Württemberg) aber auch auf anderem Wege zu begegnen gesucht. So kann mit Grund von einer Entwicklung des Gemeindeverfassungsrechts in den genannten Staaten gesprochen werden, von einer Fortbildung, die in Baden zu einem Abschluß gelangt ist[1]), in Württemberg und Hessen dessen noch harrt. Und diese Feststellung wird als ein befriedigendes Ergebnis verzeichnet werden dürfen, gleichgültig wie man sich als Jurist oder als Politiker zu der Entwicklung im einzelnen stellen mag, und ohne Rücksicht darauf, daß es auch an völlig neuen Einrichtungen nicht fehlt, wie die Einführung eines Schlichtungsverfahrens für Streitigkeiten aus dem Dienstverhältnis, das wohl noch zu kurze Zeit besteht, um ein einigermaßen sicheres Urteil darüber gewinnen zu können.

Die Beantwortung der Frage, ob eine Gemeindeverfassung den Anforderungen, die an sie zu stellen sind, entspricht, kann nicht allein oder vorwiegend aus der Theorie heraus beantwortet werden. Den Erfahrungen derer, die sie handhaben, und den Empfindungen derer, die unter ihr zu leben haben, dem Umstand, daß Gemeindeverfassungen im allgemeinen etwas historisch Gewordenes, in dem Charakter, der Sinnesart des Volkes, den gesamten politischen, wirtschaftlichen, sozialen Verhältnissen des Landes Begründetes sind, ist ein besonderes, wenn nicht ein ausschlaggebendes Gewicht beizumessen. Deshalb möchte ich auch davon absehen, Werturteile oder Forderungen in die Thesen aufzunehmen und mich darauf beschränken, folgende Leitsätze Ihnen zu unterbreiten:

1. *Die Entwicklung des Gemeindeverfassungsrechts in Württemberg, Baden und Hessen seit der Revolution weist in allen drei Staaten eine Fortbildung auf, die in Baden zu einer Neukodifikation des Gemeindeverfassungsrechts, in Württemberg und Hessen unter Aufschiebung einer umfassenden Revision zu teilweisen Aenderungen der bisherigen Gemeindeverfassungsgesetze geführt hat. In Baden sieht die Neuordnung im Gegensatz zur letztmaligen Regelung von einer getrennten gesetzgeberischen Behandlung der für die Städte geltenden Vorschriften ab und umfaßt in der „Badischen Gemeindeordnung" alle Stadt- und Landgemeinden des ganzen Landes.*

[1]) Soweit auf diesem Gebiet überhaupt von einem solchen gesprochen werden kann.

2. *Die Aenderungen, zum Teil schon während des Krieges vorbereitet, sind in allen drei Ländern einschneidend aber nicht grundstürzend. Sie ergeben sich aus der staatsrechtlichen Neugestaltung, aus der Umwälzung der politischen, wirtschaftlichen und sozialen Verhältnisse durch Krieg und Revolution und entsprechen dem damit verbundenen Wandel der Anschauungen.*
3. *Unter dem Einfluß der Reichsverfassung sind die Gemeindeverfassungen zu einer weitgehend gleichmäßigen Gestaltung der Voraussetzungen des Wahlrechts und der Formen seiner Ausübung sowie der Wählbarkeit auf breitester Grundlage unter möglichster Beseitigung aller Vorrechte und unter starker Betonung der Parteimäßigkeit des politischen Gemeindelebens gelangt.*
4. *Im organisatorischen Aufbau der Gemeindeverfassung haben die drei Staaten ihre voneinander wie von den Systemen der preußischen Gemeindeverfassungen abweichende Eigenart gewahrt. Jedoch macht sich übereinstimmend in der Organisation das Streben nach Vereinfachung der Verwaltung und größerer Beweglichkeit in ihrer Handhabung bemerkbar.*
5. *Das Selbstverwaltungs- und Selbstgesetzgebungsrecht ist, wo es von den Aenderungen der Gemeindeordnungen berührt worden ist, freier und gefestigter, die Staatsaufsicht klarer und einfacher gestaltet, ohne daß doch der notwendigen Eingliederung des Selbstverwaltungskörpers in den Staatsorganismus Abbruch getan wäre. Diesem Gesichtspunkt trägt auch die in allen drei Ländern durchgeführte, wenn auch aus verschiedenem Anlaß erfolgte Neuordnung der Verwaltung der Ortspolizei Rechnung. Die Gestaltung des Gemeindebeamtenrechts ist, wo Neuerungen stattgefunden haben, im Sinne einer Festigung der Stellung des Berufsbeamtentums der Gemeinde erfolgt.*

Die Entwicklung des Gemeindeverfassungsrechts seit der Revolution.

3. Zweiter Mitbericht von Geh. Regierungsrat Professor **Dr. Hans Helfritz** in Breslau.

A. Die neueste Entwickelung des Gemeindeverfassungsrechts in Deutschland steht unter einer dem Grundgedanken der kommunalen Selbstverwaltung entgegenstehenden Tendenz.

Wie der erste Herr Berichterstatter bereits angedeutet hat, fällt mir in der Hauptsache die Aufgabe zu, den Gegenstand der Beratung unter dem Gesichtspunkt der Kommunalpolitik zu behandeln, und zwar unter besonderer Berücksichtigung der Verhältnisse in Preußen. So komme ich in der Grundlage auch auf das von ihm berührte Problem des Verhältnisses zwischen Staat und Gemeinde zurück. Im Ergebnis übereinstimmend, möchte ich es nur aus einem anderen Gesichtspunkte heraus betrachten. Die Frage nach einem „Recht" der Gemeinden auf Selbstverwaltung führt historisch in eine Zeit zurück, die gar keine Zweifel aufkommen läßt. Man denke allein an die Zeiten, in denen einer nur schwach entwickelten Staatsgewalt, Städte mit kraftvoller, eigenständiger öffentlicher Gewalt gegenüberstanden, oder an die zeitlich noch weiter zurückreichenden freien Bauerngemeinden auf dem Lande. Während diese in ihrer überwiegenden Zahl schon frühzeitig an Selbständigkeit einbüßten, schwindet die selbständige Stellung der Städte erst mit der Herausbildung der einheitlichen Staatsgewalt des absoluten Staates. Berücksichtigt man aber die damals in den Städten herrschenden Zustände, so ist in der Ueberwindung ihrer Selbständigkeit zunächst kein Fehler zu erblicken. Die Herrschaft der Ratsgeschlechter war zu einer oligarchischen Interessengemeinschaft ausgeartet. Wo sie durch die Macht der erstarkenden Zünfte gebrochen wurde und diese die Ueberhand über den Rat gewannen, kam es zu einer nicht minder verwerflichen Mißwirtschaft. So war es kein Akt der Unterdrückung bürgerlicher Freiheit, sondern ein Gebot der Gerechtigkeit gegenüber allen Unterdrückten, wenn der absolute Staat alle obrigkeitliche Gewalt für sich in Anspruch nahm, um in erster Linie wieder Ordnung, Redlichkeit und Sparsamkeit in die

Verwaltung der Städte zu bringen. In Preußen geschah dies in tatkräftiger, für andere Staaten vorbildlicher Weise unter Friedrich Wilhelm I[1]). Nur so konnte der Boden bereitet werden für eine freudige Mitarbeit der gesamten Bürgerschaft im Sinne des Steinschen Reformwerkes.

Hat aber der Staat in jener Periode der Ueberwindung des ständischen Dualismus auch die eigenständische Gewalt der Gemeinden aufgesogen, so kann es, gleichviel was nachher geschehen ist, gar keine eigentliche Streitfrage um ein Recht der Gemeinden auf Selbstverwaltung geben. Der Staat als Gesetzgeber hat die Allgewalt, die Rechtsordnung so zu gestalten, wie er es will. Niemand im Staate, auch nicht die Gemeinde, hat einen Rechtsanspruch auf den Erlaß von Rechtsnormen bestimmten Inhalts. So lautet also die Frage nicht „gibt es ein Recht der Gemeinden auf Selbstverwaltung?" sondern, „ist es zweckmäßig, daß die staatliche Rechtsordnung die Selbstverwaltung erhält?" Die Streitfrage löst sich damit auf nach der Richtung des positiven Rechts und nach der der Rechtspolitik. Die rechtserkennende Betrachtung des positiven Rechts läßt an dem Bestehen der Selbstverwaltung, auch wenn sie auf staatlicher Einräumung beruht, keinen Zweifel. Die rechtspolitische Betrachtungsweise aber weist nicht aus Gründen des Rechts sondern aus denen der Zweckmäßigkeit dahin, die Selbstverwaltung der Gemeinden zu erhalten und zu stärken.

Damit ist der Zusammenhang zu dem, was man als Kommunalpolitik bezeichnet, gegeben. Diese kann uns als Rechts- wie auch als Verwaltungspolitik begegnen. In allem aber fasse ich den Begriff der Politik nicht als eine Wissenschaft auf, sondern als eine von Zweckmäßigkeitserwägungen geleitete Tätigkeit im öffentlichen Leben, gleichviel ob hierbei die Handlungen oder die Erwägungen im Vordergrunde des Interesses stehen. Ist diese Tätigkeit auf die Gestaltung der Rechtsordnung gerichtet, mit anderen Worten: haben wir es mit Rechtspolitik zu tun, so liegen die Dinge anders im privaten als im öffentlichen Recht. Während es sich dort um die Ordnung der Lebensbeziehungen gleichgeordneter Rechtssubjekte handelt, vollzieht hier der Staat kraft übergeordneter Gewalt seine Tätigkeit an den ihm unterstellten physischen und juristischen Personen. Diese Tätigkeit spielt sich auf den verschiedensten Gebieten ab. Man denke, um beliebige Bei-

[1]) Vgl. Schmoller, das Städtewesen unter Friedrich Wilhelm I, in der Zeitschrift für preußische Geschichte und Landeskunde Jahrgang VIII. Berlin 1871 S. 521 ff., Jahrgang X, 1873 S. 275 ff., 537 ff., Jahrgang XI, 1874 S. 513 ff. sowie die bei Helfritz, die Finanzen der Stadt Greifswald, Schmollers Staats- und Sozialwissenschaftlichen Forschungen Heft 161, Leipzig 1912, S. 267 ff. angegebene Literatur.

spiele herauszugreifen, an Gesetze auf dem Gebiete des Schutzzollwesens, der Siedlung, der sozialen Fürsorge, der Finanzverwaltung, der Volksschulunterhaltung. Hier überall liegt das eigentlich Bestimmende nicht in dem, was wir Recht nennen, sondern in den wirtschaftlichen, sozialen, finanziellen oder kulturellen Maßnahmen des Staates. Demgemäß liegen den Gesetzen Erwägungen wirtschaftspolitischer, sozialpolitischer, finanzpolitischer und kulturpolitischer Art zugrunde, während eigentlich rechtspolitische Erwägungen nur die äußere Form betreffen, in die sich jene Maßnahmen des Staates kleiden. Aber die hieraus entstehenden Gesetze enthalten, ganz abgesehen von den formellen Gesetzen wie dem Etat, vielfach nur scheinbar allgemeinverbindliche Rechtsnormen. In Wirklichkeit fehlt ihnen oft das Abstrakte und Wiederkehrende, das die Rechtsnorm von der Allgemeinverfügung unterscheidet. So ist der Beamtenabbau in Wahrheit ein konkreter Verwaltungsakt in größestem Stil. Ihm liegen auch nicht Erwägungen rechtspolitischer, sondern finanzpolitischer und organisatorischer Art zugrunde.

Damit ergibt sich die Frage: in welcher Beziehung steht unser Thema „Die neueste Entwicklung des Gemeindeverfassungsrechts" zu dem, was wir Kommunalpolitik nennen? In Betracht kommt hierbei *rechtlich* das Ueberordnungsverhältnis des Staates über die Gemeinde und der Gemeinde über ihre Angehörigen, *inhaltlich* aber die Frage, welche Aufgaben den Gemeinden zufallen, und wie sie zweckmäßig zu erfüllen sind.

Bekanntlich gibt es keine ausdrückliche gesetzmäßige Abgrenzung des Tätigkeitsbereichs zwischen Staat und Gemeinden. Nur im übertragenen Wirkungskreise sind die den Gemeinden zufallenden Aufgaben durch die einschlägigen Gesetze festgelegt. Im eigenen Wirkungskreise haben die Gemeinden weitesten Spielraum[1]). Von grundsätzlicher Bedeutung ist für

[1]) Die Terminologie der neueren Gesetzgebung, die an die Stelle des eigenen und übertragenen Wirkungskreises oder der eigenen und übertragenen Angelegenheiten der Gemeinden die Bezeichnungen „Selbstverwaltungsangelegenheiten" und „Auftragsangelegenheiten" setzt, erscheint, namentlich was die ersteren anlangt, wenig glücklich. Selbstverwaltung kann im weitesten Sinne jede Verwaltung öffentlichrechtlicher Körperschaften innerhalb des Staates sein. In engerem Sinne denkt man bei Selbstverwaltung an die der Kommunen. Nunmehr wird durch die gesetzliche Terminologie ein noch engerer Wortsinn, den eigenen Wirkungskreis der Kommunen bedeutend, geschaffen. Berücksichtigt man aber, daß die „Auftragsangelegenheiten" ausdrücklich nach der preuß. Verf. Art. 72 den Provinzen und nach § 1 der Entwürfe der Städteordnung und der Landgemeindeordnung den Städten und Landgemeinden, nicht aber unmittelbar ihren Organen übertragen werden, so fallen sie mit unter den Begriff der kommunalen Selbstverwaltung. Es lassen also die Begriffe „Selbstverwaltungs-" und „Auftragsangelegenheiten" das Gegensätzliche nicht genügend erkennen, wenn beide unter den gemeinsamen Oberbegriff der kommunalen Selbstverwaltung fallen.

Preußen die Entscheidung des Oberverwaltungsgerichts Bd. 12 S. 158, wo es heißt: „Die Gemeinde kann hiernach alles in den Bereich ihrer Wirksamkeit ziehen, was die Wohlfahrt des Ganzen, die materiellen Interessen und die geistige Entwicklung des einzelnen fördert. Sie kann gemeinnützige Anstalten, welche hierzu dienen, einrichten, übernehmen und unterstützen. Die Autonomie der Gemeinde wird auf allen diesen Gebieten nur durch das staatliche Aufsichtsrecht beschränkt."

Hiernach löst sich die abstrakt gestellte Frage nach den eigenen Aufgaben der kommunalen Gemeindeverfassung auf in eine Mosaik von konkreten Einzelfragen, die nur nach den besonderen Verhältnissen jeder einzelnen Gemeinde unter Berücksichtigung der jeweiligen wirtschaftlichen Gesamtlage beantwortet werden können. Von bestimmendem Einfluß sind hierbei die Finanzen der Gemeinde. So ist auch die Finanzpolitik nicht ein einzelner Zweig der Kommunalpolitik, denn sie befaßt sich nicht nur mit der Sorge um die Beschaffung der Mittel, sondern sie wirkt bestimmend auf die gesamte Gemeindeverwaltung, diese gewissermaßen durchdringend, ein. Da aber, wie alle übrigen Verhältnisse, auch die finanzielle Leistungsfähigkeit bei den einzelnen Gemeinden eine sehr verschiedene sein kann, ist es auch aus diesem Grunde der Wissenschaft nicht möglich, den Kreis der eigenen Aufgaben der Gemeinden genau festzulegen. Sie kann nur die geschichtlichen Erfahrungen sammeln, die praktischen Bedürfnisse der Gegenwart ermitteln und aus beidem in großen Zügen den eigenen Wirkungskreis der Gemeinden bestimmen. Darnach aber kleiden sich die Beziehungen zwischen Kommunalpolitik und Gemeindeverfassungsrecht in die sehr einfache Frage: „Bedingen die kommunalen Aufgaben des eigenen Wirkungskreises der Gemeinden eine Neugestaltung des Gemeindeverfassungsrechts?"

Das Ergebnis sei hier vorweg genommen: mißt man die Erscheinungen der Gegenwart an den Erfahrungen der Geschichte, so befinden wir uns im Zustande der Abwehr, nicht aber in dem der schöpferischen Neugestaltung. Es ist bekannt, daß der vom Worte „Demokratie" umfaßte Gedankenkomplex, den man übrigens als einen in sich geschlossenen Rechtsbegriff schwerlich wird verwenden können, in seiner praktischen Auswirkung der kommunalen Selbstverwaltung ungünstig ist. Zu Beginn des 19. Jahrhunderts war es der ausgesprochen aristokratisch denkende Freiherr von Stein, der durch eine Reform von oben her die Selbstverwaltung zu neuem Leben erweckte. In unseren Tagen ist es die demokratische Republik, die immer enger und enger den Ring staatlichen Zwanges um die Selbstverwaltung der Städte und Landgemeinden legt, obwohl zu den Losungen der Revolution die Befreiung der Städte von der staatlichen Aufsicht gehörte [1]).

1. *Die Zusammenfassung selbständiger kommunaler Einheiten zu einem einheitlichen Kommunalverbande, wie sie im Gesetz über die Bildung einer neuen Stadtgemeinde Berlin vom 27. April 1920 (GS. S. 123) erfolgt und im Regierungsentwurf für eine preußische Landgemeindeordnung vom 27. Juli 1922 (Drucksache des preußischen Staatsrats Nr. 254) §§ 87 ff. in Aussicht genommen ist, ist aus rechtspolitischen und kommunalpolitischen Gründen zu verwerfen.*

Die Beeinträchtigung der bisherigen Selbstverwaltung betrifft aber nicht allein das Verhältnis zwischen Staat und Gemeinden, sondern auch die Steinschen Grundgedanken der Selbstverwaltung im Verhältnis der Gemeinde zu ihren Gliedern. Es zeigt sich hier neuerdings ein unglückseliger Hang zu einem Zentralisieren, wie er dem französischen Munizipalsystem entgegenführt. Den ersten praktischen Fall bietet das Gesetz vom 27. April 1920 über die Bildung einer Stadtgemeinde Berlin. Wenn hiernach 8 Städte, 59 Landgemeinden und 27 Gutsbezirke, zusammen 94 kommunale Einheiten, zu einer, wie ich sie nennen möchte, Einheitsgemeinde zusammengelegt werden, auf die im Wege der Gesamtrechtsnachfolge alle Rechte und Pflichten der bisherigen Gemeinwesen übergehen, so ist dies gleichbedeutend mit der Entziehung der Selbstverwaltung. Gerade in diesem Falle zeigt sich, wie wenig von einem Recht auf Selbstverwaltung die Rede sein kann,

---

[1]) Freilich will es wie ein Widerspruch erscheinen, daß die Demokratie der Selbstverwaltung ungünstig sei, wenn man diese selbst als eine demokratische Einrichtung auffassen will. Dieser scheinbare Widerspruch löst sich, wenn man zunächst berücksichtigt, daß überhaupt die „Herrschaft" des Volks (streng genommen der Stimmberechtigten) in einem großen Staatswesen sich erschöpft in der Einsetzung der Organe durch die Wahlen zum Parlament, dessen Mitglieder von Weisungen der Wähler unabhängig sind. (Mit einem Volksentscheid als Ausdruck der dem Volke zustehenden Herrschaft kann im regelmäßigen Verlauf der Dinge bekanntlich nicht gerechnet werden.) Als zweites kommt in Betracht, daß bei der kommunalen Selbstverwaltung, in der doch der Kreis der eigenen Angelegenheiten der Gemeinden das eigentlich Bestimmende ist, der Gedanke des Herrschens und des Beherrschtseins, wie er der Staatsgewalt und somit auch der Demokratie innewohnt, überhaupt nicht in Frage kommt. Während die Staatsgewalt, gleichviel welcher Staatsform, in in erster Linie die Person erfaßt, handelt es sich bei der Verwaltung der eigenen Angelegenheiten der Gemeinden um eine Gemeinwirtschaft, die Sach- und andere Vermögenswerte zum Gegenstande hat. Mithin ist der Staat, auch der demokratische, ein obrigkeitlicher, die Gemeinde aber ein genossenschaftlicher Verband. Daher kann auf die Gemeinde auch nicht der Begriff der Demokratie angewandt werden.

und wie die Allgewalt des Gesetzgebers selbst gegen den ausgesprochenen Wunsch zahlreicher davon betroffener Gemeindeverbände über das Bestehen oder Nichtbestehen der Selbstverwaltung verfügt. Auf jeden Fall ist das persönliche Band zwischen dem einzelnen Gemeindeangehörigen und der Gemeindeverwaltung zerschnitten. Dies aber ist bekanntlich gerade der genossenschaftliche Grundgedanke, der die korporative Selbstverwaltung tragen, seinerzeit auch darüber hinaus das Interesse der in Teilnahmlosigkeit versunkenen Bürger an den öffentlichen Dingen überhaupt erwecken sollte. Daß gerade die Ortsgemeinde in ihrer wirtschaftlichen Geschlossenheit und bei dem starken Ineinandergreifen der Interessen des Einzelnen mit denen des Gemeinwesens hierzu besonders geeignet ist, bedarf wohl keiner näheren Begründung. Doch sei es an einem Beispiel verdeutlicht: beim Zustandekommen des Gemeindehaushalts konnte zur Zeit der Gemeindezuschläge zur Staatseinkommensteuer jeder Beteiligte die Wirkung jeder Mehrausgabe auf seine eigene Tasche berechnen. So konnte man z. B. annehmen, daß bei einer mittleren Provinzialstadt von 25000 Einwohnern in Friedenszeiten 2000 M. Ausgabe gleich 1 v. H. Zuschlag zur Einkommensteuer bedeutete. Beschloß also die Stadt ein neues Beamtengehalt von 6000 M. in den Haushalt einzustellen, so war dies einer Mehrbelastung von 3 v. H. des Zuschlages gleich. Bei der Gemeinde Groß-berlin entfallen derartige Erwägungen. Bei ihr ist die Beteiligung des einzelnen, der in den früheren Ortsgemeinden zur Geltung kam, zum Tropfen im Meer geworden.

Dabei hat das Gesetz vom 27. April 1920, das den Schwerpunkt der Verwaltung in die Zentralorgane (Stadtverordnetenversammlung, Magistrat, Bürgermeister) der Einheitsgemeinde legt, es nicht verstanden, eine Dezentralisation zu schaffen, die den örtlichen Verhältnissen Rechnung trägt. Die Einteilung in 20 Verwaltungsbezirke, die, soweit sie nicht einzelne Teile der bisherigen Stadt Berlin umfassen, sich aus einer Reihe von bisherigen Gemeinden und Gutsbezirken zusammensetzen, ist eine sehr ungefüge Maßnahme, die keineswegs dem örtlichen Gemeindeleben genügend Rechnung trägt[1]). Der Anteil der Bezirksverwaltungen an der Gesamtverwaltung ist ein nur geringer. Dazu kommt, daß diese Dezentralisation nach örtlichen Bezirken durchkreuzt wird von einer Dezentralisation nach Materien, nämlich den gemischten Verwaltungsdeputationen der Einheitsgemeinde. Nach den Erfahrungen, die man mit der preußischen Städteordnung von 1808 gemacht hat, hätte

[1]) Es ist nicht uninteressant, daß man schon bei der ersten Etataufstellung die Verwaltungsbezirke überging und Einzelentwürfe von den bisherigen Ortsgemeinden aufstellen ließ.

man diesen Fehler vermeiden können. Dort ist ebenfalls neben der Dezentralisation nach Materien eine solche nach örtlichen Bezirken vorgesehen. Da der Inhalt der Tätigkeit beider nicht näher festgelegt, vielmehr der Ausgestaltung in der Praxis überlassen wurde, beide aber in gleicher Stärke schwerlich nebeneinander bestehen konnten, mußte eine von ihnen stark in den Hintergrund gedrängt werden. Dies waren die Ortsbezirke, die bei der Verwaltung der eigenen Angelegenheiten der Stadt so gut wie gar nicht beteiligt sind. Die Rückschlüsse auf Großberlin sind leicht zu ziehen [1]). Dessen Organisation wird aber dadurch noch komplizierter, daß auch die Verwaltungsbezirke neben der Bezirksversammlung (Stadtverordnetenversammlung), dem Bezirksamt (Magistrat) und dem Vorsitzenden des Bezirksamts (Bürgermeister) gemischte Verwaltungsdeputationen haben, die dem Bezirksamt unterstellt sind. Rein formell betrachtet ist also hier der Organisation von 20 Gemeindeverbänden eine in gleicher Weise ausgestattete Organisation des übergeordneten Gemeindeverbandes aufgepfropft.

Die Zerreißung alles organisch gewachsenen, die in der Schaffung der Einheitsgemeinde Großberlin liegt, wirkt am brutalsten auf die Kommunalfinanzen der einzelnen, bisher selbständigen Gemeinwesen. Diese dürfen niemals allein vom Standpunkte der Gegenwart aus betrachtet werden. Soll der einzelne Bürger aufgehen in seiner Gemeinde, so muß ihn ein gewisser Idealismus dazu führen, in Vergangenheit und Zukunft zu blicken. Immer wieder ist hier an den Spruch der Forstleute zu denken: „Wir säen, was wir nicht ernten werden, und wir ernten, was wir nicht gesäet haben.“ In der Tat kann ich nach mehr als zwanzigjähriger Praxis, von der sechs Jahre im Kommunaldienst verbracht sind, die Wahrnehmung berichten, daß man Ehrfurcht vor dem Alten, Anerkennung gegenüber der Umsicht, der Sparsamkeit und dem Opfersinn früherer Geschlechter hatte, und daß dies zugleich ein Ansporn war, an nachfolgende Geschlechter zu denken. Die Gegensätze drücken sich aus in den Schlagworten „Thesaurierungspolitik“ und „Anleihepolitik“. Die Thesaurierungspolitik belastet die Gegenwart zugunsten der Zukunft, die Anleihepolitik belastet die Zukunft zugunsten der Gegenwart. Im ganzen genommen kostet aber die Aufbringung der Mittel durch Anleihe die

[1]) „Was man bei der Entstehung des Gesetzes Großberlin kommen sah, tritt jetzt scharf in die Erscheinung: der Kampf zwischen der Zentrale und der örtlichen Bezirksverwaltung. Es soll in den 20 Berliner Verwaltungsbezirken geradezu eine Erbitterung gegen die Zentrale entstanden sein, und die Mißstimmung der fähigsten und erfahrensten Köpfe in den Bezirksämtern gegen kleinliche Zentralisationsbestrebungen wächst täglich.“ (Tägliche Rundschau 1921 Nr. 569.)

Gemeinde weit mehr, als durch die Thesaurierung, denn bei der Anleihe tritt zum Kapital ein jahrzehntelanger Zinsaufwand, bei der Thesaurierung aber mindert sich der Kapitalaufwand durch die auflaufenden Zinsen der angesammelten Rücklagen. Wenn nun gleichzeitig mit der Schaffung der Gemeinde Großberlin auf diese alle Rechte und Pflichten der bisherigen Ortsgemeinden übergehen, so werden die Gemeinden, die sorgsam gewirtschaftet haben, um die Früchte ihres Fleißes und ihrer Sparsamkeit gebracht, die anderen aber haben den Vorteil davon.

Dazu treten noch weitere Nachteile. Die wichtigsten Entscheidungen werden getroffen von den Zentralorganen der Einheitsgemeinde. Bei einem Gemeinwesen von nahezu vier Millionen Einwohnern, das örtlich weit verteilt ist, ist kaum anzunehmen, daß eine zentrale Leitung die Uebersicht über die kommunalen Bedürfnisse aller einzelnen Teile behält. In den Entscheidungen vom grünen Tisch liegt ein leicht erkennbarer Nachteil[1]). Nun setzen sich aber ferner die 225 Mitglieder der Stadtverordnetenversammlung aus Angehörigen der verschiedenen Verwaltungsbezirke und Ortschaften zusammen. Es ist menschlich verständlich, daß jeder innerhalb des Ganzen die Interessen seines Verwaltungsbezirks und seiner Ortschaft zuungunsten der anderen zu fördern sucht. Damit aber gelangt man gerade zum Gegenteil von dem einheitlichen Interesse, das der Verwaltung einer Ortsgemeinde zugrunde liegt; jeder sucht möglichst viel zu erlangen und möglichst wenig einzubüßen. Ob dann bei dem riesigen Zusammenfluß von Geschäften die zentralen Organe immer in der Lage sind, den richtigen Ausgleich zu finden, erscheint mehr als zweifelhaft. In allem zeigt sich, daß die durch das örtliche Zusammenleben gegebene Einheit der kommunalen Wirtschaft und der kommunalen Verwaltungsorganisation, wie sie in der Ortsgemeinde ihre natürlichen Unterlagen finden, nicht ohne Schaden einer jede Selbständigkeit beseitigenden neuen Einheit preisgegeben werden können[2]).

---

[1]) Zum Vergleich sei angeführt, daß New-York aus 5, London aus 29 selbständigen Gemeinden besteht.

[2]) Der Entwurf des Gesetzes stieß bekanntlich auf den heftigsten Widerstand eines großen Teiles der betroffenen Gemeinden und auch der Kreise. Er wurde trotz der schweren Bedenken, die erfahrene Kommunalbeamte äußerten, angenommen. „Wenn Großberlin in der Form, wie sie die Regierung plant, Gesetz wird, dann geschieht es um den Preis, daß in zahllosen blühenden Gemeinden und Städten die gesunde Selbstverwaltung zertrümmert wird. Das wirkt doppelt widerspruchsvoll in einer Zeit, die angeblich die regste Anteilnahme eines jeden an den Geschicken seiner Heimat wünscht." (Anders in Nr. 643 der Täglichen Rundschau 1919). Eine eingehende Denkschrift gegen das Gesetz wurde

Damit ist zugleich die Ueberleitung zu einer parallelen Erscheinung verkleinerten Maßstabes gegeben, der geplanten Einführung von Landbürgermeistereien als Trägern der örtlichen Selbstverwaltung auf dem Lande[1]). Diese Einrichtung besteht in Preußen bereits in der Rheinprovinz und in Westfalen. In den Landbürgermeistereien der Rheinprovinz fallen staatlicher Amtsbezirk und kommunale Samtgemeinde obligatorisch zusammen. In den westfälischen Aemtern ist dies fakultativ der Fall. Soweit man im dichtbevölkerten Westen mit der aus der Franzosenzeit stammenden Einrichtung gute Erfahrungen gemacht hat, lassen sich diese nicht ohne weiteres auf die übrigen Landesteile übertragen. Man wird vielmehr praktisch die gänzlich anderen Bevölkerungs- und Wirtschaftsverhältnisse in den übrigen, der räumlichen Ausdehnung nach weiter überwiegenden Gegenden des preußischen Staates, insbesondere des Nordens und Ostens, zu berücksichtigen haben.

Die Organisation der geplanten Landbürgermeistereien entspricht dem heutigen Zustande in der Rheinprovinz: Zusammenfassung mehrerer Gemeinden, Bürgermeistereivertretung, hauptamtlicher, besoldeter Landbürgermeister, Beigeordnete. Es kann aber auch eine größere Landgemeinde eine Landbürgermeisterei für sich bilden, ein Fall, der hier kein weiteres Interesse bietet. Der Landbürgermeister versieht die Geschäfte des Amtsvorstehers und erledigt die übertragenen Angelegenheiten der Landbürgermeisterei und der Landgemeinden[2]). Was die eigenen Angelegenheiten anbetrifft, so können durch Beschluß der Bürgermeistereivertretung einzelne von ihnen oder aber alle für das ganze Gebiet oder für einzelne Teile den Gemeinden entzogen und der Landbürgermeisterei übertragen werden. Das gleiche gilt von Angelegenheiten der Zweckverbände innerhalb der Landbürgermeistereien[3]). Daneben kann durch den Landrat mit Zustimmung des Kreisausschusses und nach Anhörung der Bürgermeistereivertretung sowie der Gemeindevertretung eine eigene Angelegenheit für den Bezirk der ganzen Landbürgermeisterei oder für einzelne ihrer Teile der Landbürgermeisterei übertragen werden, wenn dies mit Rücksicht auf das gemeine Wohl geboten ist.

---

vom Kreise Teltow verfaßt. In der Kreistagskommission, in der übrigens alle politischen Parteien bis zur unabhängigen Sozialdemokratie vertreten waren, herrschte Einstimmigkeit darüber, daß der Gesetzentwurf unannehmbar sei. Alle diese Bedenken haben sich nach Annahme des Gesetzes in der Praxis als nicht ungerechtfertigt erwiesen. Bereits sehr bald machte sich das Bestreben, aus der Einheitsgemeinde auszuscheiden, unter dem Rufe „Los von Berlin“ bemerkbar.

[1]) §§ 87 ff. des Entwurfs einer preußischen Landgemeindeordnung vom 27. Juli 1922. Nr. 234 der Drucksachen des preußischen Staatsrats.

[2]) § 101 des Entwurfs.

[3]) § 97 des Entwurfs.

Ebenso muß die Landbürgermeisterei die Verwaltung einer Landgemeinde übernehmen, wenn der Landrat mit Zustimmung des Kreisausschusses feststellt, daß die Voraussetzungen für ein eigenes Gemeindeleben in der Gemeinde fehlen und die Verwaltung durch die Landbürgermeisterei durchführbar ist[1]).

Alles in allem würde die geplante Einführung der Landbürgermeistereien eine wesentliche Beschränkung der örtlichen Selbstverwaltung bis zu deren völligen Entziehung bedeuten. Ebenso wie in Großberlin würden sich die Interessengegensätze zwischen den verschiedenen Ortschaften innerhalb einer Landbürgermeisterei und die damit verbundenen Nachteile geltend machen: jeder will möglichst viel haben und möglichst wenig geben. Dazu würden für die Gemeindeangehörigen wie auch für die Organe der Landbürgermeisterei, insbesondere die Mitglieder der Bürgermeistereivertretung, die weiten Wege zum Sitze der Verwaltung sich als eine sehr drückende Last bemerkbar machen, zumal in den weniger dicht bevölkerten Gegenden. Vor allen Dingen aber fällt die Kostenfrage ins Gewicht. Wie will man es verantworten, in der Zeit der größten Not, in der Zeit des staatlichen und kommunalen Beamtenabbaues, eine bisher völlig entbehrlich gewesene und noch entbehrliche Zwischeninstanz mit ganz erheblichen Kosten der erstmaligen Einrichtung und der dauernden Erhaltung ins Leben zu rufen? Den Vorteil hätten einzig und allein die Landratsämter, für die der Verkehr mit verhältnismäßig wenig hauptamtlichen Landbürgermeistern selbstverständlich leichter und einfacher ist, als mit vielleicht zehnmal so vielen ehrenamtlichen Gemeindevorstehern. Ist es aber schon ein Fehler, der heutzutage mehr denn je notwendigen produktiven Arbeit durch Schaffung neuer Gemeindefunktionen (Bürgermeistereivertretung, Beigeordnete) und durch überflüssigen Zeitverlust infolge weiter Wege Arbeitskräfte zu entziehen, so muß an der die Landbevölkerung und damit mittelbar die landwirtschaftliche Produktion schwer belastenden Kostenfrage die ganze Einrichtung scheitern. Die Landbevölkerung selbst sträubt sich mit Hand und Fuß dagegen[2]). So hatte denn auch der frühere Ausschuß des preußischen Landtages bei der Beratung der neuen Gemeindegesetze dem Projekt der Landbürgermeistereien ein anständiges Begräbnis bereitet: die Entscheidung sollte in die Hand der Provinziallandtage gelegt, die Einführung aber

---

[1]) § 98 des Entwurfs.

[2]) Umfangreiches Material bietet in dieser Hinsicht die vom Verbande der preußischen Landgemeinden herausgegebene „Zeitschrift der Landgemeinden", insbesondere in ihren Berichten über die Tagungen der Kreisabteilungen und Provinzialverbände der Landgemeinden (vgl. z. B. Nr. 5 vom 10. März 1925).

von der Zustimmung einer Zweidrittelmehrheit abhängig gemacht werden. Damit ist aber die Angelegenheit jetzt nicht erledigt. Noch liegen die Entwürfe in unveränderter Form zur Beratung vor. Bei der Diskontinuität der Tätigkeit des bisherigen und des inzwischen neu gewählten Landtages sind die bisherigen Beschlüsse ohne Bedeutung.

2. Die in dem gleichen Entwurf §§ 134 ff. in Aussicht genommene Auflösung der selbständigen Gutsbezirke ist nur durch theoretische Erwägungen, nicht aber durch die Bedürfnisse der Praxis begründet.

Ebenfalls eine wesentliche Neuerung ist die im Entwurf der Landgemeindeordnung geplante Aufhebung der selbständigen Gutsbezirke auf dem Lande. Die hierauf gerichtete Forderung ist nicht neu. Sie ist zum Teil begriffsjuristisch, zum Teil politisch begründet worden. In ersterer Hinsicht hat man bekanntlich geltend gemacht, daß es mit dem modernen Selbstverwaltungsgedanken nicht vereinbar sei, wenn es kommunale Selbstverwaltungskörper gäbe, deren Träger nicht eine kommunale Körperschaft sei, oder anders ausgedrückt: daß die Insassen dieses Selbstverwaltungskörpers von der Teilnahme an der kommunalen Willensbildung ausgeschlossen seien. In zweiter Hinsicht handelt es sich hauptsächlich um politische Empfindungen, die an den selbständigen Gutsbezirken als den Rechten der „feudal-patrimonialen Gestalt der Selbstverwaltung" und der Stellung der Gutsinsassen als „Hintersassen" Anstoß nehmen[1]). Man wendet sich dagegen, daß der Gutsherr als Arbeitgeber zugleich Träger der obrigkeitlichen Gewalt gegenüber seinen Arbeitnehmern sei. Während der Revolution stellte daher schon der Aufruf der preußischen Regierung vom 13. November 1918 die Beseitigung der selbständigen Gutsbezirke in Aussicht.

Der Entwurf der preußischen Landgemeindeordnung sucht diesen Gedanken zu verwirklichen und sieht drei Wege dafür vor, nämlich

a) die Vereinigung eines Gutsbezirks mit einer Land- oder Stadtgemeinde,
b) die Vereinigung mehrerer Gutbezirke zu einer neuen Land- oder Stadtgemeinde,
c) die Umwandlung eines Gutsbezirks in eine Land- oder Stadtgemeinde.

Von der Auflösung eines Gutsbezirks soll nur dann Abstand genommen werden können, wenn seine Vereinigung mit anderen Gemeinden oder seine Zusammenlegung mit anderen Gutsbezirken

---

[1]) Preuß, die Entwicklung der kommunalen Selbstverwaltung in Deutschland im Handbuch der Politik Bd. I S. 281.

zu einer neuen Gemeinde nach Lage der Verhältnisse ausgeschlossen ist, seine Umwandlung in eine selbständige Gemeinde nicht möglich ist, weil sich ein eigenes Gemeindeleben wegen geringer Einwohnerzahl oder räumlicher Trennung der Wohnstätten nicht entwickeln kann, und auch die Uebernahme der Verwaltung durch die Landbürgermeisterei undurchführbar ist[1]).

Wer hierzu Stellung nehmen will, muß sich zunächst darüber klar werden, ob er die theoretischen oder die praktischen Gründe in den Vordergrund rücken will. Nach meinem Dafürhalten muß das letztere geschehen. In der Tat sind die theoretischen Gründe, die meist erkennen lassen, daß ihre Verfechter den realen Verhältnissen auf dem Lande sehr fern stehen, nicht stichhaltig. Der juristische Schönheitsfehler, daß hier ein kommunaler Selbstverwaltungsbezirk nicht gleichbedeutend ist mit einer Korporation des öffentlichen Rechts, ist überhaupt belanglos, wenn man den Vergleich zieht mit dem Gneistschen Selbstverwaltungsgedanken, nach dem es weniger auf die selbständige Körperschaft als auf die Durchsetzung des staatlichen Verwaltungsapparats mit Laien ankommt. Außerdem aber ist die Rechtsform nicht um ihrer selbst willen da. Der politischen Besorgnis, daß der Gutsvorsteher zugleich Inhaber der obrigkeitlichen Gewalt und Arbeitgeber sei, steht die einfache Tatsache gegenüber, daß die „obrigkeitlichen" Befugnisse des Gutsvorstehers praktisch gleich null sind. Er ist bekanntlich nicht Ortspolizeibehörde, sondern nur ausführendes Organ derselben. Wenn er hierbei auch das Recht und die Pflicht hat, vorläufig anzuordnen und ausführen zu lassen, was zur Erhaltung der öffentlichen Ruhe, Sicherheit und Ordnung notwendig ist, so ist dies sicherlich jedem Gutsinsassen außer den Friedensstörern, die übrigens in der Regel Fremde sind, erwünschter, wie wenn erst die Hilfe des entfernt wohnenden Amtsvorstehers angerufen werden müßte. Praktisch aber entfernen sich die Maßnahmen nicht von denen, die der Gutsherr sonst im Wege der Selbstverteidigung oder der Selbsthilfe auf seinem Grund und Boden ergreifen würde. Bei der sonstigen Tätigkeit des Gutsvorstehers, wie der Aufstellung der Wählerlisten für öffentliche Wahlen, der Aufstellung der Urlisten für die Schöffen und Geschworenen, der Mitwirkung bei den Geschäften des sozialen Versicherungswesens und bei bestimmten Geschäften des Steuerwesens, kommt eine obrigkeitliche Gewalt seitens des Gutsherrn überhaupt nicht zu Geltung. Es handelt sich hier im Grunde genommen um Schreiber- und Briefträgerdienste.

Wenn endlich geltend gemacht wird, daß beim Bestehen der selbständigen Gutsbezirke eine große Zahl von Personen

---

[1]) § 134 des Entwurfs.

von der örtlichen Kommunalverwaltung ausgeschlossen seien, so sind hierbei zwei Punkte zu unterscheiden. Einmal ist auch die örtliche Kommunalverwaltung nicht um ihrer selbst willen da, sondern zur Erreichung bestimmter Zwecke, die sich aus den kommunalen Aufgaben ergeben. Diese Aufgaben aber schafft man nicht künstlich, um ein Gemeindeleben entstehen zu lassen, sondern sie ergeben sich von selbst aus den jeweiligen Bedürfnissen der Bevölkerung. Nun ist es aber bekannt, daß viele der Aufgaben, die die größeren Städte erfüllen, auf dem Lande den Kreisen zufallen, wie z. B. Krankenhäuser, Verkehrsanstalten, Kreditanstalten. Für diese kommen weder Landgemeinden, abgesehen von solchen von stadtartigem Umfange, noch Gutsbezirke in Frage. Im übrigen aber deckt sich bei den Gutsbezirken die Erfüllung eigener Aufgaben des kommunalen Gutsbezirks mit der Verwaltung des privaten Eigentums des Gutsbesitzers, an dem er selber das größte Interesse hat. Demgemäß trägt er auch sämtliche hieraus sich ergebende Lasten.

Um nun vom einfachsten Fall, der Umwandlung eines Gutsbezirks in eine Landgemeinde (oben unter c) auszugehen: soll in diese wirtschaftliche Einheit des privaten Gutseigentums künstlich eine öffentlichrechtliche Organisation eingebaut werden, nur um den Gutsinsassen eine Willensbetätigung in öffentlichrechtlichem Sinne einzuräumen? Wie würden die Mittel zur Erfüllung der nunmehr öffentlichen Aufgaben der neuen Gemeinde aufzubringen sein? Die nächste, für die bisherigen Gutinsassen übrigens unbequeme Erscheinung würde die sein, daß sie nunmehr gemeindesteuerpflichtig würden. Da nun mit Zuschlägen zur Einkommensteuer vorerst nicht zu rechnen ist, der Anteil der neuen Gemeinde an der Reichseinkommensteuer aber ein ungewisser Faktor ist, würde die Hauptlast auf die vom Gutseigentümer zu tragenden Realsteuern fallen, die neue Gemeindekörperschaft würde also sehr sorglos mittels öffentlichrechtlichen Zwanges aus der Tasche des Gutsherrn die ihr erforderlich scheinenden Mittel bewilligen. Das ist nicht nur an sich betrachtet, sonder ganz besonders in Zeiten einer wirtschaftlichen Dauerkrise ein ganz unerträglicher Zustand, der für die landwirtschaftliche Produktion, die heute nur mit äußerster Anstrengung ihre Betriebskapitalien aufbringt eine schwere Gefahr bedeuten würde.

Wie aber würde sich das Ganze in der Praxis abspielen? Angenommen, es ist das Pflaster der Dorfstraße zu erneuern, oder es ist eine neue Brücke zu bauen. Der Gutseigentümer hat selber das größte Interesse daran, allein schon um seine eigenen Gespanne zu schonen. Beim jetzigen Rechtszustande schließt er, nachdem er sich mit seinen Mitteln darauf eingerichtet hat, mit dem Tiefbauunternehmer oder dem Zimmermeister ab. Die Arbeit wird geleistet, das Geld zum vereinbarten Termin, vielleicht nach der Roggenernte, gezahlt. Nach Umwandlung des Gutsbezirks in eine Landgemeinde aber tritt die Gemeindevertretung zur Beschlußfassung zusammen, die Mittel werden in den Etat eingesetzt oder außerordentlich bewilligt, die neuen Realsteuern werden vierteljährlich, also für die Wirtschaft recht ungünstig, erhoben, die eingezogenen Beträge, statt als landwirtschaftliches Betriebskapital zu dienen, bleiben nutzlos liegen, um zu gegebener Zeit verwendet zu werden. Mit anderen Worten: statt Wirtschaftlichkeit Unwirtschaftlichkeit, statt unmittelbarer Leistung aus der Tasche des Gutseigentümers Umweg über Beschlußfassung der Gemeindevertretung, Aufstellung eines Etats, Erhebung von Steuern, Vereinnahmung zur Gemeindekasse, Zahlung aus der Gemeindekasse. Dazu kommt Einreichung einer Abschrift des Etats an die Aufsichtsbehörde, Rechnungslegung, Einreichung einer Abschrift der Jahresrechnung an die Aufsichtsbehörde usw., mit anderen Worten ein ungeheurer Leerlauf um des Gedankens willen, die jetzigen Gutsinsassen an einer kommunalen Willensbildung teilnehmen zu lassen, die gänzlich überflüssig ist. Es kommt hinzu, daß wiederum viele Kräfte der produktiven Arbeit entzogen werden durch Sitzungen der Gemeindevertretung oder gar Gemeindeversammlung, der bekanntlich alle Stimmberechtigten angehören, durch Wahlen und Wahlversammlungen, und daß vor allem ein merkwürdiges Bild entsteht, wenn nicht der Gutseigentümer sondern z. B. sein Stallschweizer zum Gemeindevorsteher gewählt wird. Dann wäre freilich die bisherige „feudal-patrimoniale Gestalt der Selbstverwaltung" in ihr Gegenteil verkehrt. Bei einem solchen, auf unberechenbarer Opposition beruhenden Wahlergebnis ist allerdings der Gutseigentümer nicht mehr Herr im eigenen Hause. Zu der Verfügung über seine privaten Mittel im Wege des Gemeindehaushalts kommt hinzu, daß der neue Gemeindevorsteher nicht nur selber seinen Dienstverpflichtungen gegenüber seinem Arbeitgeber recht häufig entzogen sein wird, sondern daß er es kraft obrigkeitlicher Gewalt in der Hand hat, unbekümmert um die wirtschaftlichen Interessen des Gutseigentümers die Gemeindevertretung oder Gemeindeversammlung zusammenzuberufen, wenn es ihm paßt.

Nicht viel besser stellen sich die Aussichten, wenn mehrere Gutsbezirke zu einer neuen Landgemeinde vereinigt werden (oben unter b). Zu den bisher geltend gemachten Bedenken kommt noch das weitere hinzu, daß ebenso wie bei den unter einer Landbürgermeisterei vereinigten Landgemeinden hier ein Revalisieren unter den verschiedenen Gütern eintreten wird:

jeder will haben und keiner geben. Während aber bis dahin der Gutsbezirk unmittelbar unter dem Landrat stand, wird er jetzt mit zwei Zwischenorganisationen beglückt, der aus mehreren Gutsbezirken vereinigten Landgemeinde und der aus mehreren Landgemeinden vereinigten Landbürgermeisterei. Man wird nicht sagen können, daß dies dem Grundgedanken der Verwaltungsreform, der Vereinfachung der Verwaltung, Rechnung trägt. Alles in allem aber zeigt es sich, daß es nach keiner Richtung einen wirklichen Wert hat, in die geschlossene privatwirtschaftliche und privatrechtliche Einheit eines selbständigen Gutsbezirks künstlich eine Organisation des öffentlichen Rechts mit entsprechender öffentlicher Wirtschaft einzubauen. Die wirtschaftliche Lage der Landwirtschaft ist heute eine solche, daß nur mit äußerster Mühe der intensive Betrieb aufrechterhalten werden kann. Geht man zum extensiven Betrieb über, so ist mit dem Rückgang der heimischen Produktion einer der wichtigsten Faktoren unseres gesamten Wirtschaftslebens empfindlich getroffen. So ist gerade die Gegenwart für gesetzgeberische Experimente der gedachten Art nicht geeignet. Auf dem Lande selbst ist die Stimmung ebenso wie gegen die Einführung der Landbürgermeisterein auch gegen die Auflösung der Gutsbezirke gerichtet. Nur wer einer politischen Theorie zuliebe die schwerwiegendsten praktischen und wirtschaftlichen Erwägungen glaubt beiseiteschieben zu können, wird diese Linie weiter verfolgen wollen. Bezeichnend ist jedenfalls eins: die sächsische Ministerialverordnung vom 31. Dezember 1918 ordnet die Auflösung der selbständigen Gutsbezirke an, nimmt aber die staatlichen Domänengüter davon aus.

3. *Durch die Finanzgesetzgebung ist den Gemeinden mit der finanziellen Selbständigkeit die wirtschaftliche Voraussetzung für eine selbständige Kommunalverwaltung entzogen. Die finanzielle Unabhängigkeit von Reich und Staat muß wieder hergestellt werden.*

Was den dritten meiner Leitsätze unter A anlangt, so werde ich mich kurz fassen können. Der Ruf der Städte und Landgemeinden nach Wiederherstellung ihrer finanziellen Selbständigkeit ist so dringlich und so allgemein erhoben, daß es kaum einer besonderen Begründung bedarf. Nur zur Erläuterung sei auf die bedeutsame Rolle hingewiesen, die die Zuschläge zur Einkommensteuer früher gespielt haben. Sie ermöglichten nicht nur eine mühelos elastische Anpassung an den Ausgebebedarf des Etats, sondern bildeten zugleich die stärkste Einnahmequelle der Gemeinden überhaupt. Nach der Statistik des Jahres 1910, um ein beliebiges Jahr herauszugreifen, verteilten sich die Kommunalsteuern in den Städten und Landgemeinden von mehr als 10000 Einwohnern so, daß 89,6 v. H. auf die direkten, 10,4 v. H. auf die indirekten Steuern entfielen. Von den direkten Steuern nehmen hierbei die Zuschläge zur Einkommensteuer 52,7 v. H. des gesamten Steueraufkommens ein. Demgegenüber sind die Gemeinden jetzt in einer außerordentlich ungünstigen Lage. Es ist ihnen erschwert, ihren Etat zu machen, weil ihnen die Verfügung über die am leichtesten anpassungsfähige und zugleich ergiebigste Steuer genommen ist. Um den Bedarf zu decken, müssen sie ihre Zuflucht zu allen möglichen Einnahmequellen, insbesondere zur Erhöhung der Gebühren aus den städtischen Betrieben, nehmen. Das letztere aber ist die denkbar roheste indirekte Besteuerung, die insbesondere die kinderreichen Familien hart trifft. Die Träume der Revolution, die da glaubte, daß mit der Beseitigung der Staatsaufsicht die Gemeinden zu einer ungeahnten Blüte emporsteigen würden, sind dahin. Nimmt man den Gemeinden die Staatsaufsicht zugleich mit der finanziellen Selbständigkeit, so gleicht das ganze einem Pferde, dem man die Zügel abstreift und die Beine fesselt. Praktisch greift eine Aenderung der jetzt bestehenden Verhältnisse natürlich über den Rahmen der eigentlichen Gemeindegesetzgebung hinaus und erfordert eine Aenderung der Reichssteuergesetzgebung überhaupt. Demgegenüber kann nicht geltend gemacht werden, daß die Not der Zeit dies nicht gestatte; denn es handelt sich hier nicht um ein Weniger von Leistungen, was verlangt wird, sondern um eine gerechtere und zweckmäßigere Art der Verteilung der Steuern bei gleichbleibender Inanspruchnahme der Gesamtsteuerkraft der ganzen Bevölkerung [1]).

4. *Eingriffe in die kommunale Selbstverwaltung, wie sie insbesondere durch die Reichspersonalabbauverordnung vom*

---

[1]) Von der Unzahl von Aeußerungen in der Oeffentlichkeit seien hier nur zwei als Beispiele wiedergegeben. Oberbürgermeister Scheidemann, Cassel, äußert in der Frankfurter Zeitung: „Das köstlichste Gut des deutschen Städtewesens war das Selbstverwaltungsrecht. Nur gestützt auf dieses Recht, war es den Städten möglich, die Blüte zu erreichen, die jetzt zu verwelken droht. Dieses Recht ist zerbrochen seit dem Augenblick, in dem man den Städten das Recht genommen hat, Zuschläge zur Einkommensteuer zu erheben. Ueber diese Tatsache kann auch die schönste Redensart nicht hinwegtäuschen. Hier liegt einer der schwersten Fehler unserer Steuergesetzgebung. Die Gemeinden finanziell vollkommen abhängig zu machen von dem zwischen Ultimatum und Ultimatum vegetierenden Reich war nicht nur aus kulturellen sondern auch aus politischen Gründen falsch." Oberbürgermeister Dr. Adenauer, Cöln, auf der Tagung des deutschen Städtebundes und des Reichsstädtebundes 1921: „Es ist wirklich ein Schrei aus höchster Not, den wir ausstoßen. Wir haben geduldig alles getragen, was uns seit Beginn des Krieges auflastete. Eine Freiheit nach der anderen hat man uns genommen. Finanziell brach man uns das Rückgrat."

27. Oktober 1923 (RGBl. S. 999) § 18 in Verbindung mit der preußischen Personalabbauverordnung vom 8. Februar 1924 (GS. S. 73) Teil I Abschn. 2 sowie durch das Reichsgesetz zur Sicherung einer einheitlichen Regelung der Beamtenbesoldung vom 21. September 1920 (RGBl. S. 2117) eine früher nicht gekannte, strenge Abhängigkeit der Gemeinden von Reich und Staat herbeiführen, sind zu beseitigen und zu vermeiden.

Sind die Gemeinden aber in direkter Abhängigkeit vom Reich, so ist die nächste Folge eine direkte Einwirkung des Reichs auf die Verwaltung auch der eigenen Angelegenheiten der Gemeinden. In Betracht kommen in diesem Zusammenhange vorwiegend Art. 18 der Personalabbauverordnung des Reichs vom 27. Oktober 1923 und das Besoldungssperrgesetz vom 21. Dezember 1922. Der erstgenannte Artikel berechtigt und verpflichtet die Länder, für die Landesbeamten wie für die Beamten der Gemeinden und Gemeindeverbände eine den allgemeinen Grundsätzen des Personalabbaues entsprechende Regelung zu treffen sowie dem Artikel 10 (Kürzung der Versorgungsbezüge bei Privateinkommen) entsprechende gesetzliche Vorschriften zu erlassen. Zugleich werden die Länder verpflichtet, dem Reichsminister der Finanzen über den Stand der Maßnahmen Auskunft zu erteilen. Das Besoldungssperrgesetz schreibt bekanntlich vor, daß für die Länder, Gemeinden und sonstigen Körperschaften des öffentlichen Rechts das Reichsbesoldungsgesetz vom 30. April 1920 einschließlich späterer Aenderungen und Ergänzungen sowie der Ausführungsbestimmungen maßgebend sein soll, und zwar in der Weise, daß die Dienstbezüge der hauptamtlichen Beamten und Lehrer nicht günstiger geregelt werden dürfen, als die der gleichzubewertenden Reichsbeamten. Auch hier ist eine unmittelbare Aufsicht des Reichsministers gegeben: günstigere Regelungen, als das Gesetz sie zuläßt, sind ihm mitzuteilen. Er kann gegen sie Einspruch bei der Landesregierung erheben.

Auf die Frage der Rechtmäßigkeit dieser beiden gesetzgeberischen Maßnahmen, gegen die mancherlei Gründe sprechen, soll hier nicht eingegangen werden. Indessen muß festgestellt werden, daß es von prinzipieller Bedeutung ist, wenn hier als Folgeerscheinung der finanziellen Abhängigkeit eine unmittelbare Einwirkung des Reichs auf die Gemeinden geschaffen wird, zumal in einem Umfange, wie es früher im Verhältnis zwischen Staat und Gemeinde nicht der Fall war. Damit wird nicht nur formell ein neuer, für die Gemeinden gefahrvoller Weg beschritten, sondern es wird zugleich sachlich den Gemeinden ein wesentliches Stück ihrer Selbstverwaltung genommen. Nicht ohne Belang ist dabei die Tendenz, die beide Gesetze verfolgen:

während das preußische Kommunalbeamtengesetz vom 30. Juli 1899, einheitliche Grundsätze zugunsten der Kommunalbeamten schuf, gehen diese Gesetze einseitig vom finanziellen Standpunkte aus, ohne auf die Interessen der Beamten Rücksicht zu nehmen.

B. Für eine grundlegende Umgestaltung des geltenden Gemeindeverfassungsrechts liegt kein Anlaß vor.

Es klingt zunächst sehr kühn, wenn der Satz aufgestellt wird, daß für eine grundlegende Umgestaltung des geltenden Gemeindeverfassungsrechts kein Anlaß vorliege. Daher mag ein wenig weiter ausgeholt werden: woher kommt es, daß die preußische Verwaltungsreform, über die doch schon seit Jahren beraten wird, durchaus nicht vorwärts kommen will? Es sind doch fürwahr keine unfähigen Köpfe die sich an dieser Arbeit versucht haben. Ich glaube, daß, wer aufmerksam den Gang der Dinge verfolgt hat, die Antwort findet: weil man nicht wußte, was denn eigentlich an der preußischen Verwaltung von Grund auf verbesserungsbedürftig sei. In der Tat ist es ein merkwürdiger Widerspruch, wenn man mit vollem Rechte der von Stein ins Werk gesetzten Reorganisation der preußischen Verwaltung volles Lob spendet, dabei aber grundlegende Neuerungen fordert, obwohl die Grundlage unserer inneren Verwaltung aus jener Zeit herrührt. In letzter Zeit hat sich nun das Problem der Verwaltungsreform in der Hauptsache dahin zugespitzt, ob entweder die Regierungspräsidenten und Bezirksregierungen oder die Oberpräsidenten zu beseitigen seien. Dabei scheint man sich nunmehr offensichtlich der Lösung zu nähern, daß man beide bestehen läßt, das Oberpräsidium aber als Verwaltungsinstanz ausschaltet. Und nun ist das Interessante dabei, daß damit die Oberpräsidenten wieder dieselbe Stellung erhalten, die ihnen einst Stein zugedacht hat.

Genau daselbe Bild bietet sich bei der geplanten Umgestaltung des Gemeindeverfassungsrecht. Wie hat man noch vor wenig Jahren die hundertjährige Wiederkehr des Tages der Steinschen Städteordnung, der Grundlage unseres modernen Selbstverwaltungsrechts, gefeiert! Im Rahmen der Verwaltungsreform aber will man auch das Gemeindeverfassungsrecht grundlegend reformieren. In der Tat ist jedoch nicht ein einziger neuschöpferischer Gedanke entstanden, der an die Stelle des bisherigen etwas von Grund auf Besseres gesetzt hätte. Schon früher einmal[1]) habe ich die Frage aufgeworfen, woher sich die lange Lebensdauer der Städteordnung von 1808, die in

[1]) Die Vertretung der Städte und Landgemeinden nach außen, Berlin 1916, S. 78.

ihren Grundlagen doch bis heute erhalten ist, erklärt? woher es kommt, daß dieselbe Städteverordnung sich bewährt hat für große wie für kleine Städte, für wenige wie für viele, ja im Laufe der Zeit nach Art und Umfang gewaltig angewachsene Aufgaben? Die Antwort liegt in der Anpassungsfähigkeit, die der Städteordnung eigen ist durch die Einrichtung der gemischten Verwaltungsdeputationen, die je nach Bedarf — nur einige sind gesetzlich vorgeschrieben — eingesetzt werden können. Der regelmäßige Gang der städtischen Verwaltung ist ja doch der, daß die grundlegende Beschlußfassung, insbesondere die Aufstellung des jährlichen Haushalts, beim Magistrat und der Stadtverordnetenversammlung liegt. Alsdann teilt sich die Arbeit, der Magistrat „verwaltet", die Stadtverordnetenversammlung kontrolliert die Verwaltung. „Verwalten" aber bedeutet hier soviel wie „ausführen", insbsondere auch über die in den einzelnen Etatpositionen ausgesetzten Mittel verfügen. Diese Verwaltung bleibt nun entweder in der Hand des Magistrats, oder sie wird einer gemischten Verwaltungsdeputation übertragen, die grundsätzlich dem Magistrat unterstellt ist. Durch die Einführung solcher Deputationen ist also die Möglichkeit einer Dezentralisation gegeben, die sich den verschiedenartigsten Verhältnissen jeder Zeit mit Leichtigkeit anpaßt.

Aber nicht allein in der Dezentralisation, sondern auch in der Zweckmäßigkeit ihrer Zusammensetzung liegt der Segen dieser Deputationen. Sie werden in der Regel gebildet aus dem für den betreffenden Verwaltungszweig zuständigen Magistratsdezernenten, dessen Stellvertreter, einigen möglichst sachkundigen Mitgliedern der Stadtverordnetenversammlung und gegebenenfalls dem zuständigen technischen Beamten. In dieser Zusammensetzung liegt eine Gewähr für sachliche Arbeit, vor allem für einen wirklichen Gedankenaustausch, während die Reden in der Vollversammlung eines zahlreichen Stadtverordnetenkollegiums häufig mehr auf ihre Wirkung nach außen zugeschnitten sind. Bei alledem ist es von Vorteil, daß die Städteordnung in weiser Zurückhaltung durch keine einengenden Vorschriften der Fortentwicklung des Instituts der gemischten Deputationen Schranken gesetzt hat.

Nachdem nun die Städte unter der Herrschaft der Städteordnung zu Glanz und Blüte gelangt sind, erscheint die Frage nach einer grundlegenden Aenderung des städtischen Verfassungsrechts in eigenartigem Licht. Um etwas Neues zu finden, hat man den Gedanken erwogen, entgegen dem jetzigen Zustande die Bürgermeistereiverfassung als Regel einzuführen, die Magistratsverfassung als fakultative Ausnahme zuzulassen. Ein durchschlagender Grund für diese Neuerung ist nicht erfindlich.

Die Meinungen über den Vorzug des einen oder des anderen Systems sind durchaus geteilt. Es hat aber gar keinen Zweck, ohne schwerwiegende Gründe eine entscheidende Aenderung des bestehenden Gemeindeverfassungsrechts herbeizuführen, denn auf dem Gebiete des öffentlichen Rechts pflegt die Bevölkerung gegen nichts so empfindsam zu sein, als gegen Neuerungen auf dem Gebiete der Selbstverwaltung. Die Bevölkerung des weit überwiegenden Teils der Städte würde es einfach nicht verstehen, weshalb auf einmal der Magistrat seiner Machtfülle entkleidet werden und verschwinden solle, zumal sie in der Wahl zum unbesoldeten Magistratsmitgliede die Vergebung ihres höchsten Ehrenamts sieht. Sie würde mit Mißtrauen die mit einem Schlage bürokratisch gewordene Amtsführung des Bürgermeisters betrachten. Es wäre aber grundfalsch, wenn der Gesetzgeber an solchen Imponderabilien achtlos vorbeigehen wollte.

Aehnliche Erwägungen treffen zu für die Frage, ob es sich empfiehlt, für das ganze Land eine einheitliche Städteordnung und Landgemeindeordnung zu schaffen. Zunächst besteht hierfür praktisch überhaupt kein Bedürfnis. Es ist vollkommen gleichgültig, ob die Gemeinden der einzelnen Landesteile ein gleiches oder verschiedenes Verfassungsrecht haben. Das connubium oder commercium, in dem die Bewoher der verschiedenen Landesteile miteinander stehen mögen, wird durch die Gemeindegesetze nicht berührt. Auf der anderen Seite aber pflegt die Bevölkerung, wie schon angedeutet, mit besonderer Zähigkeit an dem angestammten Gemeindeverfassungsrecht zu hängen. Um nur ein einziges Beispiel aus der Geschichte zu nennen, sei an die Städte von Neuvorpommern und Rügen erinnert. Als dieses Gebiet im Jahre 1815 unter preußische Herrschaft kam, sträubten sich die Städte mit aller Gewalt gegen die Einführung der preußischen Städteordnung. Während der folgenden, jahrzehntelangen Verhandlungen setzten sie mit großer Energie ihren Widerstand fort, bis endlich durch ein Gesetz v. 31. Mai 1851 die verschiedenen Städteverfassungen Neuvorpommerns und Rügens nur auf eine gemeinsame Grundlage gestellt, zugleich aber die Städte endgültig vom Geltungsbereich der preußischen Städteordnung ausgenommen wurden[1]). Dies eine Beispiel allein lehrt zur genüge, daß eine völlige Neuordnung des Gemeinderechts ohne durchschlagende Gründe nur der Gleichförmigkeit halber unbedingt vermieden werden muß. Wer allein von dieser Gleichmacherei Gewinn haben würde, sind die Kommunalaufsichtsbehörden und die Examenskanditaten.

[1]) Helfritz, Die Finanzen der Stadt Greifswald. Mit einer Studie über die Geschichte der Greifswalder Stadtverfassung. In Schmollers staats- und sozialwissenschaftlichen Forschungen Heft 161, S. 31 ff.

C. Die in § 75 des Entwurfs der Städteordnung und in § 66 des Entwurfs der Landgemeindeordnung vorbereitete Ermächtigung der Städte und Landgemeinden, privatwirtschaftliche, gewerbsmäßige Unternehmungen in die Gemeinwirtschaft überzuführen (Kommunalisierung) und zum Zwecke des ausschließlichen Betriebes eines Wirtschaftszweiges durch die Stadt die Errichtung oder Fortführung gleichartiger privatwirtschaftlicher Unternehmungen zu untersagen (ausschließliche Gewerbeberichtigungen), ist aus rechtlichen und wirtschaftlichen Gründen zu verwerfen.

§ 79 des Entwurfs einer preußischen Städteordnung lautet: „Soweit die Städte auf Grund gesetzlicher Ermächtigung privatwirtschaftliche, gewerbsmäßige Unternehmungen in die Gemeinwirtschaft überführen (Kommunalisierung) und zum Zwecke des ausschließlichen Betriebes eines Wirtschaftszweiges durch die Stadt die Errichtung oder Fortführung gleichartiger privatwirtschaftlicher Unternehmungen untersagen (ausschließliche Gewerbeberechtigungen), sind sie verpflichtet, den Betrieb so zu führen, daß das öffentliche Bedürfnis befriedigt wird." Entsprechend lautet § 66 des Entwurfs einer Landgemeindeordnung.

Diese Bestimmungen sind trotz ihres harmlosen Gewandes von so einschneidender Bedeutung, daß näher auf ihren Inhalt und seine möglichen Folgen eingegangen werden muß. Auch hier treten die praktischen Erwägungen in den Vordergrund. Sie können nicht von dem Zusammenhange des gesamten Wirtschaftslebens im Staate losgelöst werden. Nun bildete sich aber gerade in der Zeit, als die Entwürfe entstanden, für den Staat ein sehr mißliches Dilemma heraus: auf der einen Seite gehörte die Sozialisierung zu den in der Reichsverfassung stark betonten Programmpunkten des neuen Staates, auf der anderen aber hatte man gerade in jener Zeit die ungünstigsten Erfahrungen mit der Wirtschaftsform des Sozialismus gemacht. Nicht nur, daß die in Angriff genommenen neuen Sozialisierungen in den Anfangsgründen stecken blieben, und die besonders eingesetzte Sozialisierungskommission des Reichstags allmählich ihre Tätigkeit einstellte, sondern auch die bereits vorhandenen staatssozialistischen Betriebe gestalteten sich unter den seit der Staatsumwälzung stärker werdenden Einflüssen immer unwirtschaftlicher. Schon damals wurden Verhandlungen wegen Ueberführung der Staatseisenbahnen in einen privaten Betrieb gepflogen und das gleiche bezüglich der Reichspost ernsthaft in Erwägung gezogen. Die später erfolgte Uebertragung der preußischen Staatsbergwerke auf eine Aktiengesellschaft war auch bereits im Gange. Wenn aber vorhandene sozialisierte Betriebe entsozialisiert werden mußten, konnte an eine Verwirklichung der früheren Sozialisierungsideen nicht gut gedacht werden. Dazu kam das warnende Beispiel Rußlands, wo eine staatliche Sozialisierung in weitestem Umfange mit so schlechtem Erfolge durchgeführt war, daß man einen Teil der Errungenschaften schrittweise wieder preisgeben mußte. Aus diesem Dilemma bieten nun, ob gewollt oder nicht gewollt, die Vorschriften in den §§ 75 und 66 der Entwürfe einen für den Staat sehr gangbaren Ausweg: man überträgt die Frage der Sozialisierung auf die Gemeinden, die nun die Verantwortung für die Entscheidung, ob Sozialisierung oder nicht, wie auch für die Folgen einer beschlossenen Sozialisierung tragen. Freilich sagt die Begründung des Entwurfs[1]), daß § 75 und 66 „augenblicklich noch ohne aktuelle Bedeutung" seien. Indessen dürfte es vollauf genügen, wenn in den Gemeindegesetzen alle Vorbereitungen getroffen sind, ja wenn in ihnen die Möglichkeiten mit denen der Gesetzgeber rechnet, zum Ausdruck kommen.

Nun sind kommunalsozialistische Gemeindebetriebe an sich nichts Neues. Kein geringerer als Adolf Wagner war schon in seinen Jugendjahren ihr eifriger Verfechter. Man kannte sie bisher schon als gemeinnützige, wie z. B. Kanalisierung, Müllabfuhr, Schlachthäuser, oder als gewerbsmäßige, wie Gasanstalten, Elektrizitätswerke, Kreditanstalten, Badeanstalten usw. Dies reicht bis in die Mitte des 19. Jahrhunderts zurück. Aber im weiteren Verlauf zeigte die Erfahrung, daß gerade die kommunalsozialistischen gewerbsmäßigen Betriebe teurer arbeiteten, als die Betriebe in privater Wirtschaftsform. Die Gründe hierfür waren mannigfacher Art. So war die Leitung des privaten Betriebes beweglicher, der Initiative bot sich freierer Spielraum, die Oeffentlichkeit der Geschäftsführung durch die städtischen Körperschaften wirkte ungünstig auf die Konjunkturen. Brauchte z. B. die Stadt notwendig Gebäude zur Erweiterung einer Anstalt, so schnellten die Grundstückspreise empor. Der Ausschluß der Oeffentlichkeit einer Sitzung ist aber bekanntlich in solchen Fällen das beste Publikationsmittel. Um nun die Vorzüge der privaten Wirtschaftsform mit der Gewinnerzielung zugunsten der Stadt zu vereinen, ging man zu den gemischtwirtschaftlichen Betrieben über, die somit gegenüber den kommunalsozialistischen Gemeindebetrieben eine weitere Stufe der Entwicklung darstellen.

Seit der Staatsumwälzung sind die Verhältnisse in den kommunalsozialistischen Gemeindebetrieben infolge der Lohnbewegungen und der stärkeren Betonung der sozialpolitischen Gesichtspunkte gegenüber den wirtschaftlichen in den städtischen Körperschaften noch ungünstiger geworden. So ist man auch

---

[1]) Entwurf der Städteordnung S. 72, Entwurf der Landgemeindeordnung S. 148.

hier zu Entsozialisierungen übergegangen. Es sei nur erinnert an die Verpachtung der Berliner Häfen oder an die Verpachtung der Berliner Rieselgüter. Obwohl letztere für die Stadt völlig ertraglos geworden waren, bot für sie der bisherige Direktor eine hohe Pacht, ohne daß man ihm die geringste Pflichtverletzung in seiner bisherigen Stellung hätte vorwerfen können. Wenn nun aber schon in Zeiten der wirtschaftlichen Blüte, wie wir sie vor dem Kriege hatten, die sozialisierten Betriebe der Gemeinden sich als weniger wirtschaftlich erwiesen, und wenn man später sogar zur Entsozialisierung übergegangen ist, so ist in der Tat der Gedanke, zu neuen Sozialisierungen zu schreiten, zum mindesten befremdlich.

Nun bieten aber die Bestimmungen der Entwürfe ein gänzlich neues Bild. Während man es bei den bisherigen Gemeindebetrieben, soweit sie auf Gewinnerzielung gerichtet waren, nur mit sogenannten faktischen Monopolen zu tun hatte, rechnen die §§ 75 und 66 mit der Möglichkeit, daß ohne Beschränkung auf Wirtschaftszweige bestimmter Art privatwirtschaftliche gewerbliche Unternehmungen in die Gemeinwirtschaft übergeführt werden und die Errichtung oder Fortführung gleichartiger privatwirtschaftlicher Unternehmungen untersagt wird, mithin ausschließliche Gewerbeberechtigungen begründet werden. Was dies für die in jahrhundertelangem Kampfe gewonnene Gewerbefreiheit bedeutet und wie sehr es den Grundsätzen der Reichsgewerbeordnung widerspricht, ist klar[1]). Aber es trifft nicht nur den, der ein gewerbliches Unternehmen der jemals in Betracht kommenden Art beginnen will, sondern auch den, der seinen Lebensberuf bereits in ihm gefunden hat. Dabei wird nach der bisherigen Fassung zwischen großen und kleinen Unternehmern kein Unterschied gemacht. Sie verlieren in gleicher Weise ihre Lebensstellung und treten im günstigen Falle in ein Angestellten- oder Arbeitsverhältnis zur kommunalisierenden Gemeinde.

Demgegenüber wird nun geltend gemacht, daß die Städte wegen ihrer ungünstigen Finanzlage neuer Einnahmequellen bedürfen. So sehr die ungünstige Lage der Finanzen zugestanden werden soll, so fragt es sich doch, ob dies ein geeigneter Weg zu ihrer Besserung ist. Finanzpolitisch ist vorweg zu bemerken, daß die kommunalisierende Gemeinde die nicht unerheblichen Realsteuern aus den bis dahin privaten Betrieben verliert, gegenüber dem erhofften Gewinn also wieder eine Einbuße erleidet. Im übrigen tritt hier mit besonderer Schärfe

[1]) Man vergleiche mit den Bestimmungen der Entwürfe nicht nur § 1 der Reichsgewerbeordnung (Grundsatz der Gewerbefreiheit), sondern insbesondere auch § 7 (Aufhebung der ausschließlichen Gewerbeberechtigungen).

der bereits oben erwähnte Nachteil hervor, daß die Ausnutzung einer Monopolstellung durch hohe Gebühren für die Benutzung der städtischen Betriebe die denkbar roheste indirekte Steuer bedeutet. Es kommt hinzu, daß die öffentliche Wirtschaft an sich schon teurer arbeitet, als die private, außerdem aber die Gewinnabsicht der Gemeinde durch den gesteigerten Geldbedarf erhöht wird, ohne in den natürlichen Faktoren der Preisbildung eine Schranke zu finden. Auch alle sonstigen Vorteile, die dem Verbraucher aus der privaten Konkurrenz erwachsen, fallen fort. So ist es praktisch von zweifelhaftem Wert, wenn die Entwürfe vorschreiben, daß die Gemeinden den Betrieb so zu führen haben, „daß das öffentliche Bedürfnis befriedigt wird." Die Befolgung dieser Vorschrift wird schwer erzwingbar sein. Wenn es aber weiter in der Begründung[1]) heißt: „Bei der Kommunalisierung soll das öffentliche Bedürfnis nicht schlechter fahren. als bei der Privatwirtschaft", so bekommt damit jene Bestimmung des Entwurfs eine besondere Wendung, die sie nach den vorerwähnten praktischen Erfahrungen nur als einen frommen aber unerfüllbaren Wunsch erscheinen läßt.

Bei alledem erhebt sich die Frage, ob denn wirklich eine Gemeinde die Kommunalisierung von privatwirtschaftlichen gewerbsmäßigen Unternehmungen beschließen wird, wenn die oben geschilderten Bedenken entgegenstehen. Man darf sich in dieser Hinsicht über eins nicht täuschen, und das ist die Zusammensetzung der städtischen Körperschaften seit der Einführung des allgemeinen, gleichen und direkten Wahlrechts nach der Staatsumwälzung. Ohne das alte preußische Dreiklassenwahlsystem für die Stadtverordnetenwahl etwa als das Ideal eines Wahlsystems hinzustellen, muß doch anerkannt werden, daß es in Verbindung mit der Bestimmung, daß die Hälfte der Stadtverordneten aus Hausbesitzern bestehen müsse, eine sehr enge Verbindung zwischen der Vertretung der Interessen der Stadt und der Interessen derjenigen wirtschaftlichen Faktoren herbeiführte, die für das kommunale Leben der Stadt von besonderer Bedeutung waren, ja in Gestalt von großen Unternehmungen den Lebensnerv der Stadt darstellen konnten. Heute liegen die Dinge anders. Ein Wahlrecht, daß einzig und allein auf die Köpfe der Wählermassen abgestellt ist, hat naturgemäß die Wahrnehmung der vermeintlichen Interessen der Massen zur Folge. In einer Stadt mit vorherrschender Industriebevölkerung werden erfahrungsmäßig vorwiegend Arbeitervertreter und nicht Vertreter der Unternehmer gewählt. So kommt es, daß die großen, für die Gesamtheit wichtigen wirtschaftlichen Interessen keine oder keine

[1]) Entwurf einer preußischen Städteordnung S. 72.

genügende Vertretung finden. Mit einer Aenderung des Wahlrechts oder der vorgeschriebenen Zusammensetzung der Stadtverordnetenversammlung, die diesen Umständen gerecht wird, ist aber auf absehbare Zeit kaum zu rechnen. Da nun aber in der großen Masse der Wählerschaft und somit bei den von ihnen Gewählten die Sozialisierung einem stark betonten parteipolitischen Dogma entspringt, ist an vielen Orten der Boden für Maßnahmen im Sinne der in Rede stehenden Kommunalisierungsbestimmungen bereitet. Es kommt hinzu, daß nach den Entwürfen die Vorschriften über die Ausschließung Beteiligter von der Beratung und Abstimmung gegenüber dem bisherigen Rechte verschärft sind. Nach § 35 Abs. I des Entwurfs der Städteordnung darf ein Stadtverordneter bei der Beratung und Abstimmung über Beschlüsse, welche Rechte und Pflichten der Stadt betreffen, nicht teilnehmen, wenn sein eigenes wirtschaftliches Interesse oder das seines Ehegatten oder eines Verwandten oder Verschwägerten bis zum dritten Grade von dem der Stadt abweicht. Ebenso, wenn die Beratung oder Abstimmung seine persönlichen Angelegenheiten oder die der genannten Angehörigen betrifft. Ob diese Voraussetzungen vorliegen, soll aber die Stadtverordnetenversammlung endgültig entscheiden. Aehnliches ist in § 46 für die Mitglieder des Magistrats bestimmt. Entsprechende Bestimmungen enthält der Entwurf der Landgemeindeordnung für die Mitglieder der Gemeindevertretung in § 34 und für den Gemeindevorsteher in § 44. Vergegenwärtigt man sich die Anwendung dieser Vorschriften bei der Beratung und Abstimmung über Kommunalisierungen, so wird es oft genug vorkommen, daß hierbei Sachkunde und Vertretung der großen wirtschaftlichen Interessen überhaupt ausgeschaltet sind. Die Gefahr ist also durchaus nicht zu unterschätzen.

Ueberblickt man noch einmal das, was die preußischen Entwürfe der Städte- und Landgemeindeordnung an grundlegenden Neuerungen bringen wollen, so ist das Ergebnis auf der ganzen Linie ein negatives. Dies bestärkt mich in der Auffassung, daß für eine grundlegende Umgestaltung des geltenden Gemeindeverfassungsrechts überhaupt kein Anlaß vorliegt. Dagegen würde es von Nutzen sein, die Ergebnisse der organischen Fortbildung des geltenden Gemeindeverfassungsrechts, wie sie durch Praxis und Wissenschaft erfolgt ist, in einer Neufassung der Gesetzestexte zu verarbeiten, ohne die rechtlichen Besonderheiten der verschiedenen Landesteile zu beseitigen.

Nochmals aber darf betont werden, daß gegenwärtig die Selbstverwaltung der Gemeinden sich in Abwehrstellung gegenüber einer sie erdrückenden Staats- und Reichsgesetzgebung befindet. Die Selbstverwaltung ist ein zu kostbares Gut, um sie irgendwelchen gesetzgeberischen Experimenten auszusetzen. So muß das Gebot der Stunde lauten: „Rettet die Selbstverwaltung.“

---

4. Aussprache über die vorhergehenden Berichte des zweiten Verhandlungstages.

Bühler-Münster regt an, daß bei der Schwierigkeit, sich über den Stand des Gemeindeverfassungsrechts in den verschiedenen Ländern zu unterrichten, die einschlägigen Referenten eingehende Nachweise über Gesetzesausgaben und verarbeitende Literatur ihren Berichten beigeben möchten.

Zum Problem der Selbstverwaltung sei grundsätzlich zu bemerken, daß ihre Grundidee gerade in Preußen beruhe auf dem Gegensatz zum Obrigkeitsstaat, dem gegenüber die Selbstverwaltung in Abwehrstellung war. Unter diesem Gesichtspunkt könne man sagen, daß im jetzigen Staat die innere Notwendigkeit für den Ausbau der Selbstverwaltung geringer sei, wie namentlich auch das Beispiel von Frankreich lehre. Dem entspreche es auch, daß jetzt z. B. in Württemberg die Polizei verstaatlicht worden sei, während man unter der Monarchie dort an der städtischen Polizei auch in der Hauptstadt als einem Paladium der Freiheit festgehalten hatte.

Im übrigen werde der Kampf um die Selbstverwaltung jetzt auf dem Gebiete des Finanzausgleichs ausgetragen. Da sei nur soviel zu sagen, daß vielleicht auch die Kommunen dem Wohl des Staatsganzen würden noch mehr Opfer bringen müssen.

Zum Referat Helfritz bemerkte er, er sei ungefähr in allen Punkten anderer Ansicht. Die Erfahrungen mit Groß-Berlin seien keineswegs so eindeutig schlecht. Allerdings habe man große Enttäuschungen erlebt, namentlich wollen die geschaffenen Bezirke gar kein rechtes Leben gewinnen; aber kein Praktiker wünsche den früheren Wirrwarr der örtlichen Zuständigkeiten zurück, auch nicht die Halbheit des Zweckverbandes. Uebrigens sei die Organisation von Berlin wirklich eine Frage für sich, die wenig für das allgemeine Problem der Gemeindeverfassung in Ostelbien beweise.

Die Gutsbezirke müßten fallen; sie stellten eine für die heutige Zeit nicht mehr erträgliche Anknüpfung von obrigkeitlicher Macht an privaten Besitz an. Möge es manchmal zweckmäßig sein, die Gutsbezirke als Verwaltungseinheiten zu lassen, so müsse doch gefordert werden, daß die Gutseingesessenen ein Mitwirkungsrecht im Gemeinwesen erhalten.

Was die Ablehnung der Zusammenfassung mehrerer Landgemeinden zu Samtgemeinden im Osten betreffe, so sei sie eben doch das einzige Mittel, um überhaupt auf dem platten Land die Bedingungen für ein kommunales Eigenleben zu schaffen, das beim Weiterbestehen der leistungsunfähigen jetzigen Einzelgemeinden für sich niemals zur Entfaltung kommen könne.

Dyroff-München bestreitet die Ansicht von Helfritz, daß die Abbauverordnung inhaltlich ein Verwaltungsakt größten Stils sei. Ein Gesetz, welches beamtenrechtliche Vorschriften ändere und positive neue Bestimmungen auf diesem Gebiete einführe, enthalte Rechtssätze (Zwischenruf Helfritz: nur der Abbau selbst sei Verwaltungsakt). Die Verordnung ändere sogar z. B. hinsichtlich der wohlerworbenen Rechte reichsverfassungsmäßige Grundsätze ab. Allerdings enthalte sie in umfassendstem Maße Ermächtigungen zu Verwaltungsakten.

D. macht weiter eingehende Ausführungen über: die geltenden Rechtsnormen, die Literatur, den Unterschied von Stadt- und Landgemeinden und die Entwürfe der neuen Bezirks- und Kreisordnung. — Auf Fragen von Anschütz ergänzt er seine Ausführungen zum bayerischen Gemeindeverfassungsrecht.

Gegenüber abweichenden Ausführungen betont D. in nachträglich eingereichter Erklärung, daß die Unterscheidung zwischen Selbstverwaltungs- und Auftragsangelegenheiten insofern keine glückliche sei, als auch in Auftragsangelegenheiten Selbstverwaltung bestehen könne, nicht nur im Sinne von Verwaltung durch Laien im Gegensatz zu Berufsbeamten, von Selbstverwaltung im politischen Sinne, was er kurz als Bürgerverwaltung zu bezeichnen pflege, sondern auch als Selbstverwaltung im Rechtssinne, die er kurz Landesverwaltung nenne, sohin als mehr oder weniger selbständige Verwaltung öffentlicher Angelegenheiten durch juristische Personen des öffentlichen Rechts oder Verbände ohne Rechtsfähigkeit nach Maßgabe staatlicher Rechtsnormen unter staatlicher Aufsicht. So hätten z. B. die bayerischen Gemeinden ein gewisses Selbstverwaltungsrecht auch bezüglich der Auftragsangelegenheit der örtlichen Polizeiverwaltung, soweit diese nicht ausnahmsweise verstaatlicht sei, und erfreuten sich im gewissen Maße auch in dieser Richtung des verwaltungsrichterlichen Schutzes. (Vgl. Dyroff, Bayerisches Verw.-Ger.-Ges. 5. Aufl. S. 414 ff.).

Rosenthal-Jena weist auf die bisher zurückgetretene Tatsache hin, daß die mitteldeutschen Staaten als einzige auf dem Gebiet der Kommunalverfassung wirklich Neues gebracht hätten, aber auch hier seien keine umstürzenden Aenderungen vorgekommen.

Er bemerkt, die Ausführungen von Stier-Somlo billigend, daß die herrschenden Parteien der Meinung seien, das Prinzip der Volksouveränität und des Parlamentarismus müsse sich bis in die feinsten Einzelheiten auswirken.

Er wendet sich dann gegen eine Reichsstädteordnung. Es handle sich hier nicht um etwas im Interesse des Ganzen Notwendiges, eine Einheitlichkeit sei nicht einmal für Preußen unbedingtes Erfordernis.

Zum Bericht von Helfritz: in den meisten Punkten anderer Ansicht. R. erhebt Widerspruch in historischer Beziehung. Die Entwicklung habe sich nicht überall in gleicher Weise vollzogen, vielmehr weise sie regional und zeitlich erhebliche Verschiedenheiten auf. Er erblickt in der Magistratsverfassung eine Institution, welche sich auf demokratischer Grundlage entwickelt habe. Sie sei ein Produkt der Zunftkämpfe, in dem die Zünfte ihre Aufnahme in den Rat durchsetzten. Der mittelalterliche innere Rat entspräche dem Magistrat, während der äußere Rat das Repräsentativorgan gewesen sei. Daß die Zünfte irgendwo dauernd die Alleinregierung gehabt, bezweifle er. Bei der Steinschen Städteordnung dürfte nicht außer acht gelassen werden, daß Stein eigentlich gar nichts Neues geschaffen habe, er habe die Städteverfassung des Mittelalters wieder hergestellt. Die Städte hätten ihre privilegierte Stellung mitunter in schandbarer Weise mißbraucht, besonders die Justiz- und Steuerverwaltung. Deshalb sei die Selbstverwaltung von einsichtigen Landesherren beseitigt worden. Auf die alte gute Grundlage des deutschen Städtewesens habe Stein zurückgegriffen. Er habe dabei allerdings noch den weitgehenden Plan gehabt, mit der kommunalen Vertretung die Grundlage eines Ausbaus der Nationalvertretung zu schaffen.

Gutsbezirke seien ihm eigentlich nur historisch erklärbar, als letzte Auswirkung der Gutsherrlichkeit. Man habe die Form der Ueberleitung nicht gefunden, daher sei es nur die Frage, wie ihre Abschaffung im einzelnen am besten durchzuführen ist.

Zu Thüringen: R. ging auf die Kämpfe um die thüringische Kommunalverfassung ein. Er als Demokrat habe mit einem Vertreter der Volkspartei für die Selbstverwaltung und gegen viele Bestimmungen der Gemeindeordnung gekämpft und sich dabei in einem Gegensatz zur Sozialdemokratie befunden. Diese habe nach seinen Eindrücken so argumentiert: wir haben die Regierung und brauchen deshalb die Selbstverwaltung nicht in jeder Beziehung zu schützen. Die alte Neigung, über die Obrigkeit zu schimpfen und die Nichtidentifikation mit dem Staat charakterisiere auch heute noch die Geistesverfassung. Diese Politik gegenüber der Kommunalverfassung sei von dem Wunsch nach Nivellierung und damit der Beseitigung des Unterschieds von Stadt und Land beherrscht gewesen.

Selbstverwaltung und Auftragsangelegenheiten: Diese Scheidung sei mit der Gegenüberstellung von eigenem und übertragenem Wirkungskreis zuerst in Oesterreich durchgeführt worden. R. spricht sich für die Richtigkeit dieser Bezeichnungen aus. Zwar könne angesichts der Allmacht des Gesetzgebers von einem Naturrecht auf Selbstverwaltung nicht gesprochen werden, aber der Begriff als solcher habe sich durchgesetzt. Mit Laband sieht er in der Selbstverwaltung einen Gegensatz zum Verwaltetwerden durch staatliche Organe. Dies sei vor allem nach der historischen Seite deutlich, wie dies Gierke nachgewiesen habe, der wichtige Vorstufen des modernen Staats in der mittelalterlichen Stadt erkannt habe. Es habe z. B. der Herzog einen Beamten in der Stadt eingesetzt, dann habe die Stadt die Selbstwahl dieses Beamten erreicht und habe schließlich mit der Ausbildung des Stadtrates die Selbstverwaltung geschaffen. Heute sei der Begriff Selbstverwaltung vorausgesetzt, z. B. in der Reichs- und preußischen Verfassung. Die Aufnahme entsprechender Sätze in die thüringische Verfassung habe R. nicht für notwendig gehalten.

Die Scheidung von Selbstverwaltung und Auftragsangelegenheiten halte R. deshalb fest, weil sie die tatsächliche Rechtslage genau wiedergebe: Bei den ersteren habe der Staat nichts hineinzureden, während bei den letzteren der Staat sich lediglich kommunaler Organe bediene und diese beaufsichtige (§ 11 thüringische Gemeindeordnung).

Zum Bürgermeister: Die zeitweilig bestehende, jetzt wieder beseitigte dreijährige Wahlzeit sei im Hinblick auf das Ganze und die Entwicklung kaum zu verstehen, denn auf der Bedeutung der Bürgermeister habe die Entwicklung zahlreicher Städte beruht. Es habe die Absicht bestanden, die Macht des Bürgermeisters gemäß dem parlamentarischen Systems ausschließlich dem Gemeinderat zuzuweisen. Aus Furcht vor der großen Persönlichkeit habe man sich gegen einen solchen „Bürgermeisterdespotismus“ gewandt. In der Politisierung der Gemeindeverfassung, welche auch im Verhältniswahlsystem sich zeige, erblickt R. den Krebsschaden. Andererseits habe er die Beobachtung gemacht, daß die Innehabung der Macht auch bürgerliche Parteien zu deren Mißbrauch zu verführen drohe, sodaß mit Rücksicht auf den möglichen Umschwung auf das Verhältniswahlsystem doch wohl nicht ganz verzichtet werden könne.

R. stellt das Erfordernis allseitiger Sachlichkeit auf und deutet darauf hin, daß es vielleicht die Aufgabe auch der Vereinigung sei, energisch zu sagen, was die deutsche Wissenschaft in Fragen des öffentlichen Rechts für richtig halte.

Holstein-Greifswald: Die Ablehnung eines besonderen pouvoir municipal ist nur richtig, wenn man darunter die französisch-belgische Rechtsfigur versteht, aber nicht, wenn dies zugleich die Negation jeder rechtsgeschichtlichen, jenseits der absoluten Staatsepoche gelegenen Eigenwurzel des kommunalen Selbstverwaltungsrechts bedeutet. Denn die oft gebrauchte Wendung von der Aufsaugung der Rechtsposition der Städte im Polizeistaat geht von einer sehr stark stilisierten Auffassung der Geschichte aus, die mehr mit historisch-politischen Kategorien als mit juristischen Begriffen arbeitet. Tatsächlich war durchweg den Städten ein in seiner Bedeutung zwar stark herabgeminderter, aber in seiner ideellen Struktur noch selbständiger Rechtskern verblieben. Dazu kommt, daß das System des ALR. in seinem II. Teil gerade von der Strömung des Naturrechts bestimmt ist, die mit der Verwendung des Vertragsgedankens auch auf die zwischen Staat und Familie liegenden Verbände diesen eine auf eigene Willenssetzung beruhende Rechtsexistenz zubilligt, die wohl unter der Hoheit des Staates steht, aber von ihm nicht begründet ist. Dem entspricht, daß auch Stein mit seiner Reform nicht neues Recht schaffen, sondern zurückgedrängtes altes reaktivieren wollte. Das hat seine Bedeutung nicht nur für die Auslegung der Kompetenzgrenzen, für die etwa auch das Recht der alten Universitäten vergleichend heranzuziehen wäre, sondern trägt auch zur Lösung der aufgeworfenen Frage bei, ob die Logik der französisch-westdeutschen Entwicklung bestimmend für die Verhältnisse Altpreußens ist: die grundsätzlich andere Rechtswurzel negiert dies nicht nur, sondern gibt auch zugleich den Ansatz zum konstruktiven Erfassen der eigentümlichen Zwischenstellung, die dessen Verwaltungsrecht zwischen dem englischen und französischen Typus einnimmt. — Die Bedeutung des Art. 127 RV. wird vom Referenten zu gering veranschlagt. Die grundrechtlichen Bestimmungen der RV. werden in Zukunft steigende Bedeutung erlangen: neben den programmatischen und konfirmatorischen Charakter haben sie, vermöge ihrer zentralen Position im Rechtssystem, auch interpretatorisch die administrative Rechtsnormkraft, die ebenso bestimmend für Auslegungsfragen sind wie für die Rechtsgewißheit einzelner Verwaltungsakte. Die Gegenwirkung einer schöpferischen Jurisprudenz gegen die Abdrängung des Selbstverwaltungsgedankens wird sich nicht so sehr in der Mitwirkung bei der doch nur intermittierend auftretenden Gesetzgebung äußern als auf dem elastischeren und wirkungsvolleren Weg der Rechtsprechung, für deren Möglichkeiten das Vorhandensein solcher „interpretatorischer Generalklauseln“ von entscheidender Bedeutung ist. — Gegenüber der Kritik an den preußischen Gutsbezirken ist deren Begründung in den soziologischen und psychologischen Bedingungen des deutschen Ostens zu unterstreichen; in Groß-Berlin zeigt die

Verwaltungspraxis, bedingt durch die fortdauernde starke regionale und bevölkerungsmäßige Eigenprägung der alten Sonderstädte, Ansätze zu einer Korrektur der zentralistischen Ueberspannung des Gesetzes.

Koellreutter-Jena: An der Schematisierung sei auch die Reichsverfassung z. B. (Art. 17) nicht unschuldig. Darin läge mit ein Grund der Politisierung. England habe sich, als es für das Parlament das allgemeine Wahlrecht einführte, wohl gehütet, für die Kommunalverbände das gleiche zu tun. In Thüringen sei der Weg der Politisierung konsequent beschritten worden. Es sei sogar in § 74 der Gemeindeordnung der Recall eingeführt worden, in dem der Beigeordnete auf Verlangen der Parteigruppe, die ihn vorgeschlagen habe, zurücktreten müsse.

Die Selbstverwaltung sei ein relativer Begriff, wie sich in Thüringen gezeigt habe. Die Ausübung der Staatsaufsicht durch eine Kommunalkammer sei erwägenswert.

Nach § 107 werde der Kreisdirektor entgegen den Prinzipien der Selbstverwaltung von der Regierung ernannt! Zu rechtfertigen suchte man diese Bestimmung damit, daß bei dem Aufbau Thüringens während der nächsten Jahre die Auftragsangelegenheiten überwiegen würden.

Gegen die Handhabung der Staatsaufsicht bestehe kein ausreichender Schutz durch das Oberverwaltungsgericht.

K. spricht sich für die These B. von Helfritz aus. Er wendet sich ferner gegen die Tendenz von Bühlers Ausführungen. Thüringen sei die Probe darauf, wie es auslaufe, wenn man die historische Entwicklung einfach abreißen lasse.

Jacobi-Leipzig spricht sein Bedauern darüber aus, daß die großen Rechtsänderungen der Gemeindeverfassungen Sachsens, Thüringens und Braunschweigs nicht in den Mittelpunkt der Referate gestellt worden seien. Er verweist auf die revolutionären Neuerungen der sächsischen Gemeindeordnung, insbesondere auf folgende Punkte: Einheitsgemeinde statt der bisherigen drei Gemeindearten; Verschmelzung der selbständigen Gutsbezirke mit benachbarten Gemeinden; Wahlrechtsänderung, z. T. vom Dreiklassenwahlrecht zum demokratischen Verhältniswahlrecht; sogenanntes Einkammersystem, das gegenüber Magistrats- und Bürgermeistereiverfassung eine dritte Form der Gemeindeverfassung darstelle; Abschaffung der Lebenslänglichkeit und in weitem Umfange auch der Vorbildungserfordernisse der Gemeindebeamten; Verwischung der Grenze zwischen eigenem und übertragenem Wirkungskreis der Gemeinden durch Verweisung von ungenügend abgegrenzten Teilen der Ortspolizei in den eigenen Wirkungskreis; Veränderung der Staatsaufsicht durch die Umwandlung der meisten Bestätigungsrechte in bloße Einspruchsrechte und durch Einschiebung der Gemeindekammer.

Die Rechtsänderungen seien so stark und z. T. so verhängnisvoll, daß man in der unveränderten Fortgeltung des neuen sächsischen Gemeinderechts eine unmittelbare Lebensgefahr für die kommunale Selbstverwaltung in Sachsen erblicken könne.

Nawiasky-München legt das bayerische System dar. Dieses sei ein sog. Einkammersystem, bei welchem Bürgermeister und Rat getrennt gewählt würden, aber unter Vorsitz des ersteren gemeinsam tagten. Das System sei denkbar einfach und elastisch. Die Gemeinden seien hinsichtlich der Einzelheiten der Verfassung weitgehend autonom, z. B. bezüglich der Zahl der Mitglieder der Gemeindevertretung (nur das Maximum ist gesetzlich bestimmt), der Zahl der Bürgermeister und ihrer Vorbildung, der Bestellung von berufsmäßigen Ratsmitgliedern neben den gewählten.

München besitze eine größere Einwohnerzahl als neun deutsche Länder, daher ähnliche Aufgaben wie bei ihnen, also sei auch das Proportionalwahlsystem angebracht. Auf dem Lande mache sich dieses nicht so sehr bemerkbar, weil da in der Regel nur zwei Parteien bestünden.

Bei der Durchführung der Verwaltung sei der Bürgermeister nicht unbedingt Chef, es könnten vielmehr nach Belieben Ausschüsse aus berufsmäßigen und ehrenamtlichen Ratsmitgliedern gebildet werden.

Trotz des Bruches mit der früheren Entwicklung herrsche im allgemeinen Zufriedenheit mit dem System als solchem, da es große Bewegungsfreiheit verleihe.

Hensel-Bonn betont, daß die Bürgermeistereiverfassung in der Praxis die Vorteile der Magistratsverfassung mit verwirklichen könne. Das geschriebene Gesetz sei nicht immer maßgebend für die Interpretation einer Institution, so auch hier. Z. B. würden in den rheinischen Städten regelmäßig Verwaltungskonferenzen abgehalten und dann der Stadtverordnetenversammlung „Vorlagen der Verwaltung" vorgelegt; damit sei ein theoretisch immer in den Vordergrund gestellter Unterschied zur Magistratsverfassung beseitigt.

Unbesoldete Beigeordnete sollen die Möglichkeit geben, die Arbeitskraft bewährter Persönlichkeiten haupt- aber ehrenamtlich nutzbar zu machen. Tatsächlich werden sie zuweilen zur Politisierung verwandt, sind vielfach Parteihäupter und üben dann eine Kontrolle über die Verwaltung aus, die in den Kommunalverfassungsgesetzen nicht beabsichtigt ist.

Die Kommunalpolitik namentlich der Städte wird durch die Finanzpolitik entscheidend beeinflußt. Die heutige Gestaltung des Finanzausgleichs erziehe zur Unverantwortlichkeit der Stadtparlamente. Das gehe schon aus außenpolitischen

Gründen nicht an; denn das Innehalten des Dawesplanes mache die Erhaltung der Industrie notwendig, die heute vielleicht durch die Ueberspannung der gemeindlichen Gewerbesteuer schon gefährdet sei. Daher sei der Plan der Reichsregierung zu begrüßen, den Gemeinden das Recht des Einkommensteuerzuschlags zu geben. Der alte Grundsatz auch der kommunalen Finanzpolitik müsse wieder in den Vordergrund treten, daß diejenigen, welche die Steuer beschließen, sie auch später zu tragen hätten. Nur dadurch könne Sparsamkeit und Selbstverantwortung gesichert werden, und das sei erstes Ziel jeder Kommunalreform.

Anschütz--Heidelberg: Man habe aus den Referaten den Eindruck gewinnen können, als sei die Veränderung der Selbstverwaltung durch die Revolution nicht so beträchtlich. Die Diskussion habe jedoch für Mitteldeutschland, für Sachsen, Thürigen, teilweise auch Bayern, daß Gegenteil festgestellt.

Mit Stier-Somlo übereinstimmend hält auch A. die Bürgermeistereiverfassung für besser. Die Magistratsverfassung leide an einem Uebermaß von Kollegialismus. Der Tatkraft der Bürgermeister würden zu viel Hemmungen bereitet. Erforderlich sei bei der Bürgermeistereiverfassung jedoch, daß der Bürgermeister Sitz und Stimme und weitgehendes Beanstandungsrecht, auch wegen Verstößen gegen das Gemeindewohl, habe. Wichtig für alle Kommunalverwaltung sei ferner, daß ein Gegengewicht gegen die Kommunalvertretung entsprechend dem Gedanken der Gewaltenteilung bestünde. Ein Vorzug der Steinschen Städteordnung sei, daß der Bürgermeister zwar vom Gemeindeparlament gewählt würde, dann aber von diesem unabhängig sei. Die Grundsätze der parlamentarischen Regierung ließen sich auf die Gemeinden nicht anwenden. Die Exekutive müsse selbständig sein und deswegen der Bürgermeister auch de jure in der Bürgermeistereiverfassung die Prärogative haben. Obwohl in diesem Fall die Bürgermeistereiverfassung die bessere sei, empfehle sich ihre zwangsweise Einführung nicht.

A. wandte sich dann gegen die Terminologie Ein- und Zweikammersystem. Die Kommunalverwaltung sei nie aus zwei Kammern zusammengesetzt, der Magistrat entspreche der Exekutive. Die Aufhebung des Bürgerausschusses in Württemberg, welcher der Stadtverordnetenversammlung entspreche, erkläre sich damit, daß in Württemberg Gemeinderat und Bürgerausschuß beide aus direkten Wahlen hervorgingen. Bezüglich Bayerns wirft A. die Frage auf, ob hier in Wahrheit ein Monismus, nicht Dualismus der Organe bestünde. Der Gemeinde- oder Stadtrat entspräche wohl nicht dem Gemeindevorstand, sondern der Gemeindevertretung, und Vorstand sei jetzt der

Bürgermeister. Die Trennung von Beschlußfassung und Ausführung hält A. für wesentlich und diese sei nicht mittelalterlich, vielmehr modern. Richtig sei die Präsumption der Zuständigkeit des Parlaments.

Mit Helfritz stimmt A. überein bezüglich der Stellung von Staat und Gemeinde. Auch für ihn gibt es ein eigenes Recht der Gemeinde nicht. Im übrigen aber lehnt A. die Ergebnisse von H. im wesentlichen ab, wandte sich insbesondere gegen seinen Quietismus und Pessimismus, die Kampfstellung der Selbstverwaltung sei eine Uebergangserscheinung, daß die Selbstverwaltung es schlechter habe, sei begründet durch die Verhältnisse, welche den Unitarismus fordere. Zwar bedeute es den Tod der Selbstverwaltung, auf Dotationen angewiesen zu sein, aber auch das liege an den Verhältnissen und stelle eine Uebergangserscheinung dar. Die Staatsaufsicht sei nicht so schlimm, vielmehr seien die Bürgermeister vielfach große Herren von politischem Einflusse und besser dotiert als die Aufsichtsorgane.

A. wirft weiter die Frage auf: Ist die Steinsche Städteordnung demokratisch? und kommt zu ihrer Bejahung. Zwar sei Stein ein Aristokrat, trotzdem aber sein Werk demokratisch. Demokratischer und genossenschaftlicher Gedanke seien identisch und wesentlich sei für Genossenschaftsidee und Demokratie das Vorhandensein eines immanenten, nicht transzendenten Willens, gleichgültig dagegen, wer an der Spitze stehe. Die Steinsche Städteordnung sei genossenschaftlich und so demokratisch. Deutlich werde dies insbesondere, wenn man sich in die Zeit ihrer Entstehung versetze. — Betreffs Groß-Berlin erklärte A., daß jede große Stadt zentralisiert sei und keine persönliche Fühlung mit dem Einzelnen habe. Verlange man letzteres, dann wäre eine Selbstverwaltung nur in kleinen Städten möglich. Auch sei die Selbstverwaltung nicht Selbstzweck.

Zu der Notwendigkeit, Gesamtgemeinden zu bilden, führte nach A. das Vorhandensein von Zwerggemeinden und selbständigen leistungsschwachen Gutsbezirken. Die Idee der Gesamtgemeinde sei nicht erst nach der Revolution entstanden. Nicht jedes Latifundium habe das Recht, eximiert zu werden. Die selbständigen Gutsbezirke seien abbauwürdig, da sonst 50 % außerhalb der Städte keine Selbstverwaltung habe.

Laun-Hamburg schließt sich im wesentlichen, mit einigen Vorbehalten, Anschütz an und wendet sich hauptsächlich kurz gegen Punkt C des Referates Helfritz.

Jellinek-Kiel bemerkt, der Freiherr vom Stein sei auf Grund eines ganz bestimmten nationalökonomischen Ideals an seine Reformen gegangen; Stein sei der Ansicht gewesen, daß der Volksreichtum mit der Freiheit des Bürgers wachse; daher sei es kein Zufall, daß Stein neben der Städteordnung die Gewerbefreiheit geschaffen habe. Sein „Liberalismus" sei zu vergleichen mit dem des Feldherrn, der den Unterführern möglichste Freiheit lasse, nicht um der Unterführer willen, sondern mit Rücksicht auf den dadurch wahrscheinlicher werdenden militärischen Erfolg. Aus eben diesem Grunde sei er kein Demokrat gewesen, da uns ein untrügliches Sprachgefühl hindere, jemand als Demokraten zu bezeichnen, der nicht für die Volksherrschaft um der Freiheit willen eintrete. Nur der individualistische Demokrat werde nach dem deutschen Sprachgebrauch als echter Demokrat angesehen, nicht der kollektivistische.

In der Frage der Zwangseingemeindung sei in der neueren Gesetzgebung deutlich das Bestreben zu erkennen, die sich sträubende Gemeinde zu schützen, sei es durch die Notwendigkeit einer Volksabstimmung, sei es durch die Erforderlichkeit eines Gesetzes. Daher gehöre zu den Bestimmungen der RV., die einen, wenn auch nur mittelbaren Einfluß auf das Gemeindeverfassungsrecht ausübten, auch Art. 18 RVerf.

Nachdem **Stier-Somlo** auf sein Schlußwort verzichtete und v. **Köhler** kurze fachliche Ergänzungen seines Referats gab, nahm das Schlußwort

Helfritz-Breslau: Für die reichen Anregungen, die die Diskussion gegeben hat, sei er in hohem Grade dankbar. Nicht alles war ihm neu, die beschränkte Zeit gestattete nur nicht, im Referat auf alles einzugehen. Insbesondere sei er Rosenthal für seine geschichtlichen Ausführungen dankbar, kann allerdings in ihnen keine grundsätzlich andere Auffassung erkennen, als sie in seinen Ausführungen lag.

Was die Einführung der Landbürgermeistereien und die Aufhebung der selbständigen Gutsbezirke anbetrifft, so müsse er bekennen, daß die gegen seine Auffassung vorgebrachten Gründe ihn nicht überzeugt haben. Sie wären vielleicht durchschlagend, wenn das Ganze eine Frage rein juristischer und politischer Theorie wäre. In Wahrheit aber handelt es sich um praktische Fragen der Rechtsgestaltung, die für die Lebensinteressen der gesamten Landbevölkerung von einschneidender Bedeutung sind. Insbesondere sei ihm unklar, was denn eigentlich die kommunalen Aufgaben der selbständigen Gutsbezirke sein sollen, an denen den jetzigen Gutseingesessenen ein Mitbestimmungsrecht einzuräumen wäre. Wenn man mit besonderer Schärfe betont, daß die gesamte Selbstverwaltung nicht Selbstzweck sei, so kann man unmöglich für die Gutsbezirke eine korporative Selbstverwaltung ins Leben rufen wollen nur aus dem Grunde, weil sonst eine große Anzahl von Landbewohnern keiner korporativen Selbstverwaltung teilhaftig sei.

Ebenso vermag er nicht einzusehen, warum die gegenwärtige Notlage des Staates einen Anlaß zur Beschränkung der Selbstverwaltung der Gemeinden bieten solle. Gerade in gleicher oder noch schlimmerer Notlage rief man in Preußen die Selbstverwaltung ins Leben. Mit vollem Rechte spricht man ihr einen wesentlichen Anteil an dem Wiederaufstieg des Staates zu. Warum sollte man heute den umgekehrten Weg gehen?

IV. Verzeichnis der Mitglieder der Vereinigung der deutschen Staatsrechtslehrer.

Gegründet am 13. Oktober 1922.

Vorstand.

1. Triepel, Dr. Heinrich, ord. Professor an der Universität Berlin, Geheimer Justizrat, Erster Vorsitzender, Berlin-Grunewald, Humboldtstr. 34.
2. Anschütz, Dr. Gerhard, ord. Professor an der Universität Heidelberg, Geheimer Justizrat, Zweiter Vorsitzender, Heidelberg, Ziegelhäuser Landstr. 35.
3. Stier-Somlo, Dr. Fritz, ord. Professor an der Universität Köln, Schriftführer, Köln-Marienburg, Marienburgerstr. 31.

Mitglieder.

1. Anschütz, Dr. Gerhard, ord. Professor der Rechte, Geheimer Justizrat, Heidelberg, Ziegelhäuser Landstr. 35.
2. Apelt, Dr. W., ord. Professor der Rechte an der Universität Leipzig, Ministerialrat a. D., Leipzig, Kaiser Wilhelmstr. 84p.
3. Bilfinger, Dr. Karl, ord. Professor der Rechte an der Universität, Halle a. S., Paulusstr. 4.
4. Bornhak, Dr. Conrad, a. o. Professor der Rechte, Geheimer Justizrat, Berlin S.W. 61, Blücherplatz 2.
5. Brie, Dr. iur. Dr. theol. h. c., Siegfried, ord. Professor der Rechte, Geheimer Justizrat, Breslau, Auenstr. 35.
6. Bruns, Dr. Viktor, ord. Professor der Rechte, Berlin-Zehlendorf West, Prinz Friedrich Karlstr. 21.
7. Bühler, Dr. Otmar, ord. Professor der Rechte, Münster i. W., Gertraudenstr. 15.
8. van Calker, Dr. Wilhelm, ord. Professor der Rechte, Geheimer Justizrat, Freiburg i. B., Josefstr. 15.
9. Dochow, Dr. Franz, a. o. Professor, Heidelberg, Leopoldstr. 37.

10. Dyroff, Dr. Anton, ord. Professor der Rechte, Geheimer Regierungsrat, München, Viktoriastr. 9.
11. Ebers, Dr. Godehard Josef, ord. Professor der Rechte, Köln-Marienburg, Ulmenallee 124.
12. Fleischmann, Dr. Max, ord. Professor der Rechte, Halle a. S., Stefanstr. 1.
13. Frisch, v., Dr. Hans, früher ord. Professor an der Universität Czernowitz, jetzt Privatdozent an der Universität Wien, XIX, Saarpl. 1.
14. Fürstenau, Dr. Wilhelm Hermann E., a. o. Professor der Rechte, Oberverwaltungsgerichtsrat, Berlin W. 15, Sächsischestr. 8.
15. Genzmer, Dr. Felix, ord. Professor der Rechte, Marburg a. L., Wilhelmstr. 52.
16. Gerber, Dr. Hans, Privatdozent an der Universität Marburg a. L., Schwanallee 44.
17. Giese, Dr. Friedrich, ord. Professor der Rechte, Konsistorialrat, Frankfurt a. M., Rheinstr. 29 II.
18. Gmelin, Dr. Hans G. A., ord. Professor der Rechte, Gießen, Wiesenstr. 2.
19. Glum, Dr. F., Privatdozent der Rechte an der Universität Berlin, Berlin-Zehlendorf, Fürstenstr. 24.
20. Heckel, Dr., Privatdozent an der Universität, Konsistorial-Assessor Berlin-Charlottenburg, Königin Luisenstr. 8.
21. Helfritz, Dr. Hans, ord. Professor der Rechte, Geheimer Regierungsrat, Breslau, Eichendorffstr. 63.
22. Heller, Dr. Hermann, Privatdozent an der Universität Leipzig-Stötteritz, Thiemstr. 2.
23. Henrich, Dr. phil., iur et rer. pol., Privatdozent an der Universität Wien, XVIII, Dittesgasse 40.
24. Hensel, Dr. Albert., a. o. Professor, Bonn, Blücherstr. 2.
25. Heyland, Dr., Privatdozent an der Universität Gießen, Amtsrichter a. D., Adresse: Wiesbaden, Nußbaumstr. 7.
26. v. Hippel, Ernst. Privatdozent der Rechte an der Universität Heidelberg, Bergstr. 28.
27. Holstein, Dr. Günther, ord. Professor der Rechte, Greifswald, Werderstr. 1 c.
28. Hübner, Dr. Rudolf, ord. Professor der Rechte, Geheimer Justizrat, Jena, Beethovenstr. 6.
29. Isay, Dr. Ernst, Oberlandesgerichtsrat in Hamm, Privatdozent an der Universität Münster i. W.
30. Jacobi, Dr. Erwin, ord. Professor der Rechte, Leipzig, Mozartstr. 9.
31. Jagemann, v., Dr. Eugen, ord. Honorarprofessor, Wirkl. Geh. Rat, Gesandter a. D., Heidelberg, Märzgasse 18.

32. Jahrreiß, Dr. Hermann, Amtsgerichtsrat, Privatdozent an der Universität, Leipzig Gustav Adolfstr. 3.
33. Jellinek, Dr. Walter, ord. Professor der Rechte, Kiel, Esmarchstr. 59.
34. Jerusalem, Dr. J. W., a. o. Professor an der Universität, Jena, Humboldstr. 21.
35. Kahl, Dr. Dr. D., Wilhelm, ord. Professor der Rechte, Geheimer Justizrat, M. d. R., Berlin-Wilmersdorf, Kaiser-Allee 23.
36. Kaufmann, Dr. Erich, ord. Professor der Rechte, Bonn, Schumannstr. 2 a.
37. Kelsen, Dr. Hans, ord. Professor der Rechte, Mitglied und ständiger Referent des Verfassungsgerichtshofs, Wien, VIII, Wickenburggasse 23.
38. Köhler, Dr. v. Ludwig, ord. Professor der Rechte, Staatsminister a. D., Tübingen, Hirschauerstr. 6.
39. Koellreutter, Dr. Otto, ord. Professor der Rechte, Oberverwaltungsgerichtsrat, Jena, Stoystr. 2.
40. Kraus, Dr. Herbert, ord. Professor der Rechte, Königsberg i. Pr. Scharnhorststr. 12.
41. Kulisch, Dr. Max, ord. Professor der Rechte, Innsbruck, Adolf Pichlerstr. 8.
42. Lamp, Dr. Karl, ord. Professor, Innsbruck, Höttinger Riedgasse 20 a.
43. Lassar, Dr. Gerhard, a. o. Professor an der Universität Hamburg.
44. Laun, Dr. Rudolf, ord. Professor der Rechte, Hamburg 37, Isestr. 123 I.
45. Layer, Dr. Max, ord. Professor der Rechte, Graz, Elisabethstr. 43.
46. Lukas, Dr. Josef, ord. Professor der Rechte, Münster i. W., Mauritzstr. 25.
47. Marschall Freiherr v. Bieberstein, Dr. F. ord. Professor der Rechte, Freiburg i. B., Dreisamstr. 11.
48. Menzel, Dr. Adolf, ord. Professor der Rechte, Hofrat, Wien, 19/15, Windhabergasse 2 a.
49. Merkl, Adolf, Dr., a. o. Professor der Rechte, Wien VIII, Burggasse 102.
50. Mirbt, Dr. H., Privatdozent an der Universität Göttingen, Grünerweg 4.
51. Nawiasky, Dr. Hans, a. o. Professor der Rechte, München, St. Annenplatz 8.
52. Neuwiem, Dr. R., ord. Professor der Rechte, Greifswald, Langefuhrstr. 14.
53. Oeschey, Dr. Rudolf, a. o. Professor an der Universität Leipzig, Adresse: München, Schellingstr. 1.

54. Perels, Dr. Kurt, ord. Professor der Rechte, Hamburg, Gustav Freytagstr. 7.
55. Piloty, Dr. Robert, ord. Professor der Rechte, Geheimer Hofrat, Würzburg, Konradstr. 3.
56. Pohl, Dr. Heinrich, ord. Professor der Rechte, Tübingen. Melanchthonstr. 24.
57. Preuß, Dr. Hugo, Professor, Reichsminister a. D., Berlin. Matthäikirchstr. 29.
58. Redlich, Dr. Josef, früher ord. Universitäts-Professor, Minister a. D., Wien XIX, Armbrustergasse 15.
59. Richter, Dr. Lutz, Privatdozent an der Universität Leipzig-Schleußig, Schnorrstr. 40 III.
60. Rieker, Dr. Karl, ord. Professor der Rechte, Geheimer Justizrat, Erlangen.
61. Rosenthal, Dr. Eduard, ord. Professor der Rechte, Geheimer Justizrat, Jena, Kahlaischestr. 6.
62. Rothenbücher, Dr. Karl, ord. Professor der Rechte, München, Kaiserplatz 12.
63. Ruck, Dr. Erwin, ord. Professor der Rechte, Basel-Bottmingen, Neuenruck.
64. Sartorius, Dr. Karl, ord. Professor der Rechte, Tübingen, Wilhelmstr. 12.
65. Seidler, Dr. Ernst, früher ord. Professor an der Universität jetzt Präsident, Wien XVIII, Hasenauerstr. 53.
66. Smend, Dr. Rudolf, ord. Professor der Rechte, Berlin-Nicolassee, Teutonenstr. 1.
67. Schmidt, Dr. Richard, ord. Professor der Rechte, Geheimer Hofrat, Leipzig, Sternwartenstr. 79.
68. Schmitt, Dr. Carl, ord. Professor der Rechte, Bonn, Endenicher Allee 20.
69. Schoen, Dr. Paul, ord. Professor der Rechte, Geheimer Justizrat, Göttingen, Merkelstr. 5.
70. Schönborn, Dr. W., ord. Professor der Rechte, Kiel, Bartelsallee 6.
71. Spiegel, Dr. Ludwig, ord. Professor der Rechte an der deutschen Universität, Senator der Tschecho-Slovakischen Republik, Prag II, Torysgasse 7.
72. Stier-Somlo, Dr. Fritz, ord. Professor des öffentlichen Rechts und der Politik an der Universität, Köln-Marienburg, Marienburgerstr. 31.
73. Strupp, Dr. Karl, Privatdozent an der Universität, Frankfurt a. M., Kettenhofweg 139.
74. Tatarin-Tarnheyden, Dr. Edgar, ord. Professor der Rechte, Rostock i. M., Friedrich Franzstr. 37 d.
75. Thoma, Dr. Richard, ord. Professor der Rechte, Geheimer Hofrat, Heidelberg, Ziegelhäuser Landstr. 17.

76. Triepel, Dr. Heinrich, ord. Professor der Rechte, Geheimer Justizrat, Berlin-Grunewald, Humboldtstr. 34.
77. Vervier, Heinrich, Dr. iur. und rer. pol., Regierungsrat I. Kl., Privatdozent an der Universität Würzburg, Bismarckstr. 12.
78. Waldecker, Dr. Ludwig, ord. Professor der Rechte, Königsberg i. Pr., Hagenstr. 9.
79. Walz, Dr. Oberbürgermeister, ord. Honorarprofessor an der Universität Heidelberg.
80. Wenzel, Dr., Max, ord. Professor der Rechte, Rostock i. M., Kaiser Wilhelmstr. 26.
81. Wittmayer, Dr., Leo, Tit. a. o. Professor, Ministerialrat, Wien, Schottenhof.
82. Wolgast, Dr., Ernst, Privatdozent an der Universität Königsberg i. Pr., Golzallee 12 II.
83. Zorn, Dr. Philipp, ord. Professor der Rechte i. R., Geheimer Justizrat, Ansbach, Jüdtstr. 15.

V. Satzung[1].

§ 1.

Die Vereinigung der deutschen Staatsrechtslehrer stellt sich die Aufgabe:

1. wissenschaftliche und Gesetzgebungsfragen aus dem Gebiete des öffentlichen Rechts durch Aussprache in Versammlungen der Mitglieder zu klären;
2. auf die ausreichende Berücksichtigung des öffentlichen Rechts im Universitätsunterricht und bei staatlichen und akademischen Prüfungen hinzuwirken;
3. in wichtigen Fällen zu Fragen des öffentlichen Rechts durch Eingaben an Regierungen oder Volksvertretungen oder durch öffentliche Kundgebungen Stellung zu nehmen.

§ 2.

Zum Eintritt in die Vereinigung ist aufzufordern, wer an einer deutschen Universität als Lehrer des Staats- oder Verwaltungsrechts tätig ist oder gewesen ist und sich der wissenschaftlichen Forschung auf dem Gesamtgebiete dieser Wissenschaften gewidmet hat.

Die Aufforderung geschieht auf Vorschlag eines Mitglieds durch den Vorstand. Ist dieser nicht einmütig der Ueberzeugung, daß der Vorgeschlagene die Voraussetzungen für den Erwerb der Mitgliedschaft erfüllt, so entscheidet die Mitgliederversammlung.

Als deutsche Universitäten im Sinne des Absatz 1 gelten die Universitäten des deutschen Reichs, Oesterreichs und die deutsche Universität zu Prag.

Staats- und Verwaltungsrechtslehrer an anderen deutschen Universitäten außerhalb des Deutschen Reiches können auf ihren Antrag als Mitglieder aufgenommen werden.

Für Lehrer des Staats- und Verwaltungsrechts, die früher an einer deutschen Universität im Sinne des Absatz 3 tätig gewesen sind, aber jetzt bei einer ausländischen Universität tätig sind, gilt Absatz 3 und 4.

---

[1]) Beschlossen am 13. Oktober 1922.

§ 3.

Eine Mitgliederversammlung soll regelmäßig einmal in jedem Jahre an einem vom Vorstande zu bestimmenden Orte stattfinden. In dringenden Fällen können außerordentliche Versammlungen einberufen werden. Die Tagesordnung wird durch den Vorstand bestimmt.

Auf jeder ordentlichen Mitgliederversammlung muß mindestens ein wissenschaftlicher Vortrag mit anschließender Aussprache gehalten werden.

§ 4.

Der Vorstand der Vereinigung besteht aus einem Vorsitzenden, seinem Stellvertreter und einem Schriftführer, der auch die Kasse führt. Der Vorstand wird am Schlusse jeder ordentlichen Mitgliederversammlung neu gewählt[1]).

Zur Vorbereitung der Mitgliederversammlung kann sich der Vorstand durch Zuwahl anderer Mitglieder verstärken. Auch ist Selbstergänzung zulässig, wenn ein Mitglied des Vorstandes in der Zeit zwischen zwei Mitgliederversammlungen ausscheidet.

§ 5.

Zur Vorbereitung ihrer Beratungen kann die Mitgliederversammlung, in eiligen Fällen auch der Vorstand, besondere Ausschüsse bestellen.

§ 6.

Ueber Aufnahme neuer Mitglieder im Falle des § 2 Abs. 2 sowie über Eingaben in den Fällen des § 1 Ziffer 2 und 3 und über öffentliche Kundgebungen kann nach Vorbereitung durch den Vorstand oder einen Ausschuß im Wege schriftlicher Abstimmung der Mitglieder beschlossen werden. Mit Ausnahme der Entscheidung über die Aufnahme neuer Mitglieder bedarf ein solcher Beschluß der Zustimmung von zwei Dritteln der Mitgliederzahl, und es müssen die Namen der Zustimmenden unter das Schriftstück gesetzt werden.

§ 7.

Der Mitgliedsbeitrag beträgt fünf[2]) Mark für das Kalenderjahr.

---

[1]) Durch Beschluß v. 10. März 1925 fiel der bisherige Satz: „Der Vorsitzende und sein Stellvertreter dürfen innerhalb eines Zeitraums von sieben Jahren nur einmal wiedergewählt werden", fort.

[2]) Beschlossen am 12. April 1924.

Bei Fragen zur Produktsicherheit wenden Sie sich bitte an:
If you have any questions regarding product safety,
please contact:

Walter de Gruyter GmbH
Genthiner Straße 13
10785 Berlin
productsafety@degruyterbrill.com